Kinder, Kindheiten und Kindheitsforschung

Band 16

Herausgegeben von
S. Andresen, Frankfurt, Deutschland
I. Diehm, Frankfurt, Deutschland
Ch. Hunner-Kreisel, Vechta, Deutschland
C. Machold, Bielefeld, Deutschland

Die aktuellen Entwicklungen in der Kinder- und Kindheitsforschung sind ungeheuer vielfältig und innovativ. Hier schließt die Buchreihe an, um dem Wissenszuwachs sowie den teilweise kontroversen Ansichten und Diskussionen einen angemessenen Publikationsort und breit gefächertes -forum zu geben. Gegenstandsbereiche der Buchreihe sind die aktuelle Kinderforschung mit ihrem stärkeren Akzent auf Perspektiven und Äußerungsformen der Kinder selbst als auch die neuere Kindheitsforschung und ihr Anliegen, historische, soziale und politische Bedingungen des Aufwachsens von Kindern zu beschreiben wie auch Theorien zu Kindheit zu analysieren und zu rekonstruieren.

Die beteiligten Wissenschaftlerinnen sind mit unterschiedlichen Schwerpunkten in der Kinder- und Kindheitsforschung verankert und tragen zur aktuellen Entwicklung bei. Insofern versteht sich die Reihe auch als ein neues wissenschaftlich anregendes Kommunikationsnetzwerk im nationalen, aber auch im internationalen Zusammenhang. Letzterer wird durch eine größere Forschungsinitiative über Kinder und ihre Vorstellungen vom guten Leben aufgebaut.

Entlang der beiden Forschungsperspektiven – Kinder- und Kindheitsforschung – geht es den Herausgeberinnen der Reihe „Kinder, Kindheiten und Kindheitsforschung" darum, aussagekräftigen und innovativen theoretischen, historischen wie empirischen Zugängen aus Sozial- und Erziehungswissenschaften zur Veröffentlichung zu verhelfen. Dabei sollen sich die herausgegebenen Arbeiten durch teildisziplinäre, interdisziplinäre, internationale oder international vergleichende Schwerpunktsetzungen auszeichnen.

Herausgegeben von
Sabine Andresen
Goethe-Universität
Frankfurt am Main, Deutschland

Isabell Diehm
Goethe-Universität
Frankfurt am Main, Deutschland

Christine Hunner-Kreisel
Universität Vechta, Deutschland

Claudia Machold
Universität Bielefeld, Deutschland

Michael Knoll

Das Kind im Mittelpunkt

Elementarpädagogische Bezugnahmen auf gesellschaftliche Kontexte

Springer VS

Michael Knoll
Johann Wolfgang Goethe-Universität
Frankfurt am Main, Deutschland

Dissertation Universität Frankfurt/Main, 2013

D30

Kinder, Kindheiten und Kindheitsforschung
ISBN 978-3-658-13432-7 ISBN 978-3-658-13433-4 (eBook)
DOI 10.1007/978-3-658-13433-4

Die Deutsche Nationalbibliothek verzeichnet diese Publikation in der Deutschen Nationalbibliografie; detaillierte bibliografische Daten sind im Internet über http://dnb.d-nb.de abrufbar.

Springer VS

Gedruckt auf säurefreiem und chlorfrei gebleichtem Papier

Springer VS ist Teil von Springer Nature
Die eingetragene Gesellschaft ist Springer Fachmedien Wiesbaden GmbH

Danksagung

In der Kindergartenerziehung ist es heute üblich, den professionellen Umgang mit Kindern ‚vom Kinde aus' zu gestalten. Prominente Pädagogiken wie der Situationsansatz oder die Montessori-Pädagogik, aber auch die heute in allen Bundesländern vorhandenen Bildungspläne legen ein pädagogisches Handeln nahe, das ‚das Kind im Mittelpunkt' verortet. Das ist aus Sicht von Eltern und Kindern sicher auch ganz gut so! Wer würde sein Kind gerne in eine Einrichtung geben, in der es zu Gunsten anderer Intentionen randständig oder gar Mittel zum Zweck wäre. ‚Vom Kinde aus' zu arbeiten ist also – wenigstens selbstdeklarativ – ein Standard der öffentlichen Bildung und Erziehung kleiner Kinder, der das Selbstverständnis der Professionellen prägt. Ich selbst habe vierzehn Jahre lang in Kindergärten und Horten gearbeitet und schließe mich dieser professionellen Haltung an. Wenn man mit Kindern arbeitet, geht es um deren Wohl und deren Lernbedürfnisse und aus Beobachtungen und Situationen im Alltag gilt es, entsprechende Lerngelegenheiten zu gestalten.

Der Schritt aus der konkreten Praxis heraus und die Übernahme einer wissenschaftlichen Beobachterposition – nicht mehr zu erziehen, sondern Erziehungsbemühungen anderer zu beobachten, das, was in der Erziehung getan wird oder hier vor allem: was über ‚richtiges Erziehen' in Form pädagogischer Ratgeber und Programme geschrieben wird – bedeutete einen einschneidenden Perspektivwechsel, der anfangs nicht leicht zu vollziehen war. Tritt man aber in analytische Distanz zu Erziehungspraxis oder -programmatik, so sieht man neben einem Vorgehen ‚vom Kinde aus' noch etwas anderes: gesellschaftliche Leistungserwartungen an Erziehung. Es gilt nicht nur, zum Besten der Kinder zu handeln. Mehr oder weniger deutlich wird auch normativ festgelegt, *was* dieses ‚Beste' sei. Diese Bestimmung stellt sich als sozial konstruierte, in teilweise heftigen Debatten auf politischen Vorderbühnen errungene Setzung heraus – die in ihrer Logik keineswegs vom Kinde ausgeht, sondern von gesellschaftlich anerkannten/anerkennbaren Desideraten. Das Wandern zwischen diesen beiden Welten – pädagogischer Praxis und wissenschaftlicher Beobachtung – ist häufig irritierend und schwierig. Es konterkariert die guten Absichten der Professionellen, wenigstens relativiert es sie. Jeder Einwand aus wissenschaftlicher Sicht wirkt ein wenig wie Ketzerei oder Verrat an der guten pädagogischen Sache. Im zunehmenden Forschungsprozess setzte sich aber bei mir die Einsicht durch, dass gerade die wissenschaftliche Perspektive als Fremdbeschreibung nicht nur irritierend auf die Profession wirken, sondern ihr Reflexionsgewinne einbringen kann, die es Fachkräften ermöglichen (können), selbstbewusst und fachlich mündig Entscheidungen für ihre Praxis zu treffen und zu rechtfertigen. In diesem Sinne, konstruktiv, ist das vorliegende Buch geschrieben.

Diese Arbeit hätte nicht fertiggestellt werden können ohne die Hilfe und Unterstützung einer Vielzahl von Menschen. Mein ganz besonderer Dank gilt zu allererst Frank-Olaf Radtke, der das Vorhaben betreut hat und mich, den Pädagogen, auf den ‚anderen' Pfad der wissenschaftlich-analytischen Fremdbeschreibung der Elementarpädagogik begleitet hat. Es waren vor allem die Gespräche mit ihm, die die gelegentlich schmerzlichen und zugleich so produktiven Irritationen auslösten. Ohne diese bisweilen kontroverse, jedoch stets konstruktive Auseinandersetzung hätte das vorliegende Buch nicht entstehen können.

Mein Dank gilt weiterhin Helga Cremer-Schäfer, die weitere Irritationen eingebracht hat. Sie hat die systemtheoretische Arbeit aus Sicht der Kritischen Theorie herausgefordert, eine Spannung, die in der Arbeit nicht bearbeitet oder gar gelöst wird, die aber zum wissenschaftlichen Selbstverständnis des Autors große Beiträge geleistet hat.

Ich danke weiter allen Kolleginnen und Kollegen aus Frank-Olaf Radtkes Forschungskolloquium. Ohne diesen Diskurs wären viele Fragen eines Promovenden nicht nur nicht geklärt, sondern vielleicht gar nicht erst gestellt worden.

Eine Forschungsarbeit wie diese ist ein spannender, gelegentlich aber auch schwieriger und frustrierender Prozess. Das bleibt nicht auf den Forschenden beschränkt, sondern kann auch seine Freunde und Familie in Mitleidenschaft ziehen. Zuletzt möchte ich daher Monika Vannini danken für ihre große Geduld und die moralische Unterstützung, ohne die meine Arbeit ungleich schwerer gewesen wäre.

Michael Knoll, Frankfurt am Main, im Dezember 2015

Inhalt

Vorwort

Das Kind im Mittelpunkt ist das Credo jeder reformorientierten Pädagogik. Spätestens seit der Wende vom 18. zum 19. Jahrhundert lässt sich der Siegeszug dieses Topos' pädagogisch-normativer Ausrichtung historisch rekonstruieren. Dabei dient(e) er in vielen (historischen) Kontexten nachweislich dazu, Pädagogik in zum Teil romantisierender, ja kindtümelnder Weise ihrer gesellschaftspolitischen Bezüge zu entledigen, diese zumindest weitgehend abzuschatten. Dies gilt umso mehr für eine Pädagogik der frühen Kindheit: der Früh- sowie Kindergarten- oder Elementarpädagogik. Auch hier – so möchte man meinen – scheint zuzutreffen, was für die frühe Kindheit, die jungen Kinder oder auch die diesbezüglichen Pädagogiken generell zutrifft: Je jünger die adressierten Kinder sind, desto stärker sind die Bilder, welche man sich von ihnen macht, durch Unschuldsannahmen geprägt, desto deutlicher basiert eine entsprechende Pädagogik auf anthropologischen Prämissen, die wirkmächtige Natürlichkeits- und Reinheitsvorstellungen vom Kind, seinem Wesen und seiner Entwicklung aufrufen. Die Einbettung dieser Pädagogiken und Kind- wie Kindheitskonstruktionen in die jeweiligen zeitgeschichtlichen gesellschaftlichen Kontexte kann aufgrund solcher Essentialismen relativ leicht außen vor bleiben. Diese Vorstellungen und Bilder erweisen sich in hohem Maße als apolitisch, auch ahistorisch, weil quasi außerhalb der Gesellschaft angesiedelt.

Michael Knoll geht in seiner historisch-vergleichend angelegten empirischen Studie der Frage nach, inwieweit und wie elementarpädagogische Semantiken das grundlegende Spannungsverhältnis zwischen Individuum und Gesellschaft allzu einseitig zugunsten des Topos' vom Kind im Mittelpunkt auflösen. Indem er fallanalytisch – an ausgewählten, sorgfältig begründeten Beispielen festgemacht – gesellschaftliche Kontexte in den zugrunde gelegten pädagogischen Textproduktionen aufzuspüren vermag, gelingt ihm nicht nur eine erstaunlich theoriehaltige, empirisch gesättigte und historisch fundierte Rekonstruktion von Elementarpädagogiken in einer diachronen Perspektive und mithin eine bislang nicht dagewesene gesellschaftspolitisch reflektierte Historiographie des Kindergartens. Vielmehr legt er mit dieser Studie zugleich eine erziehungswissenschaftliche Analyse der Elementarpädagogik vor, die ihresgleichen sucht und einen ausgesprochen relevanten Beitrag darstellt, um jenseits von Programmatik und emphatischer Pädagogik konstitutive Zusammenhänge erziehungswissenschaftlich zu rekonstruieren. Jede Teilstudie – sei es die mit der Pädagogik der Kleinkinderschulen Samuel Wilderspins oder Maria Montessoris befasste oder die drei untersuchten elementarpädagogischen Ansätze aus der zweiten Hälfte des 20. Jahrhunderts – führt überzeugend vor Augen, wie deutlich die jeweiligen gesellschaftlichen Kontexte in diesen Elementarpädagogiken resonieren. Der Autor kann empirisch erhärten, wie stark sich „gesellschaftspolitische Steuerungslogiken" in Transformationsprozessen elementarpädagogischer Orientierungen und Programmatiken niederschlagen und sich dann – so der Verfasser – als „Miniaturen der umgebenden Gesellschaft" hypostasieren. Das Kind fungiert hier als „einheitsstiftendes Proprium der Pädagogik" und als „normativer Fluchtpunkt professioneller Orientierung", zugleich aber steht es ebenso – so die luzide Analyse – für Ordnungsbildungen in sich wandelnden Gesellschaften.

Für die Herausgeberinnen
Isabell Diehm

Frankfurt am Main, im Dezember 2015

Einleitung

Die erste PISA-Erhebung der OECD hat Anfang des Jahrtausends eine öffentliche Skandalisierung des deutschen Erziehungssystems nach sich gezogen. Es erreichte, erstens, im internationalen Vergleich nur Plätze im unteren Drittel der teilnehmenden Länder. Schulerfolg scheint, zweitens, in Deutschland in hohem Maße von der Herkunft der Schülerinnen und Schüler abhängig, nicht (ausschließlich) von deren Leistung (vgl. Allmendinger et. al. 2010; Alt et. al. 2012; Leisering 2008: 441). Schule reduziert soziale Ungleichheit nicht, sie reproduziert sie (vgl. Bühler-Niederberger/Sünker 2009: 167; Krüger et. al. 2011: 8). Damit wurde es möglich, eine Reform des Erziehungssystems langfristig als alternativlos darzustellen. Die Kritik nimmt bisweilen anklagende Formen an: „Internationale Studien zeigen: Das Bildungssystem lässt unsere Gesellschaft im Stich" (Gerstberger 2008: 7).

Die Reformdebatte nahm schon kurze Zeit später auch den Vorschulbereich in den Blick, mit dem Begriff der ‚Bildung' als zentraler Klammer. „Zentrale Absicht und weitgehender Konsens ist es, im Rahmen der Einheit von Betreuung, Bildung und Erziehung dem Bildungsauftrag im Kindergarten stärkeres Gewicht zu verleihen und zu einer Präzisierung von Bildungszielen zu gelangen" (Sechtig et. al. 2005: 282). Kindertageseinrichtungen sollen zu Bildungseinrichtungen werden und die Voraussetzungen für schulischen Erfolg grundlegen (vgl. Arbeitsstab Forum Bildung 2001a: 5; 2001b: 32; Fthenakis 2003b; Rauschenbach/Borrmann 2010: 18). Roux/Tietze (2007: 369) sprechen von einer „Hebelwirkung auf das gesamte Bildungssystem".

In der elementarpädagogischen Fachdebatte über Bildung im Kindergarten hat seitdem, bereits ein kursorischer Blick in einschlägige Fachzeitschriften und Ratgeber macht das deutlich, ein regelrechtes Themen- und Methodenkarussell Fahrt aufgenommen. Naturwissenschaftliche Experimente, Sprachförderung (oder: ‚Literacy'), Vernetzung mit Schulen und anderen Organisationen, Early-Excellence-Centres, Resilienzförderung, Übergangsmanagement, Bildungsdokumentation, Portfolioarbeit, Qualitätsmanagement, Frühmathematik etc. stellen mehr oder minder rasch wechselnde thematische Moden dar. Neubestimmungsversuche des Auftrags von Kindertagesstätten führen eher zu irritierender Vielfalt als zu Orientierung.

Indem man sich allgemein darüber geeinigt zu haben scheint, auch mit Blick auf den Kindergarten von ,Bildung' zu sprechen (Stieve 2015: 16) und dabei pädagogisch (aufklärerisch und neuhumanistisch) meist freie, selbsttätige Formen der Weltaneignung meint (a.a.O.: 22)[1], findet sich als zentraler Bezugspunkt pädagogischer Erörterung das *Individuum*, im Vorschulbereich das Kind im Alter von drei bis sechs Jahren oder aber bereits davor. Der Bildungsbegriff wird in Diskursen über (Vorschul-)Erziehung in eine semantische Figur vom ,Kind im Mittelpunkt' eingebunden[2]: ,Im Mittelpunkt' aller Erwägungen steht dabei das Wohl des Kindes, seine Aneignung von Welt sowie seine Bildungsbiografie. Die jüngere Forschung in den Humanwissenschaften habe neue Erkenntnisse über das Wesen des Kindes und seine Auseinandersetzung mit der Welt angesammelt, die nun zur Basis pädagogischer und bildungspolitischer Reform erklärt werden. Exemplarisch liest man in einem Handbuch zur Pädagogik der frühen Kindheit: „Für ein zeitgemäßes Kindbild auf der frühkindlichen Altersstufe sind einige Entwicklungslinien aufzuzeigen. Dazu gehören neuere Erkenntnissen der Humanwissenschaften, vor allem der Anthropologie, Einblicke in die kontinuierlichen Entwicklungsabschnitte der frühen Kindheit und die neueren Befunde der Hirn- und entwicklungspsychologischen Forschung" (Kluge 2006: 27). Alle Akteure, die sich mit ,Erziehung' beschäftigen, müssten sich demnach netzwerkförmig um ,das Kind' gruppieren und konzertiert die wissenschaftlich festgestellten ,Bildungsbedürfnisse' des Kindes beantworten. Die Bildsamkeit des Kindes und die Befriedigung seiner (daraus resultierenden) Bedürfnisse begründen daran anschließende programmatische (pädagogische oder bildungspolitische) Erwägungen. Für eine Revision und Reform der Elementar- bzw. Vorschulpädagogik erscheint ,das Kind' als entscheidender Fluchtpunkt.

Nun kann es in den Erziehungswissenschaften als gesichert gelten, dass ,Erziehung' – gerade wenn an deren öffentliche Veranstaltung gedacht wird – neben dem Kind immer noch einen weiteren Referenzpunkt hat, nämlich die Gesellschaft: Sie richtet Leistungserwartungen an das Erziehungssystem, die dieses nicht unberücksichtigt lassen kann. Vor diesem Hintergrund erscheint die Bezugnahme der pädagogischen Figur ,Kind im Mittelpunkt' allein auf das Individuum insofern bemerkenswert, als sie der Gesellschaft als amorphem, schicksalhaftem Phänomen nicht selten allenfalls den Status einer Randbemerkung einräumt.

---

1 Vgl. auch Laewen 1999; Laewen/Andres 2002; Liegle 2006: 94; G.E. Schäfer 2005, 2006, 2007: 182ff.; kritisch: Grell 2010, Stieve a.a.O.; konträr z.B. Fthenakis 2002.

2 Siehe beispielhaft den XII. Kinder- und Jugendbericht (Bundesregierung 2005); das Vorwort des verantwortlichen Redakteurs W.E. Fthenakis zum „Hessischen Bildungs- und Erziehungsplan" (Hessisches Sozialministerium/Hessisches Kultusministerium 2007); BJK 2008: 14; KMK/JMK 2004).

Tatsächlich bewegen sich pädagogische Texte seit der Neuzeit in einer Spannung zwischen Individuum und Gesellschaft, deren Zuspitzung man in der Aufklärung und im Neuhumanismus beobachten kann. Rousseau formulierte sie 1762 in seinem Émile als Zielkonflikt zwischen einer Erziehung zum Menschen oder zum Bürger. Seither wird die Pädagogik von diesem Problem umgetrieben, hat es in verschiedenen Variationen bearbeitet, ohne es aber im Denkhorizont von Aufklärung und Moderne je auflösen zu können: ‚Freiheit' *oder* ‚Zwang' (Kant 1803)? Menschen formen (z.B. Fichte 1807) *oder* sich entfalten lassen (z.B. Fröbel, Montessori)? ‚Bildung' als ‚Allgemeine Menschenbildung' (Humboldt) *oder* ‚Ausbildung' (Philanthropen)? ‚Führen *oder* Wachsenlassen' (Litt 1927)? Die Begriffspaare zeichnen die Problematik der doppelten Relationierung pädagogisch-normativer Legitimation von Erziehung zwischen ‚Individuum' und ‚Gesellschaft' nach. Moderne Pädagogik kann auf keinen der Pole verzichten, sie sind für sie beide konstitutiv, zugleich miteinander unvereinbar. Es geht, um mit Michael Wimmer zu sprechen, „ein Riß durch die Pädagogik" (Wimmer 2006: 47).

Die Pädagogik hat verschiedene Formen des Umgangs mit dieser Antinomie gefunden. Die Figur ‚Kind im Mittelpunkt' erscheint vor diesem Hintergrund als semantische Auflösung, als argumentative Strategie einer Vereinseitigung oder *Lateralisierung*: Erziehung wird vorwiegend als Antwort auf kindliche *Bedürfnisse*, nicht gesellschaftliche *Bedarfe*, präsentiert. Pädagogik tradiert ein solches Denken ‚vom Kinde aus' in verschiedenen Varianten und schließt immer wieder daran an. Sie löst damit die Grundspannung um den Preis der Ausblendung der anderen Seite der Paradoxie: Die Funktion der Erziehung für die Gesellschaft bleibt in pädagogischen Programmen (meist und weitgehend) unberücksichtigt.

Sie gerät erst in den Blick, wenn man nicht in engagiert-pädagogischer Absicht, sondern reflexiv-distanziert beobachtet. Will man die gesellschaftliche Bedeutung elementarpädagogischer Texte beleuchten, so muss man sie in einen Zusammenhang mit dem gesellschaftlichen Kontext setzen, in dem sie entstehen und verbreitet werden. In einem Vergleich pädagogischer Vorschläge mit politisch-öffentlichen Leistungserwartungen an Erziehung – einem Vergleich von Selbstbeschreibung und Fremdbeschreibung des Erziehungssystems – kann ermittelt werden, in welcher Weise pädagogisch-eigenlogische Analogien (vgl. Bellmann 2001: 12, 82) auf gesellschaftliche Erwartungen und Plausibilitäten jenseits der Reflexion im Erziehungssystem (vgl. Luhmann/Schorr 1988) beobachtbar sind, um auf diese Weise der These nachzugehen, *dass eine Früh- oder Vorschulpädagogik, die (mehr oder minder ausdrücklich) ‚das Kind im Mittelpunkt' verortet, immer (auch) anderen Zwecken verpflichtet ist als dem kindlichen ‚Wesen' oder seinen ‚Bedürfnissen'*. Dies insbesondere vor dem Hintergrund, dass ‚das Kind', das ‚in den Mittelpunkt' gestellt wird, weniger als ‚natürlicher' Bezugspunkt weiterer Erörterungen angenommen werden kann, vielmehr als ein soziales Konstrukt, produziert von gesellschaftlichen Akteuren in einer medialen Öffentlichkeit, die dabei eigene Interessen verfolgen (vgl. Kessen 1979; Cremer-Schäfer 2000; Bühler-Niederberger/Sünker 2009; Diehm et. al. 2010).

An diese Erörterungen anschließend kann nun das Vorhaben der vorliegenden Studie präzisiert werden. Es kann als Aufgabe moderner Pädagogiken verstanden werden, Erziehung von den antinomischen Referenzpunkten Individuum und Gesellschaft aus zu begründen und die dabei entstehende Spannung zu verarbeiten. Auch wenn Elementarpädagogik dabei dazu neigt, sich auf ‚das Kind' zu fokussieren, muss sie sich immer auch in der einen oder anderen Weise auf ihren gesellschaftlichen Kontext beziehen. Wie das geschieht, müsste an verschiedenen Beispielen beobachtbar sein. Das vorliegende Buch will am Fall elementarpädagogischer Texte untersuchen, wie die wechselseitige semantische Bezugnahme von Erziehungssystem und Umwelt vonstattengeht, in welcher Weise sich insbesondere ‚kindzentrierte' Pädagogiken zu ihrem gesellschaftlichen, i.w.S. politischen Kontext in Bezug setzen.

Gewählt wird hierfür eine historische Perspektive. Gegenstand sind pädagogische und gesellschaftspolitisch einflussreiche Texte aus Deutschland und seinen Vorgängerstaaten, entstanden im Zeitraum zwischen 1800 und der Gegenwart. Dabei handelt es sich nicht um eine kontinuierliche Nacherzählung der Geschichte des Kindergartens[3], sondern um exemplarische Fälle, deren vergleichende Gegenüberstellung Erkenntnisgewinne über die Relation Pädagogik-Politik verspricht. Interessant sind die gewählten Perioden insofern, als es dort zu krisenhaften gesellschaftspolitischen Zuspitzungen gekommen ist. Hier lassen sich jeweilige diskursive Großwetterlagen in ihren verschiedenen Ausprägungen besonders gut beobachten und werden einem Vergleich mit elementarpädagogischer Programmatik (die immer auch ein Teil dessen ist) zugänglich.

In einem ersten Schritt (Kap. 1) soll nach einer Verhältnisbestimmung von ‚Erziehung' und ‚Pädagogik' die Bedeutung der Pole ‚Individuum' und ‚Gesellschaft' für Letztere ausbuchstabiert werden. Dabei wird deutlich, dass beide für ihre Legitimation konstitutiv sind, zugleich in einer Spannung zueinander stehen. Vereinseitigende pädagogische Topoi wie ‚das Kind im Mittelpunkt' lassen sich aus dieser Perspektive als semantische Lösungsstrategie, als Entparadoxierung begreifen, die pädagogische Handlungsfähigkeit ermöglicht, zugleich aber die Frage aufwirft, wie dem abgedunkelten Pol ‚Gesellschaft' dennoch Genüge getan wird. Das lässt sich nur aus einer nicht-programmatischen, theoretisch distanzier-

3 Gerade die Idee einer Historiographie als Erzählung eines Narrativs über zusammenhängende diachrone Entwicklungen, als „historische Ablaufgestalt" (Franke-Meyer 2011: 13), soll hier hinterfragt werden.

ten Perspektive beobachten, die Pädagogiken vergleichend in den gesellschaftspolitischen Kontext ihrer Produktion stellt. Da dieser Vergleich zu unterschiedlichen historischen Zeiten vorgenommen wird, wird das Kapitel mit einer Sichtung des heutigen Standes der Historiographie des Kindergartens beschlossen.

Eine solcherart angelegte Studie erfordert ferner, insofern nach ‚Gesellschaft' als Bezugspunkt des Pädagogischen gefragt wird, eine Heuristik auf dem Boden soziologischer Theoriebildung. Hierzu werden die Theorieangebote Niklas Luhmanns und Michel Foucaults herangezogen (Kap. 2.1 und 2.2). Beide Theorien beschreiben soziale Ordnung und ihre Transformation, in beiden spielt Kommunikation eine zentrale Rolle, beide thematisieren die Relation von Semantik und Struktur und beider Wandel. Mit der Systemtheorie Luhmanns können das Erziehungssystem und Pädagogik als seine Programmatik und Reflexionstheorie als Teil der Gesellschaft konzipiert werden, der von anderen Funktionssystemen unterscheidbar ist. Das ermöglicht die vergleichende Gegenüberstellung von pädagogischen und politischen Texten entlang der Unterscheidung System-Umwelt. Ferner nimmt die vorliegende Arbeit theoretischen Bezug auf Foucaults Machtbegriff. In dieser Optik kann nach machtvoller Durchdringung der Kinder(körper) in Organisationen der Früherziehung als ‚Knotenpunkten' gesellschaftlicher Ordnung bzw. als Dispositiven der Macht gefragt werden. Öffentliche (letztlich immer: politische) Kommunikation kann in seiner Theorie als ‚diskursiver Krieg' begriffen werden. Schließlich sollen formal Arenen bestimmt werden, in denen die interessierenden Diskurse stattfinden. Hierfür wird auf Bernhard Peters' Konzept politischer Öffentlichkeit zurückgegriffen (Kap. 2.3).

Kapitel 3 erörtert das methodische Vorgehen und das Forschungsdesign. Darin wird neben dem wissenschaftlichen Vergleich die Technik der strukturierenden Inhaltsanalyse diskutiert. Ihren Kern bilden Beobachtungskategorien, die die Fragestellung operationalisieren und eine Identifikation und Zuordnung relevanter Passagen im Datenkorpus erlauben. Für die vorliegende Arbeit wurde ein Kategorienschema orientiert an Grundproblemen der Erziehung erstellt, deren Bearbeitung in pädagogischen Texten praktisch immer zu erwarten ist. Sie wurden um Aspekte ergänzt, die bei der Sichtung des gewählten Datenmaterials auffielen. Gesellschaftliche Kontexte pädagogischer Textproduktionen wurden entlang eines Suchschemas analysiert, das nach Problem- und Idealdarstellungen gesellschaftlicher Ordnung fragt sowie nach der Rolle, welche dabei der Erziehung strategisch zugedacht wird. Mit diesen beiden Instrumenten (Kategorien- bzw. Suchschemata) können Fremdbeschreibungen und Selbstbeschreibungen des Erziehungssystems rekonstruiert werden, was letztlich einen Vergleich ermöglicht. Ferner wird in Kapitel 3 die Auswahl historischer Zeitphasen und gewählter Texte ausführlich vorgestellt und begründet.

Die Kapitel 4, 5, 6 und 7 bilden den inhaltsanalytischen Teil der Studie. In ihnen werden elementarpädagogische Texte kategorienbasiert analysiert und im jeweiligen historisch-gesellschaftlichen Kontext ihrer Produktion verortet. Auf diese Weise wird der Versuch unternommen, pädagogische Analogien auf diskursive Formationen in der politischen Öffentlichkeit sichtbar zu machen, die *elementarpädagogischen Bezugnahmen auf gesellschaftliche Kontexte.*

Kapitel 4 untersucht das Modell der Englischen Klein-Kinder-Schulen von Samuel Wilderspin (1828) im Kontext der preußischen Restauration. Die Betrachtung dieser seinerzeit (in einer Phase des krisenhaften Übergangs von der feudalen zur bürgerlichen Gesellschaft) europaweit verbreiteten Quelle ermöglicht durch den zeitlichen Abstand zur Gegenwart hohe Kontrasteffekte. Kapitel 5 befasst sich mit der Pädagogik Maria Montessoris, deren Werke kurz vor dem ersten Weltkrieg auch in Deutschland bekannt wurden und rasch Anhänger fanden. Der gesellschaftliche Kontext kann rekonstruiert werden als eine Zeit, die einerseits durch Nationalismus, Imperialismus und Militarismus geprägt war, den Vorboten des Ersten Weltkrieges, andererseits durch eine Vernaturwissenschaftlichung, insb. eine Biologisierung bzw. Klinisierung gesellschaftlicher Diskurse. Montessoris pädagogische Vorschläge können in diesem Sinne als eine Revision der Elementarpädagogik unter naturwissenschaftlichen Gesichtspunkten gelesen werden. Kapitel 6 betrachtet das ‚Curriculum Soziales Lernen' (Zimmer 1973) und das Modell der Vorschulklasse der John-F.-Kennedy-Schule in Berlin (Hoenisch et. al. 1969) im Kontext der Bundesrepublik der 1960er und 70er Jahre, für die als gesellschaftspolitisch zentrale Leitformeln ‚Demokratie' und ‚Chancengleichheit' benannt werden können. Kapitel 7 schließlich setzt sich mit dem ‚Situationsansatz' (Zimmer 2006) und der ‚KLAX-Pädagogik' (Bostelmann 2007; Bostelmann/Fink 2003) auseinander, vor dem Hintergrund gegenwärtiger Krisenphänomene, die v.a. den westlichen Industrienationen im Spannungsfeld zwischen Demokratie, Sozialstaatlichkeit und Marktliberalismus entstehen (vgl. Streeck 2011a, b, c). Die Auswirkungen dieser Spannung lassen sich im Wandel wirtschaftlicher und sozialstaatlicher Semantiken und schließlich auch in elementarpädagogischen Programmen beobachten.

Kapitel 8 diskutiert die Befunde im diachronen Vergleich der gefundenen pädagogischen Formbildungen. Gesellschaftliche Leistungserwartungen nehmen in spezifischer Art und Weise auch in ‚kindzentriert' sich beschreibenden pädagogischen Konzepten eine zentrale Rolle ein. So fällt auf, dass die untersuchten Pädagogiken öffentliche frühkindliche Erziehung wie *Miniaturen* der ‚großen' Gesellschaft skizzier(t)en (Kap. 8.1), dass sie also ungeachtet eventueller Abgrenzungen von gesellschaftlichen Nutzbarkeitserwägungen frühkindliche Erziehung in struktureller Analogie zu ihrer nicht-pädagogischen Umwelt entwerfen. Aber auch pädagogische Anthropologien, Beschreibungen des ‚im Mittelpunkt' verorteten Adressaten, zeigen sich vielfältig anschlussfähig an gesellschaftliche Leistungserwartungen (Kap. 8.2). Es scheint gerade ‚das Kind im Mittelpunkt' eine Art Einfallstor für gesellschaftliche Nutzenerwartungen zu sein, die auf diesem Wege Eingang in ‚kindzentrierte' Pädagogiken finden.

Vorschulpädagogik lässt sich ferner als Teil von Machtdispositiven rekonstruieren (Kap. 8.5). Frühkindliche Erziehung wird in dieser durch Foucault inspirierten Perspektive nicht ‚vom Kinde aus' gestaltet, vielmehr wird das Kind als selbständig handlungsfähiges Subjekt erst hergestellt, indem es mehr oder minder alternativlos den Imperativen der gewünschten Sozialordnung unterworfen wird. Früh- oder Vorschulpädagogik wäre demnach nicht zu sehen als ein vom Individuum oder gar Naturwesen ‚Kind' ausgehendes Unterfangen, sondern als programmatischer Teil einer größeren, umfassenden, anreizenden und disziplinierenden Sozialordnung, als Instrument, das diese Ordnung in die Kinderkörper (und auch: die ErzieherInnen-Körper) einschreibt.

Die vorliegende Arbeit beansprucht nicht, eine Art rezeptförmige Anleitung oder Unterstützung zum ‚richtigen Erziehen' zu sein. Sie dürfte die erziehende Profession eher irritieren und evtl. als ‚wenig hilfreich' wahrgenommen werden. Damit steht ihre *erziehungs*wissenschaftliche Bedeutung in Frage, insofern diese Disziplin ihre Bedeutung (auch) in ihrer Relation zur Erziehungspraxis gewinnt (oder in Relation zu Bildungspolitik oder -administration). Abschließend (Kap. 8.6) werden die Befunde der Arbeit daher als Reflexionswissen zwischen erziehungswissenschaftlicher Disziplin und pädagogischer Profession verortet.

1 Moderne Erziehung, Paradoxien und Legitimation

In der Erziehungswissenschaft wird unter ‚Erziehung' allgemein ein Prozess des absichtsvollen Einwirkens von Menschen auf Menschen verstanden (vgl. A. Schäfer 2005: 7ff.); eine Vermittlung von Kenntnissen, Einstellungen und Fähigkeiten durch einen Erziehenden an einen Zögling. Exemplarisch die prominente Definition Wolfgang Brezinkas:

> „Unter Erziehung werden soziale Handlungen verstanden, durch die Menschen versuchen, das Gefüge der psychischen Dispositionen anderer Menschen in irgendeiner Hinsicht dauerhaft zu verbessern oder seine als wertvoll beurteilten Komponenten zu erhalten" (Brezinka 1974: 95).

Ähnlich Helmut Fend:

> „Unter Erziehung sind alle Maßnahmen – formelle und informelle – zu verstehen, die Erwachsene in Interaktion mit Heranwachsenden ergreifen, um Lernvorgänge hervorzurufen, die zu wünschenswerten Ergebnissen führen" (Fend 1969, S.49).

Konstitutiv ist in dieser Perspektive die Intentionalität: ‚Erziehung' ist ein Absichts-, aber auch ein Einwirkungsbegriff. Man will durch die *Ein*wirkung auf den Educandus etwas *be*wirken und muss dafür geeignete Mittel benennen[4]. Man will ferner am Ende das Ergebnis als solches erkennen und überprüfen können (vgl. Heid 2004). Und man muss seine Erziehungsabsicht und die verwendeten Mittel begründen können. Zweck- und Mittelbestimmung und deren Legitimation sind Probleme, die sich der Erziehung in modernen Gesellschaften immer stellen (vgl. Schäfer a.a.O.: 12). Es existiert jedoch kein objektiver Fixpunkt, der Hinweise zur Beantwortung dieser Fragen geben könnte. Gerade hierauf sind Erziehende aber angewiesen, sie benötigen Kriterien zur Bestimmung ‚richtigen' Erziehens; ein vereindeutigendes Wissen über die per se uneindeutigen Vorgänge und Ziele der Erziehung; eine Beschränkung von Kontingenz durch Sinn, wodurch die Wahrscheinlichkeit bestimmter Formen der Vermittlungskommunikation (z.B. ‚Projektarbeit') gegenüber anderen (z.B. ‚Ohrfeige') gesteigert wird. Dieser Sinn

---

4 Solche Begriffsbestimmungen sind nicht ohne Einwände geblieben. Einschlägige Auseinandersetzungen und Neubestimmungsversuche können hier aber nicht weiter verfolgt werden.

wird durch einen Wissenstypus bereitgestellt, den Friedrich Schleiermacher (1826) als ‚Kunstlehren' und bspw. Harm Paschen (1997) als ‚Pädagogiken' bezeichnet hat. Man kann ‚Erziehung' als von strukturellen Problemen gekennzeichnete Vermittlungskommunikation verstehen, welche auf Orientierung angewiesen ist. Diese Orientierung wird aus Pädagogiken gewonnen, Programmen des Erziehungssystems (vgl. Kap. 2.1), die normative Leitlinien formulieren, praktisch-methodische Hinweise der Umsetzung enthalten und damit die Kontingenz des Erziehungsgeschehens beschränken.

Moderne Pädagogiken beziehen Legitimation seit der Neuzeit grundsätzlich von zwei Referenzpunkten: dem Individuum (seinen Bedürfnissen oder seiner Vervollkommnung) und der Gesellschaft (ihren Bedarfen bzw. Leistungserwartungen). Aus dieser doppelten Referenz entsteht ihnen ihr zentrales Bezugsproblem. Eine kursorische, in der Mitte des 18. Jahrhunderts ansetzende historische Vergewisserung kann die Genese des Problems aufzeigen, das sich im Übergang von der Aufklärung zum Neuhumanismus zuspitzte und das die Erziehung bis heute herausfordert. Prototypisch soll im Folgenden aufgezeigt werden wie die genannten Pole ‚Individuum' und ‚Gesellschaft' zunächst (in der Pädagogik der Philanthropen) unproblematisch zusammengezogen wurden – obgleich Rousseau sie bereits zuvor als unvereinbar beschrieben hatte – und wie mit der Zuspitzung der Problematik durch Immanuel Kant zur Antinomie ihre Ineinssetzung sowie die pragmatische Unterordnung des Individuums unter gesellschaftliche Forderungen unmöglich wurde.

1.1 Referenzen pädagogischer Legitimation: Glück, Natur Vernunft

Grundsätzlich ist, wenn man von ‚Aufklärung' spricht, von einer Abkehr von religiösen Deutungsmustern die Rede, zugunsten einer Zuwendung zu Vorstellungen von Freiheit und Vernunft (vgl. Tenorth 2010a: 78ff.; Böhme/Thenorth 1990: 5). Ferner von einem sich verändernden Zeitverständnis: Eine Orientierung nicht mehr an Vergangenheit und Tradition, sondern an Fortschritt und Zukunft. Vor diesem Hintergrund erschienen bestehende Gesellschaftsverfassungen im 18. Jahrhundert als zunehmend kritikwürdig und zugleich veränderbar. Es entstand die Idee einer künftigen Optimierung der Gesellschaft auf dem Wege der (massenhaften) Optimierung von Menschen durch Erziehung (vgl. Amos 2011: 230), ein teleologisches Bild ständiger Weiterentwicklung von Menschen und Gesellschaft hin zu einem fernen, zukünftigen Ideal. Prominent hatte Kant geschrieben:

„Vielleicht, daß die Erziehung immer besser werden, und daß jede folgende Generation einen Schritt näher tun wird zur Vervollkommnung der Menschheit; denn hinter der Edukation steckt das große Geheimnis der Vollkommenheit der menschlichen Natur. (...) Es ist entzückend, sich vorzustellen, daß die menschliche Natur immer besser durch Erziehung werde entwickelt werden, und daß man diese in eine Form bringen kann, die der Menschheit angemessen ist. Dies eröffnet uns den Prospekt zu einem künftigen glücklichern Menschengeschlechte" (Kant 1803: 460).

In dieser Formulierung zeichnet sich eine Differenz zwischen dem Individuum und der Gesellschaft bzw. dem „Menschengeschlechte", die beide ‚vermenschlicht' werden sollten. ‚Menschlichkeit' als individuelles und kollektives Telos. Dieses Verhältnis zwischen ‚Individuum' und ‚Gesellschaft' beschäftigte Kants Zeitgenossen und wurde von unterschiedlichen Protagonisten je spezifisch ausgelegt. Die deutsche Aufklärungspädagogik, der Philanthropismus, führte die beiden pädagogischen Referenzpunkte argumentativ zusammen:

„Der Hauptzweck der Erziehung ist, dass Kinder glückselige und gemeinnützige Menschen werden" (Basedow zit. in Oelkers 1989: 30).

Erziehung soll Kinder glücklich *und* nützlich machen. Erziehung sollte der Gesellschaft nutzen, *indem* sie Kinder zu glücklichen Menschen formt. Glückliche Menschen sind nützliche Bürger – und umgekehrt. Die Referenzpunkte ‚Individuum' und ‚Gesellschaft' werden hier identifiziert, sie bilden einen gemeinsamen legitimatorischen Fluchtpunkt.

Die Beglückung von Menschen sollte dabei erreicht werden durch Erziehung zu Industriosität (vgl. Blankertz 1992: 56ff.; Tenorth a.a.O.: 92), der Befähigung der Individuen zum Beruf (was eine gewerbefleißige Einstellung genauso beinhaltet wie einschlägiges Können), sowie zugleich der Disziplinierung menschlicher Begierden. Der Begriff beschreibt das glückliche Leben sowohl positiv (das *Her*zustellende) als auch negativ, mit Blick auf *ab*zustellende Neigungen[5]. Die Hervorbringung des Bedürfnisses nach anhaltenden, angenehmen Empfindungen ohne Nach- oder Nebenwirkungen, eines zufriedenen und nützlichen Lebens, galt als Aufgabe der Erziehung. Sie hatte zu vermitteln, dass und in welcher Weise der Mensch in den Bedingungen der Gesellschaft sein Glück finden könne:

„Bedürfnisse befriedigen, heißt angenehme Empfindungen hervorbringen. Aber der in Gesellschaft lebende Mensch muß nur solche Bedürfnisse haben, die er leicht und immer und ohne Nachtheil anderer Menschen befriedigen kann. Sie ihm zu geben, ist abermal das Geschäft der Erziehung" (Trapp 1780: 39).

---

5 E.C. Trapp sprach von „Wohllust", i.d.S. körperlich-sinnliche Freuden und Sensationen, die ihm zufolge zwangsläufig Unglück in Form einer Katerstimmung nach sich ziehen (vgl. Trapp 1780: 33).

Dabei war der pragmatischen, utilitaristischen Pädagogik der Philanthropen die Unterordnung individueller Vervollkommnung unter gesellschaftliche Forderungen unproblematisch:

> „Selbst auf das größte Opfer des Menschen, auf das Opfer eines Teils seiner Veredelung und Vollkommenheit, hat die Gesellschaft ein unwidersprechliches, heiliges Recht“ (Villaume zit. in Helsper 2006: 29).

Industriosität als pädagogische Zielformel wurde letztlich von der Warte bürgerlicher Normen und Werte bestimmt und es konnte schon in der Zeit nicht übersehen werden, dass gesellschaftliche Bestimmungen von ‚Glück' gerade die Verdrängung einer Bandbreite subjektiver Glücksempfindungen forderten, dass das ‚Glück' des Menschen in (selbst-)disziplinarischen Härten projektiert wurde. „(...) genau hier liegt eine wichtige Scheidelinie der Zukunft, denn die gesellschaftliche Brauchbarkeit kann nicht wirklich in Übereinstimmung mit der Seelenlage der Individuen gebracht werden (...). Der Begriff der ‚Glückseligkeit' ist daher zutiefst aporetisch (...), weil er (...) die individuelle und die kollektive Definition von ‚Glück' nicht harmonieren kann“ (vgl. Oelkers 1989: 43).

Eine Unvereinbarkeit der beiden normativen Pole ‚Individuum' und (bestehender) ‚Gesellschaft' hatte bereits Rousseau 1762 in seinem Émile gezeichnet und damit einen Keil in das Denken der Philanthropen getrieben. Rousseau bezog sich pädagogisch nicht auf die bestehende, von ihm gerade kritisierte (absolutistische) Gesellschaft. Erziehung müsse sich nach der *Natur* des Kindes richten. Man müsse sich entscheiden, ob man einen Menschen (als Naturwesen) oder einen (vergesellschafteten) Staatsbürger heranziehen wolle (vgl. Rousseau 1762a: 111; Oelkers a.a.O.: 18). Damit stehen sich beide Referenzpunkte unvereinbar gegenüber. Allenfalls kann eine künftige, utopische Harmonie zwischen beiden in der Formel der Naturgemäßheit entworfen werden[6]. Rousseaus Erzieher erscheint als Technologe und Gestalter der Umwelt des Zöglings, um dessen ‚Natur' er weiß (vgl. Schäfer 2005: 107). Von daher rechtfertigt sich ein rigide disziplinierender (wenn auch vor dem Kind selbst verschleierter) Zugriff auf das Kind, der vor demütigenden oder verängstigenden Maßnahmen nicht zurückschreckt (vgl. Schäfer 2005; Helsper 2006; Tenorth a.a.O.).

6 Rousseaus Entwurf einer idealen Gesellschaft braucht den naturgemäß erzogenen Menschen. Ohne ihn kann diese Gesellschaft nicht entstehen: „Damit ein Volk, das noch im Entstehen ist, die gesunden Prinzipien schätzt und die Grundmaximen der Staatsräson nachvollzieht, müßte die Wirkung zur Ursache werden; der Gemeinsinn, der die Frucht der Verfassung sein soll, müßte bei deren Erstellung schon die Feder führen; die Menschen müßten schon vor den Gesetzen das sein, was sie durch diese erst werden sollen“ (Rousseau 1762b: 69f.).

Mit Kant setzte eine radikale „Ideologiekritik" (Oelkers a.a.O.: 43) der Erziehung ein. Er wählte als Bezugspunkt der Erziehung nicht ‚Glück', gesellschaftliche Brauchbarkeit oder die Natur, sondern die *Vernunft*. Bekanntlich bestimmte er ‚Aufklärung' als den Ausgang des Menschen aus seiner selbstverschuldeten Unmündigkeit: „Sapere aude! Habe Mut, dich deines eigenen Verstandes zu bedienen! Ist also der Wahlspruch der Aufklärung" (Kant zit. in Tenorth a.a.O.: 78f.). Das verweist auf die Fähigkeit des Einzelnen, seinen Verstand zu gebrauchen (Mündigkeit), zugleich auf das Gebot, dies habe notwendig unabhängig von Fremdbestimmung zu geschehen, sicher im Extremfall *gegen* kollektive Meinung oder Sitte. *Andererseits* forderte er in seiner Formulierung des Kategorischen Imperativs: „Handle so, daß die Maxime deines Willens jederzeit zugleich als Prinzip einer allgemeinen Gesetzgebung gelten könne" (Kant, KpV, §7). Hier entsteht ein Widerspruch zu seiner Bestimmung von ‚Aufklärung'; während dort der Mensch unabhängig von anderen seine Vernunft verwenden sollte, soll er es hier so tun, dass sich sein Handeln einer Vorstellung von Vernunft einfügt, die *kollektiv* Anerkennung finden kann. Beides gilt gleichermaßen und beides schließt einander aus. Die Antinomie überträgt sich auf seine Gedanken „Über Pädagogik" (Kant 1803). Denn freier Vernunftgebrauch muss erlernt werden. Obgleich die Anlage dazu dem Menschen gegeben sei, müsse diese Befähigung dennoch, so Kant, kultiviert werden, und dies ist ihm die Aufgabe der Erziehung. Dabei denkt er den Prozess der Erziehung stufenförmig und in Analogie zur Genese der menschlichen Gesellschaft[7]. An dessen Ende steht die ‚Moralisierung' des Individuums, die auf die Einsicht und Befolgung des kategorischen Imperativs zielt:

> „Der Mensch soll nicht bloß zu allerlei Zwecken geschickt sein, sondern auch die Gesinnung bekommen, dass er nur lauter gute Zwecke erwähle. Gute Zwecke sind diejenigen, die notwendigerweise von jedermann gebilligt werden; und die auch zu gleicher Zeit jedermanns Zwecke sein können" (Kant 1803: 465).

‚Frei' zu sein hieße, sich einer Vernunft zu unterwerfen, die nur als eine allgemein geteilte angenommen werden kann. Eine Abweichung markierte dann nicht Autonomie, sondern eher Unvernunft. Pädagogisch gewendet führt das in die berühmte Antinomie von ‚Freiheit und Zwang':

> „Eines der größesten Probleme der Erziehung ist, wie man die Unterwerfung unter den gesetzlichen Zwang mit der Fähigkeit, sich seiner Freiheit zu bedienen, vereinigen könne. Denn

7 Einer Phase der Disziplinierung (Bezähmung der tierischen Natur des Menschen) folgt die der Kultivierung (Vermittlung von Kulturtechniken) und die der Zivilisierung (Vergesellschaftung) des Individuums. Den epochalen Fortschritt sah er schließlich in einer Moralisierung der Menschen, womit in der Erziehung der bis dato erreichte Zustand der Gesellschaft (Zivilisation) überschritten werden sollte (Kant 1803: 464; vgl. Koller 2009: 35ff.; Schäfer 2005: 111ff.; Ecarius 2008: 19).

> Zwang ist nötig! Wie kultiviere ich die Freiheit bei dem Zwange? Ich soll meinen Zögling gewöhnen, einen Zwang seiner Freiheit zu dulden, und soll ihn selbst zugleich anführen, seine Freiheit gut zu gebrauchen. Ohne dies ist alles bloßer Mechanism, und der der Erziehung Entlassene, weiß sich seiner Freiheit nicht zu bedienen" (Kant 1803: 468).

Insofern Freiheit resp. selbständiger Vernunftgebrauch als Qualität die Abwesenheit von Zwang voraussetzt, kann sie nicht auf Zwang (d.h.: erzieherische, heteronome Einwirkung) gründen (vgl. A. Schäfer 2005: 111ff. Oelkers a.a.O.: 50; Wimmer a.a.O.: 38f.). Und selbst wenn Freiheit durch vorgängigen Zwang zu ‚kultivieren' wäre, obläge schließlich auch die Entscheidung darüber, wann ein Zustand hinreichender Mündigkeit erreicht sei, nicht dem Zögling selbst, sondern erneut dem Erziehenden. Einwirkungsprozesse und Urteil über den erreichten moralischen Zustand des Zöglings sind beide heteronom, was dem Ideal des autonomen Vernunftgebrauchs widerspricht.

1.2 Pädagogische Formen der Paradoxiebearbeitung

Erziehung sieht sich seither mit dieser unlösbaren Grundspannung konfrontiert. Sie soll das Kind als eigenständiges und eigenwertiges Wesen, als Selbstzweck (vgl. Oelkers 1989: 43ff.) betrachten und seine Autonomiefähigkeit befördern. Das verbietet reinen Pragmatismus, die ‚Zurichtung' von Kindern auf z.B. wirtschaftliche Forderungen. Andererseits soll sie aber auch gesellschaftlich erwünschte Normen und Qualifikationen vermitteln, kann sich also nicht auf individuelle Vervollkommnung beschränken. Dabei kann von der Möglichkeit der Auflösung des Spannungsverhältnisses zwischen den Polen ‚Individuum' und ‚Gesellschaft', des „Zielkonflikt[es] zwischen Individualisierung und Egalisierung, zwischen individueller Bildung und gesellschaftlicher Brauchbarkeit, zwischen autonomer Selbststeuerung und heteronomen Wirkungsintentionen" (Wimmer 2006: 26), seither nicht mehr ausgegangen werden. Beide stellen gleichwertige und widersprüchliche Desiderate der Begründung von Erziehung dar. Es kann als Aufgabe und Bezugsproblem einer Pädagogik seit Kant verstanden werden, beide Pole trotz der genannten Paradoxie zur Legitimation der Ziele und Mittel der Erziehung heranzuziehen und als vereinbar zu formulieren.

Formal lassen sich (mindestens) vier pädagogische, d.h.: semantische Formen der Bearbeitung der Paradoxie beobachten. Zunächst erschien der Umgang mit den beiden Begründungspolen ‚Kind' und ‚Gesellschaft' unproblematisch. Am Beispiel der Philanthropen zeigt sich beider pädagogische *Identifikation*: Erziehung nutzt zugleich Kind und Gesellschaft. Seit die Spannung zwischen beiden aufschien, entstanden verschiedene Formen der Argumentation, die das Problem scheinbar harmonisch auflösen. Eine Form kann als *Temporalisierung* bezeichnet werden (vgl. Wimmer a.a.O.: 53). Wenn beide Forderungen nicht gleichzeitig umgesetzt werden können, dann eben nacheinander: erst der Zwang, dann die Freiheit. Zu finden ist diese Figur bspw. in Humboldts Schulplänen, in denen er vor die (akademische) Freiheit des jungen Mannes an der Universität einen Unterricht in Elementar- und Gelehrtenschulen gesetzt hatte (vgl. Humboldt 1809). Aber auch ganz deutlich bei Kant selbst: *erst* Disziplinierung, Kultivierung und Zivilisierung, *dann* winkt dem Individuum nach einer Phase der Moralisierung die Autonomie. Eine weitere Variante findet sich bspw. bei Hermann Nohl (1961: 128f.). Er weist Kindzentrierung und ‚Bedürfnisorientierung' als typisch weibliches Verhalten der Mutter zu und ‚Charakterbildung', als Durchsetzung der Forderungen der Gesellschaft, dem Vater. Die Berücksichtigung der Pole ‚Individuum' und ‚Gesellschaft' in der Erziehung wird hier *geschlechtsspezifisch* aufgeteilt bzw. unterschieden und ‚väterliches' und ‚mütterliches' Erziehungsverhalten in der Figur der Familie – die Aporie verdeckend – harmonisch vereint.

Schließlich besteht die Möglichkeit der *lateralisierenden* oder *polarisierenden* Bearbeitung der Antinomie. Im Spannungsfeld zwischen ‚Individuum' und ‚Gesellschaft' stehend kann sich eine Pädagogik argumentativ auf die eine Seite konzentrieren, zu Ungunsten der anderen (Wimmer a.a.O.: 42). Es liegt nahe, in gegenwärtigen Varianten der diskursiven Figur vom ‚Kind im Mittelpunkt' eine solche Vereinseitigung zu sehen.

1.3 ‚Das Kind' als ‚pädagogisches Kriterium' (H. Nohl)

In der Pädagogik besteht eine lange Tradition der Lateralisierung auf den Pol ‚Kind'. Beispielsweise ‚Klassiker' wie Fröbel und Montessori (vgl. Böhm 2010), Ellen Key (2000), Paulo Freire (1971), und allgemein: reformpädagogische Programme (vgl. Scheuerl 1997; Oelkers 2005; Herrmann 2014) betonten bekanntlich die pädagogische Ermöglichung der freien Entfaltung der sich-entwickelnden, sich-bildenden Kinder und grenzten sich gegen pädagogisch-pragmatische Ziele und Formen der direkten erzieherischen (Zwangs-)Einwirkung ab. Gezeichnet wird stattdessen die Vorstellung von Erziehenden als ‚Anwälten des Kindes' sowie einer pädagogischen Abschirmung des Kindes vor gesellschaftlichen Forderungen. Geradezu das zentrale Kriterium des Pädagogischen sahen hierin Vertreter der geisteswissenschaftlichen Pädagogik in der Zwischenkriegszeit.

Die geisteswissenschaftliche Pädagogik proklamierte ‚Erziehung' als ‚autonome Kultursphäre' innerhalb der Gesellschaft (vgl. Matthes 2011: 54) und fand hierfür ihren Fluchtpunkt in der Orientierung ‚am Kinde'. Beispielhaft Hermann Nohl:

> „Jede Kulturfunktion hat sich langsam aus den Bindungen von Kirche, Staat und Stand befreien und das Recht ihres eigenen Wesens erkämpfen müssen. Die Klarheit über den Selbstsinn eines geistigen Gebietes gibt dann erst das Mittel, seine Leistungen rein aus seinem eigenen Zentrum zu begründen, und ist meistens mit einem großartigen Aufschwung der Produktion verbunden. Das gilt für das Recht, die Wissenschaft oder die Kunst und vor allem auch für die Erziehung. Ihr ist diese Befreiung am spätesten gelungen, und sie muß auch heute noch um solche Anerkennung ihres eigenen Charakters und die Feststellung ihres Wesens ringen, ohne die sie doch hilflos dem Druck der anderen Mächte ausgeliefert ist, die sie alle für sich in Dienst nehmen wollen" (Nohl 1961: 124).

Es komme darauf an,

> „(…) daß die Pädagogik den Ort findet, der sie *in gewissem Sinne* unabhängig von ihnen [den gesellschaftlichen Mächten, MK] macht, ihr eine Arbeit aus eigenem Recht erlaubt und damit Selbstbewußtsein, Würde, aber auch Zusammenhang und Fortschritt ermöglicht. (…) Diese relative Selbständigkeit des Eigenwesentlichen verstehen wir unter Autonomie der Pädagogik" (ebd., Herv. i. Orig.).

Das ‚Eigenwesentliche' identifiziert er mit dem Primat des zu erziehenden Kindes. „Was kann aus dem einzelnen zur Erziehung dargebotenen Subjekt werden oder nicht werden?", zitiert er Herbart, „das sei die wahre pädagogische Frage (…)" (a.a.O.: 126).

> „In dieser Einstellung auf das subjektive Leben des Zöglings liegt das pädagogische Kriterium: was immer an Ansprüchen aus der objektiven Kultur und den sozialen Bezügen an das Kind herantreten mag, es muß sich eine Umformung gefallen lassen, die aus der Frage hervorgeht: welchen Sinn bekommt diese Forderung im Zusammenhang des Lebens dieses Kindes für seinen Aufbau und die Steigerung seiner Kräfte? *Insofern* ist also jede Pädagogik Individualpädagogik" (a.a.O.: 127).

‚Gesellschaftliche Mächte' hätten sich eine Transformation ihrer Erwartungen gefallen zu lassen, insofern diese nur dann (und nur so) pädagogische Umsetzung erführen, wenn (und so, dass) sie der Entfaltung des Kindes nutzten. Erziehung richte gesellschaftliche Gegenstände am einzelnen Individuum aus: Individualpädagogik. In der Orientierung ‚am Kind' fand Erziehung einen Bezugspunkt zur Abwehr von Indienstnahme, den Kern einer Forderung und Behauptung von relativer Autonomie als eigene, ausdifferenzierte Kultursphäre (a.a.O.: 124); zugleich ein berufsethisch-normatives Ideal (a.a.O.: 127): das Kind und seine Entfaltung als höchster pädagogischer Wert, als Eichmaß, das über pädagogische Umsetzung gesellschaftlicher Erwartungen entscheidet.

1.4 Erziehung und gesellschaftliche Leistungserwartungen

Im Ringen um Autonomie, um Unabhängigkeit von anderen gesellschaftlichen Akteuren, wird deutlich, dass die Orientierung ‚am Kind' Teil pädagogischer Selbstverständigung ist (vgl. Tenorth 1989: 429f.; Radtke 2006a: 81): eine Semantik, deren Bemühungen um Abgrenzung gegen gesellschaftliche Erwartungen an Erziehung zugleich auf deren Existenz verweist. Diskurse über Erziehung sind zu unterscheiden in pädagogisch-selbstreferentielle und solche, die Leistungserwartungen an die Erziehung aufgrund anderer, nicht-pädagogischer Logik, formulieren. Gerade gesellschaftliche Erwartungen an Erziehung werden in Pädagogiken, die sich am Ideal der Kindzentrierung orientieren (und damit die kantische Spannung lateralisierend bearbeiten), tendenziell abgedunkelt. Will man sie in den Blick bekommen, muss man die Ebene pädagogischer Selbstvergewisserung und Programmatik verlassen und eine distanziertere Beobachterperspektive wählen. Dann finden sich theoretische Beschreibungen, die die Funktion der Erziehung für die Gesellschaft beleuchten.

So hatte Schleiermacher (1826: 9) bereits die Frage aufgeworfen, was die ältere Generation mit der Jüngeren wolle, und damit neben der Vervollkommnung des Kindes die Existenz weiterer, ihm äußerlicher Ziele der Erziehung markiert. Bernfeld beschrieb ‚Erziehung' als „Summe der Reaktionen einer Gesellschaft auf die Entwicklungstatsache" (Bernfeld 1925: 51). Durkheim (1902) und Mannheim (1928) skizzierten sie als Grundlage für den Fortbestand gesellschaftlicher Ordnung trotz ‚wechselnden Personals', d.h. sterbender und nachwachsender Generationen. Emile Durkheim betrachtete Erziehung als eine „eminent soziale Angelegenheit" (Durkheim a.a.O.: 37) und konstatierte, dass sie die Kinder so zu formen habe, wie die Gesellschaft sie brauche, und nicht (was man als Argument gegen seinen Landsmann Rousseau lesen kann) wie die Natur sie geschaffen habe; und, so Durkheim weiter, sie brauche sie so, wie ihre innere Ökonomie bzw. Ordnung es verlange (a.a.O.: 44). Hermann Giesecke schrieb in einer Streitschrift:

> „Unsere Gesellschaft leistet sich nicht deshalb ein 60 Milliarden Mark teures Schulwesen, (…) um die nachwachsende Generation bei Laune zu halten und zu amüsieren (…). Vielmehr hat die Gesellschaft ein vitales Interesse daran, ihren Nachwuchs so auszubilden, daß er den jeweils erreichten Standard an Kenntnissen, Fähigkeiten und Fertigkeiten zumindest erreichen, möglichst sogar übertreffen kann. (…) Alles Nachdenken über Schule muss also bei ihrer gesellschaftlichen Funktion ansetzen und darf nicht von den individuellen Bestrebungen der Schüler ausgehen" (Giesecke 1996: 200).

Jochen Kade und Frank-Olaf Radtke sehen in Erziehung ein Mittel der Steigerung der Regierbarkeit der Bevölkerung durch „Beeinflussung des Bewusstseins der einzelnen Bürger" (Kade/Radtke 2011: 221).

> „Seit dem 16. Jahrhundert treten Erziehungs- und Regierungskunst wieder zusammen auf. Sie werden komplementär darauf abgestimmt, die gesellschaftliche Ordnung durch das Individuum und sein Bewusstsein hindurch zu stabilisieren oder zu verändern" (a.a.O.: 221f.).

Für Ingrid Lohmann schließlich lag das Motiv der Veranstaltung öffentlicher Erziehung seit dem frühen 19. Jahrhundert in der gesellschaftspolitischen Ambition der Überwindung des Feudalismus und der notwendigen Vorbereitung der Bevölkerung auf die in der Zeit entstehenden wirtschaftlichen und national- und verfassungsstaatlichen Strukturen (Lohmann 2010: 231). Schule sei nie ‚autonom' (gewesen), sondern stets (sie zitiert hier Christa Berg): „(…) den Ansprüchen und Einflüssen aller Institutionen des öffentlichen Lebens und aller an der politischen Willensbildung partizipierenden Kräfte wie Regierung und Verwaltung, Recht, Wirtschaft und Finanzen, Kirche und Parteïen ausgeliefert (…)" (a.a.O.: 232), was sie dann „unter dem Anspruch von Bildung zu rechtfertigen" (ebd.) habe.

In einer wissenschaftlich beobachtenden Perspektive erscheint ‚Erziehung', gerade in Form einer öffentlich verantworteten Massenveranstaltung, eher als Instrument der Beeinflussung und Disziplinierung der Bevölkerung denn als ‚Sphäre', die gesellschaftliche Forderungen entlang individuellen Ansprüchen der Educandi beugt; neben den staatlichen Gewalten der Legislative, Judikative und Exekutive als *Edukative* (vgl. Kade/Radtke a.a.O.: 220). In dieser Sicht dient ‚Erziehung' entweder dem Erhalt oder angestrebtem Wandel der Gesellschaft, wozu die Erzogenen funktional beitragen sollen. Genau dieser Zusammenhang müsste sich an historischen und gegenwärtigen elementarpädagogischen Texten zeigen lassen.

1.5 Zur Historiographie des Kindergartens

Eine Arbeit wie die vorliegende, die das oben gezeichnete Verhältnis von Politik und Elementarpädagogik an historischen Beispielen rekonstruieren will, muss ohne Zweifel neben analytischen Überlegungen wie den Voranstehenden auch an die Forschung zur Geschichte des Kindergartens anknüpfen. Die einschlägige Historiographie dient einerseits als reichhaltiger und unumgänglicher Fundus auf der Suche nach Quellen, die für eine Analyse geeignet sind. Andererseits repräsentiert sie den aktuellen Stand des Wissens, den wir heute über die historische Entwicklung elementarpädagogischer Programme und Einrichtungen, der öffentlichen Erziehung kleiner Kinder vor Eintritt in die Schule, haben.

Im Folgenden soll ein Überblick über die in diesem Feld zentralen und einschlägigen Arbeiten gegeben werden. Dabei wird kein Anspruch auf Vollständigkeit erhoben. Gleichwohl können auf der Basis dieser Sichtung der Werke zentraler Autorinnen und Autoren Vorschläge für eine Erweiterung elementarpädagogischer Historiographie unterbreitet werden. Ein Perspektivwechsel in diesem Forschungsfeld kann zu alternativen Erkenntnissen führen und das bisherige Wissen um neue Einsichten anreichern.

Seit den späten 1970er und vor allem in den 80er Jahren etablierte sich eine Forschung zur Geschichte der Vorschulerziehung in Deutschland, die bis heute fortgeschrieben wird[8]. Am Anfang stand eine Archivforschung, die zur Herausgabe umfänglicher Quellensammlungen führte (Dammann/Prüser 1981; Krecker 1971; Erning 1976). Die Sicherung und Veröffentlichung verstreuter oder verloren geglaubter Quellen sollte einerseits die Forschung anregen, andererseits die Ausbildung von Fachkräften bereichern (vgl. Dammann/Prüser a.a.O.: 13f.). Daneben sollte eine ‚neue' Beforschung der Geschichte des Kindergartens die vergangenen politischen Bestrebungen der Bildungsreform in Deutschland in einen weiteren historischen Kontext stellen, den diese habe vermissen lassen (ebd., vgl. Erning et. al. 1987a: 9). Die darauf aufbauenden, frühen Standardwerke können bis heute als richtungweisend für die Beschäftigung mit diesem Gegenstand gelten (insb. Erning et. al. 1987a, b)[9] und die damaligen Vertreter tragen bis heute wesentlich zum Diskurs bei (bspw. Aden-Grossmann 2002; Reyer 2006a,b, 2015; Neumann 2006; Konrad 2004).

Die unterschiedlichen Beiträge können sortiert werden. Es finden sich *chronologische Darstellungen*, die die Geschichte der öffentlichen Vorschulerziehung ausgehend von Personen, Organisationsformen und Pädagogiken als kontinuierliche Entwicklung über die Zeit präsentieren (Erning et. al. 1987a; Konrad 2004; Franke-Meyer 2011); solche, die *spezifische Themenfelder* wie ‚Professionalisierung des Fachpersonals', ‚Verbreitung' oder ‚Entwicklung von Trägerstrukturen' rekonstruieren (Erning et. al. 1987b); ferner *Exegesen* der Werke einzelner Autoren, die sich aus verschiedenen Perspektiven um deren Auslegung bemühen (bspw. für Fröbel siehe Heiland 2002, 2003, 2008; Stübig 2001, 2006; Bollnow 1952; Baader 1996; zu Henriette Schrader-Breymann vgl. Berger 1999). In diesem Zusammenhang ist auch die Bemühung um Zusammenstellung von ‚Klassikern' zu nennen (bspw. Pfeiffer 2013; jüngst: Franke-Meyer/Reyer 2015). Daneben finden sich Auseinandersetzungen mit der *Geschichte eines bestimmten Trägerverbandes* (Hermanutz 1977; Schnabel 1987). Ferner differenzierte Betrachtungen spezifischer *historischer Zeiträume* (z.B. für das Deutsche Kaiserreich Burghard Müller 1989). Schließlich seien, z.T. quer dazu, Werke genannt, die

8 Was nicht heißen soll, dass es historiographische Bemühungen nicht schon früher gegeben hätte. Franz-Michael Konrad weist auf Quellensammlungen und historische Überblicksdarstellungen in der Weimarer Zeit und davor hin (Konrad 2004: 283).

9 Für die DDR sei exemplarisch genannt: Barow-Bernstorff et. al. 1986.

sich kritisch mit den Zusammenhängen zwischen Kindergarten und Gesellschaft auseinandersetzen: aus materialistischer Sicht Gunnar Heinsohn (1974) und die materialreiche Studie Manfred Bergers über „Vorschulerziehung im Nationalsozialismus“ (Berger 1986). Einen ‚Mix’ bietet die Darstellung Wilma Aden-Grossmanns (2002), indem sie die Darstellung einzelner Pädagoginnen und Pädagogen (Fröbel, Montessori), Zeitphasen (Weimarer Republik, Drittes Reich, 1945-70), Modelle (Waldorfkindergarten, ‚KITA-3000’), unterschiedlicher Erziehungssysteme (DDR, BRD), Themen (Interkulturelle Erziehung) und der Professionalisierung von Fachkräften miteinander kombiniert.

Diesen Arbeiten verdanken wir unser heutiges Wissen über die Geschichte der Elementarpädagogik und die Institutionalisierung der Vorschulerziehung. Sie stellen zumeist materialreiche, gehaltvolle und informative Narrative ihrer historischen Genese dar. Es fällt auf, dass die erklärten oder erkennbaren Absichten solcher Arbeiten häufig programmatischer Art sind. Es geht um traditionsbildende Selbstvergewisserung des professionellen oder disziplinären Feldes der Pädagogik der frühen Kindheit (Franke-Meyer/Reyer 2015: 8), um eine Aufbereitung historischer Pädagogik für die Ausbildung von PraktikerInnen oder um eine wissenschaftliche Reflexion oder Untermauerung bildungspolitischer Reformbestrebungen (bspw. Reyer 2006a, 2015; Franke-Meyer 2011). Die Arbeiten leisten dann neben einem Beitrag zum wissenschaftlichen Diskurs mehr oder weniger deutlich auch Pädagogik- oder Politikberatung bzw. formulieren programmatische Forderungen.

Als großes Verdienst der Dissertation von Helge Wasmuth kann gesehen werden, dass er in diesen Diskurs die Theorie und Methodologie der Historiographie auf aktuellem Stand eingeholt hat (Wasmuth 2011). Er hat ein Werk vorgelegt, das nicht nur historische Quellen darstellt und auswertet, sondern sein Vorgehen auch in einen explizierten theoretischen und methodologischen Kontext stellt. Unter anderem mit Bezug auf seine ausführliche Zusammenstellung historiographischer Grundprämissen kann die gegenwärtige, seit rund vierzig Jahren fortgeschriebene Geschichte der Vorschulerziehung methodologisch revidiert und können Desiderate künftiger Forschung formuliert werden.

‚Geschichte’ als Beobachterkonstrukt: ‚Geschichte’ ist zunächst nicht ein Abbild realer Ereignisse, die sich so und nicht anders zugetragen haben, vielmehr ein Beobachterkonstrukt. „Jede historische Darstellung ist Selektion aus dem potentiell unbegrenzten Gebiet vergangener, erlittener oder betätigter Geschichten“ (Koselleck 2006: 48). „Die jeweilige Geschichte ist nicht die definitive und vollständig erschlossene Vergangenheit, wie diese tatsächlich gewesen ist, sondern das Bild eines Historikers, der aus Distanz auf die Vergangenheit blickt und diese zu deuten versucht“ (Wasmuth a.a.O.:4).

Das relativiert frühere Ansprüche (z.B. Erning et. al. 1987a, b), eine „Gesamtdarstellung der Geschichte der öffentlichen Kleinkindererziehung in Deutschland von den Anfängen bis zur Gegenwart“ vorzulegen (a.a.O.: 9), und mit Selbstverortung im „sozialhistorischen Paradigma“ (ebd.), entgegen einer ‚Ideen-‘, ‚Personen-‘ oder ‚Institutionengeschichte‘, dem „Gesamtphänomen“ (ebd.) gerecht zu werden. Gegenüber solchen Authentizitäts- und Vollständigkeitsansprüchen ist aus heutiger Sicht eine deutlich zurückhaltendere Auslegung historiographischer Forschungsergebnisse angezeigt. Historiographische Befunde stellen ein selektives Bild dar, belegt mit historischen Quellen, das nicht die Wahrheit historischer Realität widerspiegelt, sondern seine Plausibilität aus Fragestellung, Heuristik und methodischem Vorgehen des wissenschaftlichen Beobachters bezieht.

Sozialgeschichte vs. Ideengeschichte: Gerade der Verweis auf das ‚sozialgeschichtliche Paradigma‘ scheint besonderen Realitätsgehalt zu gewährleisten und ermöglicht eine Abgrenzung von vorangegangenen ‚ideengeschichtlichen‘ Zugängen. Man scheint harte, reale Gegebenheiten und Strukturen zu beobachten anstelle ‚weicher‘ philosophischer Gedankengebäude. Doch auch bei der Unterscheidung von ‚Ideengeschichte‘ und ‚Sozialgeschichte‘ und unterstelltem Wissenschaftlichkeitsvorsprung Letzterer ist Vorsicht geboten. Beide stellen forschungsleitende Perspektiven mit je eigenem Wert dar, keine Relation ‚besser/schlechter‘. ‚Ideengeschichte‘ kann dabei unterschiedliches meinen: einerseits exegetische und traditionsbildende Bemühungen (die ältere Version, vgl. Böhme/Tenorth 1990: 20; Tenorth 2010b: 137; Wasmuth a.a.O.: 15), andererseits, diskursanalytisch, kritische Auslegung von Aussagen im Kontext von Sprachspielen und gesellschaftlichen Symbolsystemen (vgl. Wasmuth a.a.O.: 16ff.). In beiden Perspektiven hat Ideengeschichte ihren Wert; es lohnt durchaus, Semantiken im Kontext ihrer Zeit zu untersuchen. Sowohl Sozialgeschichte als auch Ideengeschichte in diesem zweiten Sinne setzen Aussagen einer Quelle in den Kontext ihrer historischen gesellschaftlichen Umwelt; das ist letztlich ihre spezifische Leistung. „Texte müssen durch die Kontexte, in denen sie entstanden sind und vor dem Hintergrund der sie dominierenden Sprache verstanden werden. Die Bedeutung eines Textes kann nur dann adäquat erfasst werden, wenn seine Stellung innerhalb des diskursiven Kontextes, in dem er verfasst wurde, begriffen wird. Texte besitzen keine kontextunabhängige Existenz“ (Wasmuth a.a.O.: 18). Insbesondere historische Vergleiche können in dieser Perspektive neue Erkenntnisse hervorbringen (vgl. Tenorth 2010b: 141). Die vorliegende Arbeit nimmt diesen Gedanken auf. Es interessieren v.a. elementarpädagogische Semantiken und deren Selbstrelationierung zu Semantiken des politisch-öffentlichen Kontextes, beides untersucht an Kontrast versprechenden historischen Fällen.

Pädagogische Historiographie zwischen Engagement und Distanz: Heinz-Elmar Tenorth stellt fest, „(…) dass die Geschichtsschreibung der Pädagogik sich (...) dazu entschlossen hat, ihre eigene Arbeit bewusst als methodisch organisierte Historiographie zu verstehen, d.h. aus der Distanz gegenüber den Selbstbeschreibungen von Bildung und Erziehung, wie sie in der Tradition nationaler Kulturen und Bildungssysteme von den Eliten der pädagogischen Profession überliefert und kontinuierlich fortgeschrieben worden waren. (…) Die Funktion dieser [‚traditionellen', MK] Arbeiten bestand übereinstimmend darin, das Bewusstsein einer legitimen pädagogischen Aufgabe zu erzeugen und als Ethos und Anspruch des Berufs bzw. der jeweiligen Institution zu tradieren" (Tenorth 2010b: 137). Dieser Schritt – distanziert zu beobachten statt pädagogische Traditionsbildung zu betreiben – ist bis heute, soweit ersichtlich, in der Historiographie der Elementarpädagogik nicht konsequent nachvollzogen worden. Ihre Darstellungen verbleiben im Rahmen pädagogischer Semantik, Traditionsbildung und Selbstvergewisserung, insbesondere dort, wo sie in der Absicht der Ausbildung künftiger Professioneller verfasst sind.

Wilma Aden-Grossmann beispielsweise begründet ihre historischen Darstellungen wie folgt: „Mir war es (…) wichtig aufzuzeigen, daß die moderne Pädagogik, die das Kind respektiert, sein Lernen als einen Aneignungsprozeß betrachtet, durch den Erfahrungen verarbeitet werden, ihre Wurzeln in der Pädagogik der Aufklärung hat, die die Forderung nach einer umfassenden Bildung des ganzen Volkes auf ihre Fahnen geschrieben hatte" (Aden-Grossmann a.a.O.: 11). Verfolgt wird eine Rekonstruktion der Durchsetzung des Gedankens ‚vom Kinde aus', der heute rechtlich kodifiziert sei (KJHG §1,1; a.a.O.: 12) und der es über die Zeit immer schwer gehabt habe, sich gegen autoritäre und konservative Gesellschaftsstrukturen und Erziehungskonzepte durchzusetzen. Erklärte Ambition ist damit die Dokumentation des Kampfes um das pädagogische Ideal (wie z.B. von Nohl beschrieben, s.o.) und seiner schrittweisen Durchsetzung.

Ferner finden sich Aussagen, die pädagogischen Veranstaltungen einen nicht weiter hinterfragten Eigenwert zuschreiben. Bspw. Franz-Michael Konrad: „Das eigentliche Drama der damaligen Zeit aber war die Kinderarbeit (…). Statt in die Schule gehen zu dürfen, mussten viele Kinder durch eigene Arbeit zum Unterhalt der Familie beitragen – und zwar auf sehr viel härtere Weise als dies im Rahmen der alten Hauswirtschaft immer schon üblich gewesen war" (Konrad 2004: 12). ‚Schule' wird hier zum Privileg, abgegrenzt gegenüber ‚unmenschlicher' Kinderarbeit[10]. Die Darstellung ist im Kern unkritisch gegenüber Erziehungsveranstal-

10 Dass es sich dabei um harte, aus heutiger Sicht unter keinen Umständen vertretbare Lebensbedingungen von Kindern gehandelt hat, soll in keiner Weise in Frage gestellt werden! Hier interessiert aber lediglich die Lesart der historiographischen Beobachter.

tungen. Dass es sich bei Beschulung ebenfalls um eine Indienstnahme und Verpflichtung des Kindes handelt, jetzt unbezahlt, eine Herausnahme aus den Familien und keineswegs bloß ‚befreiend', möglicherweise rigide disziplinierend, dirigierend, überwachend, an Erwartungen von Obrigkeit und Ökonomie ausgerichtet (vgl. Klemm 2008), gerät aus dem Blick. Die pädagogische Veranstaltung wird gezeichnet als per se humanistischer Zugewinn, der über die Zeit fortschreitet[11].

Erkennbar spiegeln sich in diesen wenigen, ausgewählten Beispielen Figuren pädagogischer Selbstverständigung: Die grundsätzliche Annahme des Nutzens und Wertes pädagogischer Institutionen; ein Blick ‚vom Kinde aus'; humanistische Ideale, die die Auswahl und Interpretation von Quellen anleiten. Die bis heute vorliegende Historiographie der Vorschul- oder Kleinkinderziehung verbleibt, anders als die allgemeine bildungshistorische Forschung (Tenorth s.o.), *im* pädagogischen Diskurs. Dabei übernimmt sie Perspektiven, Logiken und Semantiken pädagogischer Reflexion und Programmatik und tradiert sie. In der Tradierung dessen, was von pädagogischen Fachkräften gewusst und gewollt werden soll, geraten Erkenntnisse, die *nicht* einer einschlägigen Wissens- und Gesinnungsbildung dienen, aus dem Blick.

Konzentration auf pädagogische Quellen: Daraus scheint erklärbar, dass sich die Darstellungen wesentlich auf *pädagogische* Quellen konzentrieren. Präsentiert werden Zitate von Akteuren, die Funktionäre von Trägerverbänden waren oder selbst Anstalten der Erziehung kleiner Kinder leiteten: Wilderspin, Wirth, Fliedner, Fröbel (vgl. Erning 1987a: 24ff.); Marenholtz-Bühlow, Schader-Breymann (vgl. Reyer 1987: 52ff.; Berger 1999); Selbstdarstellungen von Einrichtungen (vgl. Aden-Grossmann 2002: 206f.) oder Zitate von Erzieherinnen (a.a.O.: 204f.). Allenfalls werden Protokolle von Ministerialbeamten oder Inspektoren zur Kenntnis genommen, wenn sie von bürokratisch-politischer Seite direkt die veranstaltete Vorschulerziehung thematisieren (z.B. Erning 1987a: 19f.). Wird auf ‚Gesellschaft', die Umwelt des Erziehungssystems, Bezug genommen, so werden bspw. Gesetzestexte referiert (vgl. Dammann/Prüser 1981; Aden-Grossmann a.a.O.: 279; Konrad a.a.O.: 238f.), Statistiken (z.B. Aden-Grossmann a.a.O.: 287) oder die Ergebnisse empirischer Studien (z.B. PISA, vgl. Konrad a.a.O.: 252). Abgebildet werden also statistische Strukturdaten oder juristische Rahmenbedingungen. Was auffällig fehlt, mindestens in hohem Maße marginalisiert wird, ist

11 Freilich fehlen Verweise auf die disziplinarischen Ambitionen nicht, die bspw. Staat oder Kirche mit der Veranstaltung der Erziehung kleiner Kinder verbanden (insb. Erning 1987a; Reyer 1987); die hier genannten wenigen Beispiele illustrieren jedoch einen in gewisser Hinsicht positiv voreingenommenen Blick auf Erziehungsveranstaltungen, der bei der Analyse einschlägiger Programme die Sicht auf andere Zusammenhänge verstellen kann.

eine Bezugnahme auf semantische Kontexte im gesellschaftlichen Umfeld pädagogischer Wissensproduktion. Der gesellschaftliche Denkhorizont pädagogischer Textproduktionen bleibt weitgehend unbeachtet[12]. Die vorliegende Studie möchte, dies ergänzend, Semantiken aus dem politisch-öffentlichen Umfeld jeweiliger Pädagogiken hinzu ziehen und versucht eine systematische Relationierung zwischen beiden. Auf diese Weise scheint es möglich, eine alternative Geschichte des Kindergartens zu schreiben, die sich nicht i.w.S. auf die Tradierung pädagogischer Professionsethik fokussiert, sondern eine jeweilige historische Einbettung elementarpädagogischer Semantik in ihren gesellschaftspolitischen Kontext nachzeichnet. Eine solche Geschichte der Elementarpädagogik kann bisherige Erkenntnisse um neue Befunde ergänzen, die nicht aus der Analyse bislang unbekannter Quellen resultieren, sondern aus einer Veränderung der Beobachterperspektive. Das soll bisherige Forschungsergebnisse keineswegs abwerten, es meint lediglich, dass man Neues sehen kann, wenn man aus einem anderen theoretischen Blickwinkel und mittels anderer Fragestellungen beobachtet. In der vorliegenden Studie wird die Geschichte der Elementarpädagogik nicht traditionsbildend-normativ bzw. pädagogisch- oder politisch-engagiert beleuchtet, sondern distanziert-reflexiv. Dies unter heuristischer Bezugnahme auf soziologische Theorien und ohne den Anspruch, ‚richtige' Pädagogik beschreiben bzw. sie unter Rekurs auf historische Quellen belegen zu wollen.

In diesem Sinne hatte Tenorth erziehungshistorische Forschung angemahnt (s.o.). Allerdings sieht er eine gewichtige Konsequenz der Abkehr von der pädagogischen Perspektive in der „(...) Auflösung der historisch überlieferten Einheit von Reflexion und Praxis, von Forschung und Handeln, von historischem und je aktuellem Bewusstsein der pädagogischen Aufgabe" (2010b: ebd.). Kurz: Im Verzicht auf pädagogisches Engagement verliert Bildungsgeschichte den Bezug zur Profession. Wenn eine pädagogische Historiographie der Profession nicht mehr ‚nützlich' zu sein beansprucht – was (und wem) ‚nutzt' sie dann noch? Dies soll, abschließend, in Kap. 8.6 erörtert werden.

1.6 Zusammenfassung

Pädagogische Semantiken und distanzierte wissenschaftliche Beobachtungen des Erziehungssystems liefern unterschiedliche Aussagen über dessen Aufgaben. Aus Sicht pädagogischer Selbstverständigung beurteilt die erziehende Profession ge-

12 Hierfür gibt es Ausnahmen: bspw. die Dissertation Burghard Müllers (1989) oder die Studie Manfred Bergers (1986).

sellschaftliche Leistungserwartungen mit Blick auf das Kindeswohl und vermittelt nur das, was der weiteren Entfaltung des Kindes nützlich ist. Gesellschaftliche Leistungserwartungen werden durch das Kriterium ‚Kind' gefiltert. Wissenschaftlich-reflexive Beschreibungen des Verhältnisses Erziehung-Gesellschaft kommen zu entgegengesetzten Diagnosen: Erziehung formt Kinder entlang gesellschaftlichen Bedarfen, ggf. unter Vernachlässigung kindlicher Bedürfnisse oder Interessen. Betont wird im ersten Falle die Orientierung der Erziehung ‚am Kind', im zweiten Falle ihre Funktion für die Gesellschaft[13].

Eine pädagogische Verortung des Kindes ‚im Mittelpunkt' bearbeitet semantisch unterschiedliche Probleme moderner Erziehung: Sie entschärft *erstens* die der Reflexion des Erziehungssystems eingeschriebene konstitutive Paradoxie zwischen ‚Individuum' und ‚Gesellschaft', indem sie auf ersteren Pol vereinseitigt. Sie kann *zweitens* seitens der Profession höchste Zustimmung und Anschlussfähigkeit erwarten, insofern Argumente ‚vom Kinde aus' bzw. einer ‚Anwaltschaft' für das Kind mit dem professionsethischen Sediment konform gehen, in dem das Kind nicht als zuzurichtendes Objekt angesehen wird, sondern die Anerkennung seines Eigenwertes und seiner Würde als Person ethische Rechtfertigungen pädagogischen Zugriffs erfordern (vgl. Seichter 2011). Eine solche Vereinseitigung ermöglicht *drittens* eine selbstvergewissernde Abgrenzung gegen gesellschaftliche Indienstnahmen der Erziehung und ermöglicht ein Verständnis von Erziehung als autonomem Bereich in der Gesellschaft. Begriffe wie ‚Bildung', Figuren vom ‚Kind im Mittelpunkt' und ihre Varianten können schließlich, *viertens*, als semantische Schnittstelle zu anderen Diskursen wirken, in denen sie auch Verwendung finden (vgl. Ricken 2006: 20).

Dennoch hat man es immer mit einer Vereinseitigung zu tun; der *andere* Pol, ‚die Gesellschaft' und ihre Forderungen an Erziehung, ist für die Pädagogik ebenso konstitutiv. Gerade wo er abgeschattet wird stellt sich die Frage, wie gesellschaftspolitische Forderungen doch noch Berücksichtigung erfahren; in welcher Form Elementarpädagogiken Bezug nehmen auf gesellschaftliche Plausibilitäten oder Leistungserwartungen. Wo solche Bezugnahme auf ‚Gesellschaft' explizit erfolgt, erscheint dies unproblematisch. Schwieriger wird es, wenn die Referenz *nicht* ausdrücklich Teil pädagogischer Selbstbeschreibung ist. Dann erscheint es geboten, beide, pädagogische wie nicht-pädagogische Denkfiguren zu rekonstruieren und vergleichend nach pädagogisch-eigenlogischen Analogien auf Plausibilitäten im gesellschaftlichen Umfeld zu fragen. Wie wird der Zielkonflikt

13 Diese Unterscheidung ist in der hier gewählten Zuspitzung und Schärfe eine analytische, sie dient der pointierten Modellierung des Forschungsvorhabens. Damit sollen keineswegs Hybridbildungen in der pädagogischen Legitimation zwischen Individuum und Gesellschaft ignoriert oder gar geleugnet werden.

der Erziehung zwischen ‚Individuum' und ‚Gesellschaft' in unterschiedlichen Pädagogiken der Vorschulerziehung bearbeitet? Wie können diese die Paradoxie so harmonisieren, dass sie den Erziehenden, an die sich Pädagogik immer wendet, gar nicht als Problem erscheint? Wie wird das Verhältnis zwischen Individuum und Gesellschaft, von Eigenwert und -würde des Menschen einerseits und pragmatischen Formungsambitionen der Gesellschaft andererseits, elementarpädagogisch modelliert? In welcher Form finden sich politisch-normative Erwartungen aus der Umwelt des Erziehungssystems im Pädagogischen? Dies zu untersuchen macht sich die vorliegende Studie zur Aufgabe.

2 Kommunikation, Macht, Öffentlichkeit

> *„Wenn man den grundlegenden Instrumentalcharakter soziologischer Theorie anerkennt, eröffnet jede Theorie eine Beobachtungsperspektive, die eine bestimmte Systematik bei der Erfassung sozialer Phänomene vorgibt. Die Theorie lenkt die Aufmerksamkeit, macht Bestimmtes als Phänomen sichtbar und verdunkelt anderes" (Lindemann 2009: 138).*

Gesa Lindemann betrachtet die Soziologie als eine Disziplin, deren unterschiedliche Theorien trotz aufzeigbarer Differenzen auf einem unausgesprochenen Kompromiss über ihren Gegenstand beruhen (vgl. Lindemann 2009, vgl. auch Ritsert 1988: 12ff.). Soziale Phänomene begreift sie als Relationen von Ego und Alter, die wechselseitig Erwartungen (oder: Erwartungs-Erwartungen) aneinander richten. Aus dieser doppelt-kontingenten Relation zweier selbst- und einander bewusster Entitäten emergiere soziale Ordnung bzw. Nicht-Beliebigkeit; sie spricht i.d.S. von der „Emergenzkonstellation" (Lindemann a.a.O.: 139). Jede soziologische Theorie stelle eine Variation dieser Figur dar und mache daher bestimmte Phänomene stärker sichtbar, während andere weniger Beachtung erfahren. Vor diesem Hintergrund möchte sich die vorliegende Arbeit ihrem Gegenstand mehrperspektivisch annähern.

Die Theorien Niklas Luhmanns und Michel Foucaults befassen sich mit Ordnungsbildung im beschriebenen Sinne. In beiden geht es um Kommunikation, beide thematisieren das Verhältnis zwischen Struktur und Semantik. Beide erscheinen unter diesen Kriterien, trotz grundsätzlicher Unterschiede, kommensurabel. Die Systemtheorie Niklas Luhmanns ermöglicht es, ‚Erziehung' als unterscheidbaren Teil der Gesellschaft zu begreifen. Mit der Unterscheidung System-Umwelt können pädagogische Texte als Semantiken des Erziehungssystems von solchen aus dessen Umwelt unterschieden und beide miteinander verglichen werden. Ferner lassen differenztheoretische Unterscheidungen (v.a. Codierung/Programmierung) relativ genaue formale Bestimmungen des relevanten Datenmaterials zu.

Unter Rückgriff auf die Theorie Michel Foucaults können Vorschuleinrichtungen in der Form, wie sie in Elementarpädagogiken entworfen werden, als Bestandteile von Machtdispositiven rekonstruiert werden; Organisationen der Vorschulerziehung als Knotenpunkte im ‚Netz der Macht', das die Gesellschaft überzieht; als Orte, an denen abstrakte Kalküle der Macht operationalisiert werden, an denen organisiert und systematisch die Körper der Kinder machtvoll durchdrungen werden bzw. der Durchdringung durch solche hegemonialen Kalküle ausgesetzt werden.

In einem abschließenden Schritt wird mit einem Modell von Bernhard Peters der Versuch unternommen, politische Öffentlichkeit als Raum zu konzeptualisieren, in dem Ordnungsbildungen auf diskursivem Wege stattfinden. Wenn ‚Pädagogik' als Programmatik der Erziehung auf Vorgänge in ‚der Gesellschaft' reagiert, dann wäre die politische Öffentlichkeit der Ort, an dem die Impulse hierfür erzeugt werden.

2.1 Systemtheorie: ‚Gesellschaft' als differenzierte Kommunikation

Spezifisches Moment der Luhmann'schen Systemtheorie ist die Rückführung aller weiteren Theoriebildung über Gesellschaft auf Differenz (und nicht auf Einheit, vgl. Luhmann 1999: 35; 2006: 55) sowie die Umstellung auf selbstreferentielle Kommunikation, die den Beobachtungsgegenstand (‚Gesellschaft') konstituiert und zugleich seine Elemente (Kommunikationen) benennt (vgl. Luhmann 1990: 24; 2006: 59). Am Anfang steht eine Unterscheidung, die Differenz zwischen Kommunikation und Nicht-Kommunikation bzw. ‚Gesellschaft' und ‚Nicht-Gesellschaft'. Das Prinzip der Differenzierung setzt sich innerhalb der Gesellschaft, d.h. im umfassenden System aller Kommunikationen fort (vgl. Luhmann 1998, 597ff.). Gesellschaften sehen sich kontinuierlich mit der Erfüllung bestimmter Aufgaben konfrontiert und in modernen Gesellschaften übernehmen ausdifferenzierte Funktionssysteme als Spezialkommunikationen jeweils eine spezifische dieser Aufgaben (vgl. Luhmann 1990: 48). Dabei folgen sie einer je eigenen Leitdifferenz, einem binären Code, der einem Beobachter eine eindeutige Zuordnung einer Kommunikation entweder in ein Funktionssystem oder in seine Umwelt ermöglicht[14].

Das Erziehungssystem folgt einer doppelten Codierung (vgl. Kade/Radtke 2011): Einerseits prozessiert es Selektionsentscheidungen entlang der Unterscheidung ‚besser/schlechter' und verteilt so qua differenzierter Zertifizierung Lern- und Lebensmöglichkeiten im Erziehungssystem und seiner Umwelt. Andererseits, so ein Vorschlag Jochen Kades, der eine Zentrierung rein auf Schule über-

14 Z.B. haben/nicht-haben bzw. zahlen/nicht-zahlen für die Wirtschaft, wahr/unwahr für die Wissenschaft (vgl. Luhmann 1992: 111).

windet, trifft es Unterscheidungen entlang der Differenz ‚vermittelbar/nicht-vermittelbar' (vgl. Kade 1997; Luhmann 2002: 59). ‚Erziehung' wäre danach Vermittlungskommunikation. Der jeweiligen Leitdifferenz folgend bilden die entsprechenden, sich aufeinander beziehenden Kommunikationen ein einheitliches System. Eine Einheit, die aber nur dadurch als solche zu beschreiben ist, dass man diese Kommunikationen von allen anderen unterscheidet. Einheit gewinnt ein Funktionssystem auf dem Wege der Selbstreferenz und – erneut – aus Differenz (vgl. Luhmann 1990: 48). Damit kann das Verhältnis der Vorschulerziehung (als Teil des Erziehungssystems) zur ‚Gesellschaft' entlang der Unterscheidung System/Umwelt beschrieben werden und die Möglichkeit eines methodischen Vergleichs zwischen beiden wird theoretisch eröffnet.

Operative Geschlossenheit und Interdependenz: Insofern ein System aus eindeutig codierten, aufeinander Bezug nehmenden Kommunikationen besteht, bringt es sich beständig selbst hervor. Luhmann (1999: 57) hat von ‚Autopoiesis' gesprochen. Funktionssysteme sind operativ geschlossene Systeme. In diesem Sinne sind sie autonom, kein System kann in ein anderes eindringen. Funktionssysteme können sich nicht wechselseitig penetrieren, ein System kann nicht andere dominieren oder substituieren (vgl. Luhmann 1990: 207). Kommunikationen sind einem Funktionssystem zurechenbar (oder nicht). Sie können nicht zugleich mehreren Systemen angehören.

Da ein Funktionssystem nur eine bestimmte Aufgabe übernehmen kann, ist es darauf angewiesen, dass andere Aufgaben als die eigenen von den anderen, jeweils zuständigen Funktionssystemen gelöst werden. So ist die Wirtschaft auf qualifiziertes Personal angewiesen, die Politik (in einer Demokratie) auf die Partizipation mündiger Wählerinnen und Wähler. Beide wären zu ‚erzeugen' durch Erziehung, welche diese Systeme aber nicht selbst bewerkstelligen können. Das Erziehungssystem wiederum ist als geldverbrauchendes System auf die Erwirtschaftung finanzieller Mittel angewiesen, die es nicht selbst leisten kann und die im Wirtschaftssystem stattfindet. Öffentliche Erziehung braucht ferner, insofern sie Allokations- und Selektionsfunktionen ausübt und damit eine bedeutsame Rolle bei der gerechten Vergabe von Sozialpositionen spielt, verbindliche gesetzliche Regelungen, die nur im Politiksystem erzeugt werden usw. Die Spezialisierung der Funktionssysteme führt nicht nur zu deren Autonomie, sondern auch zu hoher wechselseitiger Abhängigkeit (a.a.O.: 208).

Für die vorliegende Studie kann an dieser Stelle angenommen werden, dass Erziehungs- und Umweltkommunikation zwar unterscheidbar sind, keineswegs aber zusammenhanglos koexistieren. Neben der Auffassung von Vorschulerziehung als unterscheidbarem Teil der Gesellschaft kann nun von Relationen zwischen beiden gesprochen werden, die jedoch weiterer theoretischer Modellierung bedürfen.

Kontingenz, Semantik, Codierung und Programmierung: Die binären Codes indizieren die Zugehörigkeit einer Kommunikation zu einem bestimmten Funktionssystem, enthalten aber keine Hinweise auf Angemessenheit. In Worten Luhmanns:

> „Bei binärer Codierung muß der Leitwert des Codes (Wahrheit, Recht, Besitz, etc.) darauf verzichten, zugleich als Kriterium der Selektion zu dienen. Das würde der formalen Äquivalenz von Position und Negation widersprechen. Festgestellte Unwahrheiten können sehr viel wissenschaftsförderlicher sein als festgestellte Wahrheiten; das kommt ganz auf den Theoriekontext an. Besitz kann zur Last werden, wenn er nur Kosten und keine Einkünfte einbringt; das kommt ganz auf den Investitionskontext an“ (Luhmann 1990: 82).

Die Leitdifferenz kann nicht zugleich auch als Kriterium der Angemessenheit von Kommunikationen fungieren. Kommunikation ist, betrachtet man lediglich die Ebene der Codes, innerhalb eines operativ geschlossenen Systems kontingent (vgl. Luhmann 1990: 79). Prinzipiell ist jede Kommunikation, die sich der Codierung des Systems zuordnen lässt, denkbar und möglich; *anything goes*. Es gibt, rein auf der Ebene der Codes, keine Kommunikationen, die wahrscheinlicher wären als andere. In diesem Sinne fehlen einem System Kriterien der Bestimmung ‚richtiger' Kommunikation. Kommunikationen sind aber auf Orientierung angewiesen. Sie finden sie in einer Referenz auf Sinn (vgl. Luhmann 1993: 17). ‚Sinn' beschränkt Kontingenz in sozialen Systemen, er spezifiziert Kommunikationen, macht den fortgesetzten Anschluss an bestimmte Kommunikationen, die bestimmten ‚Regeln' folgen und bestimmte Bedeutungen transportieren, wahrscheinlicher und schließt Anders-sinniges oder Un-sinniges aus (nicht ohne darauf zu verweisen). Aus dem All-Möglichen wird auf diese Weise eine überschaubare Anzahl von Sinnzusammenhängen selektiert, die anschlussfähige Kommunikation und damit die Existenz von Systemen erst ermöglichen. Luhmann spricht von Limitationalität (vgl. Luhmann 1993: 40).

> „Die Gesamtheit der für diese Funktion benutzbaren Formen einer Gesellschaft (...) wollen wir die Semantik einer Gesellschaft nennen, ihren semantischen Apparat ihren Vorrat an bereitgehaltenen Sinnverarbeitungsregeln. Unter Semantik verstehen wir demnach einen höherstufig generalisierten, relativ situationsunabhängig verfügbaren Sinn“ (a.a.O.: 19).

‚Semantik' ist zunächst sehr fluide, an aktuelles Prozessieren gebunden. Früh jedoch entstand, so Luhmann, ‚gepflegte Semantik', d.h. ein Sinnapparat oder Sinnspeicher, der auf Dauer angelegt ist (a.a.O.: 18f). Damit sind Mythenerzählungen gemeint, kultische Handlungen, vor allem aber Texte, also schriftliche Fixierungen. In dieser Form ist Sinn situationsunabhängig verfügbar. Semantiken sind jedoch nicht unvergänglich. Luhmann stellt fest, „(…) daß keine wie immer strenge Selektion und Stabilisierung Variationen ganz ausschließen kann" (Luhmann 1993: 42). Analog biologischer Evolution geht er von einem Evoluieren sozialer Systeme aus, d.h. bei aller relativen Stabilität von Sinngehalten unterliegen diese immer auch der Veränderung (a.a.O.).

Neben der systemkonstitutiven Codierung entsteht im gesellschaftlichen Ausdifferenzierungsprozess auf dem Wege der systeminternen Selbstreflexion das, was Luhmann als Programmierung bezeichnet. Programme sind, schließt man an die vorigen Erörterungen an, (gepflegte) Semantiken, die systeminterne Orientierungs- und Normierungsfunktionen erfüllen. In der Wissenschaft, so Luhmann, bezeichne man diese Programme allgemein als Theorien (a.a.O.: 151), im Wirtschaftssystem erfülle diese Funktion der Preis (a.a.O.: 104). Die theoretische Basis einer wissenschaftlichen Arbeit entscheidet über die ‚Wissenschaftlichkeit' von Befunden, der Preis bestimmt die Rentabilität einer Transaktion und damit darüber, ob sie vorgenommen werden sollte. Für das Erziehungssystem hat Luhmann von „(…) diesem oder jenem Lehr- und Lernprogramm (…)" gesprochen (Luhmann 1992: 113) und von der „Pädagogik", die die „guten Absichten der Erzieher" pflege (a.a.O.: 116). Systemtheoretisch reformuliert sind Pädagogiken Reflexionstheorien und Programme des Erziehungssystems.

Auf der Ebene der Programme ist das operativ geschlossene Funktionssystem sensibel für Vorgänge in seiner Umwelt. Programme sind eine Form der eigenlogischen Verarbeitung von Umweltirritationen im System, die diesem an sich intransparent sind und allenfalls als ‚Rauschen' wahrgenommen werden können. Luhmann spricht von „Resonanz" (Luhmann 1990: 40ff.). *Relationen zwischen ‚Vorschulerziehung' und ‚Umwelt' können i.d.S. als Resonanzen der Elementarpädagogik auf Kommunikate der Umwelt verstanden und in elementarpädagogischen Programmen beobachtet werden.*

Evolution: Systeme sind demnach auf der Programmebene wandelbar, ‚lernfähig'. Mit der Beschreibung dieser Wandlung als „Evolution" (z.B. Luhmann 1998: 413ff.) weist Luhmann darauf hin, dass es sich dabei nicht um einen teleologischen oder intentionalen Vorgang handelt. Evolution entsteht vielmehr durch den Umstand der systeminternen Kontingenz von Kommunikationen, die Variationen erzeugt (ähnlich den biologischen Mutationen). Obgleich nicht teleologisch oder a priori bestimmbar, verläuft eine solche Evolution im System indessen nicht völlig beliebig. Insofern die Reflexion im System sensibel auf Umweltirritationen reagiert, kann von einer Ko-Evolution von System und Umwelt gesprochen werden (vgl. Luhmann 1999: 48). Dieses Phänomen wäre allerdings empirisch zu rekonstruieren. Für die vorliegende Studie ergibt sich daraus: *Die Semantik der Vorschulerziehung steht in einem nicht-kausalen, gleichwohl nicht-beliebigen, empirisch beobachtbaren Verhältnis zu ihrer Umwelt. Dort auftretende Veränderungen führen mit einer gewissen Wahrscheinlichkeit zu eigenlogischer Resonanz in elementarpädagogischen Texten. In unterschiedlichen historischen Zeiträumen wäre mit je zeitgenössisch-spezifischen Analogien der Semantik der Vorschulerziehung auf ihre Umwelt zu rechnen.*

Akteure der Reflexion – Das pädagogische Establishment: So abstrakt von Systemen und Kommunikation gesprochen wird, stellt sich doch die Frage nach ‚Akteuren' dieser Kommunikation (vgl. Luhmann/Schorr 1988: 343). „Wenn irgendwo", so Luhmann und Schorr, „so ist die Reflexion des Erziehungssystems im [pädagogischen] Establishment zu leisten" (a.a.O.: 347). Es handelt sich um Rollen(träger), die nicht selbst erziehen, vielmehr über und für die Praxis der Erziehung sprechen; Akteure, die einerseits dem Erziehungssystem zuzurechnen sind, andererseits in Organisationen verortet sind, die (auch) zur Umwelt des Erziehungssystems gehören: Hochschulen, Gewerkschaften, Verwaltung, Kirchen, operative Stiftungen (a.a.O.: 342). Das Bild einer ‚Schnittstelle' liegt hier nahe, an der Fremdlogik in Eigenlogik des Erziehungssystems transformiert wird. *Pädagogische Wissensproduktion wäre damit im Umfeld von Akteuren zu suchen, die sich öffentlichkeitswirksam (s.u.) äußern (können). Angesichts dieses hybriden Charakters des pädagogischen Establishments haben programmatische Formulierungen immer auch eine Referenz zur Logik anderer Funktionssysteme.*

Gesellschaftliche Selbstbeschreibung – ‚-isierungen': ‚Gesellschaft' kommuniziert nicht *mit* jemandem oder etwas, weil sie selbst die Summe aller möglichen Kommunikationen darstellt (vgl. Luhmann 1998: 866ff.). Luhmann spricht an dieser Stelle auch von „kommunikativer Unerreichbarkeit der Gesellschaft": „Die Gesellschaft hat keine Adresse" (ebd.). Gesellschaft kommuniziert nicht mit (wem auch?), sondern sie beschreibt sich selbst (ebd.). Dabei muss man von einer Art babylonischer Sprachverwirrung ausgehen. Jedes einzelne Funktionssystem beobachtet sich selbst und seine (eigene und systemspezifisch einzigartige) Umwelt und fertigt eigenlogische Beschreibungen an.

> „Es gibt in der Gesellschaft nach all dem keine Zentralkompetenz für [die] Behandlung ökologischer Probleme. Jedes Funktionssystem ist auf sich selbst angewiesen. Das heißt nicht, dass die Orientierung an den entsprechenden Problemen nicht verstärkt und auch der Wirtschaft, der Wissenschaft, der Politik aufgedrängt werden kann. (…) Jedenfalls ist das Thema in der öffentlichen Meinung als Thema, als Schema, als Skript etabliert, und man braucht, wenn man sich damit befaßt, nicht mit erstaunten Rückfragen (Wovon redest Du überhaupt?) zu rechnen. (…) Jedes Funktionssystem kann auf die eigene Weise reagieren: die Politik

> rhetorisch, die Wirtschaft durch Preiserhöhungen, die Wissenschaft durch Forschungsprojekte, die mit jedem zusätzlichen Wissen noch mehr Nichtwissen zutage fördern. Noch halten sich die faktischen Folgen (…) in Grenzen; aber es gehört nicht viel Phantasie dazu, sich vorzustellen, dass es so nicht weitergehen kann" (Luhmann 1998: 804f.).

Themen der innergesellschaftlichen Umwelt erscheinen als Probleme, die ein System unter Anpassungsdruck setzen können. Insofern es keinen externen Bezugspunkt für Gesellschaftsbeschreibungen gibt, kann die Referenz nur in den system*internen* Kriterien liegen (a.a.O.: 890). Im System werden Themen der Öffentlichkeit in Bezugnahme auf eigene Probleme eigenlogisch reformuliert.

Im Aufschaukeln der verschiedenen Funktionssysteme auf dem Wege der wechselseitigen Irritation und Resonanz wird mit einiger Wahrscheinlichkeit die Sichtweise eines der beteiligten Systeme eine gewisse Dominanz erreichen (vgl. Radtke 2009: 626). Solche Themen nehmen topische Form an, d.h. jeder weiß im Allgemeinen, wovon gesprochen wird. Auf diese Weise wird allgemein verfügbarer Sinn als Kommunikationsbasis bereitgestellt. In der vorliegenden Studie wird angenommen, dass die gesellschaftliche Selbstbeschreibung immer mindestens tendenziell den Semantiken einzelner Funktionssysteme folgt. So kann man in bestimmten historischen Zeiträumen von ‚-isierungen' der Gesellschaft sprechen, z.B. von ‚Militarisierung', ‚Politisierung' oder, mit Blick auf Diagnosen und Beschreibungen der Gegenwart, von ‚Ökonomisierung' (vgl. Radtke 2009). Solche Wortgebilde deuten auf das Phänomen hin, dass Semantiken und/oder Strukturen angebbarer Funktionssysteme in anderen Funktionssystemen eigenlogisch rezipiert werden (vgl. Höhne 2003: 229), die dabei an ihren funktionalen Aufgaben festhalten. Welches jeweils das Referenzsystem ist (war), kann lediglich ex post in einer empirischen Analyse bestimmt werden, die dessen Dominanz in der Bestimmung öffentlicher Probleme und ihrer Bearbeitung herausarbeiten kann. *Wären in den folgenden historischen Studien einschlägige, zeitgenössische elementarpädagogische Analogien auf eine solche ‚diskursive Großwetterlage' zu beobachten (elementarpädagogische Gesellschaftsbezüge), dann könnte von einer einschlägigen ‚-isierung' der Elementarpädagogik gesprochen werden.*

2.2 Dispositive der Macht – Michel Foucault

Im Werk Michel Foucaults nehmen sicher die Termini ‚Diskurs', ‚Dispositiv', ‚Macht' und ‚Regierung' zur Beschreibung sozialer Ordnung zentrale Plätze ein. Seine Vorstellung von Strategien der Regierung von Bevölkerung(en) können die Heuristik der vorliegenden Arbeit ergänzen. Elementarpädagogische Programme lassen sich unter dem Aspekt der Gouvernementalität analysieren. Zu fragen wäre dann, welche Rolle öffentliche Vorschulerziehung in den Dispositiven der Macht spielt, die die Gesellschaft ordnen.

Der Machtbegriff, den Foucault entfaltet hat (z.B. Foucault 1978, 1983), widerspricht der Intuition des Alltagsgebrauchs. Was er mit ‚Macht' beschreibt geht nicht von einem ‚mächtigen' Zentrum wie z.B. einem Fürsten aus, kann nicht wie Eigentum besessen oder ein Status eingenommen werden und bezeichnet kein Verhältnis von Überwältigung, Repression, Gewalt oder Unterwerfung (vgl. Foucault 1983: 93ff.; Ricken 2006: 68ff.). Der Begriff hat eine „methodologische Funktion" (Ricken a.a.O.: 75), beschreibt eine Beobachtungsperspektive. Macht sei der „Name (…) einer komplexen strategischen Situation in einer Gesellschaft (…)" (Foucault 1983: 94). Als solches sei Macht allen möglichen Beziehungen „immanent" (ebd.), komme von überall her, nicht von einem „Zentrum":

> „Unter Macht, scheint mir, ist zunächst zu verstehen: die Vielfältigkeit von Kraftverhältnissen, die ein Gebiet bevölkern und organisieren (…); und (…) die Strategien, in denen sie zur Wirkung gelangen und deren große Linien und institutionelle Kristallisierungen sich in den Staatsapparaten, in der Gesetzgebung und in den gesellschaftlichen Hegemonien verkörpern" (Foucault 1983: 93).

Macht wäre damit verstehbar als Kräfteverhältnis, das sich schließlich in Strukturen unterschiedlicher Art sedimentiert, sie führt eher zur Ausbildung großer Institutionen als umgekehrt. Der Fokus liegt auf Kräfteverhältnissen und Strategien. Akteure der Macht können als deren Effekte begriffen werden. Tatsächlich geht Foucault von strategischen und zugleich nicht-kausalen und nicht-linearen Verhältnissen aus:

> „Die Machtbeziehungen sind gleichzeitig intentional und nicht-subjektiv. Erkennbar sind sie (…) weil sie durch und durch von einem Kalkül durchsetzt sind: keine Macht, die sich ohne eine Reihe von Absichten und Zielsetzungen entfaltet. Doch heißt das nicht, daß sie aus der Wahl oder Entscheidung eines individuellen Subjekts resultiert. Suchen wir nicht nach dem Generalstab, der für ihre Rationalität verantwortlich ist" (a.a.O.: 95).

Bestimmendes Element von Macht ist ein unpersönliches Kalkül, eine Rationalität, eine „große anonyme Strategie" (ebd.), die aufzufinden ist, ohne dass sie möglicherweise von jemandem entworfen worden wäre; eine „Logik einer globalen Strategie" (ebd.), „(…) die sich im Rückblick wie eine einheitlich gewollte Politik ausnimmt (…)" (a.a.O.: 97f.). Ein solches ‚Kalkül' kann nur a posteriori, empirisch, rekonstruiert werden.

Solche Rationalitäten oder Kalküle manifestieren sich in Diskursen (Gesagtem, „Episteme"; Foucault 1978: 123), Gruppierungen von Aussagen bzw. „diskursive[n] Formationen" (Foucault 1981: 58) sowie in nicht-diskursiven Prozessen, Rollenmustern, Architektur etc. (Nicht-Gesagtem; Struktur). Diskurse beschreiben die Realität nicht einfach, sondern präformieren sie. Sie bringen die

Gegenstände, von denen sie handeln, erst hervor (a.a.O.: 74), wobei (oder: wodurch) die Unterscheidung zwischen Diskursen und Strukturen letztlich gar nicht trennscharf zu ziehen ist (vgl. Foucault 1978: 125). Gesagtes und Nicht-Gesagtes konzeptualisiert Foucault schließlich als „entschieden heterogenes Ensemble" (a.a.O.: 119ff.), das er ‚Dispositiv' nennt.

In diachroner Betrachtungsweise lässt sich ein Wandel dieser Form- bzw. Ordnungsbildungen beobachten, den Foucault als einen ständigen Zustand von Krieg bzw. der Analogie dazu auffasst (vgl. Foucault 1978: 71ff.). Gesellschaftlicher Wandel wäre ein Ausdruck und Ergebnis ständigen Kampfes zwischen einander widersprechenden Kalkülen. Insofern kann von einem ständigen ‚diskursiven Krieg' um die machtvolle Durchsetzung von Wissen als Wahrheit gesprochen werden. I.d.S. bezeichnet er, in Umkehrung des Satzes von Clausewitz, „Politik" als die „Fortsetzung des Krieges mit anderen Mitteln" (ebd.). Empirisch ließe sich dann gesellschaftliche Ordnung rekonstruieren als ein auf einem einheitlichen Kalkül beruhendes, vielschichtiges ‚Ensemble', das auf Notstände und Probleme in der Gesellschaft antwortet (a.a.O.: 120). Im Grunde wäre jegliche Evidenz, jegliches Phänomen als Teil gesellschaftlicher Ordnung zugleich Effekt und bewirkendes Element der Ordnung selbst.

In seinen historischen Studien hat Foucault eine „tiefgreifende Transformation dieser Machtmechanismen" (Foucault 1983: 132) beschrieben. Er unterscheidet grundsätzlich zwischen ‚souveräner Macht' und ‚positiver Lebensmacht' bzw. ‚Bio-Macht' (a.a.O.: 131ff.).

Die *souveräne Macht*, auch als Repressionsmacht charakterisierbar, verfügt über Leben und Tod; dabei konzentriert sie sich ausschließlich auf die Möglichkeit, den Tod zu bringen, es geht „(…) in Wirklichkeit [um] das Recht, sterben zu *machen* und leben zu *lassen*" (a.a.O.: 132; Herv. i. Orig.). Der Souverän verkörpert die göttliche Weltordnung, ein Verstoß gegen seine Normen kann als Verstoß gegen den Willen Gottes gelten und wird in Form von Folter und Hinrichtung des Delinquenten öffentlich und spektakulär zelebriert (vgl. Foucault 1994, Ricken 2006: 84; Martschukat 2003). Doch derartige, öffentliche Gewaltausbrüche der souveränen Macht sind nicht unproblematisch. Gewalt reizt zu weiterer Gewalt. Sie kann Widerstand in der Bevölkerung anregen. Das ‚Leben-Lassen', die Kehrseite, hinterlässt ferner ein weites, nicht weiter beachtetes Feld: Die Lebensführung der Untertanen wird nicht beobachtet oder bearbeitet. Repressive Macht ist in diesem Sinne ineffizient.

Für einen Zeitraum zwischen der Mitte des 18. und dem ersten Drittel des 19. Jahrhunderts zeigt Foucault eine Verkehrung des Prinzips der Machtausübung hin zum „Leben-Machen" und „Sterben-Lassen" auf (Foucault 1983: 134; 1993: 62).

Die neue Form der ‚Bio-Macht' wendet sich dem Leben zu, versucht seine Qualität, seine Produktivität zu steigern, anzureizen, zu verstärken, zugleich zu überwachen und zu kontrollieren (vgl. Foucault 1983: 132; Ricken a.a.O.: 85ff.). Die Praxis der Todesstrafe in Form öffentlicher Hinrichtungen wird nach und nach durch andere, produktivere Formen der Machtausübung ersetzt, die nicht als disparate historische Phasen auftreten, sondern stets gemeinsam, in je spezifischen Mischungsverhältnissen. Foucault unterscheidet analytisch Disziplinarmacht (Foucault 1994), Bio-Politik (Foucault 1993) und Pastoralmacht (Foucault 1987: 248). Insbesondere diese idealtypischen Formbeschreibungen können als heuristische Folien für die Analyse von elementarpädagogischen Programmen (und der darin entworfenen Erziehungsveranstaltung) dienen und sollen deshalb im Folgenden etwas ausführlicher beleuchtet werden.

Disziplinarmacht: Normerrichtung, hierarchisierte Beobachtung und Ordnung von Individuen, Parzellierung bzw. Segmentierung von Räumen und Zeit, Beobachtung, Messung individueller Normabweichung und deren Korrektur (und i.d.S. ‚Besserung'), das panoptische Prinzip und Klausur sind Stichworte, die die Eigenschaften von ‚Disziplin' beschreiben (vgl. Foucault 1994, insb. Kap. III: 173ff.). „Allgemein kann man sagen, daß die Disziplinen Techniken sind, die das Ordnen menschlicher Vielfältigkeiten sicherstellen sollen" (a.a.O.: 279). Unkontrollierbare, potentiell bedrohliche Massen von Individuen können damit überschau- und kontrollierbar sowie produktiv gemacht werden.

Dabei geht es zunächst um eine räumliche Ordnung, eine unpersönliche, strukturelle, im Grunde architektonische Einwirkung auf Körper. Eine Eigenschaft von Disziplinaranstalten ist, dass sie ein internes Milieu von einer Umwelt abgrenzen (vgl. Foucault 1994: 181). Intendiert wird eine klare Trennung der Insassen von der Umwelt (Klausur, Inklusion). Im Gefängnis geschieht dies mittels Türen, Schlössern und Mauern. Doch auch andere Formen sind denkbar: Vertragliche Verbindlichkeiten halten den Arbeiter während der Arbeitszeit in der Fabrik, Wehrpflicht den Soldaten in der Kaserne, ein Gelübde den Mönch in klösterlicher Klausur und Quarantäne den Kranken hinter den Mauern einer Klinik. Diese ‚globale' Verortung setzt sich als differenzierte Platzierung der Individuen in einer räumlichen Parzellierung fort: „Jedem Individuum seinen Platz und auf jeden Platz ein Individuum" (a.a.O.: 183). Individuen werden nach dem Plan eines ‚Grundrisses' auf einen zur Verfügung stehenden Raum verteilt. Jeder Disziplinarraum hat die Tendenz „(...) sich in ebenso viele Parzellen zu unterteilen, wie Körper oder Elemente aufzuteilen sind" (a.a.O.). Und weiter:

> „Es geht darum, die Anwesenheiten und Abwesenheiten festzusetzen und festzustellen; zu wissen, wo und wie man die Individuen finden kann; die nützlichen Kommunikationskanäle zu installieren und die anderen zu unterbrechen; jeden Augenblick das Verhalten eines jeden

überwachen, abschätzen und sanktionieren zu können; die Qualitäten und die Verdienste zu messen" (a.a.O.: 183f.).

Foucault spricht von der Bildung eines ‚Tableaus' parzellierter Individuen. Räumliche Parzellierung bedeutet dabei ggf. auch eine Trennung der verschiedenen Individuen voneinander, so dass keine Störungen und Ablenkungen auftreten. Ferner spielt die Zeit eine Rolle (a.a.O.: 194ff.). Neben eine räumliche Verortung der Körper tritt eine Rhythmisierung[15]. Diese räumlichen und zeitlichen Parzellierungen oder Tableaus (operationalisiert in Form des Grundrisses und des Stundenplans) werden in immer kleineren Einheiten festgelegt und vorangetrieben.

„Die erste große Operation der Disziplin ist also die Einrichtung von ‚lebenden Tableaus', die aus den unübersichtlichen, unnützen und gefährlichen Mengen geordnete Vielheiten machen" (a.a.O.: 190).

In der Trias Normerrichtung-Beobachtung-Korrektur kommt der Technik der Beobachtung besondere Bedeutung zu. Foucault zeichnet ein Spiel zwischen Sichtbarkeit und Unsichtbarkeit. „Der perfekte Disziplinarapparat", schreibt er,

„(...) wäre derjenige, der es einem einzigen Blick ermöglichte, dauernd alles zu sehen. Ein zentraler Punkt wäre zugleich die Lichtquelle, die alle Dinge erhellt, und der Konvergenzpunkt für alles, was gewußt werden muss: ein vollkommenes Auge der Mitte, dem nichts entginge und auf das alle Blicke gerichtet wären" (a.a.O.: 224).

Einem „zwingenden Blick" (a.a.O.: 221) im Zentrum steht eine zu beobachtende Peripherie gegenüber, die ihrerseits räumlich in einem Verhältnis von weiteren Zentren und Peripherien angeordnet sein kann. Die zentrale Kontrolle wird pyramidal angeordnet und an subalterne Agenten delegiert. In diesem Bild zeichnet sich ein Machtzentrum, welches die Individuen orientiert, die Normen setzt und stets jeden einzelnen potentiell (wenn auch nicht ständig faktisch[16]) beobachten und Normbefolgung einfordern kann. Während alle der Disziplin unterzogenen Individuen dem Zentrum andauernd sichtbar sind, bleibt der Beobachter im Zentrum selbst den Augen der Beobachteten verborgen. Sie müssen sich stets unter Beobachtung fühlen und bei Verstoß gegen gesetzte Normen mit Sanktionen rechnen. Die (ideale) architektonische Umsetzung einer solchen Disziplinarmaschine stellt das Panopticon Jeremy Benthams (1748-1832) dar.

15 Am Beispiel der Armee: Marschieren im Gleichschritt oder synchrones Exerzieren einer Kompanie. In der Massenproduktion kann an Fließbandarbeit gedacht werden.

16 „Die Wirkung der Überwachung ‚ist permanent, auch wenn ihre Durchführung sporadisch ist' (...)" (Foucault 1994: 258).

> „Sein Prinzip ist bekannt: an der Peripherie ein ringförmiges Gebäude; in der Mitte ein Turm, der von breiten Fenstern durchbrochen ist, welche sich nach der Innenseite des Ringes öffnen; das Ringgebäude ist in Zellen unterteilt, von denen jede durch die gesamte Tiefe des Gebäudes reicht; sie haben jeweils zwei Fenster, eines nach innen, das auf die Fenster des Turms gerichtet ist, und eines nach außen, so daß die Zelle auf beiden Seiten von Licht durchdrungen wird. Es genügt demnach, einen Aufseher im Turm aufzustellen und in jeder Zelle, einen Irren, einen Kranken, einen Sträfling, einen Arbeiter oder einen Schüler unterzubringen. Vor dem Gegenlicht lassen sich vom Turm aus die kleinen Gefangenensilhouetten in den Zellen des Ringes genau ausnehmen. Die panoptische Anlage schafft Raumeinheiten, die es ermöglichen, ohne Unterlaß zu sehen und zugleich zu erkennen. (…) Die Sichtbarkeit ist eine Falle“ (a.a.O.: 256f.).

Sichtbarkeit ist ein wirksamer Mechanismus der Kontrolle für das Zentrum der Macht, den Beobachter im Turm; der Turm ist allen sichtbar (und somit permanente Drohung). Zugleich ist er jedoch uneinsehbar, so dass zwar die Struktur der Kontrolle, nicht jedoch ihr Personal für die Insassen erkennbar ist (a.a.O.: 259). Die so beschriebenen Disziplinen (bzw. ‚Disziplin‘ als Prinzip) haben nicht allein funktionalen Charakter im Sinne der effizienten und störungsfreien Gestaltung aktueller Abläufe in Kasernen, Gefängnissen, Fabriken, Krankenhäusern und Schulen. Die permanente Beobachtung und die sich immer und immer wieder wiederholenden Abläufe und sanktionsbewährten Prüfungen, denen Individuen in Disziplinarveranstaltungen über lange Zeiträume ausgesetzt sind, zielen auf die Verfertigung von Individuen (a.a.O.: 220). ‚Persönlichkeit‘ entsteht als inkorporiertes Abbild der sozial gewünschten und gesetzten Normen sowie der geforderten Fähigkeiten. Foucault spricht von ‚Seele‘. Sie gilt als Produkt der Disziplinierung.

> „Der Mensch, von dem man uns spricht und zu dessen Befreiung man einlädt, ist bereits in sich das Resultat einer Unterwerfung, die viel tiefer ist als er. Eine Seele wohnt in ihm und schafft ihm eine Existenz, die selber ein Stück der Herrschaft ist, welche die Macht über den Körper ausübt. Die Seele: Effekt und Instrument einer politischen Anatomie. Die Seele: Gefängnis eines Körpers“ (Foucault 1994: 42).

Foucault hebt damit die Gegenüberstellung eines ‚freien‘ Individuums einerseits und heteronomer Machteinwirkungen der Gesellschaft andererseits auf. Vielmehr wird der Körper im Netz der sozialen Kräfteverhältnisse Gegenstand formierender Einwirkung, die die Inkorporierung von Normen und die Errichtung einer inneren Instanz sozialer Normen (‚Seele‘) zum Ziel hat. Diese Seele, die Persönlichkeit, ersetzt als Instanz der Selbstführung die heteronome Kontrolle. Anstatt regiert werden zu müssen, regiert sich das disziplinierte Individuum selbst, anstatt unterworfen zu werden, unterwirft es sich selbst unter Normen, die es im Verlauf der Disziplinierung erworben hat und nun vorbehaltlos als die eigenen anerkennt.

Bio-Politik: Parallel zu seinen Gedanken der Disziplinen, er spricht auch von einer „Reihe Körper–Organismus–Disziplin–Institutionen" (1993: 64), entwirft Foucault einen zweiten Strang von Machttechnologien, die er als „Reihe (…) Bevölkerung–biologischer Prozeß–Regulierungsmechanismen–Staat" (ebd.) bezeichnet. Beide Foci bilden ihm die „(…) Pole, um die herum sich die Macht zum Leben organisiert hat" (1983: 135). Abgrenzend von den ‚Disziplinen' führt er aus:

> „Der zweite Pol (…) hat sich um den Gattungskörper zentriert, der von der Mechanik des Lebenden durchkreuzt wird und den biologischen Prozessen zugrunde liegt. Die Fortpflanzung, die Geburten- und die Sterblichkeitsrate, das Gesundheitsniveau, die Lebensdauer, die Langlebigkeit mit allen ihren Variationsbedingungen wurden zum Gegenstand eingreifender Maßnahmen und regulierender Kontrollen: Bio-Politik der Bevölkerung" (ebd.).

Zielte die Disziplin auf Verortung, Beobachtung und verbessernde Korrektur von Individuen in spezifischen Milieus, so geht es dieser zweiten Form produktiver Macht um die Bevölkerung, also die Masse zu regierender Individuen als Population (vgl. Foucault 1993: 64); um den Menschen als Gattungswesen. Wieder geht es um Optimierung, jetzt aber eine quantitative und qualitative ‚Mehrung' in biologischer Hinsicht, eine Sicherung und Optimierung menschlichen Lebens (vgl. Ricken 2006: 97). Zu einschlägigen Techniken und Mechanismen können bspw. Versicherungssysteme, demographische Messungen, die Einrichtung von Gesundheitssystemen, Impfungen etc. zählen (vgl. Ricken a.a.O.: 87). Die Formen der Einwirkung auf die Bevölkerung sind ‚global'. Man kann an Stellschrauben denken, an Parameter, Rahmenbedingungen, deren geringfügige Veränderung Effekte in den Lebensweisen der Menschen hervorrufen und ihr Verhalten beeinflussen (‚Führungsführung', vgl. Foucault 1987: 255): Eine Führung des Verhaltens der Bevölkerung durch Setzung globaler Rahmenbedingungen, die deren Gesundheit, Sicherheit und Fertilität, kurz: die ‚conditio humana' betreffen.

Pastoralmacht: In seinen Vorlesungen am Collége de France in den Jahren 1977 und 1978 entwarf Michel Foucault einen weiteren Typus der Regierung von Menschen, den er als ‚Pastoralmacht' bzw. als ‚Pastoral' beschreibt (vgl. Foucault 2006). Darin zeichnet er eine Relation zwischen einem Hirten und seiner Herde. Der Hirte sucht im fleißigen, eifrigen, hingebungsvollen Versorgen der Herde „nicht (…) seinen eigenen Gewinn" (a.a.O.: 191); vielmehr schuldet er der Herde im Grenzfall seine eigene Aufopferung, zu ihrem Wohl, zur Abwehr von Feinden, zu ihrer Versorgung mit dem Lebensnotwendigen (a.a.O.: 192).

Pastoralmacht wird, ähnlich wie der Überbegriff Bio-Macht, anhand zweier Pole beschrieben: einem, der den Fokus auf die ‚Herde' als Masse, als Bevölkerung legt und einem weiteren, der sich mit dem je einzelnen Individuum, seinem

Selbstverhältnis in der Welt, befasst. Zum Aspekt der Herde schreibt Foucault: „(…) die Macht des Hirten wird wesentlich auf eine Multiplizität in Bewegung ausgeübt" (Foucault 2006: 188), auf eine lebendige, eigensinnige Bevölkerung. Das Verhältnis Herde-Hirte konstituiert beide zugleich; ohne Hirte könnte nicht von ‚Herde' gesprochen werden (anders als bei einem Schiff ohne Steuermann, das zwar führerlos, aber immer noch ein Schiff wäre). Ziel pastoraler Machtausübung ist das ‚Heil' der Herde, nicht nur in einem transzendentalen, sondern durchaus diesseitigen und materiellen Sinne: „Das Heil ist zunächst wesentlich die Subsistenz" (a.a.O.: 189). Foucault zeigt auf,

> „(…) daß der Hirte jemand ist, der eine ganze Menge Dinge zu tun hat. Er muß die Ernährung der Herde sicherstellen. Er muß die Jungschafe versorgen. Er muß diejenigen heilen, die krank oder verletzt sind. Er muß sie auf den Wegen mitnehmen, indem er ihnen befiehlt oder indem er eventuell Musik macht. Er muß das Decken arrangieren, damit es die kräftigsten und fruchtbarsten Schafe sind, die die besten Lämmchen gebären. Also, ein einziger Hirte und eine ganze Serie verschiedener Funktionen" (Foucault 2006: 211).

Die Passage zeigt deutliche Nähe zu seinem Entwurf der Bio-Politik, insofern auch hier unter dem Stichwort ‚Subsistenz' erneut umfänglich die Belange der Schafe/Menschen hinsichtlich ihrer conditio humana angesprochen sind: Geburt und Tod, Gesundheit und Krankheit, Ernährung und Unterbringung. Es ist jedoch nicht ein Verhältnis des Hirten ausschließlich zur Masse der Individuen, sondern ein spezifisches, versorgendes und fürsorgliches Verhältnis des Hirten zu jedem einzelnen Schaf seiner Herde (vgl. Foucault 2006: 190). Im Grenzfall hat der Hirte gar die restliche Herde für ein einziges Individuum aufzugeben.

Pastoralmacht formiert Persönlichkeit in einem spezifischen Zugriff auf das Selbstverhältnis des Menschen, der sein Leben immer nur selbstreferent führen kann und dabei auf Unterstützung angewiesen ist (vgl. Ricken a.a.O.: 94, 98). Pastorale Machtausübung bedient das Orientierungsbedürfnis des Menschen (a.a.O. S. 98). Ähnlich wie die Disziplin wirkt sie auf die einzelnen Körper ein, hier jedoch als Hilfe bei den Problemen, die sich dem Individuum bei der selbstreferentiellen Führung seines Lebens stellen. Am Beispiel der katholischen Beichte zeigt Foucault, dass Individuen bei ihrem Hirten (‚Pastor') Verfehlungen bekennen, durch Buße gereinigt werden und schließlich durch den Hirten Anleitung zum richtigen, gottgefälligen Leben erhalten. Dies kann als prototypischer Fall pastoraler Machtkommunikation stehen. In einem Akt der Selbstoffenbarung des Gläubigen oder Klienten erfährt der ‚Hirte' (Hier kann man auch die Rolle des professionellen Beraters, Therapeuten oder Erziehers einsetzen) über dessen Leben und seine Probleme. Nicht zuletzt ist der Klient auf Absolution angewiesen, auf Entschuldung und Hilfestellung. Damit – es handelt sich um *Selbst*offenbarung – unterwirft er sich der Autorität des Hirten/Beraters/Therapeuten/Erziehers und lässt dessen Beurteilung seines Lebens und dessen Einflussnahme darauf bereitwillig zu. Zugleich zieht er einen Nutzen aus diesem Unterwerfungsprozess: theologisch gesprochen ‚Seelenheil', lebenspraktisch gesprochen eine autoritätsbewährte Vorgabe zur richtigen Lebensführung. Anders ausgedrückt wird ein Mitglied der ‚Herde', das einen Leidensdruck empfindet (Gewissensbisse, Unsicherheit angesichts postmoderner, kontingenter Optionen in der eigenen Lebensführung), Ratschläge und Weisungen des ‚Hirten', in der Gestalt des Pastors, des Therapeuten, des Pädagogen oder vergleichbarer professioneller Rollen annehmen, sich ihnen unterwerfen. Wenn auch anders als im Falle der voranstehenden Machtstrategien gezeichnet, hat man es an genau diesem Punkt erneut mit einer Technik der Führungsführung zu tun, ein pastorales Handeln auf das künftige Handeln anderer, das ob seiner Opferbereitschaft und seiner Ausrichtung auf das Heil der Herde und des Einzelnen hohe Akzeptanz erwarten kann.

Quer zu dieser Typenbildung von Machtstrategien kann die Frage aufgeworfen werden, welche Rolle ‚Wissen' darin spielt. Dies soll nur kurz beleuchtet werden. Im Falle von Disziplinarmacht verfügt das Machtzentrum über die Möglichkeit, permanent Informationen über das Tun und den Zustand der parzellierten Individuen an der Peripherie zu erlangen. Dies um einen Abgleich mit den Normen (Prüfung) und gegebenenfalls Korrekturen (Sanktionen, Förderung) vornehmen zu können. Im Falle der Bio-Politik sind demographische Erhebungen als Quelle eines Regierungswissens zu denken; eine Regierung muss Kenntnisse über die Lebenslagen der Bevölkerung haben, um auf einem statistischen, abstrakten Niveau Maßnahmen zur Beeinflussung von Rahmenbedingungen ergreifen zu können, die zur Steigerung der Quantität und Qualität der Bevölkerung geeignet sind. Im Falle der Pastoralmacht gewinnt der Hirte schließlich Wissen über den Klienten durch dessen Selbstoffenbarung. Ein Wissen, das Grundlage einer Orientierungshilfe ist und ohne das der Hirte keinen Einfluss auf die selbstreferente Lebensführung eines Individuums nehmen könnte.

Die Theorie der gouvernementalen Strategien eignet sich als Heuristik für die Analyse elementarpädagogischer Programme, wie sie die hier vorgelegten Studien darstellen. Es bietet sich an, in Beschreibungen von Organisationen der Vorschulerziehung, quasi ‚Knotenpunkten' des Kräftefeldes, das die Gesellschaft wie ein Netz überzieht, nach Inszenierungen dieser Machtmechanismen oder -prinzipien zu suchen (vgl. Foucault 1987: 256): Eine Analyse von Machtdispositiven anhand ihrer organisationalen Manifestationen in Anstalten der Erziehung kleiner Kinder. In welcher Weise schlagen die in den folgenden Studien untersuchten Programme und Modelle ein Prozessieren von ‚Macht', verstanden als Führung der Führungen vor? Welche Formen der Strukturierung kindlichen Handelns?

Wie inszenieren sie Einflussnahme auf Individuen und Gruppen, wirken regulierend ein und reizen zugleich Wachstum und Produktivität an? Veranstaltete vorschulische Erziehung wäre dann zu verstehen als Teil eines Kalküls, das der Ordnung einer Gesellschaft immanent ist und das sich an materiellen und immateriellen Indizien, in Struktur und Semantik, empirisch beobachten lässt. Vorschulpädagogik wäre, entlang obiger Typologie, zu verstehen als Programm zur ‚Disziplinierung' von Kindern, d.h. als Versuch, die Inkorporation von Normen und Fähigkeiten als Persönlichkeitsfigurierung zu betreiben; oder: als Entwurf von Anstalten, die den Erfordernissen der conditio humana entgegenkommen und auf diesem Wege (gesundes, sicheres usw.) ‚Leben' optimieren wollen; oder, schließlich, – und diese Annahme klingt beinahe trivial – als Versuch der Orientierungsstiftung und i.d.S. kontingenzbeschränkende Hilfestellung in der selbständigen Lebensführung der Kinder.

2.3 Öffentlichkeit: das Forum gesellschaftlicher Meinungsbildung

Was bislang unbeleuchtet blieb, ist die Frage nach dem *Ort* der Auseinandersetzungen, nach dem Schlachtfeld, auf dem die ‚diskursiven Kriege' ausgefochten werden. Man muss ein Forum als Klangkörper vorstellen, in dem die ‚Töne' angeschlagen werden, die in Systemen ‚Resonanz' erst auslösen können. Die Umwelt eines Funktionssystems besteht aus anderen solchen Systemen, die ihm intransparent sind. In der Luhmann'schen Theoriearchitektur gibt es keinen ‚Raum' *zwischen* den Systemen. Wollte man eine Systemgrenze überschreiten, müsste man in der Umwelt des Systems sofort in ein anderes Funktionssystem eintreten. Insofern ein System aber nur selbstreferent kommunizieren kann, die ‚Sprache' der anderen Systeme nicht versteht, diese ihm unverständlich bleiben (und eine Kommunikation gar nicht in ein anderes System eintreten kann, s.o.), entsteht ein logisches Problem. Was genau beobachtet ein System, wenn es seine Umwelt beobachtet? Wie kann man einen (innergesellschaftlichen) ‚Tongeber' konzeptualisieren, der ein Aufschaukeln zwischen verschiedenen sozialen Systemen und in ihnen ein eigenlogisches Mitschwingen erst ermöglicht? Wo finden ‚diskursive Kriege' bzw. gesellschaftliche Selbstbeschreibungen statt? Um dies zu modellieren, soll ergänzend auf Bernhard Peters' Theorie der politischen Öffentlichkeit zugegriffen werden.

Öffentliche Diskurse sind niemals Selbstzweck. In ihnen drängen divergierende Positionen auf Durchsetzung. Über rein diskursive Wahrheitsansprüche hinaus fordern sie praktische Umsetzung ein, zielen damit auf verbindliche Ordnung der Gesellschaft. Verbindlichmachung von Normen, die damit Gültigkeit für alle in der Gesellschaft erlangen, ist Aufgabe des Funktionssystems Politik (vgl. Luhmann 1990: 169), eine auf Verbindlichkeit zielende Kommunikation somit politische Kommunikation.

> „(...) immer vollziehen sich solche Themenschöpfung und Themenentwicklung im Bereich spezifisch politischer Kommunikation – und nicht etwa an der Börse, im Hörsaal oder in der Kirche. Themenwahl und Themenbehandlung setzen, mit anderen Worten, den engeren Horizont des politischen Systems voraus, sofern die Themen politischen Charakter annehmen sollen. Letztlich geht es dabei um die Politisierung von Problemen (...)" (Luhmann 2010: 446).

Insofern kann das zu begreifende Phänomen als ‚politische Öffentlichkeit' bezeichnet werden: das Forum (oder im Plural: die Foren) in dem (in denen) diskursiv auf verbindliche Regelungen gedrungen wird.

Sowohl Luhmann (2010: 433ff.) als auch Bernhard Peters (2007: 31ff.) haben die klassische Vorstellung einer deliberativen Öffentlichkeit kritisiert. Einem zirkulären Modell, dem zufolge eine informierte, aufgeklärte, kritische Öffentlichkeit ein politisches Zentrum wählt, gesellschaftliche Aufgaben und Probleme vernünftig diskutiert und abgeklärte, vorgeformte Entscheidungen über Medien oder Parlamentarier der Politik zur Verbindlichmachung präsentiert, welche auf dem Wege einschlägiger Gesetzgebung dann auf die Gesellschaft zurückwirkt (idealtypisch kann hier Rousseaus ‚contrat social' von 1762 stehen), wird eine Absage erteilt. Das liberale Modell sei eine normative Vorstellung, empirisch aber nicht haltbar (vgl. Peters a.a.O.: 31). Kritisiert wird die Vorstellung eines ‚aufgeklärten', ‚vernünftigen' Publikums. Es sei gerade nicht *autonome Vernunft*, die zu Willensbildung in einer Öffentlichkeit führe. Vielmehr werde umgekehrt die *Meinung* von Menschen durch öffentliche Diskurse formiert. Helga Cremer-Schäfer stellt hierzu fest, „(...) daß Medien ideologische Apparate sind. Sie transportieren Vokabulare, die bestimmen, wer die Probleme macht, wie feindselig darüber geredet werden kann und welche Grenzen Politik setzen will" (Cremer-Schäfer 2000: 110). Luhmann kritisiert im gleichen Sinne die unterstellte Bewusstheit über Themen und ihre Hintergründe. Hinsichtlich öffentlich diskutierter Themen sei eher von topischer Verwendung gemeinsam geteilter Formeln auszugehen, deren semantischer Hintergrund im Normalfall unbewusst bleibe (vgl. Luhmann a.a.O.: 441; Peters a.a.O.: 47).

Ferner sei das Agieren der Protagonisten eher von Konkurrenz um Redezeiten und Zustimmung im Publikum geprägt, als dass es auf Verständigung mit ihren Antagonisten ziele (vgl. Peters a.a.O.: 51ff.). Es gehe nicht um Konsens, vielmehr um *Dissens*, um den Versuch, die eigene Position gegen andere in Stellung zu bringen. Schließlich wird das Bild gleichberechtigter aktiver Teilhabe an Öffentlichkeit einer Kritik unterzogen, dem entgegen empirisch von drastischer Ungleichverteilung der Sprechzeiten und -möglichkeiten auszugehen sei (vgl. Peters a.a.O.: 70). Bernhard Peters beschreibt alternativ dazu ‚Öffentlichkeit' als „soziale Handlungssphäre“ (a.a.O.: 58),

> „(…) die mehr oder weniger frei zugänglich ist und in der soziale Akteure sich an ein unabgeschlossenes Publikum wenden oder jedenfalls der Beobachtung durch ein solches Publikum ausgesetzt sind“ (ebd.).

Er skizziert Willensbildung und politische Verbindlichmachung als Prozesse, die sich zwischen einem Zentrum und einer Peripherie abspielen (vgl. Peters 2007: 44ff.). Als „institutionellen Kern“ (a.a.O.) der politischen Öffentlichkeit beschreibt er das Regierungssystem, welches aus einem parlamentarischen Komplex, dem Rechtswesen, der Regierung und der Verwaltung bestehe. Das Zentrum wäre demnach als komplexe, multizentrische Netzwerkstruktur zu denken (a.a.O.). Zur Peripherie gehören (i.d.R. organisierte) Akteure wie z.B. Einrichtungen mit Selbstverwaltungsrechten (Universitäten), Berufsverbände, Träger der Sozialversicherung, Wohlfahrtsverbände, Massenmedien, ‚Bewegungen' sowie „spezielle Öffentlichkeiten“ (z.B. Fach-Öffentlichkeiten; a.a.O.).

Beide, Zentrum und Peripherie, stehen in einem Verhältnis zueinander und erfüllen unterschiedliche Funktionen. Das Zentrum besitzt die größte Kompetenz zur Verfügung bindender Entscheidungen mit der größten sozialen Reichweite.

> „In einem formellen Sinn ‚fallen' hier die wichtigsten Entscheidungen und werden mit entsprechender Autorität umgesetzt. Jedoch ist die Legitimität der Entscheidungen abhängig von Meinungs- und Willensbildungsprozessen in der Peripherie“ (a.a.O.: 44).

In den Diskursen der Peripherie finden Prozesse der Willensbildung statt. Die hier formierten Positionen müssen aber, wollen sie Verbindlichkeit erlangen, durch die „Schleusen“ (a.a.O.: 49) des institutionellen Kerns geleitet werden. *Verbindlichkeit* wird im Zentrum hergestellt (Gesetzgebung), von dem ebenfalls der Entscheid im Einzelfall (Judikative) und die Durchsetzung (Exekutive) ausgehen. *Legitimation* erhalten die Entscheidungen des Zentrums (auch und nicht unwesentlich) durch die Diskurse der Peripherie. Dabei ist durch das Modell nicht vorentschieden, ob Gesetzesänderungen v.a. durch das Zentrum oder die Peripherie initiiert werden. Das Zentrum kann durch Entscheidungen die weitere Willensbildung in der Peripherie vorstrukturieren und damit ändern. Ebenso ist aber auch der Fall denkbar, dass Entscheidungen in der Peripherie fallen und erst nachträglich durch das Zentrum ratifiziert werden.

Willensbildung entsteht in Prozessen problemverarbeitender Kommunikation (vgl. Peters a.a.O.: 46ff.). Dabei lassen sich zwei Modi der Problemverarbeitung rekonstruieren: Der Routine- und der Problemmodus. Im ersten Fall werden Problemfälle durch Anwendungen von Routinen gelöst bzw. normalisiert. Dem gegenüber existieren Problemwahrnehmungen in der Öffentlichkeit, für die es (noch) keine routinisierenden Lösungen gibt und die möglicherweise gerade die Routinen selbst als problematisch markieren. Diese Probleme werden i.d.R. abgewehrt, so dass Routine nicht übermäßig gestört wird. Sie sind jedoch latent immer vorhanden. In Zeiten einer Zuspitzung finden dann eine hochselektive Thematisierung, evtl. Skandalisierung sowie eine intensive Lösungssuche statt. Öffentliche Kommunikation formuliert *Problem-* bzw. *Krisenbeschreibungen* sowie Strategien der *Problembewältigung*. Diese Unterscheidung erscheint geeignet als Heuristik zur Beobachtung umfänglicher öffentlicher Diskurse (vgl. Kap. 3.4).

Zentrum und Peripherie verfügen beide nur über eine begrenzte Kapazität. Eine gleichzeitige Berücksichtigung mehrerer unterschiedlicher Themen mit gleicher Priorität erscheint mindestens unwahrscheinlich. Die Folge ist eine Dynamik, die ein Persistieren eines Themas über längere Zeit verhindert. Themen durchlaufen vielmehr ‚Karrieren'. Peters spricht von ihrem „episodischen Charakter" (Peters, a.a.O.: 51f.), von einem „begrenzten Lebenszyklus" (ebd.). In der Folge diskursiven Ringens um Vorrang sind sie z.T. über lange Zeiträume latent vorhanden, ohne besondere Beachtung zu erfahren (vgl. Luhmann 2010: 443). Dies kann sich jedoch über Nacht ändern, so dass bspw. konkrete Ereignisse sofortige, krisenhafte Problemlösungskommunikation erzeugen.

‚Politische Öffentlichkeit' wird in der vorliegenden Studie, anschließend an die voranstehenden Erörterungen, als das Forum angesehen, in dem in Form von Problembeschreibungen Impulse gesetzt werden, die im Erziehungssystem und dort der Elementarpädagogik zu Resonanzen führen. Eine pädagogische Referenz auf ‚Gesellschaft', wie die vorliegende Studie sie sucht, lässt sich nun präzisieren als programmatische Resonanz im Erziehungssystem auf Diskurse der politischen Öffentlichkeit; eine Reaktion auf Leistungserwartungen an das Erziehungssystem, vorgetragen von aktiven Teilnehmern der Öffentlichkeit, die ihre Problembeschreibungen und Lösungsstrategien gegenüber alternativen Positionen (vorläufig) durchsetzen konnten. Damit wäre die politisch-öffentliche Bezugnahme auf Vorschulerziehung (Fremdbeschreibung) zu lesen als Teil einer Lösungsstrategie für wahrgenommene soziale Probleme; und umgekehrt bezöge Erziehung demnach ihre Legitimität (in pädagogischer Selbstbeschreibung) nicht (allein) ‚vom Kinde aus', sondern (auch) aus öffentlich anerkannten „Konsensstrukturierungen" (Luhmann 2010: 438).

Die Annahme thematischer Karrieren bietet eine alternative theoretische Erklärung für Variationen in der pädagogischen Semantik. Pädagogische Formulierungen änderten sich, übernimmt man diese Optik, über die Zeit nicht aufgrund immer besserer Kenntnisse über das Wesen des Kindes, vielmehr als Reaktion auf eine Veränderung *öffentlicher Problembeschreibungen*, *Lösungsstrategien* und damit verbundener *Leistungsaufforderungen* an Erziehung. Das wäre empirisch zu prüfen.

Vor den empirischen Durchgängen sollen aber zunächst die methodologischen und methodischen Prämissen der vorliegenden Arbeit diskutiert werden.

3 Wissenschaftlicher Vergleich und Inhaltsanalyse

> *„Die methodischen Regeln der Forschung aber sind nichts anderes als die Bedingungen dafür, wann wissenschaftliche Erkenntnisse akzeptiert werden können und wann nicht. Methodische Regeln dienen dazu, die Gewinnung von Erkenntnissen durchsichtig und nachvollziehbar zu machen“ (A. Schäfer 2005: 19).*

Wissenschaftliche Beobachtung führt, so erörtert Alfred Schäfer an gleicher Stelle, nicht zu objektiver Erkenntnis der Realität, welche die beschränkte Wahrnehmung des Menschen niemals erfassen kann. Stattdessen ist methodisches Vorgehen immer auf Transparenz und Nachvollziehbarkeit dessen angelegt, was der Forschende auf dem Weg zur Formulierung von Befunden tut. Die Schritte, die er auf dem Weg zur Erkenntnis unternimmt, müssen nachvollziehbar sein. Daraus ergibt sich deren Plausibilität. Siegfried Lamnek zeichnet den wissenschaftlichen Forschungsprozess als eine Abfolge von Entscheidungen des Forschenden, die auf verschiedenen Ebenen stattfinden und transparent gemacht werden müssen (Lamnek 2005: 48). Diese Entscheidungsebenen – er spricht von Erkenntnistheorie, Wissenschaftstheorie, Methodologie, Methoden und Techniken – müssen in einem stimmigen, nachvollziehbaren Zusammenhang stehen, so dass Entscheidungen auf einer Ebene nicht unabhängig von Entscheidungen auf anderen Ebenen getroffen werden können.

Das folgende Kapitel orientiert sich an diesen Gedanken. Zunächst wird die vorliegende Studie in das Paradigma qualitativer Forschung eingeordnet. An diese wissenschaftstheoretische Zuordnung anschließend wird der Vergleich als die hier gewählte Methode bestimmt und das Forschungsdesign ausgearbeitet. Dem folgen Ausführungen zur Anlage der Studie als historisch-vergleichende, den gewählten historischen Zeitphasen, der Quellenauswahl, zur strukturierenden Inhaltsanalyse als Datenbearbeitungstechnik und den Kategorien der Textanalyse, sowie abschließend die schematische Darstellung der folgenden, inhaltsanalytischen Kapitel.

3.1 *Methodologische Vorannahmen*

Die vorliegende Studie ordnet sich in das qualitative Paradigma sozialwissenschaftlicher Forschung ein und unterscheidet sich damit von einer positivistischen, kritisch-rationalistischen bzw. quantitativen Forschungstradition (vgl. Lenk/Maring 1997; Terhart 1997; Kromrey 2009: 18; Oevermann 2004).

Methodologische Grundlage bildet die Hermeneutik, die Kunstlehre des Verstehens sinnhaft strukturierter Texte. Die Geschichte der geisteswissenschaftlichen Hermeneutik und der darin aufgehobenen, unterschiedlichen Vorstellungen von ‚Verstehen' hat jüngst Oliver Hollstein pointiert nachgezeichnet (vgl. Hollstein 2011, hier insb. 41ff.). Entlang Schriften von Kant, Schleiermacher, Dilthey und Gadamer identifiziert er drei verschiedene Auffassungen des Sinnverstehens. Hollstein unterscheidet „Besserverstehen" von einem „Sich-Hineinversetzen" und einem „Andersverstehen" im Sinne Gadamers (a.a.O.: 55). Im ersten Falle – Besserverstehen – entstehe das Bild eines reflektierenden Interpreten, der nach seiner Interpretationsleistung besser den vom Autor im Text gemeinten Sinn nachvollziehen kann als dieser selbst, weil der Autor den Text produziert, nicht aber reflektiert habe. Erst Reflexion brächte demnach das ‚wahre' Wissen über die Bedeutung eines Textes hervor, so dass der Interpret nun in der Lage sei, den Autor über die Bedeutung seines Textes ex post zu belehren.

Beim Sich-Hineinversetzen werde, so die Annahme, eine Perspektivübernahme vollzogen, die die Sicht des Interpreten mit den Augen des Autors ermögliche. Diese in der Romantik auftretende, emphatische Vorstellung eines Nachvollzugs des vom Autor gemeinten Sinns durch den Interpreten lege die Möglichkeit eines identischen Sinnverstehens nahe. In beiden Formen wäre von einer gemeinsamen Basis auszugehen, die Autor und Interpret teilen und die notwendige Bedingung für Verständnis ist. Im einen Fall teilen beide einen gemeinsamen kulturellen Hintergrund, die (gemeinsame) Tatsache des Menschseins oder ein gemeinsames Sprachsystem. Im anderen Falle gelingt es ihnen gar, die identische Perspektive einzunehmen, so dass in der Einheit von Autor und Interpret eine eigentliche Interpretationsleistung überflüssig erscheint.

Mit Gadamer erfuhren diese Annahmen grundsätzliche Kritik. Ihm kann ein Interpret einen Text nur vor dem Hintergrund seines Vorwissens bzw. seiner „Vorurteile" (a.a.O.: 49) verstehen. Den Horizont der Sinnrekonstruktion eines Textes stellen demnach weniger die Einsichten des *Autors*, vielmehr die des *Interpreten*, dem die Perspektive des Autors prinzipiell verschlossen bleiben muss. Entsprechend kann der Interpret einen Text nur *anders* verstehen als der Autor. Unterschiedliche Interpreten werden, qua unterschiedlicher Perspektiven, je unterschiedliche Interpretate desselben Textes vorlegen (ebd.).

Diesem Verständnis schließt sich die vorliegende Arbeit an. Vorannahmen des Interpreten bilden den Hintergrund, vor dem Textinterpretation überhaupt stattfinden kann. Es ist gerade die subjektive Perspektive, die Erkenntnis ermöglicht; das – so Gadamer – *Vorurteil*. Vorannahmen gelten dem entsprechend nicht als Auslöser für *biasing effects*, die kontrolliert, bestenfalls ausgeschlossen werden müssen. Sie sind geradezu Grundbedingung für die Gewinnung neuer Erkenntnis. Allerdings gilt, dass sie im Forschungsprozess irritierbar bleiben müssen und dass gewonnene Erkenntnisse transparent präsentiert werden müssen. Dies sollen nach den vorangegangenen Erörterungen der Fragestellung und der theoretischen Modellierung die ausführlichen Darstellungen des methodischen Vorgehens, der Bestimmung relevanter historischer Zeiträume und der Quellenauswahl leisten.

3.2 Der Vergleich als erziehungswissenschaftliche Methode

Die vorliegende Studie ist eine Vergleichsstudie. Sie will Semantiken des Erziehungssystems solchen einer zeitgenössischen politischen Öffentlichkeit synchron vergleichend gegenüberstellen. Zudem will sie unterschiedliche Elementarpädagogiken historisch-diachron vergleichen. Damit unterscheidet sie sich sowohl in der synchronen als auch der diachronen Perspektive von gegenwärtigen Ansätzen Vergleichender Erziehungswissenschaft insofern, als diese überwiegend *internationale* Vergleiche anstellen[17]. Historische Vergleiche werden allgemein eher der Historischen Erziehungswissenschaft zugeordnet und weniger der Vergleichenden, die sich eher als International Vergleichende Erziehungswissenschaft (IVE) versteht (vgl. Amos 2015: 60). Dies berücksichtigt kann gleichwohl festgehalten werden, dass die Operation ‚Vergleich' in beiden Fällen grundsätzlich dieselbe ist und für Erkenntnisgewinne auch in historischer Perspektive fruchtbar gemacht werden kann.

Im Rahmen des Siegeszuges der Naturwissenschaften in der Aufklärung im 18. und weiter im 19. Jahrhundert kam es zu einer „radikalen Um- und Neubewertung empirischer Erkenntnis" (Schriewer 1994: 430). Die Naturwissenschaften und ihr positivistisches Paradigma galten (und gelten vielfach bis heute) als Vorbild für ‚wahre' Forschung, die sich von Dogmatik und spekulativer Philosophie frei gemacht hat und auf rationellem, methodischem Wege objektive Erkenntnisse produziert. Vergleichende Wissenschaft galt in diesem Paradigma am

17 Z.B. Adick 2008; Hilker 1962; Schneider 1961; Schriewer 1982, 1994; Schriewer et. al. 1998; Allemann-Ghionda 2004; Waterkamp 2006; so auch bereits ‚der' Klassiker von 1817: Marc-Antoine Jullien de Paris.

Übergang zum 19. Jahrhundert als „Nonplusultra an Modernität“ (ebd.) und wurde interdisziplinär breit rezipiert[18]. Für Jürgen Schriewer ist der Vergleich keineswegs eine rein historische Episode in der Erziehungswissenschaft. In der prominenten Schrift des Franzosen Marc Antoine Jullien de Paris (1775-1848) „Skizzen und Vorarbeiten zu einem Werk über die Vergleichende Erziehung“ von 1817[19] erblickt er „(…) das Programm einer empirisch-vergleichend betriebenen Überführung heterogener und in ihrer Geltung ungeprüfter Wissensbestände in eine disziplinär sich verselbständigende Einzelwissenschaft“ (Schriewer 1994: 430f.). Julliens Ansatz ziele auf die „(…) ‚Positivierung’ spekulativer Erziehungskonzepte und die Methodisierung pädagogischer Theorie“ (a.a.O.: 431). „Die Originalität dieses frühen Textes von 1817 (…) besteht insofern gerade darin, daß er Gründungsmanifest nicht nur der *Vergleichenden*, sondern zugleich Programmschrift der *Erziehungswissenschaft schlechthin* ist“ (ebd.). ‚Vergleichen’ stünde damit am Beginn der Erziehungswissenschaft als sich etablierender empirischer Disziplin und bildete bis heute allgemein ihre zentrale Operation.

‚Vergleichen‘ ist zunächst eine ubiquitäre intellektuelle Operation. Menschliches Denken ist in grundsätzlicher Weise mit Vergleichen, Analogie- und Kategorienbildung verbunden (vgl. Parreira do Amaral 2015: 107). Es ist allerdings zu unterscheiden zwischen einer alltäglich-intuitiven Form des Vergleichs und dem methodisch-systematischenVergleich. Letzterer dient der Erkenntnisgewinnung nach wissenschaftlichen Kriterien. Das meint v.a. eine methodologische

18 Goethe betrieb Studien über vergleichende Anatomie und entdeckte auf diesem Wege den Zwischenkieferknochen (vgl. Hilker 1962: 16f.; Allemann-Ghionda 2004: 20); Humboldt erarbeitete einen „Plan einer vergleichenden Anthropologie“ (1795; vgl. Hilker ebd.), postum erschien von ihm eine Schrift „Über die Verschiedenheit des menschlichen Sprachbaus“ (1836, vgl. Allemann-Ghionda ebd.). Vergleichende Forschung wurde ferner betrieben in den Rechts-, Religions- und Sprachwissenschaften (vgl. Schriewer 1994: 431; 2000: 6).

19 Diese gilt als frühestes Beispiel vergleichender erziehungswissenschaftlicher Forschung. Jullien entwarf den Plan einer vergleichenden Beforschung der Erziehungssysteme in den Staaten Europas, gedacht als empirisch-wissenschaftliche Grundlage optimaler Erziehungsveranstaltung. Methodisches Instrument war ein Inventar, das rund 270 Fragen beinhaltete und das er in Europa verbreitete. Institutionalisieren wollte er diese Forschung in Form eines zentralen Instituts unter Schirmherrschaft eines oder mehrerer Fürsten in Europa, welches die gesammelten Erkenntnisse aus den verschiedenen Staaten ordnen und vergleichend auswerten sollte. Des Weiteren plante er die Gründung einer Lehrerbildungsanstalt, in der die gewonnenen Erkenntnisse an Praktiker vermittelt werden sollten sowie schließlich die Herausgabe einer Zeitschrift zu deren Verbreitung (vgl. dazu Adick 2008; Allemann-Ghionda 2004; Schneider 1961; Hilker 1962; Schriewer 1994; Kaloyannaki/Kazamias 2009). Kritisch zur Darstellung Julliens als des ‚Begründers‘ vergleichender Erziehungswissenschaft hat sich Waterkamp geäußert (2006: 18), insofern Julliens Schrift von 1817 bis 1885 verschollen war und erst 1954 eine deutsche und 1962 eine französischsprachige Neuauflage erlebte, währenddessen sich die vergleichende Erziehungswissenschaft ohne Kenntnis des Textes und der Person des Autors weiter entwickelt hatte.

Fundierung sowie die Nachvollziehbarkeit und Transparenz der Forschungsschritte. Eine einheitliche Methodologie der Vergleichenden Erziehungswissenschaft (VE) gibt es nicht (a.a.O.: 111); VE stellt sich eher als ein breites Feld dar, bestehend aus unterschiedlichen Forschungstraditionen, verbunden mit je eigenen Erkenntnissinteressen, Methoden und Forschungsdesigns[20]. „Forschung in der IVE gründet nicht auf *eine* allgemeingültige oder gar einheitliche Übereinkunft zum Vergleich als Methode (…)“ (a.a.O.: 123). Das sei kein Manko, vielmehr der Komplexität des Gegenstandes vergleichender erziehungswissenschaftlicher Forschung geschuldet. Gleichwohl muss die Frage beantwortet werden, was eine vergleichende Forschung ausmacht. Hier kann an der Grundoperation des Vergleichens angesetzt werden. In seinem klassischen Werk „Vergleichende Pädagogik“ von 1962 bestimmt Franz Hilker ‚Vergleichen' folgendermaßen:

> „Funktional betrachtet ist Vergleichen ein Beziehungsdenken. Zwischen zwei oder mehreren Erscheinungen derselben Art wird ein Bezugsverhältnis hergestellt mit dem Ergebnis der Gleichheit (Kongruenz), Ähnlichkeit (Affinität) oder Verschiedenartigkeit (Diskrepanz)“ (Hilker 1962: 100).

Für einen Vergleich benötigt man zwei oder mehrere Vergleichsobjekte, die jedoch nicht einfach gegenübergestellt werden („Juxtaposition“, a.a.O.: 121ff.); es bedarf eines Kriteriums, in Bezug auf welches verglichen werden soll: das ‚Tertium Comparationis‘ (TC). Um diesen Aspekt erweitert führt er definitorisch aus:

> „Vergleichen bedeutet das Aufsuchen von Gleichheiten, Ähnlichkeiten und Verschiedenheiten zwischen mehreren erscheinungsmäßig gegebenen Wirklichkeiten und ihre Bewertung nach übergeordneten Gesichtspunkten“ (a.a.O.: 101).

Eine solche Anordnung und kriterienbasierte Relationierung von Vergleichsobjekten wirkt heuristisch, man kann systematisch und methodisch kontrolliert Dinge sehen, die man ohne sie nicht sehen könnte. Das schließt mit ein, dass ‚Erkenntnis‘ sich nicht aus einer technischen Anwendung der Operation ‚Vergleichen‘ ergibt; sie stellt sich vielmehr in der Interpretation dessen ein, was in dieser Konstellation beobachtet werden kann.

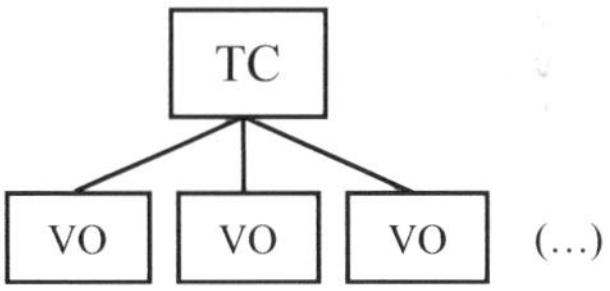

Abb. 1: Vergleichsoperation
TC = Tertium comparationis
VO = Vergleichsobjekt

Hilker knüpft einige formale Bedingungen an die Auswahl der Vergleichsobjekte. Er nennt als konstitutive Kriterien u.a. die „Pluralität“ und die „Komparabilität“ (a.a.O.: 103f., 105f.). Pluralität meint eine gewisse Variation der zu vergleichenden Objekte. Es macht keinen Sinn, identische Objekte miteinander zu

20 Für einen Überblick siehe Parreira do Amaral a.a.O.

vergleichen. Pluralität könne prinzipiell in zwei Formen gegeben sein, als räumliche oder zeitliche Varianz (vgl. Hilker 1961: 103). Hier werden die Möglichkeiten des synchronen und des diachronen Vergleichs nahegelegt. Komparabilität meint eine Mindest-Vergleichbarkeit verschiedener Vergleichsobjekte:

> „(...) nicht alle Erscheinungen des pädagogischen Lebens sind vergleichbar. Sie dürfen nicht völlig heteronom oder heterogen sein, sondern müssen neben Verschiedenheiten Ähnlichkeiten aufweisen und können in gewissem Maße auch Gleichheiten zeigen“ (a.a.O.: 105).

Prinzipielle Vergleichbarkeit und Varianz müssen bei der Auswahl der Vergleichsobjekte gewährleistet sein. Vergleichbarkeit ist im Rahmen der vorliegenden Studie zwischen pädagogischen Semantiken und solchen einer politischen Öffentlichkeit insofern gegeben, als es sich in beiden Fällen um *programmatische* Texte handelt. Beide reagieren auf wahrgenommene Defizite oder Probleme, beide entwerfen ideale Zielvorstellungen, beide benennen Maßnahmen, um den defizitären Zustand zu überwinden und Schritte in Richtung des Ideals zu machen (s.u.). Unterschiedlich sind sie einerseits (im synchronen Vergleich) hinsichtlich ihrer jeweiligen Bezugsprobleme: ‚Vermittlung' ist nicht ‚Verbindlichmachung', Politik richtet sich auf Formung gesellschaftlicher Ordnung, Pädagogik auf Formung von Personen (vgl. Kade/Radtke 2011). Andererseits (im diachronen Vergleich) variieren Pädagogiken über die Zeit. Pädagogiken unterschiedlicher Epochen bearbeiten die gleichen systematischen Bezugsprobleme, allerdings vor unterschiedlichen historischen Kontexten und in variierender Semantik.

3.3 Vorannahmen und Entscheidungen

In jedem Vergleich stecken mindestens implizit Vorannahmen, die sich auf seine Komponenten – Vergleichsobjekte und Tertium Comparationis – beziehen (vgl. Adick a.a.O.: 166f.). Beide sind seitens der/des Forschenden vorempirisch vorhanden (vgl. Schneider 1961: 115; ferner Diehm et. al. 2010) und konstituieren wesentlich den Forschungsgegenstand (der nicht außerhalb der Beobachtung durch Forschende einfach ‚da' ist). Entscheidungen hinsichtlich des Designs, gewählter Quellen und Zeitphasen sowie die Bestimmung der Analysekategorien werden im Folgenden erläutert.

Gründe für einen historischen Vergleich: Hilker hatte für Vergleichende Forschung grundsätzlich die Möglichkeiten des *internationalen* und des *historischen* Vergleichs nahegelegt. Im Falle internationaler Vergleiche gelten (mindestens implizit) ‚Nation' oder ‚Kultur' als relevante Unterscheidungen. Darin sind Vorannahmen über das eigentümlich ‚Nationale' eines Vergleichsobjektes enthalten, die nicht unproblematisch sind (vgl. Adick a.a.O.: 54, 184; Allemann-Ghionda 2004: 23f.; Heckmann 1992; Höhne 2001; Diehm/Radtke 1999; Radtke 2011). Wimmer/Glick-Schiller (2002) haben von ‚methodologischem Nationalismus' gesprochen. ‚Kultur' und ‚Nation' (oder in kombinierten Varianten z.B. ‚Nationalkultur') werden zum Zwecke der Gegenstandsbestimmung reifiziert bzw. naturalisiert (vgl. Adick a.a.O.: 166, 184ff.). Verdeckt wird dabei, dass es sich in beiden Fällen um historisch kontingente Formeln handelt, die hoch emotional und politisch aufgeladen sein und zur machtvollen Durchsetzung politischer Interessen eingesetzt werden können (vgl. Radtke 2011). Ein ‚internationaler' oder ‚interkultureller' Vergleich scheint in solch semantisch-ideologische Fallstricke verheddert, er läuft Gefahr, Semantiken mit Entitäten zu verwechseln.

In anderer Perspektive stellen Theorien fortschreitender Globalisierung die Bedeutung international vergleichender Forschung in Frage. Wenn von „Weltgesellschaft" gesprochen wird bzw. von *world polity* (z.B. Meyer 2005), geht es um eine Verbreitung von Wissen bzw. Normen über nationalstaatliche Grenzen hinweg, mit der Folge – vor allem der Neo-Institutionalismus betont das – der Isomorphiebildung (vgl. DiMaggio/Powell 1983). Staaten wären in dieser Perspektive abhängige Variablen weltgesellschaftlicher Deutungsmuster und es wäre eine internationale Angleichung von Strukturen und Semantiken zu erwarten und keine Varianz zwischen ihnen. Das Pluralitätsgebot des Vergleichs würde nicht eingehalten.

Um diesen Problemen aus dem Weg zu gehen, wurden für die vorliegende Studie Fälle gewählt, die sich in der *Zeitdimension* voneinander unterscheiden. Die Bestimmung der Vergleichsobjekte bleibt dabei von den o.g. Problemen frei. Variation stellt sich über historischen Wandel ein und sowohl Pfadabhängigkeiten als auch der Umstand, dass immer gleiche Bezugsprobleme gelöst werden müssen (politisch/pädagogisch), sichern eine hinreichende Vergleichbarkeit der Texte.

Quellenauswahl: Der Kontext für die Produktion pädagogischer Texte wurde oben als ‚politische Öffentlichkeit' beschrieben. Hier interessieren Textproduktionen, die Gesellschaftsbeschreibungen liefern. Darin enthalten: Problemsicht, ideale Sozialordnungen und die Mittel und Wege zu deren Erreichung. In Frage kommen hier höchst unterschiedliche Texte von höchst unterschiedlicher Reichweite: Memoranden, die nur innerhalb eines Ministeriums Verbreitung fanden, aber in der Folge nachhaltige und weitreichende Konsequenzen hatten; die Regierungserklärung eines Kanzlers vor dem Bundestag; Zeitungsartikel; Buchveröffentlichungen; ferner Internetquellen, die heute prinzipiell einem weltweiten Publikum zur Verfügung stehen. Die Art und Verbreitung der Papiere ist in hohem Maße heterogen. Dies umso mehr, als auch wirtschaftliche, religiöse, militärische etc. Positionen Gegenstand des Politischen werden können, relevante Texte also nicht aufgrund der Zuordnung zu bestimmten Akteuren eindeutig zu identifizieren sind. Diese Unbestimmtheit wurde durch Bezugnahme auf moderne historische Forschung reduziert. Gewählt wurden für die vorliegende Studie Texte, die dort besondere Beachtung erhalten und die geeignet sind, Einblicke in je zeitgenössische Deutungshaushalte gewähren.

Zur Untersuchung der Programmatik des Erziehungssystems wurde formal nach elementarpädagogischen Texten gesucht, nach Orientierung bzw. Sinn stiftenden Semantiken der Vorschulerziehung. Das Präfix ‚Vorschul-' weist dabei auf die institutionelle Ausdifferenzierung entsprechender Einrichtungen im Erziehungssystem hin, die sich um 1800 in der Folge der Unterrichtspflicht[21] vollzog und die entsprechende Einrichtungen von der Institution ‚Schule' unterschied (vgl. Erning 1987a: 19ff.). Gefragt war also nach pädagogischen Programmen, die sich an öffentliche Einrichtungen der Erziehung von noch nicht unterrichtspflichtigen Kindern wenden und deren Praxis orientieren und begründen. Diese Kriterien sind in zweierlei Textarten gegeben: einerseits bei *pädagogischen ‚Ansätzen'*, die i.d.R. im Kontext wissenschaftlicher Institutionen entstehen und als praktische Philosophien normative und didaktische Hinweise anbieten. Andererseits kann auf *Modelle* bzw. *Konzepte* zurückgegriffen werden, die sich als (Selbst-)Darstellungen von Erziehungsorganisationen bzw. als ‚best practice' präsentieren. Als solche laden sie das Publikum zur Nachahmung ein. Beide Textarten sollten überregionale Verbreitung gefunden haben (z.B. in Fachliteratur).

Zur Auswahl der historischen Zeitphasen sowie der verwendeten Quellen: Die meist implizite Semantik, die selbstverständliche Verständnisgrundlage einer Gesellschaft, ist in Krisenzeiten besonders deutlich zu beobachten (vgl. Lüders/Meuser 1997; Foucault 1987: 245). Dann steht alles bis dato Selbstverständliche zur Disposition und muss sich vor Entwürfen eines konkurrierenden ‚Zeitgeistes' (oder mehrerer solcher Kalküle) rechtfertigen, was zu einer im Alltag ansonsten seltenen, zugespitzten Explikation immanenter Sinnzusammenhänge führt. Foucault hat von Widerstand als Katalysator gesprochen (ebd.). Daher wurde bei der Auswahl historischer Fälle nach solchen Umbrüchen gesucht.

Gesucht wurde ferner nach Fällen, die Variation versprechen. Eine Demokratie wird sich bspw. grundsätzlich anders beschreiben und rechtfertigen als eine

---

21 Hier ist die Rede von ‚Unterrichtspflicht' und nicht von ‚Schulpflicht', weil der Besuch öffentlicher Schulen (am Beispiel Preußens) zur Erfüllung des Gebots, Kinder unterrichten zu lassen, zunächst keineswegs zwingend war. Reiche Familien konnten der Unterrichtspflicht nachkommen, indem sie private Hauslehrer anstellten. Diese kostspielige Variante war für die Mehrheit der ärmeren Familien keine Option. Sie mussten ihre Kinder in öffentliche Schulen schicken. Die Pflicht des Besuchs öffentlicher Schulen ergab sich aus der ökonomischen Lage der ärmeren Schichten. Eine für alle obligatorische Schulpflicht wurde in Deutschland erst mit dem Grundschulgesetz von 1920 eingeführt (Herrlitz et. al. 2009: 121f.).

Autokratie. Ähnliches kann angenommen werden für Gesellschaften in Kriegs- und in Friedenszeiten etc. Können einerseits zwischen einer diskursiven Großwetterlage und zeitgenössisch verbreiteten pädagogischen Empfehlungen *synchron* spezifische Zusammenhänge erwartet werden, so wurde das Material so ausgewählt, dass *diachron* Variationen zu erwarten sind.

Für die Wahl historischer Fälle wurden zunächst im Zeitraum zwischen 1800[22] und der Gegenwart Zeiten des Umbruchs bzw. des Wandels gesellschaftlicher Ordnung gesucht. Dem schloss sich eine Suche nach zeitgenössischen Elementarpädagogiken an. Aktuelle Studien zur Geschichte des Kindergartens (vgl. Kap. 1.5) dienten dabei als Fundus. Die Suchrichtung verlief parallel auch gegenläufig: Für markante pädagogische Texte wurde der gesellschaftliche Kontext eruiert. Auf diesem Wege wurden vier Zeiträume zwischen 1800 und der Gegenwart und darin Texte ausgewählt, die im Folgenden vorgestellt werden sollen. Insgesamt ging es nicht um eine geschlossene, chronologische Darstellung, eine (erneute Nach-)Erzählung der ‚Geschichte des Kindergartens' mit Anspruch auf Vollständigkeit. Vielmehr wurden einzelne Fälle so gewählt, dass sich zwischen ihnen systematisch Gemeinsamkeiten und Variationen beobachten lassen.

Studie 1) Preußische Reformen und Restauration: In der historischen, auch bildungshistorischen Literatur wird der Entwicklung Preußens in den Jahren von 1805 (Auflösung des Heiligen Römischen Reiches Deutscher Nation) bis 1830 (Beginn des ‚Vormärz' in Deutschland, Revolution in Paris) besondere Beachtung geschenkt (vgl. Nipperdey 1998; Wehler 1996; Koselleck 1967; Jeismann 1969; bildungsgeschichtlich: Herrlitz et. al. 2009; Baumgart 1990). In den Jahren 1807 (Friede von Tilsit) bis (im weiten Sinne) 1819 wurde die bis dato existierende vormoderne, ständische Gesellschaftsordnung in Preußen entlang liberalbürgerlicher Werte reformiert (Stein 1807; Hardenberg 1807; Humboldt 1809; Süvern/Stein 1808). Mit dem Ende Napoleons und dem erneuten Erstarken der Monarchien Europas setzte sich dem entgegen seit 1813 eine Politik der Restauration machtvoll durch (in der Studie repräsentiert durch zwei Schriften Ludolph von Beckedorffs von 1819), der versuchten Annäherung an das vormalige ständische Modell, kulminierend in den Ereignissen des Jahres 1819 (Mord an Kotzebue, Karlsbader Beschlüsse). Im Zeitraum der späten 1820er Jahre, vor dem Hintergrund der Auseinandersetzungen zwischen Reformern und Restauratoren, erschien in deutscher Sprache in zwei Auflagen eine Schrift, die ein spezifisches Erziehungsmodell für kleine Kinder propagierte: Das Modell der „Englischen

22 Dies insbesondere, weil zu Beginn des 19. Jahrhunderts ein *take off* der öffentlichen Erziehung kleiner Kinder zu beobachten ist. Siehe dazu die einschlägigen Veröffentlichungen der ‚Geschichte des Kindergartens' (vgl. Kap. 1.5).

Klein-Kinder-Schulen" („infant-schools", Wilderspin 1828[23]). Dieses Modell wird in der Forschung zur Geschichte des Kindergartens als ‚Startschuss' der Entstehung eines Systems moderner Kindertageseinrichtungen in Europa beschrieben (vgl. Erning 1987a: 24ff.; Reyer 2006a; Aden-Grossmann 2002; Konrad 2004). Die Verfügbarkeit der Schrift im Original der zweiten Auflage, die hohe Bedeutung, die ihr von zeitgenössischen Akteuren zugeschrieben wurde[24], aber auch die Stellung, die ihr in modernen Texten zugebilligt wird, schließlich der umfänglich historisch erschlossene zeitgenössische politische Hintergrund führten zu der Entscheidung, den Zusammenhang von Pädagogik und Gesellschaft anhand dieses Falles zu rekonstruieren.

Studie 2) Vorschulerziehung im Kontext von Krieg und Sozialhygiene um 1900: Der Erste Weltkrieg markierte eine europäische Epochenwende (zur Zeitgeschichte siehe Mommsen 1986, 1995; Stübig 1994; Nipperdey 1998; Wehler 1995, 2003, 2007; Keegan 2001). Neben der ‚Urkatastrophe', die er bedeutete, dem millionenfachen Sterben an den Fronten, stellt das beginnende 20. Jahrhundert eine Zeit umfänglicher Rationalisierung und Modernisierung vieler gesellschaftlicher Teilbereiche dar. Zugleich lässt sich um 1900 eine Neujustierung der Institutionalisierung der Sorge um kleine Kinder beobachten: Die Alleinzuständigkeit der Familie wurde während, aber auch bereits deutlich vor dem Krieg relativiert und nach dem Krieg in der Weimarer Reichsverfassung und im Reichsjugendwohlfahrtgesetz neu geordnet. Neben der Familie zuständig waren nun der Staat und, subsidiär, freie Träger. Dieser institutionelle Wandel wurde bislang wesentlich den Auswirkungen des Krieges kausal zugerechnet (vgl. Reyer 1987, 2006a; Konrad 2004). Es lässt sich aber zeigen, dass, sieht man von rein strukturellen Veränderungen zwischen 1900 und 1920 (Reichsschulkonferenz) ab, militärische und biologisch-sozialhygienische Diskurse bedeutsame, miteinander verwobene Sprachspiele darstellten, die nachhaltig auf das Nachdenken über Kleinkinderversorgung und deren organisierte Veranstaltung wirkten. Die früheste Kindheit und Kinder als statistisch messbare Bevölkerungsgruppe wurden zu Gegenständen von nationaler Bedeutung, umso mehr, als der ‚naturwüchsigen' Kinderaufzucht in den Familien teils allgemein, teils systematisch misstraut wurde.

23 Die erste deutschsprachige Auflage erschien 1826.

24 Bspw. die Stellung des Wilderspin-Modells in zeitgenössischen Bestandsaufnahmen zur Entwicklung des Kindergartens (vgl. Chimani 1832). Ferner wurde das in Österreich-Ungarn durch J. Wertheimer verbreitete Werk vom preußischen Ministerium für Unterricht, Cultus und Medicinalangelegenheiten 1827 allen regionalen preußischen Regierungen in einem Circularreskript zur Beachtung und Umsetzung angeordnet. Damit ist von einer Verbreitung in Europa von den heutigen Benelux-Ländern über Österreich/Ungarn, Preußen und Polen bis zum Baltikum auszugehen. Noch 1936 beschrieb der evangelische Pfarrer Wicht das Wilderspin-Modell als ‚Meilenstein' der Geschichte protestantischer Kleinkinderfürsorge (vgl. Wicht 1936).

Die Pädagogik Maria Montessoris konnte, insbesondere in ihren frühen Schriften, an diesen rationalisierten, vernaturwissenschaftlichten Diskurs über die Aufzucht kleiner Kinder anschließen. Sie respezifizierte darin pädagogische Grundprobleme in biologischer, anthropometrischer und klinischer Form (Montessori 1913a,b). Ihre Gedanken wurden kurz vor dem Ersten Weltkrieg in Deutschland und England publik und trafen die o.g. zeitgenössischen Diskurse viel spezifischer als bspw. die in Deutschland verbreitetere Fröbel-Pädagogik. Daher sollen einige ihrer frühen Schriften (Montessori 1913a,b; ferner 1972, 1988; Böhm 2010) in dieser zweiten Studie als pädagogische Texte mit dem oben angedeuteten politischen Kontext vergleichend in Bezug gesetzt werden.

Studie 3) Der bundesdeutsche Vorschuldiskurs der 1960er und 70er Jahre: Die Schulreform in der Bundesrepublik zwischen etwa 1965 und 1975 stellt ein weiteres, ausführlich beforschtes Ereignis dar, in dessen Rahmen der Kindergarten öffentlich diskutiert wurde (z.B. Herrlitz et. al. 2009; Friedeburg 1992; Tenorth 2010a; Iben 1971; Paus-Haase 1986). Der gesellschaftliche Kontext der Reformen kann anhand dieser Studien sowie verfügbarer Quellentexte (insb. Picht 1965; Dahrendorf 1965; Adorno 1966a,b; 1969; Brandt 1969; Deutscher Bildungsrat 1970a,b; Mollenhauer 1970; Skowronek 1970; Hamm-Brücher 1970; BMBW 1970) als multiples Problem- bzw. ‚Krisenbündel' rekonstruiert werden. Zeitgleich kann der Wandel des vorschulpädagogischen Ideals vom ‚Bewahren' der Kinder (E. Hoffmann) über ‚kognitive Frühförderung' (Lückert, Correll) hin zu ‚sozialem Lernen' innerhalb von nur rund zehn Jahren nachgezeichnet werden (z.B. Paus-Haase 1986, Hemmer/Obereisenbuchner 1979). Im Laufe der 1970er Jahre entstand der maßgeblich vom DJI verantwortete Entwurf eines ‚Curriculum Soziales Lernen' (Zimmer 1973, vgl. Diehm 1995), dessen unter dem Titel ‚Situationsansatz' firmierende Weiterentwicklung bis in die späten 1990er Jahre als Mainstream-Pädagogik des Kindergartens in Deutschland gelten konnte. Im Laufe der Zeit haben seine Protagonisten ihre Argumentation erheblich geändert. Gerade der letztgenannte Umstand führte zu seiner Aufnahme in den Datenkorpus der Studie. Des Weiteren wird die Beschreibung eines pädagogischen Modells herangezogen, der Vorschulklasse der Berliner John-F.-Kennedy-Schule (Hoenisch/Niggemeyer/ Zimmer 1969).

Studie 4) Vorschulerziehung im frühen 21. Jahrhundert: Anders als im Falle der vorangehenden Studien kann für die jüngste Vergangenheit und Gegenwart noch nicht (oder nur beschränkt) auf Erkenntnisse einer zeitlich distanzierten Beforschung zurückgegriffen werden. Gegenwärtig sind einerseits wirtschaftliche und andererseits sozialstaatliche Probleme medial präsent und werden erziehungswissenschaftlich diskutiert (vgl. Lohmann 2010; Radtke 2009; Streeck 2011a,b,c;

Galuske 2002, 2004; Lessenich 2003; Olk 2007). Für die Rekonstruktion der politischen Öffentlichkeit wurden exemplarisch Papiere nationaler Akteure aus Politik und Wirtschaft herangezogen. Für die Politik: Herzog (1997); Schröder/Blair (1999); der Nationale Integrationsplan der Bundesregierung (2007), der zweite Armuts- und Reichtumsbericht der Bundesregierung (Deutscher Bundestag 2005). Für die wirtschaftliche Position: Weltbank (Young/Richardson 2007); vbw 2003; BDA 2005, 2006; BDA/BDI 2008).

Als pädagogischer Ansatz wird im Rahmen der vierten empirischen Studie eine Reformulierung des ‚Situationsansatzes' untersucht (Zimmer 2006). Reizvoll erschien, diese revidierte Fassung im diachronen Durchgang mit ihrem Vorläufer aus den 1970er Jahren zu vergleichen. Die Frage war, ob und in welcher Weise die jüngere Form, die sich ausdrücklich in der Tradition des früheren Entwurfs sieht, sich von dessen Semantik unterscheidet (vgl. dazu Kap. 8.3). Als Modell wurde für die Gegenwart exemplarisch die ‚KLAX-Pädagogik' zur Analyse ausgewählt (Bostelmann/Fink 2003; Bostelmann 2007). Die Initiatorin Antje Bostelmann hat seit Mitte der 1990er Jahre in Fachzeitschriftenartikeln sowie in eigenen Monographien und Herausgaben ihre pädagogischen Ideen, die Grundlage der Arbeit in den Einrichtungen der von ihr geleiteten ‚KLAX-Gruppe' sind, einer breiten Fachöffentlichkeit zugänglich gemacht. Diese Ideen sind für eine Untersuchung entlang der Fragestellung der vorliegenden Studie besonders aussagekräftig.

3.4 Kategorien der Inhaltsanalyse

Das Datenmaterial der vorliegenden Studie bilden pädagogische und politische Texte. Das textanalytische Vorgehen der Studie lehnt sich an die strukturierende Inhaltsanalyse an, die insb. Philipp Mayring als eine Variante qualitativer Inhaltsanalyse beschrieben hat (Mayring 2008) – ohne dabei jedoch die methodologischen Annahmen Mayrings zu teilen. Spezifisch an Mayrings Vorschlag ist eine Synthese, in der die Stärken des quantitativen Paradigmas mit denen des qualitativen Paradigmas in seinem Vorschlag ‚qualitativer Inhaltsanalyse' zusammengeführt werden sollen (vgl. Mayring a.a.O.: 42). Dies zum Zwecke der wechselseitigen Bearbeitung beschriebener Mängel des jeweils anderen Paradigmas[25]. Der Versuch beide zu synthetisieren erscheint indessen problematisch. M.a.W.

25 In quantitativer Forschung die strikte, den forschenden Blick verengende Standardisierung, in der qualitativen v.a. der Verdacht mangelnder Systematik, interpretativer Beliebigkeit bzw. des Impressionismus.

soll hier nicht der Gedanke übernommen werden, Kriterien *quantitativen* Forschens auf *qualitative* Forschung anzuwenden[26].

Die Forderung nach Regelgeleitetheit, Plausibilität und Nachvollziehbarkeit der einzelnen Forschungsschritte muss beachtet werden. Diese stellen sich aber in den vorliegenden Studien nicht im Zuge exakter Struktursetzungen und klein(st)schrittiger Vorabregulierungen über sequentiell anzuwendende Arbeitsschritte ein[27], sondern auf dem Wege der Einbettung des Vorgehens in den Hintergrund von Fragestellung und Theorie/Heuristik sowie der Erläuterung einzelner Schritte im Forschungsprozess.

Für den synchronen Vergleich wurden für die vorliegende Studie zwei Sets von Kategorien gebildet, je eines für die Analyse politisch-öffentlicher und pädagogischer Texte. Diese ergaben sich aus der Forschungsfrage, der Exploration des Materials und systematischen Annahmen über den Gegenstand und werden anschließend ausführlich erörtert. Ausgewählte Texte wurden dann anhand dieser formalen Kategorien nach einschlägigen Aussagen durchsucht. So wird eine Verdichtung umfänglichen Materials auf relevante Passagen erreicht. Am Ende dieses (mehrfach durchlaufenen) Durchganges stehen empirische Quellenpassagen, sortiert nach Kategorien, aus denen Logiken und Deutungsmuster rekonstruiert werden können. Diese Rekonstruktionen können wechselseitig in Bezug gesetzt, d.h. politisch-öffentliche und pädagogische Deutungsmuster miteinander verglichen werden. Wenn es stimmt, dass Pädagogik sich mit Bezugnahme auf eine politische Öffentlichkeit entwirft, dann müssten im Material entlang der gewählten Kategorien synchron argumentative Ähnlichkeiten in beiden Textsorten nachweisbar sein. Im diachronen Vergleich können schließlich systematische, fallunabhängige Schnittstellen aufgezeigt werden, die den wechselseitigen Anschluss zwischen Vorschulerziehung und politischer Öffentlichkeit ermöglichen.

Bei der Kategorienbildung wurde dem Umstand Rechnung getragen, dass politische Texte andere Probleme bearbeiten als pädagogische. Entsprechend erschien es geboten, unterschiedliches Material auch mit unterschiedlichen Kategorien zu beobachten. In einer *politischen Öffentlichkeit* finden sich Positionen relevanter Akteure, die Gesellschaftsdiagnosen aufstellen und ihre Zielvorstellungen propagieren. In ihnen kann gesucht werden nach Problembeschreibungen, vorgeschlagenen Lösungsstrategien, Ausformulierungen von Idealvorstellungen

26 Vgl. dazu: Reichertz 2003, insb. 341ff.: „Schon allein deshalb, weil (…) strukturell verschiedene Gegenstände untersucht werden und weil der Anspruch der Ansätze sich so stark unterscheidet, können naturgemäß die Methoden der Gütesicherung bei qualitativer und quantitativer Forschung nicht identisch sein" (a.a.O.: 342, Herv. i. Orig.). Oevermann (2004: 426) sprach von der „erkenntnislogische[n] Differenz zwischen den erfahrungswissenschaftlichen Disziplinen".

27 Siehe nur Mayrings Ausführungen zum Thema ‚Reliabilität' (a.a.O.: 109ff.) sowie seine exemplarischen Flussdiagramme und Beispieltabellen zum Forschungsprozess (a.a.O.: 53ff.; 64ff.).

gesellschaftlicher Ordnung sowie Bezugnahmen auf Erziehung. Anders ausgedrückt: ‚Erziehung' wird in diesem Suchschema aufgefasst als Teil einer vorgeschlagenen Lösungsstrategie zur Bewältigung dringlicher Probleme oder Krisen, markiert in der politischen Öffentlichkeit. Erziehung soll dabei das Streben nach einem gesellschaftlichen Ideal auf dem Wege der Formung von Individuen unterstützen[28]. An konkrete Texte wären demnach folgende Fragen zu richten:

- Welche Probleme werden beschrieben?
- Welche Problemlösungen/Ideale werden angestrebt?
- Welche Aufgaben werden ‚Erziehung' dabei zugeschrieben?

Man kann davon ausgehen, dass dieses formale Muster auf alle relevanten Papiere anwendbar ist. In der Rekonstruktion je zeitgenössischer Semantiken wird das Schema inhaltlich gefüllt. Dabei werden fallweise Figuren hoch unterschiedlicher Logik erwartet.

Auf Seiten *pädagogischer Programme* sind zunächst Strukturmerkmale bzw. Grundprobleme der (v.a. öffentlichen) Erziehung zu bestimmen, die in solchen Schriften möglichst regelmäßig aufzufinden sein sollen. Auch sie sollen möglichst formal und nicht semantisch vorbelastet sein und in der Analyse der Quellen inhaltlich gefüllt werden. Beispiele für ubiquitäre Probleme moderner Erziehung lassen sich in der erziehungswissenschaftlichen Literatur finden. So empfahl Wolfgang Brezinka, für eine präzisere Beschreibung seines formalen Begriffs von ‚Erziehung' „(…) Antwort auf folgende Fragen zu suchen: *Wer* (Subjekt) *erzieht wen* (Adressat) *wozu* (Ziel) *unter welchen Umständen* (Situation, Rahmenbedingungen) *wie* (Art und Weise, Form des erzieherischen Handelns)?" (Brezinka 1974: 95f.). Werner Helsper (2006: 17; ähnlich: A. Schäfer 2005) beschrieb die Entstehung der Problematik pädagogischen Handelns in der Moderne als Frage der Bestimmung von *Zielen*, *Inhalten* und *Mitteln*. Isabell Diehm und Frank-Olaf Radtke verwendeten in ihrer prominenten Veröffentlichung über „Erziehung und Migration" (Diehm/Radtke 1999) zum Zwecke des Vergleichs pädagogischer Programme fünf Dimensionen der Beobachtung: Problemdiagnose, Adressaten, Praxis, Ziele und das unterlegte Gesellschaftsmodell (a.a.O.: 127ff.).

Aus diesen Beispielen lassen sich formale Beobachtungskategorien herleiten. Diese Kategorien wurden für die Zwecke der vorliegenden Studie angepasst und können weiter sortiert werden. Alfred Schäfer (2005: 15) hat hervorgehoben, dass Pädagogik immer die Probleme der *Legitimation* und der Bestimmung der *Technik* ‚richtigen' Erziehens bearbeitet. Die gewählten Kategorien, die im Folgenden

28 Wolfgang Meseth (2005: 56) und Matthias Proske (2001: 17) sprechen vom „Nadelöhr" der individuellen Persönlichkeit, durch das – via Erziehung – die Gesellschaft gehen muss, um Probleme zu lösen und Idealzustände zu erreichen. Vgl. auch Kade/Radtke 2011.

vorgestellt werden sollen, werden daher in zwei Gruppen unterteilt, in ‚normative' und ‚operative' Kategorien. Das Verhältnis zwischen beiden wird dabei so gedacht, dass das Normative sich explizit in einer Spannung zwischen Defizit- und Idealkonstruktionen entfaltet[29]. In pädagogischen Texten tauchen ‚normative' Kategorien demnach in zweifacher Gestalt empirisch auf: als Mangelbeschreibungen und Beschreibungen eines Optimalzustandes. Das ‚Operative', pädagogische Organisation und Interaktion, wird als Weg der Transformation defizitärer Praxis in den Idealzustand präsentiert. Beide – normative und operative Kategorien – werden voraussichtlich auf gesellschaftlich anerkannte Plausibilitäten rekurrieren und ihre Legitimation dorther beziehen. Damit kann angenommen werden, dass sich pädagogische Bezugnahmen auf Kommunikationen in der Umwelt des Erziehungssystems mit diesen Kategorien abbilden lassen.

Normative Kategorien: Als Ebenen, auf denen normative Aussagen einer Pädagogik aufscheinen, können ‚die Gesellschaft', ‚das Kind' sowie die Kritik bestehender Pädagogiken und Institutionen der Erziehung angenommen werden. Auf jeder dieser Ebenen wären dann Aussagen über einerseits defizitäre und andererseits ideale Zustände zu erwarten. Im Einzelnen:

- Die Gesellschaftsbeschreibung: Pädagogiken weisen immer eine explizite oder implizite Referenz auf ein präferiertes Gesellschaftsmodell auf. Hierin konturieren sich Ziele der Erziehungsveranstaltung in der Dimension ‚Gesellschaft': Die Gestaltung einer idealisierten gesellschaftlichen Ordnung auf dem Wege der erziehenden Einflussnahme auf die Kinder – jetzt als *pädagogisches* Ziel. Vor der Kritik gesellschaftlicher Zustände wird ein Idealbild entworfen. Zwischen beiden besteht besagte Spannung, die vermittels Erziehung operativ (s.u.) aufgelöst resp. bearbeitet werden soll.

- Pädagogische Anthropologie: Des Weiteren entfalten pädagogische Vorschläge immer ein anthropologisches Verständnis vom Adressaten, eine Kindkonstruktion. Das Kind ist einerseits als *aneignungsfähiges* Wesen vorzustellen, da man es ansonsten nicht erziehen *könnte*. Andererseits als ein *erziehungsbedürftiges*, da man es sonst nicht erziehen *bräuchte* (Zirfas 2004: 8). „Trotz der Vielfalt in den konkreten Erziehungspraxen und kulturellen Vorstellungen über eine ‚gute' Erziehung erfüllen normative Leitideen von Erziehung eine wichtige – vor allem legitimatorische – Funktion, da mit ihnen Reflexionen über Erziehbarkeit

29 „Die Pädagogik hat (...) immer wieder ideale Bilder ihrer Tätigkeit erzeugt" (Helsper 1996: 521); dabei, so Helsper, positioniere sich Pädagogik u.a. in „(...) Differenz zur unvollkommenen sozialen und menschlichen Wirklichkeit, die pädagogisch zu vervollkommnen wäre" (a.a.O.: 522).

und Erziehungsbedürftigkeit und damit die Rechtfertigung erzieherischer Interventionen einhergehen" (Grundmann 2011: 69). In Worten Luhmanns: „Erziehung setzt jemanden voraus, der sie nötig hat. Der pädagogischen Absicht entspricht die Vorstellung eines hilfsbedürftigen Gegenüber" (Luhmann 1992: 114); und: „Das Kind ist (…) ein für Formen aufnahmefähiges Medium (…)" (ebd.; vgl auch Luhmann 1991). In der pädagogischen Konstruktion des Kindes ist also immer eine Ausformulierung der Erziehungsfähigkeit sowie der Erziehungsbedürftigkeit zu erwarten. Des Weiteren kann immer mit Skizzen einer (erzogenen) *Idealpersönlichkeit* gerechnet werden: anzustreben, aber in der Realität niemals zu erreichen. Vergleichbar hat Bröckling in anderem Zusammenhang von einem ‚Subjekt im Gerundivum' gesprochen (Bröckling 2007). In der Spannung zwischen Defizit und Ideal lassen sich Erziehungsziele finden, die hinsichtlich der *Person* angestrebt werden und es ist auch auf dieser Ebene eine Verbindung zu Wertsetzungen der Gesellschaft anzunehmen (Welche Persönlichkeitstypen werden gesellschaftsseitig erwartet bzw. ‚gebraucht', welche verspricht Erziehung ‚herzustellen'?).

- Pädagogische oder institutionelle Abgrenzung: Werner Helsper (1996) sieht die Selbstverortung von Pädagogiken nicht nur in Differenz zu „unvollkommen[er] soziale[r] und menschliche[r] Wirklichkeit" (ebd.), sondern auch in „(…) Differenz zur eigenen schlechten Praxis – die häufig als Ausdruck ihrer ungenügenden oder verzerrenden sozialen Institutionalisierung erschien (…)" (a.a.O.: 521f.). Ähnlich beschreibt Harm Paschen die Entstehung und Entwicklung von Pädagogiken unter dem Aspekt gegenseitiger Abgrenzung. „Im Hinblick auf pädagogische Aufgaben will eine Pädagogik alternative, defizitäre Pädagogiken ersetzen, kompensieren oder ergänzen" (Paschen 1997: 33); und an anderer Stelle: „Meine Intention (…) ist, die wahre Fülle der Pädagogiken und die Wahrheit jeder einzelnen aus ihrer Differenz zu anderen wissenschaftlich zu verstehen. So werden sie schließlich auch tatsächlich konzipiert: Differenz ist ihr konstitutives Merkmal" (a.a.O.: 55). Pädagogiken entstehen demnach in kritischer Auseinandersetzung mit anderen Pädagogiken. Sie erheben den Anspruch, Fehler und Mängel ihrer Vorgänger auszugleichen, um den Preis *anderer*, freilich zunächst nicht beleuchteter Fehler und Mängel, die (künftig) von Protagonisten *anderer* Programme als Kritikfolie aufgegriffen werden. Die spezifischen Absichten und Schwerpunkte eines Programms können anhand der an anderen Entwürfen (Pädagogiken) und Veranstaltungen (Organisationen) geübten Kritik herausgearbeitet werden. Damit wird der Beobachtung einer Spannung zwischen Defizit- und Idealkonstruktionen hinsichtlich der Gesellschaft und der Educandi eine Kategorie zur Beobachtung *systeminterner Kritik*, d.h.

der Kritik an bestehenden pädagogischen Programmen, zugefügt, wobei der je vorgelegte Entwurf sich als vom Bisherigen abgrenzendes Ideal präsentiert.

Operative Kategorien: Wie soll die Kluft zwischen Defizit und Ideal überbrückt werden? Zur Analyse des operativen Teils wird gefragt, welche Inhalte und Medien verwendet, welche Methoden und Prozesse, welche räumlichen und sozialen Strukturen inszeniert werden; und schließlich: Welche Rolle dem/der Erziehenden zugedacht wird.

- Inhalte und Medien: Pädagogische Texte, davon wird ausgegangen, werden immer Aussagen über Gegenstände der Vermittlung sowie ihrer medialen Repräsentation treffen. Erziehungspraxis ist nicht ohne diese Gegenstände zu denken. Es kann überprüft werden, ob und ggf. wie sich in der Wahl der Inhalte gesellschaftliche Erwartungen spiegeln.

- Methodik/Didaktik/Prozesse: Ebenfalls müssen pädagogische Texte Aussagen über anzuwendende Techniken und zu initiierende Prozesse treffen, insofern Erziehung als ein rationelles, methodisch ‚machbares' Geschehen aufgefasst wird. Wenn es stimmt, dass auch die gewählten Methoden der Vermittlung durch gesellschaftliche Wertsetzungen disponiert werden, dann sind auch hier Analogien zwischen Pädagogik und politischer Öffentlichkeit zu erwarten.

- Strukturen: Pädagogische Texte werden voraussichtlich Aussagen über wünschenswerte räumlich- architektonische Strukturen enthalten. Bspw. über Raumgröße, Anzahl, Art und Anordnung vorhandener Räumlichkeiten, ihre Ausstattung etc. Diese räumliche Struktur, denkt man an Foucaults Dispositiv-Begriff (Kap. 2.2), kann als Ausdruck übergeordneter Kalküle betrachtet werden. Gleiches gilt für *sozialstrukturelle Arrangements.* Welche Rollenverteilung unter den Beteiligten wird beschrieben? Es soll untersucht werden, ob und wenn ja inwiefern sich hier evtl. ebenfalls gesellschaftliche Vorstellungen spiegeln. Die Beobachtungskategorie ‚Strukturen' enthält also eine materiale und eine soziale Dimension; und auch hier ist mit einer rekonstruierbaren Inszenierung gesellschaftlicher Strukturen innerhalb der Erziehungsveranstaltung zu rechnen.

- Die pädagogische Fachkraft: Eine letzte Dimension stellen die *Aufgaben und erwarteten Eigenschaften der Erziehenden* dar. Welches ist ihre Funktion im Rahmen vorschulischer Erziehung? Welche Qualifikationen und Persönlichkeitsmerkmale werden erwartet? Mit welchen Metaphern werden sie beschrieben? Wie wird das Erzieher-Zögling-Verhältnis ausbuchstabiert?

Das umfängliche Datenmaterial wurde in mehrfacher Lektüre entlang dieser Kategorien durchsucht und auf als relevant erachtete Textpassagen verdichtet. Passagen, die Aussagen zu einer Kategorie trafen, enthielten häufig auch solche, die für andere Kategorien relevant waren. ‚Kategorisierung' wurde hier also nicht als exklusive Codierung betrieben[30]. Zu jeder Kategorie fanden sich i.d.R. Mehrfachaussagen im Text. Die aussagekräftigsten wurden für eine eingehende Interpretation ausgewählt. In den analytischen Kapiteln werden diese Textpassagen zitiert, was dem Leser den ‚Blick über die Schulter' des Interpreten erlaubt und Transparenz und Nachvollziehbarkeit des Interpretats ermöglichen soll. Die Darstellung erfolgt nicht immer entlang des Kategorienschemas wie oben vorgestellt. Die untersuchten Texte zeigten eine eigensinnige Argumentationsstruktur. Um die Quellentexte nicht krude subsumtionslogisch einem Suchschema zu unterwerfen, wurde in der Darstellung der Logik der Texte (weitgehend) gefolgt, unter Berücksichtigung (möglichst) aller Kategorien. Die anschließenden Fallstudien sind (trotz variierender Kapitelstruktur) nach einem gleichen Muster aufgebaut. Zunächst wird der politisch-öffentliche Kontext der Entstehung und Verbreitung konkreter pädagogischer Texte rekonstruiert. Diese werden anschließend entlang der oben beschriebenen Kategorien analysiert und in einem dritten Schritt mit dem Kontext in Bezug gesetzt (Abb. 2).

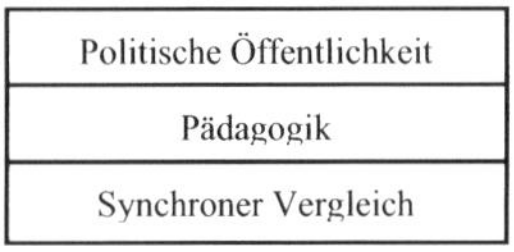

Abb. 2: Aufbau einer Fallstudie.

30 Wie z.B. von Kromrey gefordert (vgl. Kromrey 2009: 302).

4 Vorschulerziehung und Restauration in Preußen

Neben einigen historischen Vorläufern[31] erfährt in einschlägigen Studien zur Geschichte des Kindergartens das Werk „Ueber die frühzeitige Erziehung der Kinder und die englischen Klein-Kinder-Schulen" des Engländers Samuel Wilderspin besondere Beachtung (vgl. Erning 1987a; Aden-Grossmann a.a.O.; Reyer 2006a; Konrad 2004; Wasmuth 2011). Nach Erning könne das Buch „(…) gewissermaßen als die Geburtsurkunde der öffentlichen Kleinkindererziehung in Deutschland bezeichnet werden" (Erning a.a.O.: 28), welche durch einen Runderlass des preußischen Ministeriums für Cultus, Unterricht und Medicinalangelegenheiten von 1827 „regierungsamtlichen Rang" (ebd.) erhalten habe. Damit wird Wilderspins Modell als erster Meilenstein der Geschichte der modernen Vorschulerziehung in Europa präsentiert. Günter Erning resümiert:

> „Die Überbetonung von Zucht und Ordnung, Gehorsam, Ehrlichkeit, Pünktlichkeit, anständigem Betragen, Rechtschaffenheit und Frömmigkeit als den wichtigsten Kindertugenden, verbunden mit einer straffen und rigiden Führung der Kinder, die für freies Spiel keinen Raum ließ und selbst motorische Lockerungsübungen nur unter ständigem Memorieren von Buchstaben und Zahlenreihen vor sich gehen ließ, dies befremdet den heutigen Leser. Doch es darf nicht darüber hinwegtäuschen, daß die Kleinkinderschule einen wichtigen Anfangspunkt der Armenerziehung darstellte. Da es in England zu dieser Zeit noch keine allgemeine Schulpflicht gab, war die Kleinkinderschule meist der einzige Ort, an dem die Kinder der Armen einige Elementarkenntnisse im Schreiben, Lesen und Rechnen erwerben konnten" (Erning 1987a: 26).

Damit markiert er – aus Sicht des gegenwärtigen Beobachters – eine Irritation: Rigidität, die „Überbetonung von Zucht und Ordnung", die Abwesenheit kindlicher Freiheiten in einer Pädagogik für kleine Kinder. Anschließend unternimmt er jedoch eine Ehrenrettung des Modells, indem er die Kleinkinderschule als „wichtigen Anfangspunkt der Armenerziehung" markiert. Öffentliche Erziehung erscheint institutionen-unkritisch als *wohltätiges Angebot*. Die Irritation wird harmonisierend übergangen, gerade als sie entsteht.

31 Hier sind z.B. Robert Owens Erziehungsversuche in New-Lanark/Schottland zu nennen, der Pfarrer Oberlin und seine Elsässer Strickschulen oder das einschlägige Engagement der Fürstin Pauline zu Lippe-Detmold 1802 (vgl. Konrad 2004: 28ff.; Erning 1987a: 20ff.).

Das Vokabular, mit dem die Klein-Kinder-Schulen hier beschrieben werden, erinnert indessen stark an die von Foucault beschriebene Regierungstechnik der ‚Disziplinar-' bzw. ‚Kontrollmacht', die mittels Disziplinierung resp. Normalisierung das Scharnier zwischen Selbstführung der Individuen gesellschaftlichen Normen darstellt (vgl. Kap. 2.2). Das legt den Gedanken nahe, über Harmonisierungen hinauszugehen und zu fragen, ob die Darstellung der Klein-Kinder-Schulen im politischen Kontext der Zeit interpretierbar ist und die markierte Befremdlichkeit so überwunden werden kann.

Interessant erscheint die Prominenz, die gerade *dieses* Modell vorschulischer Erziehung in dieser Zeit gewonnen hat. Es hätte durchaus Alternativen gegeben. Der Thüringer Friedrich Fröbel hatte im Jahr der deutschsprachigen Erstauflage von Wilderspins Schrift, 1826, sein Werk „Die Menschenerziehung" veröffentlicht. Und schon in den 1790er Jahren hatte der Brite Robert Owen im schottischen New Lanark in seiner Arbeitersiedlung Früherziehung veranstaltet. Warum kam Preußen gerade jetzt, Ende der 1820er Jahre, systematisch auf dieses Thema? Warum genau auf dieses Modell? Dem soll im Rahmen dieses Kapitels nachgegangen werden.

Der historische Kontext dieser Zeit ist umfänglich beforscht. Es geht wesentlich um die Vorgänge in Preußen im Anschluss an die napoleonischen Kriege, um die preußischen Reformen sowie die konservative Reaktion nach dem Ende Napoleons, die sich bis 1830 (Julirevolution in Paris) politisch durchsetzte. Detaillierte Darstellungen haben z.B. Koselleck (1967), Wehler (1996) und Nipperdey (1998) vorgelegt. Für die historische Erziehungswissenschaft seien genannt: Michael/Schepp 1973; Titze 1973; Baumgart 1990; Herrlitz et. al. 2009; Tenorth 2010a. Auf sie bezieht sich die folgende Darstellung.

Im Folgenden wird zunächst der historische Kontext der Verbreitung des Wilderspin-Textes erörtert (Kap. 4.1-4.2). Anschließend (Kap. 4.3) wird der Text entlang der Beobachtungskategorien analysiert. In einem dritten Schritt (Kap. 4.4) sollen Kontext und pädagogisches Programm verglichen werden. Abschließend (Kap. 4.5) wird das Modell mit zwei Alternativen verglichen.

4.1 Die preußischen Reformen

Der Ausgang des IV. Koalitionskrieges (1806-1807), die Niederlage gegen Napoleon, führte den Staat Preußen an den Rand des Untergangs. Der Friede von Tilsit (1807) ermöglichte seine Fortdauer, jedoch unter belastenden und demütigenden Bedingungen. Preußen verlor etwa die Hälfte seines Territoriums und seiner Bevölkerung. Zugleich blieb es unter französischer Besatzung, ein Zustand fehlender Souveränität, dessen Aufhebung von einer exorbitanten Reparationsleistung abhängig gemacht wurde. Deren Zahlung wurde durch den Umstand erschwert, dass Preußen auch die französische Besatzungsarmee unterhalten musste. Erdrückende Zahlungsverpflichtungen lasteten auf dem Staat bei zugleich drastisch reduzierter wirtschaftlicher Leistungsfähigkeit. Da Preußen in dieser Zeit ein Agrarstaat war bedeutete der Verlust von 50% des Territoriums und der Einwohner eine Halbierung der wirtschaftlichen Produktionsmittel. Nipperdey (1998: 33) hat von einem „halbierten, ausblutenden" Staat gesprochen. Im Lichte wirtschaftlicher und militärischer Schwäche, eindrucksvoll demonstriert durch den verlorenen Krieg, erschien die preußische, feudale Gesellschaftsordnung obsolet, vor dem Hintergrund bürgerlicher Werte von Freiheit, Gleichheit und Brüderlichkeit zudem illegitim.

Der Gedanke an gesellschaftliche Reformen war im Nachkriegs-Preußen nicht neu oder aus der Not geboren (vgl. ebd.; Benner 1990: 35). Die Niederlage war vielmehr ein Katalysator für die Durchsetzung gesellschaftlichen Wandels entlang bürgerlicher Werte, insofern sie die Position der bis dato dominanten konservativen Elite entscheidend schwächte. Dies ermöglichte innerhalb eines schmalen Zeitfensters, zwischen etwa 1807 und 1815, die ‚Stein-Hardenberg'schen Reformen'.

Reformsemantiken: Memoranden wie die der Freiherrn vom und zum Stein und von Hardenberg[32], in denen sie ihren Vorstellungen über die künftige Gestaltung des preußischen Staates Ausdruck verliehen, entfalteten nachhaltige politische Wirkung. Mit der „Rigaer Denkschrift" (12. September 1807) formulierte Hardenberg ein konzises Reformprogramm, dessen Umsetzung bereits einen Monat später, im berühmten Oktoberedikt Friedrich Wilhelms III, angestoßen wurde. Hardenberg sah einen ‚Sinn' hinter der Niederlage gegen Napoleon. Die „Vorsehung" verfolge damit einen „Plan", die Zerstörung des „kraftlosen Alten" und die „Hebung neuer Kräfte" (Hardenberg 1807: 305). Neben der Begründung als gottgewollt („Vorsehung") bezeichnete er den Gang der Dinge als „natürlich"; beides unhinterfragbare Letztbegründungen. Ein Staat, der die bürgerlichen Prinzipien nicht befolge, müsse untergehen. Die von ihm für Preußen skizzierte Lösung war eine „Revolution von oben" (a.a.O.: 305f.; vgl. Baumgart 1990: 31), eine Veränderung initiiert durch die politische Elite, nicht von unten (durch das Volk) oder Druck von außen (bspw. durch Napoleon). Auf diese Weise sollte die Monarchie in Preußen – anders als in Frankreich – erhalten bleiben, „gewaltsame Zuckungen" (a.a.O.: 305) vermieden und zugleich eine Verfassungsänderung vorgenommen werden, die Preußen zukunftsfähig macht. Er sprach von „Demokratische[n]

32 Stein 1807; Hardenberg 1807; siehe auch den Entwurf einer ‚Proklamation an sämtliche Bewohner des preußischen Staates' (Süvern/Stein 1808).

Grundsätze[n] in einer monarchischen Regierung“ (a.a.O.: 306); „Ein Phönix entstehe aus der Asche“ (a.a.O.: 313). Die Argumentation wird getragen von einer Gegenüberstellung von Tradition und Moderne, wobei Moderne für einen Wandel gemäß bürgerlicher Werte steht, ‚Tradition' hingegen als Repräsentation des „Alten“, „Schwachen“, „Untergehenden“ oder „Absterbenden“ (a.a.O.: 305), mithin des Feudalismus und Absolutismus.

Analog zu den Leitwerten der französischen Revolution propagierten die preußischen Reformer die Werte ‚Freiheit und Gleichheit' (Hardenberg a.a.O.: 313) sowie der Beteiligung der Bürger an den Geschäften des Staates, i.d.S.: ‚Mitbestimmung'. Fähigkeiten und Kenntnisse der Bürger sollten im Dienste einer Dynamisierung des Staates eingesetzt werden, einer Intensivierung der Kräfte trotz verringerter Ressourcen (Stein 1807: 197). Beteiligung wurde ferner präsentiert als vergemeinschaftendes Band zwischen Monarch und Bürgern (ebd.).

> „Alle Kräfte der Nation werden in Anspruch genommen, und sinken die höhern Klassen derselben durch Weichlichkeit und Gewinnsucht, so treten die folgenden mit verjüngter Kraft auf, erringen sich Einfluß, Ansehen und Vermögen und erhalten das ehrwürdige Gebäude einer freien, selbständigen, unabhängigen Verfassung“ (Stein a.a.O.: 202).

Unter dem Titel ‚Gleichheit' wurde nichts weniger vorgeschlagen als die Auflösung der feudalen Ständegesellschaft. Als Kriterium sozialer Positionierung der Individuen trat an die Stelle des *aristokratischen Prinzips* das *meritokratische.* (vgl. Hardenberg a.a.O.: 314; Herrlitz et. al. 2009). ‚Freiheit' bedeute, dass die individuelle Leistungsentfaltung so wenig wie möglich eingeschränkt werde. Hardenberg postulierte,

> „(…) dass die natürliche Freiheit durchaus nicht weiter beschränkt werden dürfe, als es im gebildeten Zustande des Menschen schlechterdings notwendig ist (…). Wenn man (…) endlich nicht von Staats wegen die Vormundschaft des Einzelnen da übernimmt, wo der Einzelne selbst wirken kann, so hat man die Forderungen erfüllt, die man an die Polizei zu machen berechtigt ist“ (Hardenberg a.a.O.: 331).

Damit erscheint *Bildung* als Grundvoraussetzung von Freiheit und Mitbestimmung. Erziehung resp. ‚Bildung' war konstitutives Element der Reform. So pointierte Süvern in einer Vorlesung 1806/07 an der Universität Königsberg:

> „Eine bedächtige und planmäßige Befreiung der Menschheit von den moralischen und politischen Übeln, die sie so schwer drücken, beruht aber hauptsächlich auf einer totalen Reformation zweyer Künste, (…) der Politik und der Pädagogik, der Staats- und der Erziehungskunst. Sie haben beide denselben erhabenen Gegenstand, den Menschen“ (Süvern, zit. in Baumgart 1990: 36).

In dieses Bild passen bereits seit dessen Frühschriften die Ansichten Wilhelm v. Humboldts[33]. Angesichts der französischen Revolution schrieb er 1791 an seinen Verleger:

> „Was im Menschen gedeihen soll, muss aus seinem Innren entspringen, nicht ihm von aussen gegeben werden, und was ist ein Staat, als eine Summe menschlicher wirkender und leidender Kräfte?" (Humboldt 1791: 36).

Damit kritisierte Humboldt auf einer Reise durch das nachrevolutionäre Frankreich den dortigen Versuch, eine Staatsverfassung neu zu ‚erfinden', d.h. eine bestehende Verfassung revolutionär zu beseitigen und durch ein Gedankengebäude ohne reale Basis zu ersetzen (a.a.O.: 34). Einem solchen Oktroi entgegen entwarf er eine Gegenüberstellung von Staat und Nation, welche in einem dialektischen Verhältnis auf stetige Optimierung gesellschaftlicher Verfassungen hinzuarbeiten hätten. Wichtig ist dabei die Bildung der Bürger:

> „Der so gebildete Mensch müsste dann in den Staat treten, und die Verfassung des Staates sich gleichsam an ihm prüfen. Nur bei einem solchen Kampfe würde ich wahre Verbesserung der Verfassung durch die Nation mit Gewissheit erhoffen" (Humboldt 1792: 429).

Jeder Einzelne wird durch Erziehung resp. Bildung zum individuellen Repräsentanten des Menschlichen; und die Masse der Individuen – die *Nation* – zum kollektiven Abbild der Menschheit (vgl. Koller 2009: 78f.). So hat Bildung als ‚freie und proportionierliche Entfaltung aller Kräfte des Menschen' auf dem Weg über die Individuen das Ziel einer kollektiven Optimierung der Nation (vgl. Baumgart a.a.O.: 40), die *dann* die Staatsverfassung reformiert.

Die argumentative Nähe zu den späteren Memoranden Steins und Hardenbergs ist deutlich. Erziehung bzw. ‚Bildung' erhält eine Schlüsselrolle auf dem Weg zur menschlichen, idealen Gesellschaftsverfassung. ‚Allgemeine Menschenbildung' war den Reformern nicht (wie heute häufig konnotiert) allein eine Frage subjektiver Entfaltung der Individuen, „(...) sie tritt in eine notwendige Beziehung zur Gesellschaft bzw. zur Nation als ihrer jeweiligen historischen Konkretisierung. Allgemeine Menschenbildung ist deshalb zugleich Nationalerziehung" (Baumgart a.a.O.: 40; vgl. Nipperdey a.a.O.: 60). Erziehung war Teil gesellschaftlicher Reform. Die Reformer konnten nachgerade gar nicht auf die ‚Bildung' der Bürger verzichten. Wilhelm v. Humboldt wurde, so könnte man es beschreiben, zum bildungspolitischen Arm der Reform. Sein Bildungsverständnis wurde zum

33 Als Frühschrift Humboldts gilt v.a. sein „Versuch, die Grenzen des Staates zu bestimmen" von 1792 (vgl. Benner 1990, Koller, 2009). Benner führt indessen einen Brief Humboldts an den Verleger Gentz von 1791, noch vor besagter Frühschrift an, der die Ansichten Humboldts über Revolutionen und Reformen grundsätzlich verdeutlichen kann.

Bindeglied zwischen Bürgern und künftiger, idealer Gesellschaft und Staatsverfassung, so wie zuvor bei Rousseau die naturgemäße Erziehung.

Reformschritte: Vor allem die Prinzipien ‚Freiheit' und ‚Gleichheit' prägten die unmittelbar danach begonnenen Reformschritte (angestoßen insb. durch das Oktoberedikt Friedrich-Wilhelms III. von 1807)[34]: Die Bauernbefreiung zum 11.11.1810; die Gewerbefreiheit (Berufsausübung unabhängig von z.B. Gildenordnungen); der freie Handel mit Grundstücken, somit die Kommodifizierung von Landbesitz (zuvor: Lehen) und die Berechtigung der Bauern, selbst Eigentümer des von ihnen bewirtschafteten Bodens zu werden. Der Ansatz der Reformer bedeutete die Umstellung auf Privatwirtschaft und Eigentums- bzw. Vertragsrecht und entzog den feudalen Besitzverhältnissen die legitimatorische Grundlage. Er stieß von Anfang an auf heftigen Widerstand der adeligen Junker. Mit der Abschaffung der Erbuntertänigkeit und der Freisetzung aller Individuen verloren sie Ansprüche gegenüber ihren vormaligen Leibeigenen, v.a. auf Fron- bzw. Hand- und Spanndienste. Die ‚befreiten' Bauern verloren ihrerseits ihren Anspruch auf Bauernschutz, die Fürsorgeverpflichtung der Lehnsherren im Notfall.

Die Übertragung von Grund und Boden an die befreiten Kleinbauern hätte darüber hinaus aber eine (bürgerlichen Werten widersprechende) Enteignung von Privatbesitz bedeutet (vgl. Nipperdey a.a.O.: 45). Es kam zu einer Regelung, der zu Folge die befreiten Bauern den ehemaligen Grundbesitzern Entschädigungen für das übereignete Land in Höhe des bis zu *Fünfundzwanzigfachen* des eigentlichen Grundstückwertes zu leisten hatten (vgl. Baumgart a.a.O.). Diese Ablöse band die neuen Eigentümer langfristig an ihre ehemaligen Lehnsherren, aus ständischer Abhängigkeit gerieten sie in eine ökonomische (vgl. Koselleck, 1967: 506). Viele Kleinbauern konnten die so entstehenden Kontributionen zusätzlich zum Lebensunterhalt der Familie nicht erwirtschaften. Gerade ein Verfall der Getreidepreise (so in den Jahren 1810ff., vgl. Wehler a.a.O.: 491) brachte sie an den Rand des Verhungerns. In solchen Fällen blieb häufig nur die Option des Verkaufs des eigenen Landes – aufgrund der Notlage meist etwa zu einem *Zehntel* des eigentlichen Wertes und i.d.R. an die ehemaligen Lehnsherren.

Sozialstrukturelle Konsequenzen der Reformen: Hans-Ulrich Wehler resümiert über die sozialstrukturellen Konsequenzen der Reformen:

> „Faßt man den Landadel ins Auge, ist sowohl sein wohlverstandenes Kollektivinteresse als Agrarunternehmer befriedigt worden als auch die Verteidigung seiner herrschaftsständischen Vorrechte im Wesentlichen erfolgreich geblieben. Als es ihm gelang, außer Landabtretung, Kapital- und Rentenzahlung auch noch die Anzahl der regulierungsfähigen Bauern kräftig zu

34 Für die folgende Aufzählung siehe Wehler a.a.O.; Herrlitz et. al. a.a.O.: 25.

reduzieren, damit zahlreiche Hand- und Spanndienstage bis zur Jahrhundertmitte zu behalten, die Zahlungsmoratorien ständig zu verlängern, die Gesindeordnung festzuzurren und sich durch den Zugriff auf die unentwegt weiterwachsende Mehrheit der Landbevölkerung, die landarmen und landlosen Arbeiter, ein billiges Arbeitskräftepotential zu sichern, rundete er seine Erfolge ringsherum ab. Für die Sanierung und den Ausbau leistungsfähiger agrarkapitalistischer Großbetriebe bestanden fortab weitaus günstigere Voraussetzungen als vor 1807. Der eigentliche Vorteil für die Ritter lag mithin darin, daß ihnen ‚durch die Parallelität von wirtschaftsliberaler Reform und politischer Konservierung der Herrschaftsordnung auf dem Lande ... eine Kumulation von feudalen und kapitalistischen Ausbeutungschancen' verschafft wurde. Die Rolle des Junkers als Gutswirt wurde immer wichtiger, ohne daß er auf die traditionellen Privilegien eines adligen Herrn verzichten musste" (Wehler a.a.O.: 423).

Am Ende der Reformen bestand gesellschaftlich eine Parallelität von wirtschaftsliberalen Prinzipien und ständischen Privilegien. Hatte die Elite trotz aller Lamentos von der Implementation liberaler Strukturen profitiert, galt es ihr nun, diesen Gewinn nicht durch weitergehende liberal-demokratische Reformen zu gefährden. In dem Fall hätte die Frage nach politischer Partizipation *aller* Bürger (und nicht nur einer privilegierten Schicht) angestanden, sowie die Abschaffung der skizzierten sozialen Missstände. Die Verfassungsfrage wurde diesbezüglich zum politischen Dreh- und Angelpunkt[35]. Die Reformkräfte wurden seit etwa 1815 ausgebremst, der erzielte Zustand festgezurrt.

Die Gutsbesitzer brachten zusätzlich große Teile bislang öffentlichen Grund und Bodens an sich. Kehrseite der Entwicklung war die Entstehung eines *Landproletariats*, einer breiten Masse pauperisierter Landarbeiter. Ein Effekt daraus war die dramatische Zunahme der Kriminalität in den 1820er Jahren. Es spielte sich, so Koselleck,

> „(...) ein Zirkel ein, der den Armen noch ärmer machte. Ohne Gemeinheitsanteil geriet er schnell, bei wachsender Kinderzahl oder nach schlechten Ernten (…) unter das Existenzminimum und lebte vom Hunger. Hier lag, wie die Behörden regelmäßig vermelden, die nie versiegende Quelle der ansteigenden Verbrechen (…)" (a.a.O.: 505f.).

Die realen Konsequenzen der Reformen, Massenarmut und wirtschaftliche Abhängigkeit Vieler von Wenigen, stimmten mit den proklamierten Idealen nicht ohne weiteres überein[36]. Da die Protagonisten der Restauration hinter die erreichten Reformen nicht zurückgehen konnten (und wollten), musste in ihrem Gesellschaftsentwurf massenhafte Armut plausibel legitimiert werden.

35 Friedrich Wilhelm III. hatte eine Verfassung unter der Bedrohung durch Napoleon mehrfach angekündigt, nach dessen Ende aber nie eingeführt; vgl. Stübig 2006; Baumgart a.a.O.: 84.

36 Der „Wohlfahrt aller" (Herrlitz et. al. a.a.O.: 18). Herrlitz et. al. argumentieren, der Markt müsse „(…) als Ort freier Vergesellschaftung die ihm zugeschriebene Steuerungsfunktion der optimalen Regulierung wechselseitiger Bedürfnisbefriedigungen der Menschen auch tatsächlich erfüllen" (a.a.O.: 23). Sei dies nicht der Fall, „(…) dann kann die Marktvergesellschaftung die ihr von der

4.2 Restauration

Nach der militärischen Niederlage Napoleons in der Völkerschlacht bei Leipzig (1813) und dem Wiener Kongress (1814-15) gewannen konservative Kräfte in Preußen gegenüber den Reformern realpolitisch zunehmend Stärke. Seit 1816 erlebte die fragile Koalition Friedrich Wilhelms III. mit den liberalen Nationalisten eine deutliche Erosion. Deren Ziele einer konstitutionellen Monarchie, demokratischer politischer Mitbestimmung sowie das Ideal eines *gesamtdeutschen* Territorialstaats, basierend auf gemeinsamer Herkunft, Sprache und Kultur (vgl. Nipperdey a.a.O.: 300ff.; Stübig 2006), wurden nach Beseitigung Napoleons zur neuen, ernsten Gefahr. Spätestens das Jahr 1819 (Attentat auf Kotzebue, Karlsbader Beschlüsse) markiert die Durchsetzung konservativer gegenüber reformorientierter Politik, einhergehend mit einer Kriminalisierung der (radikalen) Trägergruppen des Demokratie- und Nationalgedankens. Die konservative Semantik, die wesentlich den gedanklichen Horizont der Verbreitung des Wilderspin'schen Modells darstellt, soll im Folgenden anhand zweier Texte des Ministerialbeamten Ludolph v. Beckedorff nachgezeichnet werden.

Gesellschaftsdiagnose und Reformkritik: In den zwei untersuchten Schriften Ludolph v. Beckedorffs[37] von 1819 findet sich eine spezifische Gesellschaftsdiagnose, die sich entgegengesetzt zu der der Reformer liest. Bei dem ersten hier betrachteten Text handelt es sich um die Schrift „An die deutsche Jugend ueber der Leiche des ermordeten August von Kotzebue" (Beckedorff 1819a), bei dem zweiten um seine Beurteilung des süvern'schen Gesetzesentwurfs für ein einheitliches Unterrichtswesen in Preußen (Beckedorff 1819b).

Nach dem Attentat an Kotzebue, verübt am 23. März 1819 durch den Studenten Karl Ludwig Sand (vgl. H. Neumann 1997), wandte sich Beckedorff vordergründig an die Jugend, konkret: die Studenten. Tatsächlich rechnetr er auch mit den national-liberalen Reformern ab. Folgende Passage verdichtet seine pejorative Auslegung des Reformdenkens:

> „Kein Recht soll mehr unangefochten bleiben, kein Besitz anerkannt; alle wohlthätigen Schranken sollen fallen, welche die Jahrhunderte gezogen haben; eine ungeheure Rennbahn will man eröffnen, worin Klugheit, List und Kühnheit mit Talenten und Verdiensten den Wettlauf beginnen, in der Alle als Mitkämpfer und Nebenbuhler erscheinen, wo jeder nur sich selbst bedenkt und den Nachbar, wie er kann, niederläuft oder zur Seite wirft; das Hohe

bürgerlichen Sozialphilosophie zugedachte emanzipatorische Wirkung nicht entfalten und befördert eher das Gegenteil, nämlich verschärfte soziale Ungleichheit und Entfremdung" (ebd.). Tatsächlich haben die Reformen zu einer Begünstigung des besitzenden Bürgertums und des Adels und zu erheblicher Benachteiligung kleiner Bauern geführt (a.a.O.: 26).

37 Für biographische Notizen zu Ludolph v. Beckedorff siehe Meyer 1979.

> soll in den Staub getreten werden, damit das Niedere sich erheben könne, und hinter Freiheit und Gleichheit auf der Zunge lauren [sic!] Gewalt und Herrschsucht im Herzen. Vernunft aber wird der Götze der Selbstsucht genannt, in dessen Namen diese Lehre verkündigt wird und Volksglück ist die hohle Schelle, die man vor ihm herklingelt" (Beckedorff 1819a: 26).

Er greift zunächst die Auflösung der ständischen Gesellschaftsordnung an. In seiner Sicht konstituiert Standesrecht nicht hemmende Begrenzungen, sondern „wohlthätige Schranken". Die Abschaffung traditioneller Regeln sei keine Freisetzung von Individuen, sondern eine Rechtsverletzung. Er zeichnet unter Betonung des wirtschaftsliberalen Aspekts die reformierte Gesellschaft als „ungeheure Rennbahn": Karriere und Konkurrenzdenken des Einzelnen gefährden ihm die gesellschaftliche Integrität. Sozialer Mobilität, wie von Stein proklamiert, erteilt er eine Absage. Für Beckedorff hat „das Hohe", adelige gesellschaftliche Eliten, einen unverlierbaren Wert. Damit plädiert er für eine Ordnung, in der in geburtsständischen Schranken jeder verortet ist und bleibt. Die Grundwerte der Reformer, „Freiheit und Gleichheit", werden so diskreditiert. „Herrschsucht im Herzen" kann gelesen werden als Abwertung der Ambition einer Beteiligung der Bevölkerung an den Regierungsgeschäften (im weiteren Sinne der Demokratie). „Vernunft" wird alttestamentarisch zum „Götzen" erklärt, hinter dem schließlich das stehe, was die Reformer, namentlich Stein (s.o.), gerade bekämpfen wollten: Eigensinn, Selbstsucht. Das in der Reform angestrebte „Glück" der Gesellschaft markiert er abschließend als leere Phrase.

Die Reformer hatten das ‚Geistige', die Vernunft, betont[38]. Beckedorff stempelt das als „wahnsinnige Träumerei" und setzt ihr harte Realien entgegen:

> „Es giebt nur Eine [sic!] Autorität, das sind die Jahrhunderte! Es giebt nur Ein [sic!] Untrügliches, das ist die Erfahrung!" (a.a.O.: 22); und: „Nur, was die Zeit bewähret hat, das ist sicher; (…)" (a.a.O.: 23); „Das Nächste thun, das Angewiesene verrichten, tüchtig und vollständig, darauf kommt es an. Sich theilen, sich zersplittern, sich nach vielen Seiten zugleich wenden, führt zu Halbheit und verfehlter Bestimmung; und wer immer nur das Mögliche bedenkt, ohne der Wirklichkeit gewiß zu seyn, wer in der Zukunft schwärmt, ohne auf festem Grunde der Gegenwart zu stehen, den zeihet man mit Recht der Thorheit, des Unverstandes" (a.a.O.: 21).

38 So bspw. Fichte in seinen „Reden an die deutsche Nation" über eine ‚neue deutsche Nationalerziehung': „In der Regel galt bisher die Sinnenwelt für die rechte eigentliche, wahre, und wirklich bestehende Welt, sie war die erste, die dem Zöglinge der Erziehung vorgeführt wurde; von ihr erst wurde er zum Denken, und zwar meist zu einem Denken über diese, und im Dienste derselben angeführt. Die neue Erziehung kehrt diese Ordnung geradezu um. Ihr ist nur die Welt, die durch das Denken erfaßt wird, die wahre, und wirklich bestehende Welt; in diese will sie ihren Zögling (…) einführen. An diese Welt allein will sie seine ganze Liebe, und sein ganzes Wohlgefallen binden; so daß ein Leben allein in dieser Welt des Geistes bei ihm notwendig entstehe und hervorkomme" (Fichte 1807, Neunte Rede: 150).

Nipperdey spricht von einem „konservativen Pathos des Realismus“ (a.a.O.: 315). Nur die Erfahrung ist den Restauratoren „untrüglich“. ‚Wahrheit’ wäre demnach nicht aus ‚Vernunft’ oder Idealen zu gewinnen. ‚Das Mögliche’ hat sich an Realitäten zu bemessen, die wiederum an der Tradition. Diese gilt nicht als alt und schwach, sondern als letztbegründende Autorität. Damit kann das Verhältnis der jüngeren zur älteren Generation nur eines der Hochachtung sein, des Hörens und Gehorchens. Anweisung und Vorschrift stehen hier gegen die Ideale der Rücknahme der (staatlichen) Kontrolle und des freien Sich-Bildens; ‚Vollständigkeit’ einer spezialisierten Ausbildung gegen die Allseitigkeit der ‚allgemeinen Menschenbildung’. Ein Denken auf das Mögliche hin wird als „Thorheit“ disqualifiziert. Die konservative Position propagiert einen klaren *Realismus* und *Empirismus*. Die Reformideale erfahren insgesamt eine vernichtende Abwertung. Sie werden schlussendlich als zentrale Wesensmerkmale des „Zeitgeistes der letzten Jahrzehnte“ (a.a.O.: 24) markiert, dessen unmittelbare Auswirkung der Mord an Kotzebue gewesen sei.

In gleichem Sinne kritisiert Beckedorff im selben Jahr den an Humboldt orientierten Schulgesetzentwurf von Johann Wilhelm Süvern:

> „Verfolgt man (…) diese Ansicht bis zu ihrem letzten Grunde, so trifft man am Ende notwendig auf die Meinung von einer durch die bürgerliche Gesellschaft (die Staatsgemeinschaft) herzustellenden allgemeinen Gleichheit aller Menschen. Daß Geschlecht, Alter, Kräfte, Neigungen, Talente und vor allen Dingen der einmal ungleich ausgeteilte Besitz eine natürliche Verschiedenheit unter allen einzelnen begründet, ist nicht wegzuleugnen. Nach der Ansicht des Entwurfs aber wird diese Verschiedenheit als eine Unvollkommenheit der Natur betrachtet werden müssen, welche aber durch die geselligen Verhältnisse womöglich wieder gutgemacht werden solle, und die leichteste und bequemste Art, dieses zu bewerkstelligen, wird keine andere sein können, als dass alle diese natürlich Ungleichen durch einen kurzen Beschluß als künstlich Gleiche angenommen und als solche insgesamt zu denselben Ansprüchen und Rechten, und vor allen Dingen zum Wetteifer in der für alle geöffneten Laufbahn berufen werden“ (Beckedorff 1819b: 225, Herv. i. Orig.).

„(…) Neid, Eifersucht, Feindschaft, Hader und ewiger Kampf zwischen Gewalt und List (…)“ (ebd.) zerstörten, so das Bild, in der Folge die „geselligen Verhältnisse“. Die Reformen erzeugten demnach Zustände gesellschaftlicher Desintegration. Stattdessen sei materiale und soziale Ungleichheit ‚natürlich’ und erfülle der „weisen Voraussehung“ nach (ebd.) auch einen spezifischen Zweck:

> „Die natürliche Ungleichheit der Menschen ist folglich kein Hindernis, sondern im Gegenteil das eigentliche Band der Gesellschaft; sie soll daher keineswegs aufgehoben, sondern vielmehr befestigt und gesichert werden. Der bürgerliche Verein, der Staat, besteht (…) dadurch, dass [seine Mitglieder, MK] in verschiedenen (…) Berufstätigkeiten leben und nach diesen auch in ganz eigentümliche Klassen und Stände abgeteilt sind, von denen jeder einzelne fühlt, dass er den anderen unmöglich entbehren könne“ (a.a.O.: 226, Herv. i. Orig.).

Soziale Unterschiede gelten nicht als ungerecht, sondern als vergemeinschaftendes Element. Sie wären demnach zu erhalten und zu vertiefen. Dem Gleichheitsprinzip der Reformer wird das Ideal einer nach Ständen oder Klassen unterschiedenen Bevölkerung entgegengesetzt. Allgemeine Menschenbildung führe zu „Unzufriedenheit, Tadelsucht und Neuerungslust“ (a.a.O.: 227). Dem entgegen fordert er eine standesgemäße Ausbildung der Jugend, aus der „(…) Tüchtigkeit, Geschick, Ordnung und Beständigkeit (…)“ (a.a.O.: 226) sowie Regsamkeit, Fleiß, Genügsamkeit und „Zufriedenheit mit dem bescheidenen Lose“ (a.a.O.: 227) resultieren. Allerdings geht auch Beckedorff von der Notwendigkeit einer Gleichheit der Individuen aus, jedoch auf einer anderen Dimension:

> „Denn eine solche Gleichheit soll allerdings stattfinden im Staate (…); ja, der Bildungsweg zu ihr ist seit lange geöffnet, nämlich – durch die Religion. Daß alle Menschen empfinden, sie seien vor Gott gleich, (…) dass alle erkennen, ihr Wohl und Wehe bestehe nicht darin, wie hoch und niedrig, wie vornehm und gering, wie reich oder arm (…) sie auf Erden sind, sondern darin, wie zufrieden, wie ergeben, wie gehorsam, wie demütig und folglich wie Gott wohlgefällig sie sind oder nicht; und dass endlich alle sich jederzeit als Gottes Untertanen und Kinder und folglich unter einander als Brüder betrachten (…): darauf kommt es an, das ist die Hauptsache, und dahin führt nur das Christentum. Bildet die Menschen zu Christen, und ihr führet die wahre Gleichheit auf Erden ein, (…) die Gleichheit der (…) Demut und des unerschütterlichen Vertrauens auf eine alles ausgleichende Gerechtigkeit Gottes“ (a.a.O.: 227f.).

Beckedorffs Gleichheitsbegriff liegt auf einer nicht-sozialen und nicht-materiellen, jenseitigen Dimension. Religiöse Gesinnung stellt aus Sicht der Konservativen den ‚Kitt’ einer Gesellschaft der Ungleichen dar: Zufriedenheit mit dem eigenen Schicksal als konstitutives Element einer stratifizierten Gesellschaft, das Gefühl der brüderlichen Verbundenheit mit allen anderen. Wenn das als der zentrale Nutzen öffentlicher Erziehung angesehen wird, so wird daraus die Abwertung einer ‚intellektuellen’ Bildung verständlich, die eben nicht auf ein gläubiges Akzeptieren der Verhältnisse abzielt, sondern auf das autonome Subjekt, das sich mündig (und emanzipatorisch) seines eigenen Verstandes bedient (Kant). ‚Glaube’ und ‚Intellekt’ treten in einen Gegensatz und der konservative Beckedorff lehnt eine intellektuelle Bildung ab (a.a.O.: 230).

Erziehung, Kriminalität und Revolutionsgefahr: Auch nach dem Ende Napoleons, dem Wiedererstarken der europäischen Monarchien und dem Ende der Revolutions- bzw. Koalitionskriege war der Präzedenzfall der französischen Revolution als latente Drohung präsent. Neben der durch die Reformen entstandenen sozialen Schere und der Armutskriminalität wurde auch die Bekämpfung revolutionärer Tendenzen zu einem Motiv für die breite Veranstaltung von Erziehung.

In seinem ‚ersten Zusatz' zu Wilderspins Schrift[39] geht der Wiener Kaufmann Joseph Wertheimer in seiner Erörterung von Volkserziehung unter anderem auf dieses Problem ein (Wertheimer 1828: 136ff.). Der Staat profitiere v.a. hinsichtlich der inneren Sicherheit von frühkindlicher Erziehung:

> „Wer nichts zu verlieren hat, kann bei dem Umsturz der bestehenden Ordnung nur gewinnen; vielleicht dürfte es durch verbesserte Volkserziehung dahin kommen, daß Jeder etwas zu verlieren habe; daß jeder von der ihm angemessenen Arbeit leben könne und wolle, und einen weisen Gebrauch von den Früchten derselben zu machen wisse" (a.a.O.: 143); „Die innere Sicherheit eines Staates muß also gewinnen, wenn diese ihr so gefährlichen Uebel durch eine vernünftige Volkserziehung im Keime erstickt werden. In allen Revolutionen waren wüthende Demagogen nur stark, weil ein armer, dummer, unwissender, leidenschaftlicher Pöbel ihnen zuhörte. Jeder, auch der Geringste, sittlich und verständig erzogen, und in den Stand gesetzt, sich seinen Unterhalt zu erwerben, wird weder Neigung noch Anregung finden, gegen die Sicherheit des Staates etwas zu unternehmen; vielmehr wird er es als Pflicht betrachten, und in seinem eigenen Interesse finden, zum Schutze derselben aus allen seinen Kräften mitzuwirken" (a.a.O.: 145).

Generell werde die gesellschaftliche Ordnung durch Erziehung insofern gesichert, als sie eine Immunisierung der Bevölkerung gegen Veränderungs-, Umbruch-, Reform- und Revolutionsambitionen bewirke. Die Gesellschaft müsse jedem Individuum ein Auskommen ermöglichen und auf diesem Wege ihrer Ordnung breite Akzeptanz sichern. Dies erfordere eine Qualifizierung für den Beruf, von dem die Menschen leben können, so dass sie sich nicht aufgrund existenziellen Mangels an Umbruchsversuchen beteiligten. Zudem wird angenommen, dass eine ‚ungebildete' Bevölkerung leicht durch revolutionäre Demagogen verführt werden könne. Dem entgegen bestünde die Aussicht, dass ‚sittlich' erzogene – das heißt hier sicher: monarchistisch gesinnte, königstreue – Untertanen ihren Herrscher und seinen Staat eher verteidigen als angreifen würden. Erziehung sollte ferner die Kriminalität senken:

> „Ungleichheit des Reichthums und Genusses ist in Europa überall, wo Bildung ist" (a.a.O.: 143); und: „(...) je thierischer und unerzogener der Mensch, um so gewisser verfällt er auf die ihm zunächst liegenden Mittel: Gewalt und List" (ebd.).

Unerzogene Menschen neigten dazu, am Reichtum anderer teilhaben zu wollen und auch vor Gewalt nicht zurückzuschrecken. Eigentumsdelikte erscheinen als besondere Gefahr in einer Gesellschaft, die eine Ungleichverteilung von Reich-

39 Die ‚Zusätze' sind Essays, in denen sich der Autor als starker Protagonist dieser Veranstaltung zu erkennen gibt und für deren Unterstützung wirbt. Von besonderem Interesse erscheint sein erstes Essay. Es verfolgt die Frage, weshalb dem Staat daran gelegen sein müsse, die Kinder der Armen zu erziehen (Wertheimer 1828).

tum gutheißt und das Leben breiter Schichten der Bevölkerung am Existenzminimum mindestens tolerierend in Kauf nimmt. Auch von hier aus soll Erziehung zur gesellschaftlichen Integrität beitragen. Sie soll die Kriminalitätsproblematik Preußens in der Zeit beseitigen, wenigstens abmildern.

4.3 Das Modell der Englischen Klein-Kinder-Schulen

Im so skizzierten gesellschaftlichen Klima erging aus dem preußischen Königlichen Ministerium der geistlichen, Unterrichts- und Medicinal-Angelegenheiten 1827 ein Runderlass an alle regionalen Regierungen Preußens, das Modell der „Englischen Klein-Kinder-Schulen" des Engländers Samuel Wilderspin[40] nach Kräften zu verbreiten:

> „Der Vorsteher der Londoner Klein-Kinder-Schulen S. Wilderspin, hat über diese Schulen und die frühzeitige Erziehung der Kinder eine Schrift herausgegeben, welche seit 1823 die dritte Auflage erlebt hat und von Joseph Wertheimer in Wien 1826 ins Deutsche übersetzt ist. Das Ministerium beauftragt die Königl. Regierung, zur Verbreitung oder Empfehlung dieser wichtigen Schrift (...) auf jede zweckdienliche Weise hinzuwirken. Zugleich kann das Ministerium der Königl. Regierung nicht dringend genug empfehlen, auch in dem dortigen Regierungs-Bezirke auf die baldige Errichtung solcher Klein-Kinder-Schulen Bedacht zu nehmen, da sie dem Übel der Verwilderung, der Kinder der Armen im Ursprunge begegnen, und jedenfalls sicherer und erfolgreicher wirken werden, als die zur Versittlichung verwahrloster Kinder an einigen Orten begründeten wohltätigen Anstalten es ihrer Natur nach vermögen. Über den Erfolg der desfallsigen Bemühungen der Königl. Regierung sieht das Ministerium nach Verlaufe eines Jahres einem ausführlichen Berichte entgegen. Berlin den 24.

40 Ausführliche biographische Hinweise finden sich bei McCann (1966): Samuel Wilderspin wurde 1792 im Londoner Stadtteil Hornsey geboren. Er war Mitglied einer schwedenborgischen Glaubensgemeinschaft, äußerte dies jedoch niemals öffentlich; durch ein solches Bekenntnis sah er seine Reputation im anglikanisch dominierten England gefährdet. Nach der Schule absolvierte er eine Lehre bei einem Kaufmann, eröffnete anschließend ein kleines Geschäft und betätigte sich als Lehrer an Sonntagsschulen. Gemeinsamkeiten der pädagogischen Tätigkeit und der konfessionellen Zugehörigkeit brachten ihn in Kontakt mit dem ehemaligen Weber Buchanan, der Lehrer an der Schule Robert Owens in New Lanark gewesen war. Auf Vorschlag Buchanans betraute man Wilderspin mit der Leitung der Klein-Kinder-Schule in Spitalfields, einem traditionellen Londoner Seidenweberviertel, das als Armenviertel galt. 1824 beendete Wilderspin seine Tätigkeit als Lehrer in Spitalfields und wurde Missionsreisender im Auftrag der Infant-school-society, einer Gruppe vor allem adeliger und klerikaler Persönlichkeiten. Im Jahre 1830 machte er sich selbständig und eröffnete in der Nähe von Gloucester eine Schule für mittlere Klassen sowie ein Depot für Schulmaterialien, durch das er seine jetzt selbständigen Missionsreisen für die kommenden rund eineinhalb Jahrzehnte finanzierte. 1838 wurde er Direktor der Dublin Model Infant and Training School. Dieses Engagement hielt jedoch, vermutlich v.a. aus religiösen Gründen, weniger als ein Jahr. 1846 zog er sich aus dem aktiven Leben zurück. Die restlichen zwanzig Jahre seines Lebens verbrachte er in Wakefield/Yorkshire, wo er am 10. März 1866 starb. Nach eigenen Angaben war Wilderspin Zeuge der Neugründung von etwa 2000 (!) Infant-Schools.

Juni 1827" (Circular-Rescript des Königl. Ministeriums der geistlichen, Unterrichts- und Medicinal-Angelegenheiten; Abdruck in: Dammann/Prüser 1981: 17).

Das hier gemeinte, erstmalig 1823 in englischer Sprache erschienene Werk „On the Importance of Educating the Infant children of the Poor" erlebte acht englischsprachige Auflagen unter variierenden Titeln[41]. Die zweite Auflage wurde von dem Österreicher Joseph Wertheimer 1826 ins Deutsche übersetzt und mit umfangreichen Zusätzen versehen. Unter anderem die Empfehlung dieses Buches durch das o.g. Circularreskript dürfte zu einem reißenden Absatz beigetragen haben. Bereits 1828 wurde eine zweite, vermehrte deutsche Auflage herausgegeben. Diese liegt der folgenden Analyse zu Grunde.

In zweiundzwanzig Kapiteln stellt Wilderspin sein Modell der Klein-Kinder-Schule dar. Einerseits schreibt er seine Erfahrungen als Lehrer nieder, der selbst die Klein-Kinderschule in Spitalfields/London geleitet hat. Andererseits schreibt er aber auch als Missionar der Gesellschaft für Klein-Kinder-Schulen[42] (Wilderspin 1828: 30). Er entwirft einen Text, der als Blaupause für die Einrichtung von Klein-Kinder-Schulen an beliebigen Orten gelesen werden kann, ein „Werkchen" in „schmuckloser Schreibart", das „(…) Nachrichten enthält, die von praktischem Nutzen seyn dürften, da es größtentheils aus eigenen Erfahrungen entnommen ist (…)" (a.a.O.: 1). Wilderspins Entwurf soll im Folgenden entlang der Kategorien für die Analyse pädagogischer Texte (siehe Kap. 3.4) dargestellt werden.

4.3.1 Normative Kategorien:

Pädagogische Anthropologie I – Die ‚sittenlose Wachstafel': Wilderspin konstruiert das Kind unter Bezugnahme auf sensualistische und moralische Vorstellungen. ‚Persönlichkeit' resultiert für ihn generell aus Erfahrungen. In einer Beschreibung der Aufgabe des Lehrers in der Kleinkinderschule verweist er beinahe beiläufig auf den Referenzautor für die in der Quelle allgegenwärtigen empiristischen Annahmen, auf John Locke:

> „Locke vergleicht die Seele des Kindes mit einem unbeschriebenen Blatte Papier, und wenn es des Erziehers Beruf ist, auf dieses Blatt unauslöschliche Lehren zu schreiben, so wird viel Geduld, Sanftmuth, Beharrlichkeit, Selbstbeherrschung, Kenntniß der menschlichen Natur, und vor allem Religiösität erfordert, um ein so großes Werk zu vollbringen" (Wilderspin 1828: 55). „Jeder Mensch kommt, ohne eine einzige ihm einwohnende Idee, auf die Welt, wohl aber mit der Anlage verständig und weise zu werden" (a.a.O.: 73).

41 Vgl. McCann 1966.

42 ‚Infant-school-society'; im Folgenden wird darauf, abgekürzt, mit ‚society' referiert.

Aus der bekannten Metapher vom unbeschriebenen Blatt leitet sich die Aufgabe des Lehrers her: Er hat die „Seele“ des Kindes, seine Persönlichkeit, zu prägen. Ganz im Sinne des empiristischen Kerngedankens: *Nihil est in intellectu, quod non ante fuerit in sensu*[43] spricht Wilderspin dem Kind qua Geburt jegliche ‚innewohnende Idee’ ab. Jedoch sieht er das Kind als ein Wesen, das eine *Anlage zur Aneignung* mitbringt. Genau hier liegt die Erziehung überhaupt ermöglichende Idee: Kinder sind prägbar, ferner „(…) zur Nachahmung geneigt (…)“ (a.a.O.: 7):

> „Die Kinder eignen sich jede Sprachweise, jede Sitte und Gewohnheit, gleichviel ob gut oder böse, an; daher betrachte ich es in jeder Hinsicht als einen Gegenstand von allgemeiner Wichtigkeit, daß man sie den Wegen, die zum Uebel führen, entziehe, sobald sie gehen können“ (a.a.O.: 4).

Hier erscheint ein Inklusionsmotiv, die Vorstellung, schon kleine Kinder in Anstalten zu sammeln und von ‚üblen’ Erfahrungen unbedingt fernhalten zu müssen. Kinder nehmen indifferent alle Umwelteindrücke auf, die alle prägend auf die Persönlichkeit wirken. Das macht es in diesem Bild notwendig dafür zu sorgen, dass die kindliche Seele, die Wachstafel, nur *gute* Prägungen erfahre.

Der Beschreibung des Kindes als anfänglich leeres Wesen wird eine Neigung zum Bösen konnotiert. Wilderspin konstatiert, dass „(…) der Mensch mit der Neigung in die Welt tritt, das zu thun, was er nicht thun soll (...)“ (a.a.O.: 87). Er führt weiter aus:

> „Es ist wohl bekannt, daß wir unserer Natur nach uns eher zu niederen als zu höheren Freuden wenden, und mehr geneigt sind, schlechte als gute Grundsätze aufzufassen; daher ist die größte Sorgfalt bei Kindern zu der Zeit erforderlich, da sie ihre ersten erfreulichen Eindrücke empfangen“ (Wilderspin 1828: 4); „(…) das Gemüth des Kindes, ja des Menschen überhaupt, läßt sich wohl mit einem Garten vergleichen, der, wenn er nicht gewartet wird, sich bald mit Unkraut aller Art anfüllt (…)“ (a.a.O.: 10)[44].

‚Wartung‘ kann gelesen werden als Synonym für die Erziehung des Kindes, ‚Unkraut‘ als Metapher für negative Eindrücke auf der Wachstafel seiner Persönlichkeit. Als Anfüllen des Gartens mit Unkraut wird die Kumulation dieser schlechten Eindrücke über die Zeit gezeichnet, der Prozess der Entwicklung einer verderbten Persönlichkeit, der eintrete, falls nicht ein (um in der Metapher zu bleiben) ‚Gärtner’ sich des Gartens annehme. Aus der Metapher vom wuchernden Unkraut resultiert die Notwendigkeit, die Persönlichkeit des Kindes davon frei zu halten,

43 „Nichts ist im Geiste, das nicht zuvor in den Sinnen gewesen wäre“ (Raithel et. al. 2009: 99).

44 Die Metapher des ‚Gartens der Seele’ und des ‚Gärtners’ (Erziehers) war in der Zeit weit verbreitet. Sie findet sich in Rousseau's Emile, aber auch bei Lockes „Thoughts Concerning Education“ (Oelkers 2004: 83; vgl. auch Helsper 2006). Wilderspin schließt hier an ein seinerzeit verbreitetes pädagogisches bzw. philosophisches Argumentationsmuster an.

damit eine spätere Instanz (Schule, nützliche Beschäftigung) brauchbaren, vorbereiteten Boden für Ihre Tätigkeit vorfindet. Wilderspin prognostiziert für den Fall der Abwesenheit von Erziehung:

> „(…) so werden sich viele im Bösen verhärten, bevor sie das siebente Jahr erreicht haben, in welchem sie dann die Straße sowohl der Schule, als jeder nützlichen Beschäftigung weit vorziehen werden" (a.a.O.: 3)[45].

Wilderspin zeichnet das Kind quasi als ‚sittenlose Wachstafel'. Die Prägsamkeit der Persönlichkeit durch Umwelteinflüsse unterstellt, erscheint es als grundsätzlich erziehungs*fähig,* mit dem Verweis auf die Neigung zum Bösen als erziehungs*bedürftig*.

Pädagogische oder institutionelle Abgrenzung: Bereits bestehende Einrichtungen könnten, so Wilderspin, den Nutzen seines Modells nicht erbringen und er grenzt sich insbesondere gegen zwei Institutionen ab: die ‚dame schools' und (öffentliche) Schulen, die rein auf *intellektuelle Ausbildung* abzielen. Die dame schools, Anstalten, die von älteren Frauen betrieben wurden, die gegen Bezahlung Kinder während der Arbeitszeit der Eltern betreuten, erscheinen v.a. als bloße Aufbewahrungsanstalten. Die „alten Mütterlein" beschreibt er als „träge alte Weiber" (a.a.O.: 12), die nicht über Wissen um das Wesen der Kinder verfügen und nicht das Ziel verfolgen, den Kindern gute Ideen durch gute Eindrücke zu verschaffen (a.a.O.: 55), d.h. sich nicht um ihre Versittlichung kümmern. Die öffentlichen Nationalschulen begehen seiner Ansicht nach einen anderen Fehler:

> „Die Nationalschulen hingegen schwächen die Seelenkräfte, indem sie die Kinder nöthigen, ihr Gedächtniß mit den Wahrnehmungen Anderer anzufüllen, wovon die armen Kleinen oft das Wenigste verstehen. Nie werden diese zum selbstständigen Denken aufgemuntert, und dieß ist ein Grundübel, welches die traurigsten Folgen nach sich ziehen muß" (a.a.O.: 12f.).

Hier unterliegt die sensualistische Vorstellung: Der Fehler, den laut Wilderspin öffentliche Schulen machen, ist der, dass sie Kinder mit „Wahrnehmungen *Anderer* anzufüllen", i.d.S. fremde Ideen zu vermitteln versuchen. In empiristischem Denken können Kinder jedoch nur *selbst* Wahrnehmungen bzw. Erfahrungen sammeln, eine Belehrung im Sinne eines abstrakten Wissens- oder Erfahrungstransfers wäre dann sinnlos. Wilderspin setzt dem entgegen in seiner Schule auf

45 Ähnlich Society-Gründungsmitglied Brougham auf deren Gründungsversammlung (Wilderspins Kapitel 2): „Kann daher schon in dieser frühzeitigen Lebensperiode die Gewohnheit des Lasters einreißen, so sollten wir wohl weit früher anfangen, in den Kindern entgegen wirkende Neigungen zu wecken" (a.a.O.: 17).

Anschauungsunterricht (s.u.). Ferner setzten Schulen ausschließlich auf Förderung des Intellekts. Ein Unterricht als Wissensvermittlungsveranstaltung, verbilde aber die Kinder:

> „Viele lernten lesen und schreiben, und wurden darum der Gesellschaft nur um so schädlicher, weil man bei ihrer sogenannten guten Erziehung die Bildung ihres Herzens gänzlich vernachläßigte. (...) Und doch sollte auf die sittliche Bildung das Hauptaugenmerk gerichtet seyn, da der Mangel an Sittlichkeit weder durch große Gelehrsamkeit, noch durch eitlen Reichthum aufgewogen wird" (ebd.: 82).

‚Intellekt' steht für Wilderspin dem eigentlichen Ziel der Erziehung, der Gesinnungs- bzw. ‚Herzensbildung', entgegen, welches ihm vorrangig zu verfolgen ist.

Die Gesellschaftsbeschreibung: Wilderspins Beschreibung gesellschaftlicher Probleme in England zeigt einige Parallelen zur preußischen Situation: Er beschreibt Kriminalität als Problem und zeichnet ferner die Pädagogik und Organisation der Klein-Kinder-Schulen in großer Nähe zum Ideal einer ständischen Gesellschaft.

> „Schon lange gereichte es den Gutgesinnten zur tiefen Betrübniß, daß ungeachtet der zahlreichen Wohlthätigkeits-Anstalten, welche England zählt, die Gefängnisse stets gefüllt bleiben, und ungeachtet die Polizeianstalten sich vervielfältigt haben (...) die Verbrechen jeder Art eher im Zu- als im Abnehmen sind. Die guten Eindrücke, welche durch Bibel- und Schulgesellschaften, so wie durch andere Institute dieser Art gegeben wurden, sind wohl schwer zu verkennen, und ohne diese vortrefflichen Anstalten würden die Verbrecher gewiß noch weit zahlreicher seyn. Allein zur Verstopfung der Quellen dieser Demoralisation wäre wohl nichts mehr geeignet, als die Kinder aus den Straßen zu nehmen; denn es muß zugegeben werden, daß sie da nichts Gutes, aber viel Böses lernen. Wie viele Kinder lernen mausen und stehlen, bevor sie noch ihren Namen lallen können (...)" (a.a.O.: 2).

‚Verbrechen jeder Art' bedrohen in dieser Darstellung die innere Sicherheit der Gesellschaft. Tatsächlich meint Kriminalität im Text immer *Eigentums*delikte: Diebstahl, Hehlerei, Betrug, Raub, Plünderung von Lagerhallen etc. Polizei und Justiz erscheinen wenig effektiv, da sie Strafen exekutieren[46]. Sie setzen keine ‚guten' Eindrücke. Bibel- und Schulgesellschaften scheinen das Problem zu lindern, indem sie gute Eindrücke vermitteln. Sie setzen aber zu spät an, denn die Kinder „lernen mausen und stehlen" *bevor* die etablierten Einrichtungen wirken können. Das verweist auf die Notwendigkeit früher Erziehung. Ferner konturiert sich hier das bereits oben angedeutete Motiv des Inklusionsmilieus weiter:

> „Also ganz abgesehen von dem Guten, das man den Kindern als Individuen erweist, gereicht es zu unserem eigenen Vortheil, und wird zu einer öffentlichen Pflicht, die Kinder der Armen

46 Deportation/Verbannung, Einkerkerung, „In Eisen Legen", Todesstrafe etc. (a.a.O.: 44).

aus den Straßen zu nehmen, und dadurch zu verhindern, daß sie in die Hände von Uebelgesinnten gerathen, welche sie oft zu Verbrechen reizen, deren Früchte sie sich größtentheils selbst aneignen" (a.a.O.: 39).

Die frühe Unterbringung von Kindern in Erziehungsanstalten soll eine Verstopfung der Personalquelle der Kinderbanden-Kriminalität bewirken. Erst dann, so der Gedanke, würden weitere Maßnahmen (Polizei, Justiz) Wirkung zeigen und die Kriminalität schließlich sinken. Der strukturellen Distanzierung der Kinder vom Milieu ‚Straße' wird eine weitere Intention beigefügt:

„Das Gewissen aber wird, wenn es nicht in den Schlaf gelullt, sondern aufgeregt wird, ein besserer Hüter seyn, als feste Mauern, Riegel und Schlösser (…)" (a.a.O.: 84).

Kinder sollen durch Erziehung gegen Kriminalität immunisiert werden. Wenn sie als Erzogene die Anstalt verlassen, sollen sie mit einem ‚Gewissen' ausgestattet sein, einer intrapsychischen Repräsentanz der gesellschaftlichen Normen, die kriminelle Handlungen ablehnt.

Der Gesellschaft entstehen schließlich durch Kriminalität nicht nur Kosten, zugleich entgeht ihr der Nutzen, den Kriminelle als „nützliche Glieder" für sie haben könnten:

„Wie Manche, die in ihrer Kindheit verwahrlost wurden, ihre halbe Lebenszeit im Kerker zubringen mußten, und noch dazu dem Staat bedeutende Ausgaben verursachten, wären durch eine solche Veranstaltung nützliche Glieder desselben geworden!" (a.a.O.: 14).

Erziehung gilt als Strategie der langfristigen Umwandlung des Debet-Postens ‚unsittlicher' Individuen in verfügbares produktives Kapital.

Über den gesamten Text Wilderspins verteilt finden sich ferner Referenzen auf ein ständisches Gesellschaftsideal. Er stellt fest:

„Eine Klein-Kinder-Schule kommt mir vor, wie ein kleiner Staat, oder wie eine Welt im Kleinen, wo natürlich der Lehrer Oberhaupt und Richter ist" (a.a.O.: 56).

Damit entwirft er die Erziehungsanstalt explizit als Abbild des Staates. Die Rolle des Lehrers in der Schule wird mit der des Monarchen im Staat analog gesetzt. Früherziehung ist auch den zitierten Gründungsmitgliedern der ‚society' eine notwendige Bedingung für gesellschaftliches Funktionieren. Gründungsmitglied Wilberforce mahnt,

„(…) daß die politische Wohlfahrt auf der sittlichen, und die sittliche auf der religiösen beruhe; daß es nicht mehr der Bemerkung bedürfe, man könne nicht zu frühzeitig der Jugend religiöse Grundsätze einflößen" (a.a.O.: 19).

Die Argumentationskette stellt eine direkte Kausalität zwischen der Religiosität des einzelnen Individuums und dem Bestand der kollektiven gesellschaftlichen (prinzipiell religiös begründeten) Ordnung und der Regierbarkeit des Landes her. Eine interessante Ergänzung findet sich im Beitrag des Gründungsmitgliedes Brougham:

> „(...) in sofern denke ich, daß niemand, – dem die Einsicht ward, wie sehr die Wohlfahrt des Landes von den untern Volksklassen abhängt, welche die Grundlage der großen gesellschaftlichen Pyramide bilden, – Herz und Hand zur Beförderung einer so guten Absicht verweigern könne" (Wilderspin a.a.O.: 19).

Das damit angedeutete ideale Gesellschaftsbild ist das einer Ständegesellschaft, in der es eine Hierarchie gibt, ein Oben und ein Unten. Das Unten der „untern Volksklassen" wird hier von Brougham semantisch mit der Funktion des tragenden Fundaments konnotiert, ohne das eine Pyramide nicht stehen könnte.

Gegen Ende seines einleitenden Kapitels zeichnet Wilderspin selbst ein dichtes Bild seiner Gesellschaftsvision, die er mit den Klein-Kinder-Schulen erreichen möchte. Darin spiegeln sich (z.T. im Wortlaut) alle zentralen Aspekte des konservativen Gesellschaftsideals, wie es anhand der Texte v. Beckedorffs rekonstruiert wurde (Kap. 4.2):

> „Die vielen Erfahrungskenntnisse, welche sich das Kind in den ersten acht oder zehn Jahren seines Lebens sammeln wird, sind nicht hinderlich, um es während desselben Zeitraums auch zur Aufnahme eines ächt christlichen Geistes tüchtig zu machen, und zur christlichen Fügsamkeit, eine der schönsten Wirkungen dieses Geistes, zu ziehen; und hiernach ist es, daß die Kinder schon frühzeitig angeleitet werden, sich mit jeder Lage zufrieden zu geben. Weit entfernt, daß eine solche Erziehungsweise der gesellschaftlichen Ordnung zuwider laufen könnte, wird sie vielmehr beitragen, dieselbe wieder herzustellen, wo sie aus Mangel dieser natürlichen Entwicklungsart verletzt worden ist. Die Armen werden mit ihrem Zustande zufrieden seyn, wenn sie finden werden, daß ihnen edlere Freuden, als die Befriedigung ihrer thierischen Triebe offen stehen, und die Reichen, zu größerer geistiger Thätigkeit angeregt, werden in demselben Maße zu einem höheren Kulturgrade gelangen. So wird gegenseitiges Wohlwollen, das Band der gesellschaftlichen Eintracht, unter allen Klassen bestehen, indem Einer dem Andern die Achtung zollen wird, die ihm vermöge der Stellung gebührt, welche die Vorsehung für gut fand, ihm zu verleihen" (a.a.O.: 13f.; vgl. Erning 1987a: 25f.).

„Kenntnisse", „Erfahrung" und „christlicher Geist" stehen zunächst im oben gezeichneten, problematischen Verhältnis. Wilderspin löst auf: Sowohl Kenntniserwerb als auch christliche Gesinnung sind in seinem Modell erreichbar. Als Kernbestandteil des „ächt christlichen Geistes" präsentiert er die Tugend der Fügsamkeit bzw. Zufriedenheit. Die Kinder sollen sich in ihre Lebensbedingungen fügen. Wo die „natürliche" Gesellschaftsordnung „verletzt" wurde, verspricht die vorgeschlagene Erziehung Heilung. ‚Erziehung' wird damit zum ‚natürlichen' Mittel der Wiederherstellung (‚Restauration'!) gesellschaftlicher Ordnung[47]. In dieser gelten „gegenseitiges Wohlwollen" und die wechselseitige Angewiesenheit der (ungleichen) Menschen als Grundbedingung „gesellschaftlicher Eintracht", der gesellschaftlichen Integration. Jedes Individuum verdient „Achtung", die ihm von den anderen Gesellschaftsmitgliedern „gezollt" (d.h.: abgemessen) werden muss; die zu gewährende oder zu erwartende Achtung im sozialen Umgang bemisst sich an der „Stellung", die dem Individuum durch die „Vorsehung verliehen", d.h. von Gott qua Geburt zugewiesen wurde. Die Formulierung der ‚Bemessung' zu entbietender Achtung drückt die Vorstellung von Privilegierung bzw. Rechtsminderung der Individuen in einer ständischen Gesellschaft aus, die hier als Ideal gezeichnet wird.

Pädagogische Anthropologie II – Das erzogene Kind: Wilderspin gibt in seinem abschließenden Kapitel Beispiele des Erfolges seiner Klein-Kinder-Schule in Spitalfields. In ihnen wird die durch Erziehung angestrebte Zielpersönlichkeit deutlich und es zeigt sich, dass sich in dieser Skizze der idealen Person Antworten auf die gesellschaftlich wahrgenommenen Problemlagen finden. Gut erzogene Kinder wären in der Masse die Antwort auf die voranstehend skizzierten Krisen. Zunächst werden erzogene Kinder als *zufriedene* Kinder vorgestellt:

> „Hier ein Zug von frühzeitiger Genügsamkeit: Als ich die Kinder über den Nutzen eines Federkissens ausfragte, sagte John W. ‚Ach Herr! Das ist das, worauf ich den Kopf bei Nacht lege; William W. aber setzte hinzu, wir haben kein Federkissen, aber ich danke Gott für das von Pferdehaaren" (a.a.O.: 125).

Im Unterricht emergiert ein Beispiel kindlicher Zufriedenheit mit dem eigenen Schicksal in der Welt. Das Kind hinterfragt nicht, *warum* es Menschen gebe, die reicher sind als andere (und daher auf Federkissen schlafen können); vielmehr ist es Gott dankbar, überhaupt ein Kissen zu besitzen. Es akzeptiert die materielle Ungleichheit der Menschen und damit die soziale Stratifizierung der Gesellschaft als ‚gottgewollt'.

Ferner bewirke die Erziehung Respekt vor fremdem Eigentum. Wilderspin berichtet diesbezüglich:

> „Es ist den Kindern erlaubt, ihr Mittagsessen mitzunehmen, und es sind in der Schule Verschläge angebracht, um dasselbe aufzubewahren. Jedes Kind kann zu diesen Verschlägen gelangen, weil sie nicht verschlossen werden, und doch habe ich nie von einem Kinde gehört, dem sein Mittagsessen oder auch nur ein Stück davon weggekommen wäre, obschon mir bekannt ist, daß viele Kinder sehr knapp im essen gehalten werden. So weiß ich, dass ein

47 Der Gedanke an die Reformen in Preußen als ‚Verstörung' einer ‚natürlichen' Ordnung (vgl. Beckedorff) drängt sich förmlich auf.

Butterbrot von einem Kinde, das keinen Hunger hatte, durch einige Wochen im Kasten gelassen wurde, aber keinem der Andern fiel es ein es anzurühren. Ich habe in den Verschlägen zwei oder drei Stück Brot gefunden, die steinhart waren, und zum Beweise, daß viele hungrig waren, und es nicht stehen blieb, weil sie es nicht essen konnten, sondern aus Rechtsgefühl; so bot ich dieses Brot einigen Kindern an, und sie aßen es in diesem Zustande. Kalte Kartoffeln, Fett u. dergl. werden von ihnen nicht zurückgewiesen, wenn man es ihnen anbietet; ehe sie aber etwas ohne Erlaubniß nehmen, lassen sie es lieber verderben" (a.a.O.: 117f.).

Die vom erzogenen Kind gezeigte Moral und Selbstdisziplin übersteigen selbst seine dringlichsten körperlichen Bedürfnisse. Im Grunde ist es so hungrig, dass es jederzeit Brot essen würde, das „einige Wochen" alt und „steinhart" ist. Nicht weil es ungenießbar wäre, sondern aufgrund seines „Rechtsgefühls", lässt das Kind das fremde Brot im Spind.

„Würdest du ein Stück Brot, das nicht dir gehört, aus diesem Schranke nehmen? Fragte ich einst ein vierjähriges Mädchen in der Schule; nein Herr! erwiederte (sic!) die Kleine. – Warum nicht? – Weil dieß ja stehlen hieße, entgegnete das Kind. – Gesetzt aber, niemand sähe dich. – Die Kinder ließen mich nicht ausreden und riefen: Gott sieht alles, was wir thun (…)" (a.a.O.: 118).

Hier zeichnet sich die gelungene Immunisierung der Kinder gegen kriminelle Neigungen durch ein ausgebildetes Gewissen ab, das Kontrolle und Sanktionierung überflüssig macht. Ferner verlangen erzogene Kinder geradezu nach Disziplinierung und Erziehung zu Nützlichkeit:

„Als einst die Rede auf Pferde kam, ergab sich folgendes Gespräch. Ich. Wie nennt man ein Pferd, so lange es jung ist? – Ein Füllen. – Trägt und zieht ein Füllen? – Nein, bis man es ihm nicht gelehrt hat, welches man ein Pferd dressiren nennt. – Und ist es dann sehr nützlich, wenn es dressirt ist? – Ja, und mit Erlaubniß, Herr Lehrer! Wir hoffen auch nützlich zu werden, wenn man uns gehörig dressirt hat. – Was verstehst du darunter? – Wenn man sich mit uns so viel Mühe wird gegeben haben, als man sich mit den Hunden und Pferden gibt. – Nun ungeachtet Ihr mir sehr viel Mühe verursacht, bestrebe ich mich doch euch zu unterrichten. – Ja Herr, allein bevor Klein-Kinder-Schulen errichtet waren, liefen solche kleine Kinder, wie wir sind, auf den Straßen herum. – Aber ihr solltet gute Kinder seyn, wenn ihr auch auf den Straßen herumlaufet. – Mit Erlaubniß, Herr Lehrer! Es ist niemand da, der uns sagte, wie wir das machen sollen, und wenn der Mensch nicht das Pferd lehren würde, so wüßte es auch nicht, wie es sich anzustellen hätte" (a.a.O.: 127).

Das ideale Kind fordert Industriosität ein. Es *will* dressiert werden wie ein Nutztier. Die Wünsche des Kindes werden hier mit den Leistungserwartungen und Bedarfen der Gesellschaft identifiziert.

Gleiches gilt für die Religiosität, die Wilderspin wichtiger als andere Lehrinhalte ist. Ein im Sterben liegender Schüler bat um einen Besuch seines Lehrers (a.a.O.: 122ff.). Bei diesem Anlass bat er Wilderspin, dieser möge von Mitschülern ein geistliches Lied bei seiner Grablegung anstimmen lassen. Folgende Sequenzen des Dialogs am Sterbebett mögen einen Eindruck von der Bedeutung der Religion für diesen Jungen vermitteln, wie Wilderspin sie zeichnet:

> „(…) Sie sagten, lieber Herr, als Sie uns die Bilder erklärten, daß die Seelen der Kinder niemals sterben; meinen Sie nun, daß ich zu Gott kommen werde? – Du machst mir da eine schwierige Frage, mein Junge. – Ist es also, Herr Lehrer! So bangt mir nicht zu sterben, und ich weiß, daß ich sterben werde. (…) Sie pflegten zu sagen, ich sollte Gott um seinen Beistand bitten, damit ich Andern das thun könnte, was ich wünschte, daß man mir thäte, wie es im Loblied steht, und Mutter weiß, daß ich Abends und Morgens mein Gebet gebetet habe, und für Vater und Mutter, für Lehrer und Lehrerin und für alle Menschen betete" (Wilderspin a.a.O.: 122f.).

Religion gilt in Wilderspins Text nicht nur als Mittlerin zu Gott als jenseitiger Instanz ausgleichender Gerechtigkeit, die die soziale Schere der Zeit erklären und befrieden soll. Sie gilt auch als Quelle des Trostes angesichts existenzieller Fragen, wie der nach dem Tod und dem ‚Danach', mit der in dieser Zeit in großer Zahl auch jüngere Kinder befasst waren. Religion ist nicht nur legitimatorische Grundlage der Monarchie und der Ständegesellschaft, sie ist auch der ‚Ort', an dem die Bevölkerung Frieden und Zufriedenheit finden soll. Man kann von einer Identifikation gesellschaftlicher Interessen mit dem behaupteten persönlichen Nutzen für die Individuen sprechen: Durch Religion wird die Gesellschaftsverfassung legitimiert und das Volk erfährt durch sie Trost.

4.3.2 Operative Kategorien:

Im Folgenden soll der Frage nachgegangen werden, wie derartige Idealvorstellungen der Persönlichkeit wie auch der gesellschaftlichen Ordnung via ‚Erziehung' hergestellt werden sollten. Welche Inszenierung frühkindlicher Erziehung hat Wilderspin vorgeschlagen?

Strukturen I – Raumstrukturen: Eine Klein-Kinder-Schule hat für Wilderspin zu bestehen aus einem Gebäude, in dem ein *Schulraum*, ein *Klassenzimmer* sowie die *Wohnung des Lehrers* untergebracht sind (vgl. Abb. 3). Ferner fordert er ausdrücklich die Anlage eines *Spielplatzes*[48].

48 Weitere architektonische Details werden hier nicht berücksichtigt, sie erscheinen auch in der Darstellung des Autors nur am Rande (dass der Spielplatz gepflastert sein soll; dass die Aborte nach Geschlechtern getrennt werden, dass es einen Garten für den Lehrer geben soll etc.).

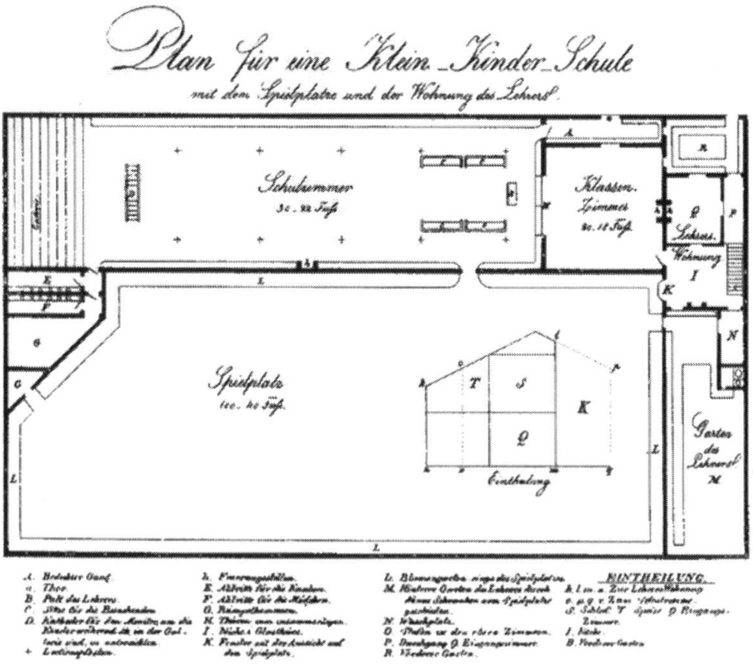

Abb. 3: Grundriss einer Klein-Kinder-Schule. In: Dammann/Prüser 1981: 212.

Das Arrangement ist nicht zufällig, es folgt einer spezifischen Rationalität:

> „Das Schulzimmer sollte 80 Fuß in der Länge und 22 Fuß in der Breite haben[49], und am Ende mit einer erhobenen Plattform, rund herum mit Sitzen, versehen seyn. (…) Es muss licht, luftig, geräumig und freundlich seyn, damit es die Seele auf eine angenehme Art ansprechen könne. (...) Der Raum, den ich jedem Kinde zum Sitzen abgemessen habe, beträgt zwölf Zoll[50]. Die Schüler sollen alle mit dem Rücken gegen die Wand rings des Schulzimmers sitzen“ (a.a.O.: 51f.).

Bei einer Seitenlänge von ca. 24 Metern haben nach der von Wilderspin vorgenommenen Aufteilung – pro Kind ca. 30 cm Sitzfläche – an jeder Längsseite ca. 80 Kinder Platz. An der Stirnseite, dem Lehrer gegenüber, befindet sich eine Plattform, in der Grundriss-Skizze (siehe Abb.3) eine Galerie, d.h. mehrere Reihen von Sitzen hintereinander. In eine dieser Reihen (ca. 7 Meter lang) passen 22 Kinder, bei (angenommenen) drei hintereinander angeordneten Reihen also 66.

49 Entspricht ca. 24 x 7 Meter.

50 Zwölf Zoll entsprechen einem Fuß, ca. 30 cm.

Auf diese Weise wäre Platz für 222 Kinder im Raum. Tatsächlich geht Wilderspin von etwa dieser Größe der zu unterrichtenden Gruppe aus[51]. Jedem Kind ist sein Platz im Raum zugewiesen. Auch seiner persönlichen Habe, Jacke und Mütze: für beides befindet sich ein Haken hinter dem Sitz eines jeden Kindes an der Wand. Wilderspin kommentiert: „Für alles einen Ort und alles an seinen Ort, dieß wird sie an Ordnung gewöhnen" (a.a.O.: 60)[52]. Der vorhandene Raum wird begrenzt durch die Wände des Schulzimmers und der zur Verfügung stehende Umfang des Raumes wird in elementare Abschnitte von 30 cm Länge unterteilt. Die Kinder haben mit dem Rücken zur Wand und dem Gesicht in die Mitte des Raumes zu sitzen, was ihnen ermöglicht – und auch abnötigt – jeder Äußerung oder Bewegung des Lehrers auf seinem zentralen Pult zu folgen (siehe Abb. 4). Diesem wird es möglich, von seinem Pult aus alle Kinder zu sehen und „mit Blicken und Winken zu regieren" (a.a.O.: 52). Was sich schematisch andeutet ist die räumliche Anordnung von Lehrer und Schülern in einem Muster von Zentrum und Peripherie. Darin: *ständige Aufsicht*, sehen und gesehen werden. Die einzelnen elementaren Parzellen, jene 12 Zoll breiten Sitze, sind wiederum geordnet nach Klassen, welche durch Bretter an der Wand markiert werden, auf denen die Namen der Kinder der Klasse vermerkt sind (a.a.O.: 60f.). Auf diese Weise kann ihre Anwesenheit kontrolliert werden. Das Prinzip exakter räumlicher Verortung und Sichtbarkeit der Individuen zieht sich in verschiedener Form durch die Veranstaltung durch und

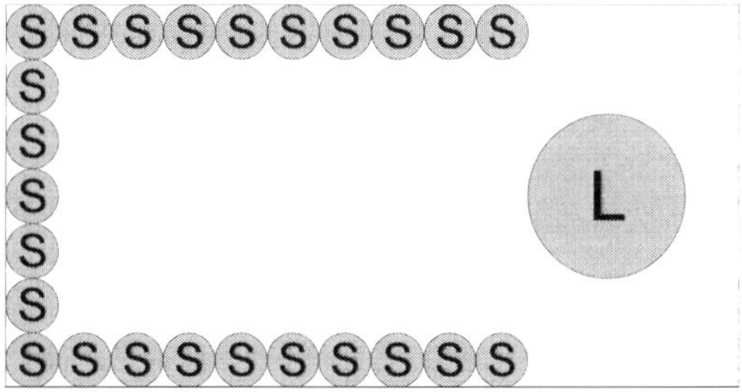

Abb. 4: Verteilung der Kinder im Schulzimmer.
S = Schüler; L = Lehrer.

51 „Die Anzahl der aufzunehmenden Kinder muss von den Umständen bestimmt werden. Wo sich keine Hindernisse darbieten, scheint mir 150 gerade die rechte Zahl, und eher zu wenig als zu viel zu seyn" (Wilderspin a.a.O.: 13). Das Gründungsmitglied der ‚society' Brougham geht gar von größeren Zahlen aus: „In Brewers-Street beläuft sich die Anzahl der Kinder auf 170, in Spitalfields auf 220, in Walthamstow auf 180 und in einer anderen Schule, die eben errichtet wurde, auf 170" (zit. in Wilderspin a.a.O: 18). Die oben genannte Zahl von 222 Kindern ist nach unten zu korrigieren, berücksichtigt man, dass an den Längsseiten des Raumes keine Kinder hinter dem Lehrer sitzen dürfen (s.u.). Um wie viele Kinder das die Gruppe verkleinert, lässt sich dem Text aber nicht entnehmen. Die Zahl würde sich erhöhen, wenn die ‚Galerie' mehr als drei Reihen hoch war. Insgesamt kann man durch diese Angaben keine genaue, aber eine ungefähre Vorstellung von der Größe der zu unterrichtenden Kindergruppe und damit der Situation im Schulzimmer gewinnen.

52 Man findet hier beinahe wörtlich die Formulierung wieder, mit der Foucault das mit den Disziplinen einhergehende Prinzip der Parzellierung beschreibt (Foucault 1994: 183).

findet sich beispielsweise im Arrangement des Monitoren-Unterrichts (s.u.) wieder. Auch die Wohnung des Lehrers ermöglicht architektonisch eine ständige Aufsicht:

> „Die Wohnung des Lehrers (...) müßte anstoßen [an den Schulraum, M.K.], da man den Kindern erlauben würde, ihr Mittagsessen mitzubringen, um sie so viel als möglich den Straßen zu entrücken. Uebrigens kommen auch manche Kinder, die des Mittags nach Hause gehen, sehr bald wieder zurück; daher ist es nothwendig, daß sich jemand in der Nähe befinde und Aufsicht über sie halte (...)" (Wilderspin a.a.O.: 51).

Von der Wohnung des Lehrers aus ist das gesamte Gelände jederzeit vollständig einsehbar, wobei der Lehrer selbst unsichtbar bleibt. Auch wenn er von seiner Wohnung aus vermutlich nicht alles und nicht jederzeit beobachtet, müssen die Kinder doch immer davon ausgehen, potentiell unter Beobachtung zu stehen. Andererseits kann die scheinbare Abwesenheit des Lehrers ein selbstbestimmtes Verhalten der Kinder, jenseits vollständig durchstrukturierter Unterrichtsprozesse, auch gerade erst ermöglichen. Besonders deutlich wird das anhand der Funktion, die er dem Spielplatz zuweist:

> „Er ist für die Kleinen eine Welt, in welcher sie sich selbst überlassen sind, und wo sich die Resultate ihrer Erziehung abnehmen lassen; denn, wenn ein Kind rauf- und zanksüchtig ist, so wird der Spielplatz die Wahlstatt seyn, wo es sich äußert; und dadurch findet der Lehrer Gelegenheit ihnen passende Ermahnungen zu machen. Bleiben sie aber in der Schule oder treiben sie sich auf den Straßen herum, so wird man solche Neigungen weder entdecken, noch ihnen entgegenwirken können" (a.a.O.: 52f.).

Der Spielplatz ist ein Ort, an dem der Lehrer die „Resultate der Erziehung abnehmen" kann[53]. Anders gesagt: Die Kinder sollen zeigen, wie sie sich verhalten, wenn sie *nicht* in rigide Unterrichtsstrukturen eingebunden sind, wenn sie davon ausgehen, unbeobachtet zu sein. Denn dann wäre zu schließen, dass sie sich dort selbstgeleitet verhalten. Das optimal erzogene Kind würde sich unbeobachtet von Autoritäten, *selbstdiszipliniert*, genauso verhalten wie bei deren Anwesenheit. Der Spielplatz dient somit der Messung von Normabweichungen, welche gegebenenfalls korrigierende Maßnahmen nach sich ziehen kann. Diese für Wilderspin wichtigen Beobachtungen wären nicht möglich im Unterricht (die Kinder würden ein selbstgesteuertes Verhalten nicht zeigen) oder außerhalb der Schule (die Kinder zeigten selbstgesteuertes Verhalten, was aber systematisch nicht beobachtbar wäre).

Strukturen II – Mitgliedschaftsrollen: In der Schule wird eine spezifische Sozialstruktur hergestellt. Nach anfänglicher Durchführung von „Handlectionen"

53 Gleichlautend interpretiert Wasmuth (2011: 86).

(s.u.) teilt der Lehrer die Kinder in Klassen auf. Zudem schafft er eine besondere Schülerrolle, die des ‚Monitors‘:

> „Hat man sie klassificirt, und ist man so weit, daß jedes Kind seinen Platz in der Schule zu finden weiß, so kann man das Fähigste aus jeder Klasse zum Monitor erwählen. Manches Kind wird eine oder die andere Tabelle schneller inne haben, als seine Kameraden, und dann kann sich der Lehrer seines Beistandes bedienen, indem er es seine Lektion laut und vernehmlich vorsprechen, die andern Kinder nachsprechen und zugleich alle Bewegungen des Vorsprechers nachmachen, läßt. Durch dieses Verfahren werden Alle in kurzer Zeit etwas lernen. Dann mag der Lehrer zu etwas Anderem gehen, indem er immer Sorge trägt, so viele Kinder zu seinem Beistande aufzubringen, als er kann; denn sonst würde seine Lunge Schaden erleiden, und er würde sich unfähig machen, die Aufmerksamkeit der Kinder zu erhalten, und die Schule mit gutem Erfolg zu führen“ (a.a.O.: 59).

Die Monitoren bilden eine unterscheidbare Gruppe von Kindern, die den anderen Schülern hierarchisch übergeordnet ist: „Kleine Offiziere“ (a.a.O.: 60). Sie haben einerseits disziplinierende Funktion, andererseits (s.u.) werden sie als Unterrichtende eingesetzt. Das Problem der Disziplinierung wird hier auf dem Wege der Delegation an Kinder gelöst. Klassenbildung dient als strukturelles Mittel der Aufrechterhaltung von Aufmerksamkeit unter Bedingungen eines Massenunterrichts kleiner Kinder. Ähnlich dem Lehrer, der, wenn er unterrichtet, den Mittelpunkt des Geschehens bildet, werden auch die Monitoren spezifisch räumlich verortet, sobald sie ihre Klassen unterrichten sollen:

> „Laßt die Kinder vor Anfang jeder Lektion einen Halbkreis bilden, so daß die Fußzehen an den eisernen Reif, den man an den Fußboden befestigt, kommen. Wenn ein Monitor die Kinder ausfragt, so lasset seinen Stuhl in die Mitte des Halbkreises stellen, und die Kinder um ihn herstehen (…)“ (a.a.O.: 61).

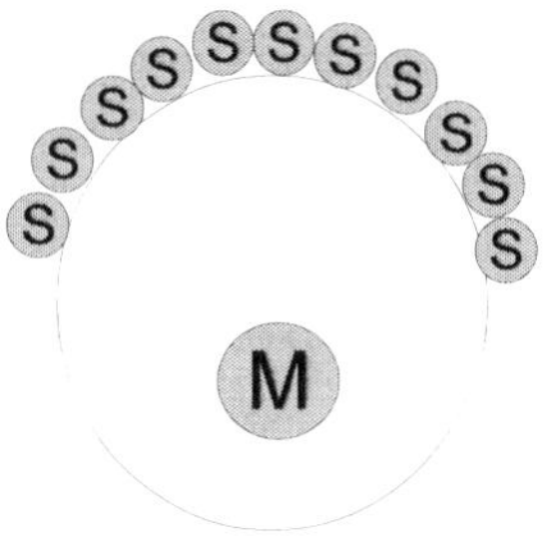

Abb. 5: Monitorenunterricht
S = Schüler; M = Monitor

Auch hier fällt wieder die strikte räumliche Verortung der Personen auf: Die Schüler müssen mit den Fußspitzen eine runde Markierung berühren. So wird ihre exakt halbkreisförmige Anordnung gewährleistet. Das ermöglicht dem in der Mitte sitzenden Monitor, alle Kinder seiner Klasse zu sehen. Es wiederholt sich das Motiv ständiger Aufsicht und erneut ist die Anordnung eine von Zentrum und Peripherie (siehe Abb. 5). So entsteht eine Struktur differenzierter und hierarchisch angeordneter Rollen: An der Spitze der (eine) Lehrer, intermediär die (wenigen) Monitoren, zuletzt, quasi ‚unten’, die

(Masse der) Kinder (Abb. 6). Die Rollenverteilung in der Klein-Kinder-Schule spiegelt die idealisierte pyramidale, ständische Gesellschaft. Dieser Befund erhärtet sich, betrachtet man das methodische Vorgehen bzw. die im Unterricht ablaufenden Prozesse (s.u.). Zum Verständnis muss zuvor jedoch auf das verwendete didaktische Material eingegangen werden. V.a. die sog. *Lectionspfosten* spielen eine zentrale Rolle im Alltag der Klein-Kinder-Schule.

Abb. 6: Sozialstruktur im Schulzimmer. L = Lehrer, M = Monitor, S = Schüler

Inhalte und Medien:

> „Da alle unsere Vorstellungen uns mittelst der Sinne zugeführt werden, so müssen sich jene zuvörderst auf äußere Gegenstände beziehen; aus diesem Grunde bringen wir folgende Dinge zur Anwendung [MK: „Lectionspfosten“, siehe Abb. 7] (...). Die verschiedenen Gegenstände werden entweder angeklebt, oder mittelst Schrauben an den Bretern befestigt. Die Breter haben ungefähr 16 Quadratzoll [ca. 40 Quadratzentimeter, MK] und 1/4 Zoll in der Dicke (...). Auf einem Brete sollten nicht mehr Gegenstände, als auf dem andern seyn, damit die Kinder mit ihren Lectionen zu gleicher Zeit fertig werden; zwanzig bis fünf und zwanzig Artikel wären vielleicht eine angemessene Zahl“ (a.a.O.: 69).

Die Vorrichtung[54] ist unspektakulär und ähnelt einem heute gängigen Kartenständer (Abb. 7). Präsentiert werden daran Kupferstiche oder Gegenstände. Zur Anwendung kommen mehrere Bretter (auf mehreren Ständern) gleichzeitig. Sie müssen mit identischen Mengen von Gegenständen bestückt werden, damit die Kindergruppen gleichzeitig fertig werden mit ihren Lektionen. Die Behandlung der Gegenstände erfolgt offenbar *simultan* und *rhythmisch*.

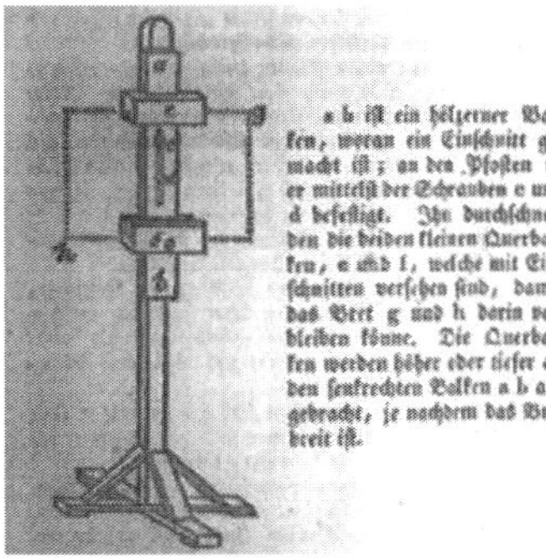

Abb. 7: Lectionspfosten. (Wilderspin 1828: 69)

Die ausführliche Beschreibung der zu präsentierenden Gegenstände (Wilderspin a.a.O.: 70f.) bietet Anhaltspunkte über die Inhalte, die es ihm zu vermitteln gilt: Verschiedene Metalle, Gold, Silber, Messing, Blei, Eisen, Stahl, Blech, Lötzinn sowie Produkte,

54 Es soll hier nur auf diese Vorrichtung eingegangen werden, weil sie für ein Verständnis seines Anstaltsaufbaus und der Prinzipien seines Unterrichtens von besonderer Bedeutung erscheint. Die verwendeten Materialien waren insgesamt vielfältiger.

die daraus hergestellt werden. Andere Bretter enthalten „Muster von Hanf, Strick, Riemen (…)“ (ebd.), Leinwand in gebleichtem, ungebleichtem, gefärbten Zustand; Flachs, Garn, rohe und gesponnene Seide, verarbeitete Seide; Baumwolle in verschiedenen Variationen; ein Brett rund ums Thema ‚Papier’, eines über Leder, eines über Bäume, eines über Tiere (geschnitzte Modelle) etc. Man kann von ‚naturkundlichen’ und ‚berufskundlichen’ Sammlungen sprechen.

Das Prinzip eines direkten Anschauungsunterrichts lässt sich nicht für jeden Gegenstand durchhalten. Die Vermittlung von Berufen, die man nicht besichtigen kann (im Bergwerk), biblischer Geschichten und Personen, exotischer Tiere, der Könige von England oder des Verwaltungsapparates (Offiziere in Heer und Marine, Beamte, a.a.O.: 79) findet anhand von Kupferstichen statt[55]. Auch wenn kein eindeutiges Übergewicht religiöser Unterweisung gegenüber Berufs-, Natur- und Staatsbürgerkunde konstatiert werden kann (alle drei Themenfelder nehmen großen Raum im Text ein), so kommt ‚Religion‘ doch eine besondere Stellung zu. Heute würde man vielleicht von einer ‚Querschnittsaufgabe‘ sprechen. Die Berufe, die Natur und der Staat werden den Kindern letztlich stets als *wohlgeordnet* dargestellt und als Ursache für diese Ordnung wird Gottes Wirken benannt. Plakativ findet das Ausdruck in einem Gebet, mit dem die Kinder einer Lehrerfrage antworten:

> „Was ich sehe, ruft mir zu: Gott! Wie groß, wie gut bist du! Deine Allmacht beth‘ ich an, Du hast alles wohl gethan“ (Wilderspin a.a.O.: 75)[56].

So finden naturwissenschaftliche (Himmelskörper, a.a.O.: 74ff.; Wolken als Werk Gottes, a.a.O.: 125) oder staatsbürgerkundliche Erörterungen (Von König Salomo zu König Georg IV und zurück, a.a.O.: 79ff.), aber auch solche, die Alltagsdinge wie die Kleidung betreffen (a.a.O.: 77), immer einen Ausgang und schließlich auch Konvergenzpunkt in der ordnenden Güte Gottes. Auf diese Weise gelingt Wilderspin die Versöhnung der Antipoden ‚Intellekt‘ und ‚Glaube‘: Alles Wissbare ist zugleich Ausdruck göttlichen Wirkens.

> „Ich kann nicht umhin zu bemerken, daß wenn diese Methode allgemein in den Schulen eingeführt wäre, es nicht so viele Leute geben würde, die alles dem blinden Ungefähr zuschrieben, während sich unsern Blicken überall ein Gott darbietet, welcher unabläßig das Ganze leitet und schützt“ (Wilderspin a.a.O.: 77).

---

55 „Um nicht zu weitläufig zu werden, genüge es zu sagen, daß wir zu dieser Unterrichtsart 24 biblische und 12 naturhistorische Kupfer haben (…)“ (a.a.O.: 77).

56 Beten war eine geläufige Übung in der Klein-Kinder-Schule: „Endlich werden die Kinder auch täglich Morgens und Nachmittags zum Gebeth in der Schule angehalten“ (a.a.O.: 86). Wilderspin schrieb Gebete wie dieses an verschiedenen Stellen nieder (vgl. bspw. a.a.O.: 87).

Methodik/Didaktik/Prozesse: Zusätzlich zu einer hierarchisch-pyramidalen sozialen und einer räumlichen Verortung der Individuen nach dem Muster Zentrum-Peripherie, findet sich eine Rhythmisierung, eine *zeitliche* Verortung aller Kinder in präzisen Abläufen. Zugleich lässt sich eine Abstufung erkennen, die von ‚vollständiger Fremdsteuerung' über ‚wechselseitige Steuerung' der Kinder untereinander hin zu ‚individueller Selbststeuerung' läuft. Zunächst, bei der Eröffnung einer Schule, geht Wilderspin vom nicht-erzogenen Kind aus. Hier rät er zum Einsatz von ‚Handlectionen':

> „Bei der Eröffnung einer neuen Schule fand ich gewöhnlich, daß die Kinder keinen Begriff vom Zusammenwirken haben, und um diesen Zweck zu erreichen, wird man zu den sogenannten Handlectionen seine Zuflucht nehmen müssen. Man läßt nämlich die Kinder alle zusammen ihre Hände in die Höhe heben und wieder herab gehen, den rechten oder linken Fuß ausstrecken, von den Sitzen aufstehen, die Hände hinter den Rücken legen, und mehrere ähnliche Bewegungen zusammen machen. Wir nehmen diese Lectionen im Anfange vor, weil das Zusammenwirken darauf berechnet ist, die Kinder zu ergötzen, indem es zugleich ein großer Schritt zur Ordnung ist. (…) Ist man nun damit zu Stande gekommen, so theilt man sie nach ihren Fähigkeiten und nach ihrem Alter in Klassen ein" (a.a.O.: 58f.).

‚Zusammenwirken' erscheint als notwendige Fähigkeit der Kinder. ‚Handlectionen' stellen daher eine Art Propädeutikum dar, zu welchem der Lehrer aufgrund der mangelnden Ordnung der Kinder greifen muss. Was folgt ist eine Beschreibung der Übung, in der die Kinder der Vorgabe des Lehrers zu folgen haben. Gleichzeitige motorische Antwort aller Kinder auf die ebenso motorischen Vorgaben des Lehrers. Es entfaltet sich ein Spiel, das Herstellung von Gruppendisziplin zur Durchführung weiteren, stets zentral gesteuerten Unterrichts einübt. Zugleich dient die Methode einer Diagnose der Fähigkeiten der Kinder zwecks Klassifizierung. Vorgabe und Nachahmung von Bewegungen zeichnen eine Interaktion im Modus von Befehl und Gehorsam, erwartete pünktliche Nachahmung der vorgegebenen Bewegung ein zeitliches Tableau. Beides eröffnet die Möglichkeit der simultanen Unterrichtung aller (ca. 200!) Kinder.

Ist die grundsätzliche Fähigkeit zu diszipliniertem Zusammenwirken hergestellt sowie ein Stab von Monitoren bestimmt, unterrichten diese ihre Klassen in Form einer Katechese eigenständig:

> „(…) lasset die Monitoren nach ihrem Gefallen Fragen stellen; sie werden das Ausfragen bald lieb gewinnen, so wie ihre Untergebenen das Antworten. So mag der Monitor z.B. fragen: worauf sitze ich? Wo sind eure Fußzehen? Worauf steht ihr? Was ist vor euch? Was hinter euch? (…) Es ist ein sehr hübscher Anblick, wenn die Kinder rings um die Monitoren stehen, und diese die ersten besten Fragen an sie richten" (a.a.O.: 61, Herv. MK).

Die zentrale Autorität des Lehrers wird hier an die Monitoren delegiert. Die Monitoren haben das Privileg, die Fragen zu wählen. Die anderen Kinder, hier explizit als „Untergebene" bezeichnet, müssen folgen bzw. antworten. Das Muster ‚Befehl und Gehorsam' wiederholt sich innerhalb der Schülergruppe. Unterricht und Disziplinierung der Kinder durch Erwachsene wird durch Unterricht und Disziplinierung der Kinder untereinander ersetzt.

Sobald diese Relation funktioniert, wird sie zum Zwecke des Unterrichts angewandt. Die Anordnung Monitor-Klasse wird nun mit den Lektionspfosten und den darauf befindlichen Materialien kombiniert, die beliebigen Fragen der Monitoren durch konkrete Gegenstände ersetzt. Ferner findet ein simultaner Unterricht aller Klassen zur selben Zeit statt:

> „(...) wir lassen (…) die Kinder nicht ihrem Pfosten gegenüber verbleiben; sie gehen von einem Pfosten zu dem andern, und sagen bei jedem das auf, was sie finden; bis alle die Runde um die Schule gemacht haben. Vor dem Anfange dieser Lectionen, werden außer den Monitoren noch zwei andere Knaben vom Lehrer erwählt; diese führen die Kinder, und zwar immer acht zugleich, zu einer bei dem Pfosten Nr. 1 mit Kreide gezogenen Linie. Einer der Knaben fängt bei einem Ende der Schule an, und führt acht Kinder in guter Ordnung zu dieser Kreidelinie, während der andere Knabe sie dort abnimmt, und der weiteren Fürsorge des Monitors von Nr. 1 übergibt. Dieser letztere deutet dann mit einem Zeiger auf die verschiedenen Thiere, welche sich auf seinem Kupferstiche befinden, bis deren Namen alle aufgesagt worden sind; dann übergibt er sie dem Monitor von Nr. 2, der bei seinem Pfosten wieder einen ganz andern Kupferstich hat, z.B. die Darstellung verschiedener Handwerke, als: des Schusters, Wagners, Bäckers, Färbers u.s.w. Ist dieß geschehen, so übergibt sie der Monitor von Nr. 2 dem von Nr. 3, und so fort, bis ungefähr hundert Kinder zugleich in Bewegung sind, und zugleich verschiedene Lectionen aufsagen, wobei jedes Kind alle Gegenstände benennt, die sich bei jedem Pfosten befinden. Diese große Abwechslung hält die Aufmerksamkeit aufrecht und die Bewegung, welche dabei stattfindet, befördert ihre Gesundheit" (a.a.O.: 72).

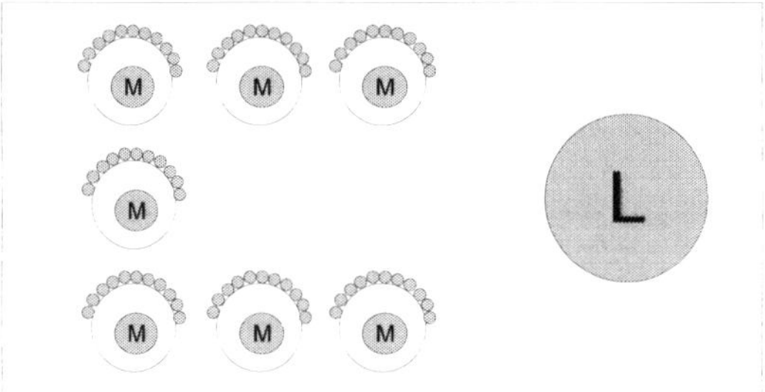

Abb. 8: Simultaner Unterricht. L = Lehrer, M = Monitor

Das hier dargestellte System ist genauestens berechnet: die Größe der Klassen, die Anzahl der Pfosten, die Anzahl der darauf befindlichen Gegenstände. Dazu passend: die Anzahl der Monitoren und Hilfsschüler, die die Klassen den Monitoren zuführen. Das Spiel von Frage und Antwort zwischen Monitor und Klasse ist bei allen durchlaufenen Stationen dasselbe, lediglich die Inhalte variieren. Auf diese Weise sind hundert Kinder gleichzeitig in Bewegung; allerdings jederzeit exakt räumlich durch Kreidestriche und Eisenreifen verortet, zeitlich durch die Anforderung, auf die rhythmisierten Fragen der Monitoren zu antworten. Auch das Fragetempo der Monitoren ist diesen nicht individuell überlassen, sofern es dasselbe Tempo sein muss, das an den jeweils anderen Lektionspfosten vorgegeben wird. Man kann sich den Lehrer als Dirigenten vorstellen, der zentral in dieser kreisförmigen Prozedur steht und lediglich den Rhythmus des Fragens bestimmen und kontrollieren muss. Dieser Unterricht (Abb. 8) vermittelt das Bild eines perfekt funktionierenden Uhrwerks, einer reibungslos arbeitenden und zentral steuerbaren Unterrichtsmaschine, bestehend aus kleinen und größeren Zahnrädern, die alle ineinandergreifen und zur rechten Zeit das rechte tun. Das Bild legt das Gegenteil von Chaos nahe: Vollständige Ordnung einer an sich unübersehbaren Vielzahl von Kindern durch deren Einbettung in exakte räumliche Strukturen und zeitlich getaktete Prozesse.

Bei den von Erning beschriebenen „motorischen Lockerungsübungen“ (Erning 1987a: 26, s.o.) wird eine weitere Verschiebung der Steuerung sichtbar, letztlich: *Selbstdisziplin*:

> „(...) da aber die Gesundheit der Kinder von der äußersten Wichtigkeit ist, so ist es nöthig, ihnen die erforderliche Bewegung zu verschaffen, die man so viel als möglich mit dem Unterricht in Verbindung bringen soll. Unter den verschiedenen Versuchen, die in dieser Absicht angestellt wurden, hat der folgende einen besonders guten Erfolg gehabt. Man läßt die Kinder mit ausgestreckten Füßen und geballten Fäustchen niedersitzen, und heißt sie dann hundert oder so viel zählen, als man für nöthig hält, indem sie, so oft sie Eins zählen, beide Hände in die Höhe heben, und sie wieder auf die Knie sinken lassen. Die Kinder haben dieser Übung den Namen ‚Grobschmied‘ gegeben; weil sie dabei mit den Fäustchen auf ihre Knie hämmern, gerade so, wie der Grobschmied mit dem Hammer auf seinen Amboß. Wenn sie Einhundert erreicht haben, welches sie immer durch ein Jubelgeschrei kund thun, läßt man sie auf dem Boden nieder setzen, ihre Fußzehen umklammern, und neuerdings hundert, aber in der Steigerung von zweien zählen, wie 2, 4, 6, 8, u.s.f., und zwar alle zusammen, wobei sie bald den linken, bald den rechten Fuß in die Höhe heben. Hierdurch wird jeder Theil des Körpers in Bewegung versetzt und zugleich bewirkt, daß sie Takt halten lernen, indem sie die Füße immer zugleich in die Höhe heben, weil sonst alles in Verwirrung gerathen würde“ (a.a.O.: 110f.).

Hier ist die Fremdsteuerung durch den Lehrer allenfalls rudimentär gegeben; er gibt den Anstoß zu einer Übung. Der Prozess, der dann abläuft, gleicht dem Fallen von Dominosteinen: Die Kinder zählen selbständig und ohne Dirigat im Takt bis 100. Wenn die Ziffer „1“ in der je ausgesprochenen Zahl vorkommt, werden die Hände gehoben und fallen gelassen. So kann der Lehrer das ‚Grobschmied‘ genannte Spiel initiieren, die Steuerung des dann ablaufenden Prozesses aber den Kindern selbst überlassen. Das ‚richtige‘ Verhalten an jedem beliebigen Zeitpunkt des Prozesses wird den Kindern durch immanente Regeln des Spiels vorgegeben, die den Kindern bekannt sind und die sie selbständig befolgen. Gleiches gilt für die dargestellte Additionsübung.

Von den Handlectionen über die Unterrichtung durch Monitoren bis hin zu den dargestellten Bewegungsspielen findet eine Klimax selbstdisziplinierten Handelns der Kinder statt. An deren Ende steht ein Orchester, das nun ohne Dirigenten auskommt, ein komplexes Uhrwerk, das, einmal aufgezogen, von alleine erwartungsgemäß funktioniert. Auf die Problematik der preußischen Restauration (Individuen in einer klaren Sozialhierarchie *Freiheit* zu gewähren) findet sich hier eine spezifische Antwort. Derart erzogene Persönlichkeiten kann man aus einer rigiden Kontrolle entlassen, in der Gewissheit, dass sie selbstbestimmt sich so führen werden, wie man es von ihnen erwartet.

Die pädagogische Fachkraft: Viele Hinweise auf die Rolle und Tätigkeit des Lehrers ließen sich in bisheriger Analyse bereits erkennen. So z.B. die Darstellung des Lehrers als ‚Oberhaupt und Richter des kleinen Staates' (s.o.). Damit ist er als das Machtzentrum der gesamten Veranstaltung gekennzeichnet, herrscht wie ein Monarch über die Schule. Gemäß der empiristischen Philosophie ist es seine Aufgabe, „unauslöschliche Lehren" (Wilderspin a.a.O.: 55) in die Kinderseele zu prägen. Dazu benötigt er die Eigenschaften der „Geduld, Sanftmuth, Beharrlichkeit, Selbstbeherrschung, Kenntniß der menschlichen Natur, und vor allem Religiösität" (ebd.). Komplementär zur ‚Nachahmungsneigung' der Kinder (s.o.) hat ein Lehrer ein tadelloses sittliches *Vorbild* zu sein. Für die Praxis bedeutet das:

> „(...) um uns selbst zu unserem Berufe geschickt zu machen, wird es uns nicht schaden, folgenden Vorschriften nachzuleben: 1. Nie im Zorne ein Kind zu bestrafen. 2. Nie einem Kinde etwas zu nehmen, ohne es ihm zurück zu geben. 3. Nie sich einem Versprechen zu entziehen. 4. Nie einen Fehler zu übersehen. 5. Stets sich zu bestreben, den Kindern als ein Muster der Nachahmung vorzugehen. Ohne das eigene Beispiel des Erziehers werden die besten Lehren unwirksam bleiben; nur durch die magnetisch wirkende Kraft des Beispiels, das in's tiefste Gemüth eingreift, können sympathetische Gefühle hervorgebracht werden" (a.a.O.: 58).

Einen Lehrer mit solcher Persönlichkeit müsse man dann, ohne Vorgaben oder Steuerung durch die Veranstalter, frei Handeln lassen (a.a.O.).

Wilderspin spricht sich ferner – und nach der Betrachtung seiner Schulordnung erscheint dies höchst überraschend – gegen automatenhaftes Lehren nach einem System aus (a.a.O.: 56). Vielmehr erscheint Erziehung als ein Geschäft, in das der Lehrer als Person involviert ist. Er beschreibt Formen *diffuser Sozialbeziehungen* (Parsons) zwischen Lehrer und Schülern:

> „Es scheint mir nicht nothwendig, dass Kinder so entfernt vom Erzieher gehalten werden; vielmehr sollten sie aufgemuntert werden, ihn zu ihrem Vertrauten zu machen; denn dadurch wird er mit vielen Dingen bekannt werden, deren Kenntniß ihm sowohl als seinen Zöglingen Nutzen gewähren wird. Hält man aber das Kind in so großer Entfernung, so wird dieses sich andere Menschen suchen, denen es sein Gemüth aufschließen kann; und welche traurigen Folgen werden entstehen, wenn es gerade auf einen unsittlichen stößt!" (a.a.O.: 57).

Die Beziehung zum Kind erhält hier – konform dem Prinzip der ständigen Aufsicht – einen Sinn in der Sammlung von Informationen. Enge Beziehungen eröffnen dem Lehrer Kenntnisse über (evtl. verbotene) Umstände oder Vorgänge im Leben der Kinder. Neben struktureller Umsetzung eines Panoptismus z.B. in Form von Architektur oder Zentrum-Peripherie-Anordnung der Beteiligten im Unterricht, erschließt sich auch die Beziehung von Kind und Lehrer als in diesem Sinne funktional. Zugleich findet sich die Idee der Inklusion der Kinder (und Exklusion nicht vertrauenswürdiger Einflüsse) auf dieser Ebene wieder. Die diffusen Elemente des Erzieher-Zögling-Verhältnisses begründen sich in Entsprechung zu den bereits bekannten und in der Schule auf vielfältige Weise realisierten Prinzipien der ständigen Aufsicht und der Inklusion.

4.4 Synchroner Vergleich: Pädagogik der Restauration

Vergleichend kann nun eine Reihe von Aspekten in Wilderspins Modell aufgezeigt werden, die die Rationalität der Restauration im Preußen der 1820er Jahre spiegeln. Die von Beckedorff skizzierte ideale Gesellschaft kann zunächst explizit als eine ständische, horizontal stratifizierte Gesellschaft beschrieben werden. Es gibt darin eine Hierarchie von Reichtum und Armut, schichtenspezifischer Privilegierungen und Rechtsminderungen, Möglichkeiten oder Restriktionen der Lebensgestaltung. Das entspreche der Natur und sei gottgewollt. Freiheit und Gleichheit, Werte der französischen Revolution und der preußischen Reformer, galten entsprechend als widernatürlich. Einer solchen Schichtung kann zudem als zentraler Wert die *Autorität der Alten* bzw. die *Tradition* konnotiert werden. Entsprechend galt die Erfahrung als vorrangig vor Vernunft bzw. in die Zukunft gerichtete Ideen einer anderen, ‚vernünftiger‘ gestalteten Gesellschaft. Dieser ‚Autorität der Alten’ sowie der unterschiedlichen Rechtsstellung der Individuen verschiedener Schichten entsprechen Verhältnisse wechselseitiger *Weisungsbefugnis* und *Gehorsamspflicht*, die Beckedorff auch für den Betrieb von Schulen gefordert hatte. *Religion* galt den Konservativen als Stifterin von *Gemeinschaft*. Die ständische Gesellschaft wurde der Idee der liberalen Gesellschaft entgegengesetzt. Individuen wurden als sozial immobil und präzise verortet angenommen. Jeder solle in dieser Gesellschaft mit dem ‚Los’, das ‚die Vorsehung’ ihm beschieden habe, auch zufrieden sein. Akzeptanz kann dieses Modell insofern beanspruchen, als es in einer Gesellschaft sozialer Ungleichheit insofern doch gerecht zugehe, da alle Menschen schließlich vor Gott gleich seien. Mit diesem Gerechtigkeitsideal lässt sich die Kluft zwischen Arm und Reich legitimieren und befrieden, indem ein Ausgleich ins Jenseits projiziert wird.

Wilderspins Modell weist deutlich auf die zentrale Stellung der Religion und auf dieses Gesellschaftsideal hin. Er entfaltet die Vision einer Gesellschaft der ‚zufriedenen Ungleichen', in der jeder jedem den Respekt zolle, den die Vorsehung ihm verlieh; mit dem Lehrer als ‚Oberhaupt und Richter' an der Spitze, analog zum Monarchen. Die Orientierung Wilderspins an Erfahrung, analog Beckedorff, drückt sich in seiner Anthropologie aus, seiner direkten Bezugnahme auf den Empiristen Locke und dem daraus resultierenden Anschauungsunterricht. Ebenfalls sehr explizit teilt er die Ablehnung ‚intellektueller Überbildung', mindestens müsse ‚Herzensbildung' dem zur Seite gestellt werden und auf jeden Fall Priorität erhalten. Eventuelle ‚Verstörungen' dieser ‚natürlichen' Gesellschaftsform – und für den Fall Preußens kann das auf die vorangegangenen liberalen Reformen verweisen – will er mit seinem Erziehungsmodell beheben, wodurch dieses seine politischen Dimension erhält.

Die Analogie zur geschichteten Gesellschaft realisiert sich in großer Deutlichkeit in den sozialen Strukturen, die Wilderspin in seiner Schule errichtet. Darin bildet sich eine ständische Pyramide ab. Auf der Ebene der Prozesse, der verschiedenen Unterrichtsmethoden, realisiert sich dies in den unterschiedlichen Funktionen, die die verschiedenen ‚Schichten' zueinander haben. Beckedorffs Ausführungen entsprechend: Vorgabe und Nachahmung; Befehl und Gehorsam; Frage und Antwort. Und der Umfang wechselseitigen Respekts, wie in der idealen Gesellschaft vorgesehen, bemisst sich hier nach der Schichtzugehörigkeit der betreffenden Person, daran, welche Rolle sie in der Klein-Kinder-Schule einnimmt. Räumlich finden diese Verhältnisse in den verschiedenen Formen des Unterrichts immer wieder Gestalt in Verhältnissen von (Macht-)Zentrum und Peripherie, welche um das Zentrum halbkreisförmig angeordnet wird. Diese jederzeit präzise Anordnung aller Kinder vermeidet Unordnung oder Chaos, welches bei einer so großen Gruppe ansonsten ausbrechen könnte. Damit wird einerseits Massenunterricht überhaupt ermöglicht, andererseits die Umsetzung des Gebotes ständiger Aufsicht, die als ein Prinzip dieser Anstalt gelten kann: jedes Kind wird jederzeit gesehen. Die Möglichkeit einer ebensolchen Ordnung der Gesellschaft wird suggeriert. Die Notwendigkeit ständiger Aufsicht wird im Entwurf anthropologisch begründet. Das Kind erscheint als formbar im Sinne eines leeren Blattes oder eines Wachsklumpens. Es gilt als Werkstoff. Geformt wird die Persönlichkeit dabei durch (jegliche) Sinneseindrücke, was deren strikte Selektion notwendig macht, insofern das Kind als von Natur aus ‚zum Bösen geneigt' sei.

Die Klein-Kinder-Schulen sind entworfen als Disziplinaranstalt, sie weisen erkennbar beinahe das gesamte Spektrum der Merkmale auf, die Foucault jenen Einrichtungen zugeschrieben hatte (vgl. Kap. 2.2, ausführlich Kap. 8.5). Ganz in diesem Sinne kann am Entwurf der Veranstaltung auch eine Tendenz von einer *Fremddisziplinierung* hin zu zunehmender *Selbstdisziplin* beobachtet werden:

von strikten Vorgaben des Lehrers über wechselseitige Kontrolle der Schüler untereinander (umgesetzt durch die Monitoren) bis hin zu regelkonformem Verhalten jedes einzelnen Kindes ohne explizite Vorgaben oder Anweisungen. Auf ein solches selbstgesteuertes Verhalten kommt es den Veranstaltern an, dies will Wilderspin beobachten, wenn er hinter den Gardinen seiner Wohnung die Kinder auf dem Spielplatz observiert. Dorthin soll ein jahrelanges Stakkato ‚guter Eindrücke' und ständige räumliche und zeitliche Verortung der Körper schlussendlich führen: zur Errichtung einer ‚Seele', wie das Foucault formulierte.

Das Modell der Englischen Klein-Kinder-Schulen stellt in allen diesen Dimensionen ein *Abbild und Laboratorium der ständischen Gesellschaft* dar, des Ideals der Restauratoren in Preußen in den 1820er Jahren. Die Klein-Kinder-Schule setzt Prinzipien und Formen dieser idealen Gesellschaft um und verspricht, genau die Persönlichkeiten durch Erziehung herzustellen, die die Restaurationsprotagonisten fordern. Solch disziplinierten, erzogenen Individuen, wie sie am Ende aus der Klein-Kinder-Schule laut Wilderspin entlassen werden, kann man getrost ‚Freiheit' in der Lebensführung zugestehen.

Das ‚Glück' der Kinder schließlich wird wesentlich von den Werten der Gesellschaft her bestimmt: Gewerbefleiß, der den Kindern später ermöglichen soll, ihr ‚hartes Brot' zu verdienen und auf diesem Wege ihr Überleben im Rahmen gesellschaftlicher Konventionen und damit nicht zuletzt: die gesellschaftliche Produktionsweise zu sichern. Damit kann Wilderspins Modell an die deutsche, philanthropische Tradition der Aufklärungspädagogik anschließen, was, im Sinne der Restauratoren, ebenfalls einen konservativen Schritt hinter das Erziehungs- bzw. Bildungsdenken der Reformer (namentlich Humboldts und Süverns) darstellt. Die Religion, Voraussetzung für eine integre Gesellschaft, zugleich zentrale Legitimation der sich gegen eine bürgerliche Konstitution abgrenzenden Monarchie, wird sowohl zur zentralen Quelle für Zufriedenheit und Gerechtigkeit als auch für das ‚Glück' der Menschen. *Gesellschaftliche Grundwerte werden mit menschlichen Bedürfnissen identifiziert.*

Wilderspins Werk erlebte in deutscher Ausgabe nur zwei Auflagen. In den 1830er Jahren verlor es im Früherziehungsdiskurs in den deutschen Staaten an Bedeutung. Es wurde beerbt durch Schriften und Veranstaltungen, die im Kern die Idee rigider Disziplinierung teilten, nun aber im Kontext protestantischer ‚Innerer Mission' standen und wesentlich mit den Namen Theodor Fliedner und Johann Hinrich Wichern konnotiert werden (Erning 1987a: 25).

4.5 Alternativen zum Modell Wilderspins

Attraktiv für die preußischen Restauratoren wurde das Wilderspin'sche Modell sicher dadurch, dass es für die preußischen Probleme Lösungsvorschläge bereithielt, die den Werten der Restauratoren z.T. bis in den formulierten Wortlaut entsprachen. Eine schlaglichtartige, kontrastierende Gegenüberstellung zweier Alternativen – der Werke Friedrich Fröbels und Robert Owens – kann dies verdeutlichen.

Zwei Perspektiven gegenwärtiger Fröbelforschung[57], denen gemeinsam ist, dass sie Fröbel im Kontext seiner Zeit zu interpretieren beanspruchen, lassen die mindestens ignorierende, zumeist ablehnende Haltung der preußischen Regierung gegenüber seiner Pädagogik plausibel erscheinen, die er zeitlebens erfahren hat. Zunächst die religiösen Aspekte seiner Sphärenphilosophie und damit verbunden seine anthropologischen Vorstellungen. Sein ganzes Werk ist von der Vorstellung Gottes als Mittelpunkt allen Seins durchdrungen, dennoch wurde es als *atheistisch* gebrandmarkt. Fröbels Weltbild ist pantheistisch bzw. panentheistisch (vgl. Bollnow 1952: 125; Baader 1996: 222). Er nimmt die Präsenz Gottes im Menschen – gerade im Kind – und allen lebendigen und leblosen Dingen an. Seine Pädagogik ist eine der Begleitung des Kindes bei seiner selbständigen Suche nach Gott in sich selbst und allen Dingen. Es geht in Fröbels Pädagogik nicht um die Vermittlung kanonisierter, dogmatischer Glaubenssätze an erbsündige Kinderwesen. Hier wird der Unterschied zum Wilderspin'schen Entwurf einer zu formenden, *bösen Wachstafel* deutlich. Fröbel hielt sich nicht an die Glaubenssätze der großen Kirchen, was ihm den Atheismusvorwurf eintrug[58]. Gerade die enge Ver-

57 In der Fröbelforschung können grob drei Linien voneinander unterschieden werden. Einerseits eine Auslegung, die das ‚Phänomen Fröbel' wesentlich aus seiner Biographie heraus zu erklären beansprucht (v.a. Helmut Heiland, 2002, 2003, 2008). Zum anderen eine Erörterung des Lebens und der Werke Fröbels unter Bezugnahme auf die deutsche Romantik (Bollnow 1952, Baader 1996). In einer dritten Perspektive hat v.a. Heinz Stübig Fröbel im Nachgang der Befreiungskriege gegen Napoleon 1813/14 als Nationalisten gezeichnet und seine Werke vor diesem Hintergrund gedeutet.

58 So wettert Johann Hinrich Wichern, Vertreter der protestantischen Inneren Mission, angesichts des Kommunismus im Revolutionsjahr 1848: „(…) da wir kein anderes Religiöses kennen, das die Fülle reiner Wahrheit und Kraft zum neuen Leben (…) in seinem Schoß trägt als das Evangelium, so setzen wir dafür das Christliche oder das Kirchliche im weitesten Sinne" (Wichern 1848: 139). Hier wird ‚christlich' und ‚kirchlich' mit ‚Evangelium' identifiziert. Andere Glaubensquellen gibt es nicht. Esoterische oder pantheistische Glaubensansätze werden von protestantischer Seite mit ‚Atheismus' identifiziert. So an gleicher Stelle bei Wichern: „Es ist Tatsache, dass sich Tausende von Handwerkergesellen um die Verhöhnung des Christlichen und die Aufrichtung des keckesten Atheismus im pantheistischen Gewande sammeln, dass sie in den Händen solcher Menschen sind, die es grundsätzlich ausgesprochen haben, ‚die Menschen in persönliche Feinde Gottes verwandeln zu wollen' (…)" (a.a.O.: 141).

bindung zwischen der evangelischen Kirche und dem protestantischen Herrscherhaus Preußens disqualifizierte Fröbel damit als einen ‚Pädagogen der Wahl' in der Phase der Restauration.

Dieser Befund wird noch erhärtet, nimmt man die v.a. von Heinz Stübig herausgearbeitete *nationalistische* Einstellung Friedrich Fröbels hinzu (Stübig 2006). Fröbel nahm 1813 als Freiwilliger im Lützower Freikorps an den Befreiungskriegen gegen Napoleon teil, das sich im Gegensatz zu traditionellen Truppenteilen durch demokratisch-partizipative Elemente (anstelle von Hierarchie, Befehl und Gehorsam) auszeichnete und als nationalistisch-patriotisch verstand (a.a.O.: 165). Stübig schreibt den Erlebnissen Fröbels in diesem Korps prägende Wirkung zu:

> „Eins gewährte mir aber dieser Feldzug", zitiert er ihn, „ich habe mich im Verlauf des wirklichen Kriegerlebens sehr für das Interesse des deutschen Landes und deutschen Volkes begeistert; mein Streben bekam die Richtung auf das Nationale" (a.a.O.: 172). Er habe, schreibt Fröbel, „ein Vaterland bekommen, so war ich denn wirklich im Vaterlande, als mir es gleichsam selbst errungen habend" (ebd.).

Den nationalistischen Terminus vom „Vaterland" verwendete er auch in Beschreibung seiner pädagogischen Ambitionen in einem Brief an den Herzog von Meiningen im Jahre 1828, in dem er schrieb:

> „Es war mir gar nicht zu denken möglich, wie ein waffenfähiger junger Mann Erzieher von Kindern und Knaben werden könne, deren Vaterland er nicht mit seinem Blut und Leben vertheidigt habe" (Stübig 2006: 168).

Solche Formulierungen belegen den Einfluss der liberal-nationalen Bewegung in Deutschland auf Fröbel und sein Werk. Die Fragen nach demokratischer Mitsprache, Verfassung bzw. konstitutioneller Monarchie waren während der Befreiungskriege virulent und Bestandteil der Koalition zwischen Regierung und Nationalisten. Nach dem Ende der napoleonischen Bedrohung wurde die nationalistische Forderung jedoch zur Gefahr für die Monarchie, so dass die Verfassungsversprechen des Königs[59] nicht eingelöst wurden. Seit 1816[60] wurden die Nationalisten zunehmend zurückgedrängt und kriminalisiert. Genau in diesem Jahr gründete Fröbel die Erziehungsanstalt in Griesheim als ‚*Allgemein* Deutsche Erziehungsanstalt'. Sie wurde später von seinem Neffen Julius und von anderen Zeitzeugen geradezu als nationalistisches Labor beschrieben: Man trug altdeutsche Tracht und deutsche, langhaarige Frisuren. Turnen wurde „gewissermaßen als Religion betrieben" (Stübig a.a.O.: 180), die deutsche Sprache um Fremdwörter bereinigt. Tee, Kaffee und Kakao wurden als „undeutsch" (ebd.: 181) vom

59 In den Jahren 1810 und 1815, vgl. Stübig a.a.O.: 176.
60 Stübig nennt das Verbot u.a. des „Rheinischen Merkur" als Beginn der Restauration.

Speiseplan verbannt und durch Milch ersetzt. Spottlieder auf Fürsten und Monarchen wurden gesungen, Kriegslieder, Freiheitslieder, dem Befreiungskrieg und seinen Helden gehuldigt. Dies alles in der sogenannten ‚Keilhauer Zeit', den Jahren von 1817 bis 1830, also in der Phase tiefster Restauration und Abwehr des Nationalismus. Damit stehen Fröbels Ideen in Opposition zum preußischen Staat, was sein ‚Übergehen' bei der Suche nach geeigneten frühpädagogischen Modellen erklärt.

Der britische Unternehmer Robert Owen (1771-1885)[61], Besitzer einer Tuchmanufaktur im schottischen New-Lanark, richtete im Jahre 1813 vier Essays unter dem Titel „A New View of Society; or, Essays on the principle of the formation of the human character and the application of the principle to practice" an die Regierung, den englischen Prinzen, andere Fabrikbesitzer sowie allgemein an das öffentliche Publikum[62]. Owen kritisierte, ähnlich Wilderspin, die Untugend der armen Bevölkerung und die Kriminalitätsrate. Beides führte er jedoch ursächlich nicht auf die Unsittlichkeit der Individuen zurück, vielmehr auf die Irrationalität und Inhumanität der bestehenden Gesellschaftsordnung. Menschen bildeten ihre Persönlichkeit nicht selbst, sie seien (vgl. Wilderspin) vielmehr Produkte der Gesellschaft. Diese überlasse sie von Beginn an ihrem Schicksal, lasse sie kriminell werden, um sie dann zu bestrafen[63]. Dem entgegen müsse eine Regierung den Armen (so, wie die Fabrikanten den Arbeitern) Fürsorge zuteilwerden lassen, wobei Erziehung eine zentrale Rolle spiele. Als Modell führt er seine eigenen Versuche in New Lanark an. Von früh an würden Kinder dort auf einem zentralen Spielplatz gesammelt und mit der einzigen Anweisung versehen,

> „(...) that he [the child, MK] is never to injure his playfellows, but on the contrary he is to contribute all in his power to make them happy" (Owen 1813, Essay 1st: 12).

Was hier gewährt wird, ist, entgegen Wilderspins Vorschlägen, grundsätzliche Freiheit des Tuns unter Absehung jeglicher Reglementierung. Die Anweisung entspricht dem zentralen Prinzip Owen'scher Sozialphilosophie:

---

61 Robert Owen (Für biographische Hinweise siehe Gordon 1994; Uhlig 2003) gilt heute als Frühsozialist und erfährt als Pionier frühkindlicher Erziehung auch in der elementarpädagogischen Historiographie Beachtung (vgl. Konrad 2004; Heinsohn 1974). In seinen Essays, aus denen im Folgenden zitiert werden soll, argumentiert er dem entgegen als Unternehmer durchaus kapitalistisch.

62 Er unterschreibt die Adresse des zweiten Essays, „To the british public", mit „your fellow subject, the Author" (a.a.O.: iv; die ‚Essays' sind nicht durchgängig seitennummeriert).

63 Vgl. Owen 1813, Essay 1st: 12.

> „That principle is the happiness of self clearly understood and fully comprehended, which can only be attained by conduct which must promote the happiness of the community" (Owen 1813, Essay 1st: 13).

Damit wird ‚Selbstbeglückung durch Fremdbeglückung' zum Kerngedanken der Gemeinschaft, nicht ‚die Nation' (Fröbel) oder ‚Religion' (Wilderspin, Beckedorff). Owen zeigt sich in seinen Essays durchweg in Gegnerschaft zu jeglicher Konfession. Glaube und Aberglaube sind ihm identisch. *Vernunft* ist ihm der entscheidende Maßstab – ganz entgegen den Restauratoren. Bei vernünftiger Betrachtung könne nur das fraglos bestehen, was sich in der empirischen Beobachtung von Wirklichkeit als stimmig erweise und damit den Anspruch auf Wahrheit erheben könne. Gerade diese Vernunft will Owen allen Individuen durch Erziehung vermitteln. Eine parallele Existenz vernunftbasierter Erziehung und der Kirche sei undenkbar:

> „The Dignitaries of the Church, and their adherents, foresaw that a national system for the education of the poor (...) would effectually and rapidly undermine the errors not only of their own, but of every other ecclesiastical establishment. (...) the heads of the church have wisely discovered that reason and inconsistency cannot long exist together; that the one must inevitably destroy the other, and reign paramount" (Essay 4th: 98); "Let us then, in this spirit, openly declare to the church, that a national unexclusive plan of education for the poor will, without the shadow of doubt, destroy all the errors which are attached to the various systems; and that, when such plan shall be fully established, not one of the tenets which is in opposition to the facts that now exist, can long remain" (Owen 1813, Essay 4th: 100).

Das von ihm geforderte nationale Schulsystem werde zum Ende der Religion führen. Seine sozialpolitische Programmatik propagiert damit in hohem Maße antireligiöse Prinzipien und seine Experimente in New Lanark und den USA (‚New Harmony') stellten Laboratorien einer *egalitären* Gesellschaft dar, welche sicher ebenso dem ständischen Ideal der Restauration in Preußen entgegenstanden, wie das Fröbel'sche. Aus dieser Sicht erscheint plausibel, dass seine Ideen für die Errichtung elementarpädagogischer Anstalten in Preußen nicht rezipiert wurden.

An diesen Beispielen kann man deutlich sehen: Erziehung und Pädagogik unterliegen einer machtvollen Selektion entlang gesellschaftlicher und das heißt: politischer Setzungen und Plausibilitäten. Erziehung ist immer auch anders denkbar als in ihrer etablierten Form. Eine Pädagogik kann sich aber nicht gegen machtvolle Setzungen von Sinn, Zielen, Werten und Methoden seitens eines Zeitgeistes oder einer öffentlichen Meinung durchsetzen. Sie wird ignoriert, gegebenenfalls verboten. Was sich pädagogisch etabliert, setzt sozial akzeptierte und mit gesellschaftlichen Werten konnotierte Ideen und Formen um und gerät zu einem verkleinerten und pädagogisch-spezifischen Abbild gesellschaftlicher, politischer, oder moralischer Ordnung.

5 Vernaturwissenschaftlichung der Elementarpädagogik

„Unsere Zeit stellt eine Phase der Kultur dar, die dadurch gekennzeichnet ist, daß alle Reserven unseres Seins und Habens angegriffen werden" (Goldscheid 1911: 498).

Folgt man gängigen Einteilungen der Historiographie der Vorschulerziehung in Deutschland (bspw. Erning et. al. 1987a, Konrad 2004), so wird dem Deutschen Kaiserreich ein eigenes Kapitel gewidmet. Folgt man der Logik, nach gesellschaftlichen Umbrüchen und Krisenerfahrungen zu suchen, wie die vorliegende Arbeit das tut, dann erscheint dieser Zeitraum ebenfalls interessant, nicht zuletzt, weil sich hier, im späten 19. Jahrhundert, eine Epochenwende ereignete, die 1914 in der ‚Urkatastrophe' einmündete, den Ersten Weltkrieg.

Grundsätzlich, das soll zunächst gezeigt werden (Kap. 5.1), kann um 1900 von einem Institutionenwandel hinsichtlich der Betreuung und Versorgung kleiner Kinder gesprochen werden. Deren kindgerechte Betreuung wurde in dieser Zeit zur Staatsaufgabe. Die einschlägige Literatur erklärt diesen Wandel kausal mit den Auswirkungen des Krieges und mit demographischen Erhebungen und sozialhygienischen Ambitionen der Zeit. Beide Faktoren sollen hier nicht von der Hand gewiesen werden, zugleich wird aber ihre Ergänzungsbedürftigkeit behauptet. Wesentlich soll der semantische Horizont von ‚Nation' (Kap. 5.2), ‚Krieg' (Kap. 5.3) und ‚Sozialhygiene' (Kap. 5.4) rekonstruiert werden, um auf diese Weise zu zeigen, inwiefern diese semantischen Haushalte für ein – damals zunächst gar nicht selbstverständliches – staatliches Engagement in der öffentlichen Erziehung kleiner Kinder legitimatorisch wirksam werden konnten. Ferner soll aufgezeigt werden, dass das militärische und das sozialhygienisch-biologische Denken deutliche wechselseitige Bezugnahmen beinhalteten. Am Ende erscheint es in diesen Deutungsmustern einleuchtend und unabdingbar, dass der Staat sich um die Versorgung kleiner Kinder kümmern muss. Dies vor dem Hintergrund einer antizipierten nationalen Notlage, die sich (erst!) ab 1914 zu einer realen – und dann sicher auch funktional und kausal wirksamen – militärischen Krise zuspitzte.

Montessoris Pädagogik (Kap. 5.5), die für diesen Zeitraum als exemplarisches zeitgenössisches Programm ausgewählt wurde, scheint eigentümlich diese Diskurse einerseits zu treffen, andererseits relativ unabhängig davon zu stehen. Man kann ihre Theorie weder als nationalistisch oder militaristisch beschreiben, noch argumentiert sie dezidiert eugenisch oder sozialhygienisch. Gleichwohl ist ihr Denken durch und durch *biologisch* fundiert, worin die Schnittstelle zu den genannten Diskursen gesehen werden kann. Dies wird im abschließenden Vergleich (Kap. 5.6) aufgezeigt und diskutiert.

5.1 Öffentliche Erziehung kleiner Kinder als staatliche Aufgabe

Im Jahre 1898 richtete der Bund deutscher Frauenvereine eine Petition an den Reichstag, in der unter anderem zu lesen ist:

> „Weil (...) die Erziehung der Kinder im vorschulpflichtigen Lebensalter für die Zukunft des heranwachsenden Geschlechtes, also für unser Volk und den Staat von höchster Bedeutung ist, bitten wir eine hohe Regierung, hochdieselbe wolle durch ein besonderes Gesetz oder durch eine Novelle zum Schulgesetz die Frage der Kindergärten einer Regelung unterziehen, und wolle hochdieselbe in dem erbetenen Gesetze anordnen, daß innerhalb eines festzustellenden Zeitraumes jede Gemeinde in Verbindung mit ihrer Volksschule einen oder mehrere Kindergärten zu errichten habe, zu dessen Besuche alle Kinder mindestens 2 Jahre vor ihrem Eintritt in die Volksschule verpflichtet sind. Diese Kindergärten bitten wir den staatlichen Schulaufsichtsbehörden zu unterstellen. (...) Hochdieselbe wolle anordnen, daß die Seminare für Kindergärtnerinnen der staatlichen Prüfung unterstellt und daß die Abgangsprüfungen der Seminaristinnen vor einer vom Staate eingesetzten Kommission abgelegt würden. Außerdem ersuchen wir die hohe Regierung, mit der Errichtung staatlicher Anstalten für die Ausbildung von Kindergärtnerinnen vorgehen zu wollen" (Abdruck in: Dammann/Prüser 1981: 174f.).

Mehrerlei erscheint bemerkenswert. Zunächst: Der Staat wird aufgefordert, die Kommunen gesetzlich zu verpflichten, Kindergärten zu errichten. Eltern sollen ferner verpflichtet werden, ihre Kinder in diese Kindergärten zu schicken, es geht um eine *Kindergartenpflicht*. Die Erziehung kleiner Kinder würde damit zu einer öffentlichen Angelegenheit. Die Anstalten sollen kommunalen, d.h. *staatlichen* Behörden unterstehen. Schließlich soll der Beruf der Erzieherin ein *Ausbildungsberuf* werden, die Ausbildung mit einer *Staatsprüfung* zu beenden sein. All dies war 1898 noch nicht gegeben.

Mehrmals zuvor im 19. Jahrhundert wurde der Staat Preußens, später des deutschen Reiches, aufgefordert, im Bereich der Vorschulerziehung gestalterisch aktiv zu werden[64]. Bis kurz vor die Jahrhundertwende jedoch, das zeigt die Petition,

64 Im Jahre 1848 seitens der Rudolstädter Lehrerversammlung (Dammann/Prüser a.a.O.: 172ff.); 1885 kann aus einer Stellungnahme des Ministers von Goßler auf vorangegangene ähnliche Anträge an die Regierung geschlossen werden (a.a.O.: 24f.). Er beschied Anträge auf Ausbildung und Staatsprüfung von Erzieherinnen ablehnend mit der Begründung, bei der Erziehung kleiner Kinder käme es wesentlich auf Gemüt, Takt und Persönlichkeit an, nicht auf Wissen oder Können. Ersteres könne nicht in einer Ausbildung erworben werden.

behielt der Staat seine wohlwollend-distanzierte Haltung (vgl. Reyer 2006a: 118) gegenüber der vorschulischen Erziehung bei und blieb, während er sich seit dem frühen 18. Jahrhundert für die *Beschulung* seines Nachwuchses einsetzte, hinsichtlich einer Regulierung oder gar eines eigenen Engagements als Träger in diesem Praxisfeld passiv. Das änderte sich in der Folgezeit dramatisch. In den Jahren 1908 und 1911 wurden Regulative zur Erzieherinnenausbildung erlassen, deren staatlicher Abschlussprüfung sowie eines einführenden Unterrichts in Vorschulerziehung auf höheren Mädchenschulen (vgl. Dammann/Prüser 1981: 126ff.). Ebenfalls 1911 wurde die Königliche Elisabethschule in Berlin eröffnet, ein Kindergärtnerinnen-Seminar, mit dem der Staat erstmalig als Träger einer Ausbildungsveranstaltung für Erzieherinnen auftrat (vgl. Reyer 1987: 61)[65]. Im Jahre 1915 rief der Staat den ‚Deutschen Ausschuß für Kleinkinderfürsorge' sowie 1916 die zentrale Stelle für Frauenarbeit im Kriege (als Abteilung des Kriegsamtes) ins Leben (vgl. Reyer 2006a: 123f.). Beide versuchten, das Betreuungsangebot für kleine Kinder in Einklang mit der Nachfrage zu bringen. Bereits während des ersten Weltkrieges wurde ein Bedarf an reichseinheitlichen Regelungen, die Kleinkinderversorgung betreffend, wahrgenommen (vgl. Reyer a.a.O.: 126). Rund eineinhalb Jahre nach Kriegsende fand 1920 die Reichsschulkonferenz statt. Deren erster Ausschuss ‚Kindergarten' widmete sich der künftigen Regelung der öffentlichen Betreuung von Kindern im Vorschulalter und formulierte am Ende seiner zweitägigen Sitzung neun Leitsätze, denen der Gesetzgeber mit Verabschiedung des Reichsjugendwohlfahrtgesetzes (RJWG) 1922 weitgehend folgte[66].

Abgesehen von Selbstabgrenzungen in Form von Circularreskripten, die seit den 1820er Jahren den entsprechenden privaten Anstalten z.B. verboten, sich ‚Schule' zu nennen, das Personal ‚Lehrer' und die stattfindenden Prozesse ‚Unterricht' (vgl. Reyer 2006: 52ff.; Dammann/Prüser a.a.O.: 21), hielt der Staat sich etwa bis zur Jahrhundertwende aus jeglicher gestaltender oder verantwortlicher Aktivität im vorschulischen Erziehungsfeld (weitgehend) heraus. Binnen etwa 24 Jahren, zwischen 1898 und 1922, änderte sich die Situation dann jedoch nachhaltig, wurde der Staat vom passiv-distanzierten Beobachter zur regulierenden, gestaltenden Kraft.

Dieser Richtungswechsel staatlicher Politik kann als *grundsätzliche Verschiebung der Institutionalisierung der Zuständigkeit für die Versorgung und Erziehung kleiner Kinder* gelesen werden. Im Gegensatz zur (beinahe) alleinigen Zuständigkeit der Familie zu Beginn dieses Zeitraums (vgl. Reyer 1987, 2006a)[67]

65 Konrad (2004) nennt das Jahr 1910.

66 Zum Wortlaut siehe Reyer a.a.O.: 131f.

67 Vgl. hierzu Friedrich Paulsen: „Die Familie, die erste, auf stärkste Naturtriebe und Naturbande gegründete menschliche Lebensgemeinschaft, der natürliche Ort für die physische Fortpflanzung

wurden mit Erlass des RJWG 1922 drei zuständige Akteure etabliert: *Familie, Staat und freie Träger*.

Eine solch fundamentale Umstellung verlangt nach Erklärungen. In einschlägigen Arbeiten (v.a. Reyer 1987, 2006a; Konrad 2004) finden sich wesentlich zwei unterscheidbare Erklärungsansätze.

Das alles dominierende Ereignis der Zeit, das auch als zentraler Motor staatlicher Initiative in der Kleinkinderfürsorge angesehen wird (vgl. Reyer 2006a: 123), ist der Erste Weltkrieg. Das hierauf referierende Erklärungsmuster ist logisch und bestechend einfach: Der Staat zieht die Männer zum Militärdienst ab, weg von ihren Arbeitsstellen. Damit v.a. die kriegswichtige Industrie weiter funktionieren kann, müssen die Frauen in den Fabriken arbeiten. Damit sie das können, müssen sie von ihren familiären, v.a. Erziehungsaufgaben, freigestellt werden. Dies sicher zu stellen muss, der Argumentation zufolge, Aufgabe des Staates sein. Er nimmt die Aufgabe wahr, indem er ein (idealerweise) nachfragedeckendes Angebot öffentlicher Erziehungsanstalten organisiert. Das wachsende staatliche Engagement in der öffentlichen Kleinkindererziehung wird hier kausal, als Effekt des Krieges gezeichnet. Das Argument hat einen deutlich funktionalistischen Charakter.

Eine genauere Betrachtung weckt jedoch Zweifel an dieser Argumentation. Zunächst: Das staatliche Engagement setzte nach bekannter Quellenlage bereits Jahre *vor* Kriegsbeginn ein (s.o.). Man mag begründet davon ausgehen, dass der baldige Ausbruch eines großen Krieges im Erwartungshorizont der Zeitgenossen präsent war. Man kann jedoch nicht das Einsetzen staatlicher Aktivitäten im Bereich vorschulischer Erziehung kausal aus kriegsbedingten Notständen herleiten. Geht man davon aus, dass nicht eine Kriegs*erfahrung*, sondern dessen *Antizipation* Auslöser für eine aktive Intervention des Staates im Feld der Kleinkinderfürsorge gewesen ist, so wären Deutungsmuster zu untersuchen, welche vom nahen Ausbruch eines *künftigen* Krieges ausgingen und ein staatliches Engagement im Vorschulbereich gerechtfertigt haben könnten.

Darüber hinaus: Ließe sich das staatliche Engagement rein aus der akuten Notsituation des Krieges herleiten, so stünde zu erwarten, dass es nach Kriegsende

der Gattung, ist zugleich der von der Natur selbst bestimmte Ort für die erste Pflege und Erziehung des Nachwuchses. Es ist das erste Recht und die erste Pflicht der Eltern, für das leibliche und geistige Gedeihen der ihnen geschenkten Kinder Sorge zu tragen. Vom Gesichtspunkt des Gesamtlebens aus kann man die Familie geradezu als die ursprünglich mit der Erhaltung des geschichtlichen Lebens der Nation beauftragte Organisation bezeichnen. Und es wird für ein Volk, das Leben und Zukunft haben will, keine wichtigere Aufgabe geben, als die: die Familie in ökonomischer, physischer und sittlicher Hinsicht für diese ihr anvertraute Funktion leistungsfähig zu erhalten" (Paulsen 1912: 58).

auch wieder nachgelassen hätte. Stattdessen institutionalisierte der Staat seine Zuständigkeit und das Verhältnis Staat/freie Träger/Familie nach Kriegsende erst im RJWG und stellte sie so auf Dauer. Auch dieser Umstand lässt sich mindestens nicht allein aus der akuten Kriegssituation heraus erklären.

Eine zweite Argumentationslinie für die Sorge des Staates um den Nachwuchs ist als ‚sozialhygienisches Motiv' beschrieben worden (v.a. Reyer 1987: 59, 2006a: 123). Statistische Untersuchungen am Beginn des neuen Jahrhunderts hätten gezeigt, dass im Reich rund zwei Millionen unzureichend versorgte Kleinkinder lebten, denen ein Angebot von 558.610 Plätzen in 7259 Einrichtungen gegenüberstand (vgl. Reyer 2006: 116). Hier, sowie hinsichtlich deutlich rückläufiger Geburtenzahlen und hoher Kindersterblichkeit[68], entstand dem Staat, so die Argumentation, Handlungsbedarf. Wollte er die Lebensbedingungen Heranwachsender, v.a. der Säuglinge und Kleinkinder, optimieren, so konnte dies nur in Form öffentlicher Anstalten geschehen. Aktive staatliche Fürsorge für kleine Kinder und ein staatliches Engagement im Bereich öffentlicher vorschulischer Erziehung wird hierbei hergeleitet aus einer in nuce karitativ-fürsorglichen Ambition. Dafür habe es *kindgemäßer* öffentlicher Anstalten bedurft (a.a.O.: 118), die die Einhaltung qualitativer Standards, v.a. hygienischer Art und auf diese Weise ein gesundes Aufwachsen der Kinder versprachen.

Auch bei dieser Deutung bleiben Zweifel. ‚Humanitäre' Motive der staatlichen Fürsorge für kleine Kinder greifen insofern zu kurz, als sie nicht zu erklären vermögen, weshalb sie nicht schon früher zu beobachten waren – z.B. im Zusammenhang mit Bismarcks Sozialgesetzgebung oder bereits im späten Vormärz, in der Folge der prominenten Skandalisierung der Lebensbedingungen der Industrieproletarier[69]. Eine vergleichbar hohe, gar deutlich höhere Kindersterblichkeit gab es bereits früher, ohne dass dies zu vergleichbaren staatlichen Initiativen geführt hätte. Ferner bleibt bislang in der Historiographie der Vorschulerziehung der Umstand unhinterfragt, dass es überhaupt zu einer Diskussion über ‚Sozialhygiene' kam und zu demographischen Erhebungen. Weshalb interessierte sich der Staat überhaupt für die Lebensbedingungen kleiner Kinder? Die Begründung staatlichen Handelns mit einem ‚sozialhygienischen Motiv' führt demnach eher zu weiteren Fragen, als dass die Dinge damit bereits befriedigend erklärt wären. Auch hier muss gefragt werden, in welchen weiteren Denkhorizont sich das ‚sozialhygienische Motiv' einfügt.

Es fällt schließlich auf, dass in bisherigen Erklärungsversuchen kaum Bezug auf zeitgenössische Deutungsmuster als Kontext und Legitimation des staatlichen

---

68 Um 1900 starben rund 20% der Neugeborenen im ersten Lebensjahr (vgl. Reyer 1987: 59). Um 1890 waren es in Berlin gar etwa 35% (vgl. Stöckel 1996: 7f.).

69 Z.B. Friedrich Engels (1845); auch die Schrift Wilderspins aus dem Jahre 1828 zeigt, dass den gesellschaftlichen Eliten die prekäre Lage der Armen nicht unbekannt war (vgl. Kap. 4.3).

Engagements genommen wird. Im Folgenden soll versucht werden, die genannten, etablierten Erklärungsmuster durch eine Analyse öffentlicher, wissenschaftlicher und militärischer Diskurse anzureichern. Die These zur zeitgenössischen staatlichen Aktivität im Vorschulbereich lautet: Die Eigenwahrnehmung der Gesellschaft um 1900 war geprägt von einem allgemeinen Selbstverständnis, Mitstreiter in einer im Wortsinne ‚inter-nationalen' Konkurrenz zu sein, einer Konkurrenz *inter nationes*. Zentral ist in dieser Argumentation die politische Idee der ‚Nation' in einer spezifischen Ausprägung, die sich (in Deutschland) von früheren Formen (v.a. vor der Reichsgründung 1871) unterscheiden lässt (vgl. Hobsbawm 1991: 108; Wehler 2007). Es erscheint sinnvoll, die Entstehung und Entwicklung des Deutschen Reiches kurz zu skizzieren und sich darin mit Formen des Nationalismus, Imperialismus und Militarismus in dieser Zeit zu befassen; eine Entwicklung, die schließlich in den Ersten Weltkrieg einmündete.

Daneben (und parallel dazu) wurde in vergleichbarer Weise Konkurrenz aus *biologischer* Sicht insb. nach Darwin als ein ‚Kampf ums Dasein' konstruiert, als Streit verschiedener menschlicher *Rassen* um notwendige Lebensressourcen (vgl. Kappeler 2000; Haeckel 1878). Die Thematisierung von Vorschulerziehung um 1900 soll daher in den Horizont nationalistischer, militärischer sowie sozialhygienischer Logik eingeholt werden.

5.2 Zur Entwicklung des Kaiserreichs bis zum Ersten Weltkrieg

In den Jahren 1864 bis 1871 führte Preußen unter maßgeblicher Federführung und auf Betreiben des 1862 berufenen Reichskanzlers Otto v. Bismarck drei Kriege, die als ‚Reichseinigungskriege' bezeichnet werden[70]. Den Versuch Dänemarks, sich die Fürstentümer Schleswig und Holstein mittels einer Verfassungsänderung einzuverleiben, nahm Preußen Anfang 1864 zum Anlass einer militärischen Intervention gemeinsam mit Österreich, nach deren erfolgreichem Ausgang Schleswig an Preußen und Holstein an Österreich fiel und so die nördlichen Grenzen eines – noch immer nur gedachten – deutschen Nationalstaats eine erste Definition erhielten.

Die Frage nach einem nationalen Staat auf eigenem Territorium, nach möglichen Mitgliedsstaaten sowie nicht zuletzt nach der Vormachtstellung in einem solchen Gebilde führte schon wenige Jahre später zur militärischen Auseinandersetzung zwischen nord- und süddeutschen Staaten (‚deutsch-deutscher Bruderkrieg'), unter Führung der Rivalen Preußen und Österreich. Preußen besiegte Österreich in der entscheidenden Schlacht bei Königgrätz am 03.07.1866 und wurde

70 Hierzu und für das Folgende: siehe Wehler 1995: 290ff.

zur führenden Macht des neu gegründeten norddeutschen Bundes, dem Österreich nicht mehr angehörte (‚kleindeutsche Lösung').

1870 gelang es Bismarck schließlich (‚Emser Depesche'), eine Kontroverse zwischen Preußen und Frankreich über die spanische Thronfolge derart aufzuheizen, dass es zum Krieg zwischen beiden Staaten kam, dessen Ausgang Preußen erneut für sich entscheiden konnte. Im Spiegelsaal des Schlosses von Versailles wurde am 18.01.1871 das Deutsche Reich ausgerufen und der Hohenzoller Wilhelm I. zum Kaiser proklamiert.

Die Reichsgründung war damit (im Vergleich zu den anderen europäischen Großmächten: nachholend) vollzogen, die Nation hatte ein eigenes Territorium erlangt, erhielt ein Parlament und eine Verfassung. „Das Ziel eines deutschen Nationalstaats war 1871 erreicht worden (…)", stellt Wehler (2007: 77) fest. Vor diesem Hintergrund erfuhr der Nationalgedanke eine deutliche Transformation: „Innerhalb weniger Jahre wurde aus dem deutschen Nationalismus eine politische, sozialkonservative, oft illiberale Defensivideologie, die freilich alsbald auch mit expansionistischen Zielen über den Status quo hinaustrieb. Das seit jeher (auch im liberalen Nationalismus) schlummernde Aggressionspotential wurde seit den 1870er Jahren verstärkt und politisch gedeutet" (ebd.). Noch ausdrücklicher kommentiert Reidegeld: „In der Ära des Imperialismus, etwa ab dem letzten Jahrzehnt des 19. Jahrhunderts, bietet sich der ‚nationale Gedanke' im Deutschen Reich (und mit Modifikationen: in anderen europäischen Nationalstaaten) in übersteigerter Form, als nationale Selbstüberschätzung, als krasse Abwertung anderer Nationen und Völker dar. Ideale und humane Sinnelemente des Begriffs ‚Nation' werden zunehmend verdrängt. Schließlich steigert sich das ‚nationale Selbstgefühl' in den herrschenden Kreisen und ihrer Anhängerschaft zu einer ungeduldigen, außengerichteten Gewaltbereitschaft" (Reidegeld 2006: 268). ‚Nationalismus' wandelte sich ferner von einem *oppositionellen* Denken zu einer Position der herrschenden Elite, der es gelungen war, den Nationalgedanken in ihren Herrschaftsanspruch zu integrieren: ein *Staatsnationalismus*[71].

Mit der Reichsgründung war Deutschland als Großmacht mit deutlicher Verspätung in den Kreis der bereits etablierten europäischen Nationalstaaten eingerückt, nicht zuletzt auf deren Kosten. Das Denken in Nationalismen nahm zunehmend Formen von Rivalität und Konkurrenz an. Es ging nach der Nationgründung

71 „Nationalismen ohne Verbindung zum Staat waren die gefährlichsten Rivalen (…). (…) ungeachtet des Zusammenhangs zwischen Nationalismus und dem Modernisierungsprozeß der Staaten im 19. Jahrhundert traf der Staat mit dem Nationalismus auf eine von ihm unabhängige politische Kraft, die etwas ganz anderes war als ‚Staatspatriotismus'; mit ihr musste er sich auseinandersetzen. Wenn es allerdings gelang, diese Kraft in den Staatspatriotismus zu integrieren, so daß sie zu dessen tragendem emotionalen Bestandteil wurde, dann konnte der Nationalismus zu einem durchschlagenden Aktivposten für die Regierung werden" (Hobsbawm 1991: 108). Dies war im Deutschen Reich der Fall.

um eine Stellung als *europäische Hegemonialmacht.* Die Außenpolitik des Deutschen Reiches in den Jahren nach 1871, die unter diesem Aspekt interessant wird, kann geordnet werden entlang grob abgrenzbarer Zeiträume, die mit dem Wirken dreier Staatsmänner verbunden sind: Otto von Bismarck (Reichskanzler 1871-1890), Leo von Caprivi (Reichskanzler 1890-1894) und Wilhelm II., seit 1888 deutscher Kaiser. Interessant erscheint hier die in diesen Phasen vertretene Außenpolitik, die sich zunehmend radikalisierte. Betrieb Bismarck einerseits konsequent und in entscheidenden Punkten auch militärisch die Innen- und Außenpolitik Preußens und später des Deutschen Reiches, so stand seine Regierung andererseits auch im Zeichen einer Sicherheits- und Stabilitätspolitik (‚Saturierung', d.h.: ‚Sättigung'). Er war an einem innereuropäischen Gleichgewicht interessiert, verfolgte eine Politik der Kriegsvermeidung und bewirkte eine Begrenzung des deutschen Machtpotentials (vgl. Nipperdey 1998: 621f.). Das von ihm hinterlassene komplexe System sich wechselseitig überlagernder Bündnisse wurde nach seinem Rücktritt 1890 unter der Regierung Caprivis (der sich als nicht bereit und fähig erklärte, diese komplexe Bündnispolitik fortzusetzen) rasch ersetzt durch ein System relativ klarer Freund-Feind-Verhältnisse (ebd.). Vereinfacht gesagt: einem Dreibund (seit 1882 bestehend aus Deutschland, Österreich und Italien) standen als (zunächst zerstrittene) Großmächte Frankreich, Russland und England gegenüber. Insbesondere das deutsch-russische Verhältnis kühlte rasch ab. 1890, bei Caprivis Amtsantritt, stand eine Verlängerung des 1887 geschlossenen Rückversicherungsvertrages an, in dem sich Deutschland und Russland gegenseitig wohlwollende Neutralität im Falle eines europäischen Krieges zusicherten (ebd.). Diese Verlängerung lehnte Deutschland ab, was in Russland zur nachhaltigen Irritation führte. Zugleich verschlechterte sich die wirtschaftliche Zusammenarbeit zwischen beiden Staaten. Deutschland nutzte Russland als Absatzmarkt für seine Exportgüter. Umgekehrt erhöhte es drastisch die Einfuhrzölle für russische Agrarprodukte, was diesen Markt für die russische Landwirtschaft austrocknete und das sich modernisierende Russland vor gravierende wirtschaftliche Probleme stellte (vgl. Mommsen 1995: 288). Russland geriet zunehmend in Isolation und näherte sich daher Frankreich an (vgl. Nipperdey a.a.O.: 626). Dies einmal in wirtschaftlicher Hinsicht: In Form von Staatsanleihen floss Geld aus Frankreich nach Russland, welches für die dortige Modernisierung und Industrialisierung verwandt wurde. Das betraf u.a. den Ausbau des Eisenbahnnetzes, das die Verlegung großer Teile des russischen Millionenheeres in nunmehr ausgesprochen kurzen Zeiträumen ermöglichte. Zum anderen kam es zu einer schrittweisen militärischen Annäherung zwischen Russland und Frankreich. 1894 wurde ein russisch-französisches Militärbündnis unterzeichnet (vgl. Mommsen 1995: 287f.). An dieser Stelle entstand die fatale Zwei-Fronten-Situation, die als Damoklesschwert fortan über der Politik und Militärstrategie des Deutschen Reiches schwebte.

In diese heikle Situation hinein fand keine Politik des Ausgleichs oder sensible Diplomatie statt, vielmehr eine massenmedial erzeugte deutschnationale Radikalisierung (z.B. durch den Alldeutschen Verband) und geradezu tölpelhafte Provokationen seitens des Kaisers. „Mit dem Rücktritt des Reichskanzlers Leo von Caprivi im November 1894 begann im Deutschen Reich eine Periode großer innenpolitischer Konflikte und außenpolitischer Krisen, die durch ständige Eingriffe Wilhelms II. in den Gang der politischen Geschäfte bestimmt wurde. Die große Mehrheit der hohen Beamten und Politiker, in deren Händen die effektive Regierungsgewalt im Reich lag, war sich im Grunde darüber einig, daß die impulsive Natur des Kaisers und seine beständigen unberechenbaren Ausbrüche eine Quelle ernster Gefahren für Krone und Reich darstellten" (Mommsen a.a.O.: 291). Rüstungsvorhaben, wie bspw. der Aufbau einer deutschen Schlachtflotte, die der englischen ebenbürtig oder überlegen wäre, betrieben von Wilhelm II. gemeinsam mit Admiral Tirpitz, arbeiteten auf eine mittelfristige militärische Auseinandersetzung hin. Entsprechend wurde das deutsche Gebaren von den Nachbarstaaten als kriegerische Bedrohung aufgefasst, Deutschland als aggressiv und irrational wahrgenommen.

An die Gründung eines deutschen Nationalstaats schlossen sich weitere einschlägige Entwicklungen an. Man kann von einer ‚Globalisierung' des Nationalismus in Bahnen des *Imperialismus* sprechen. Imperialismus kann man verstehen als Ausbreitung der entwickelten Industriestaaten über den Globus, deren Durchsetzung territorialer Ansprüche und ökonomischer Interessen in allen Teilen der Welt, verbunden mit entsprechenden Rivalitäten untereinander, die sowohl auf dem Wege politischer Bündnisse als auch wirtschaftlicher Maßnahmen (Zollpolitik) betrieben wurden, letztlich aber immer auch eine militärische Option beinhalteten[72].

Zwanzig Jahre nach der Reichsgründung, am Ende des 19. Jahrhunderts, breitete sich unter den Zeitgenossen die Ansicht aus, dass die errungene nationale Einheit sowie ein Großmachtstatus in Europa zwar ein notwendiger, keineswegs aber ein hinreichender Zustand sei. Die „ausschließliche Existenz als europäische Kontinentalmacht wird als bloßer ‚Durchgangszustand', beinahe schon als ‚Schande' empfunden" (Reidegeld a.a.O.: 268), gelingende Weltpolitik als Frage von ‚Aufstieg oder Niedergang' angesehen (ebd.). Ein Beispiel dieses Denkens

72 Monokausale Erklärungen des Phänomens ‚Imperialismus' verbieten sich. Entstehung, Verlauf und Zuspitzung der verschiedenen Imperialismen der europäischen Staaten müssen als Geflecht unterschiedlicher Faktoren beschrieben werden, zu denen ökonomische Interessen, die Jagd nach Rohstoffen und Absatzmärkten, nationalstaatliche Machterweiterungsambitionen, nationales Sendungsbewusstsein, Weltmachtstreben, Expansion, strategische Gesichtspunkte, innenpolitische Ablenkungsmanöver u.a.m. zählen (vgl. Nipperdey a.a.O.: 630f.). Diese Einschränkung sollte präsent sein, wenn hier einige wenige Eckpunkte deutscher Außenpolitik aufgezählt werden, die nur Ausschnitte aus diesem komplexen Geflecht darstellen können.

lieferte Max Weber in seiner Freiburger Antrittsvorlesung von 1895. Darin formulierte er:

> „Wir müssen begreifen, daß die Einigung Deutschlands ein Jugendstreich war, den die Nation auf ihre alten Tage beging und seiner Kostspieligkeit halber besser unterlassen hätte, wenn sie der Abschluß und nicht der Ausgangspunkt einer deutschen Weltmachtpolitik sein sollte" (Weber 1895: 44).

Die Konkurrenz *inter nationes* erlangte einen neuen Horizont. Hier ging es nun um einen Weltmachtstatus. Gegen eine von ihm konstatierte verbreitete Erfolgszufriedenheit und ‚Sättigung' des Volkes nach 1871, die einen Blick in die Zukunft und weitere Expansionsambitionen verhindere (a.a.O.: 41), äußerte Weber die Annahme, dass die internationale Konkurrenz nicht friedlich bleiben werde. Er kommentierte lakonisch den ‚friedlichen Freihandel':

> „Es gibt keinen Frieden auch im wirtschaftlichen Kampf ums Dasein; nur wer jenen Schein des Friedens für die Wahrheit nimmt, kann glauben, daß aus dem Schoße der Zukunft für unsere Nachfahren Frieden und Lebensgenuß erstehen werde. Wir wissen es ja: die Volkswirtschaftspolitik ist der vulgären Auffassung ein Sinnen über Rezepte für die Beglückung der Welt – die Besserung der ‚Lustbilanz' des Menschendaseins ist für sie das einzig verständliche Ziel unserer Arbeit. Allein: schon der dunkle Ernst des Bevölkerungsproblems hindert uns, Eudämonisten zu sein, Frieden und Menschenglück im Schoße der Zukunft verborgen zu wähnen und zu glauben, daß anders als im harten Kampf des Menschen mit dem Menschen der Ellbogenraum im irdischen Dasein werde gewonnen werden" (a.a.O.: 31).

Statt von friedlichem Miteinander hinreichend ‚gesättigter' Nationen geht Weber von hartem Kampf überbordender Volksmassen um „Ellbogenraum" aus. In einem Kampf um eine derart semantisch konnotierte ‚Freiheit', ist die ‚friedliche', ökonomische Variante ihm nur eine vorübergehende Form[73]. Noch deutlichere Worte fand der Liberale Friedrich Naumann:

> „Wer leben will, muß kämpfen. Das gilt vom einzelnen, von der Klasse, vom Volk. Weil wir bald ein Volk von 60 Millionen Menschen sind und in nicht ferner Zeit ein solches von 70 Millionen sein werden, deshalb müssen, deshalb können wir um die deutsche Existenz auf der Erdkugel kämpfen (...)" (Naumann 1905: 207). „Wir treiben Militarismus nicht um der Knöpfe und Achselklappen willen, sondern nur deshalb, um in der Stunde nationaler Gefahr

73 Ähnlich in folgender Passage: „Nicht Frieden und Menschenglück haben wir unseren Nachfahren mit auf den Weg zu geben, sondern den ewigen Kampf um die Erhaltung und Emporzüchtung unserer nationalen Art. Und wir dürfen uns nicht der optimistischen Hoffnung hingeben, daß mit der höchstmöglichen Entfaltung wirtschaftlicher Kultur bei uns die Arbeit getan sei und die Auslese im freien und ‚friedlichen' ökonomischen Kampfe dem höher entwickelten Typus alsdann von selbst zum Siege verhelfen werde. (…) Nicht in erster Linie für die Art der volkswirtschaftlichen Organisation, die wir ihnen überliefern, werden unsere Nachfahren uns vor der Geschichte verantwortlich machen, sondern für das Maß des Ellenbogenraums, den wir ihnen in der Welt erringen und hinterlassen" (Weber a.a.O., S. 33).

> eine einzige, waffenstarrende, lebendige Masse sein zu können. Dann wird plötzlich jeder Arm Goldes Wert" (a.a.O.: 212).

Die Zitate sollen an dieser Stelle genügen, um die imperialistischen Ambitionen und den Ton breiter öffentlicher Diskurse um 1900 exemplarisch zu illustrieren[74]. Herausstechend ist das nach heutigen Maßstäben allzu selbstverständliche, aggressive Plädoyer für den Krieg. Abseits aller erfolglosen politischen, demokratischen, revolutionären, neu-humanistisch-philosophischen Bemühungen in Jahrzehnten zuvor war es die *militärische Auseinandersetzung* gewesen, die letztlich 1871 zur Realisierung eines deutschen Nationalstaats geführt hatte und in militärischen Bahnen wurde dessen Zukunft gedacht. Daneben gelang es dem Militär, in die Zivilgesellschaft zurückzuwirken, die auf diesem Wege in vielen Bereichen eine Militarisierung erfuhr (Stübig 1994).

Das Jahrzehnt vor Ausbruch des ersten Weltkrieges war tief geprägt durch die so gezeichneten Stimmungen und Strukturen. Man kann von einer zunehmenden Verschärfung der Spannungen zwischen den europäischen Staaten sprechen; Spannungen aufgrund gesteigerter kolonialer Ambitionen und daraus resultierender Krisen (z.B. der ‚Panthersprung nach Agadir' 1911), aufgrund zunehmend aggressiver Töne im politischen Umgang, des Wettrüstens, der Machtkämpfe auf dem Balkan, in die Österreich-Ungarn und Russland als Großmächte verstrickt waren, schließlich aufgrund der zunehmenden Frontenbildung in verschiedenen Militärbündnissen. So entstand ein Klima wachsender, medial verbreiteter Aggression in und zwischen den einzelnen Staaten sowie anhaltender Drohung und Gegendrohung vor dem Hintergrund stark verschachtelter Bündnisverpflichtungen im Kriegsfalle.

Dem bereits erwähnten Dreibund (Deutschland, Österreich-Ungarn und Italien), den sog. ‚Mittelmächten', stand zunächst ein Bündnis zwischen Frankreich und Russland gegenüber. Seit 1904 bestand die ‚Entente Cordiale', das ‚herzliche Einvernehmen' zwischen England und Frankreich, das mit dem Beitritt Russlands 1907 zur ‚Triple-Entente' erweitert wurde. So entstand aus deutscher Sicht eine Situation der „(…) totale[n] außenpolitische[n] Isolierung des Reiches (…)" (Nipperdey a.a.O.: 672) und die Idee, von waffenstarrenden Feinden umzingelt zu sein (Bernhardi 1913, s.u.).

---

74 Die knappe Referenz auf Weber und Naumann ließe sich um weitere prominente Personen ergänzen: „‚Der Krieg ist groß und wunderbar', bekannte Max Weber. Werner Sombart hielt ihn für das ‚Heiligste auf Erden'. Georg Simmel sah durch den Krieg ‚die Vollendung von 1870' herannahen (…). Ernst Troeltsch, Friedrich Meinecke, Friedrich Naumann und mit ihnen Hunderte von prominenten deutschen Intellektuellen stimmten diesem Tenor zu. (…) Kaum ein anderer aber vermochte den leidenschaftlichen Ausbruch Thomas Manns zu übertreffen: ‚Krieg! Es war eine Reinigung, Befreiung, was wir empfanden, und eine ungeheure Hoffnung', stieß er hervor" (Wehler 2003: 14).

Die Krisis des Juli 1914 ergab sich u.a. aus einem Automatismus, der durch die militärischen Pflichten entstand, in die die Großmächte Europas eingebunden waren (vgl. Keegan 2001: 84f.). Das Attentat des serbischen Nationalisten Gavrilo Princip auf das österreichische Thronfolgerpaar am 28. Juni 1914 in Sarajevo „(…) entzündete die Lunte am ‚Pulverfass Europa'" (Neugebauer 2007: 12; vgl. Keegan a.a.O.: 80). Die weitere Entwicklung lässt sich wie eine Kettenreaktion darstellen[75]: Am 5. Juli, wenige Tage nach dem Attentat, sicherte Deutschland Österreich unbedingten Beistand im Kriegsfalle zu. Am 23. Juli übermittelte Österreich Serbien eine Note mit zehn Forderungen und einem achtundvierzigstündigen Ultimatum. Da seitens der Protektionsmacht Russland an Serbien Unterstützung signalisiert wurde, zeigte sich Serbien nur bedingt zur Erfüllung der Forderungen bereit. Österreich beendete daraufhin die diplomatischen Beziehungen. Am 26. Juli erfolgte die Mobilmachung der kleinen serbischen Armee, zugleich eine Teilmobilisierung in Russland, was von deutscher Seite als direkte Bedrohung wahrgenommen wurde. Am 28. Juli erging die österreichische Kriegserklärung an Serbien, was für Deutschland den Bündnisfall bedeutete. Als Protektionsmacht Serbiens begann Russland am 29. Juli die allgemeine Mobilmachung, was aus deutscher Sicht das Überschreiten der roten Linie bedeutete. Deutschland erklärte daraufhin Russland am ersten August den Krieg. Das musste ebenfalls einen Kriegseintritt des russischen verbündeten Frankreich bedeuten, so dass das deutsche Angst-Szenario eines Zwei-Fronten-Krieges zur Realität wurde.

Für diesen Fall war auf deutscher Seite vorgesehen, sich mit den Gegnern Frankreich und Russland nicht zeitgleich, sondern nacheinander auseinanderzusetzen. Die militärische Doktrin Deutschlands, der ‚Schlieffen-Plan', sah vor, zunächst alle Kräfte auf eine rasche Niederwerfung Frankreichs zu konzentrieren, durch einen Durchmarsch durch Belgien die starken Befestigungen Frankreichs entlang dessen Ostgrenze nördlich zu umgehen und in einer Zangenbewegung das französische Heer einzukesseln und aufzureiben. Entsprechend erklärte Deutsch-

75 Vgl. hierzu und zum Folgenden: Keegan 2001: 86ff.; Nipperdey 1998: 689ff. Die Rede von „Kettenreaktion" und „Automatismus" soll hier nicht Kausalität unterstellen, soll nicht besagen, dass dies die einzigen Ursachen für den Kriegsausbruch gewesen seien. Auch nicht, dass die anschließenden Ereignisse nicht vermeidbar gewesen wären. Österreich hätte auf eine Kriegserkläung an Serbien und insb. auf dessen Besetzung verzichten können; Deutschland hätte vor der Erklärung unbedingten Beistandes auf seinen Partner Österreich einwirken können; Serbien hätte die österreichischen Bedingungen vom 23. Juli erfüllen können; Rußland hätte hierauf hinwirken können. Die wechselseitigen Bündnisverpflichtungen bildeten aber einen Rahmen, der die Wahrscheinlichkeit steigerte, mit der ein Ereignis wie der 28. Juni zum Ausbruch eines großen Krieges führen würde.

land Frankreich am dritten August den Krieg. Der Feldzug gegen Frankreich erforderte den Einmarsch in das neutrale Belgien, was am vierten August zum Kriegseintritt Englands als dessen Protektionsmacht führte.

Damit waren sämtliche europäischen Großmächte ab Anfang August 1914 in einen großen, den Ersten Weltkrieg verwickelt (der Eintritt der USA erfolgte am 6. April 1917), der im Einzelnen hier nicht weiter nachvollzogen werden soll.

5.3 Zum militärischen Diskurs der Jahrhundertwende

An diesem Punkt angekommen lohnt ein Blick auf die Vorstellungen, die man sich in militärischen Fachkreisen um 1900 von einem künftigen Krieg machte. Im Folgenden sollen exemplarisch v.a. die Generäle v. Blume (1899) und v. Bernhardi (1913) zu Wort kommen[76]. Einhergehend mit unterschiedlichen Legitimationen von Krieg und einem existenziellen Krisenszenario ist es dem Militär offenbar gelungen, unter der kontingenten Formel ‚Wehrkraft' konkrete Erwartungen

76 Die Generäle v. Blume und v. Bernhardi waren beide seit dem Krieg von 1870/71 gediente Soldaten und Kommandeure, zugleich Mitglieder in Generalstäben und Militärschriftsteller. Wilhelm Hermann von Blume (1835-1919) war preußischer General der Infanterie (hierzu und zum Folgenden: Kraft 1955; Deutscher Armeekalender 1893: 154). Er nahm als Generalstabsoffizier am deutsch-französischen Krieg von 1870/71 teil und war anschließend langjährig Abteilungschef im preußischen Kriegsministerium. Im Laufe seiner Karriere kommandierte er Infanteriebzw. Füsilierregimenter, zuletzt das XV. Armeekorps in Straßburg, war Adjutant des Kriegsministers v. Roon sowie Lehrer für Kriegsgeschichte. Er verfasste mehrere Bücher über historische Feldzüge und Militärstrategie. Während des Ersten Weltkriegs war er regelmäßiger Kommentator der Ereignisse in einem militärischen Wochenblatt. Bereits zuvor, um die Jahrhundertwende, ist er in Veröffentlichungen als Analytiker der militärischen Lage Deutschlands in Erscheinung getreten. Dies insbesondere in seinem Werk „Die Grundlagen unserer Wehrkraft" (1899), das der hier vorgenommenen Untersuchung zu Grunde liegt. Friedrich Adam Julius von Bernhardi (1849-1930) war preußischer General der Kavallerie (hierzu und zum Folgenden: Hubatsch 1955). Er diente als Leutnant im Krieg gegen Frankreich 1870/71. 1898 wurde er Chef der Kriegsgeschichtlichen Abteilung des Großen Generalstabs und trat als Militärschriftsteller hervor. Zwischen 1901 und 1909 übernahm er erneut den Befehl über verschiedene Regimenter, d.h., er „kehrte (...) zur Truppe zurück" (Hubatsch a.a.O.). In der Zeit danach verfasste er als Schriftsteller Bücher, in denen er Position bezog zur politischen und militärischen Lage Deutschlands in der Welt. Darin vertrat er eine dezidiert aggressive Position und diente so als Agitator und Propagandist für einschlägige nationalistische Kreise (Mommsen 1986: 200f.). Im Ersten Weltkrieg diente er sowohl an der Ost- als auch der Westfront und wurde mit dem Orden Pour le mérite ausgezeichnet (Hubatsch 1955). Sein Buch „Deutschland und der nächste Krieg" von 1912 erschien international in mehreren Auflagen und mehreren Fremdsprachen. Es findet sich heute u.a. in der British Library, der Washingtoner Kongress-Bibliothek, der Toronto Public Library und der Bibliothèque nationale de France in Paris. Bernhardi trat v.a. in dieser Veröffentlichung für eine aggressive Außenpolitik auf und redete nationalistischen Protagonisten eines Präventivkrieges das Wort (Mommsen 1986: 200f.).

an alle anderen gesellschaftlichen Systeme zu richten und in der Öffentlichkeit militärischer Logik oberste Priorität zu verschaffen.

Während am Beginn des 21. Jahrhunderts politisch um Definitionen gerungen wird, militärische Auslandseinsätze der Bundeswehr unter Aussparung des Begriffes ‚Krieg' zu beschreiben, also ‚Krieg' als etwas brisantes, zu vermeidendes gilt, wurde er vom Militär des beginnenden 20. Jahrhunderts in verschiedener Hinsicht als hoher Wert idealisiert.

> „Wie eine Bleichsucht hat das Friedensverlangen die meisten Kulturvölker befallen, ein Zeichen von Mutlosigkeit und politischer Willensschwäche (...). Dieses Streben setzt sich in unmittelbaren Widerspruch mit den großen allgemeinen Gesetzen, die alles Leben beherrschen, denn der Krieg ist in erster Linie eine *biologische Notwendigkeit*, ein Regulator im Leben der Menschheit, der gar nicht zu entbehren ist, weil sich ohne ihn eine ungesunde, jede Förderung der Gattung und daher auch jede wirkliche Kultur ausschließende Entwicklung ergeben müsste. ‚Der Krieg ist der Vater aller Dinge' (Heraklit von Ephesus)" (Bernhardi 1913: 11f. Herv. i. Orig.).

Krieg erhält die Funktion einer *biologischen Auslese*, die kulturelle Blüte erst hervorzubringen ermöglicht. „In der Auslese liegt die Schöpfertat des Kampfes" (a.a.O. S. 13). Pazifismus steht damit postulierten Naturgesetzen als widernatürlich entgegen. Rassistisch präsentiert sich ferner die Bedrohung, die aus einer Überflutung durch ‚minderwertige Rassen' resultiere (a.a.O.: 14). Außerdem, so der General v. Blume, seien Krieg und Eroberung ein natürlicher Vorgang für ein expandierendes Volk, das aufgrund seines Wachstums größeren Lebensraum als sein angestammtes Territorium benötigt (vgl. Blume 1899: 1f).

Neben einer solchen Darstellung des Krieges und seiner Ursachen als ‚Naturgesetzlichkeit' wird ferner quasi-juristisch von einem selbstverständlichen Völkerrecht auf Krieg ausgegangen, insofern vielfältige Konflikte zwischen Staaten mangels einer übergeordneten Schiedsgerichtsbarkeit früher oder später zwingend zu einer gewaltsamen Lösung führen müssten (vgl. Blume a.a.O.: 2). Krieg wird damit als im Grunde unvermeidbare ultima ratio internationaler Konkurrenzen und Konflikte beschrieben, so dass mit ihm bis in ferne Zeit unabänderlich zu rechnen sei (ebd.).

Unschwer lassen sich Grundlinien einer aggressiv-nationalistisch-völkischen Argumentation um die Jahrhundertwende erkennen, die, zusammen mit den angeschlagenen darwinistisch-rassistischen Tönen (s.u.), heute vor allem mit der NS-Propaganda assoziiert werden. Militärische Protagonisten bedienten sich des hier auszugsweise dargestellten Spektrums von Argumenten, die ‚Krieg' als gerechtfertigt, gar wünschenswert, mindestens aber unvermeidlich darstellten (vgl. Mommsen 1986).

Das militärische Krisenszenario: Friedrich v. Bernhardi zeichnete eine recht umfängliche und komprimierte Beschreibung der Lage um 1913 aus deutscher Sicht:

> „In diesem Ringen der gewaltigsten Kräfte, das sich zunächst friedlicher Mittel bedient, bis einmal die Gegensätze unversöhnbar aufeinanderstoßen, ist unser deutsches Vaterland von allen Seiten bedroht. Das folgt zunächst schon aus seiner geographischen Lage in der Mitte feindlicher Nebenbuhler; dann aber auch daraus, daß wir uns als die letzten, gewissermaßen als Emporkömmlinge zwischen die früher zur Macht gelangten Staaten eingedrängt haben und nun auch unseren Anteil an dem Reiche dieser Welt beanspruchen, nachdem wir jahrhundertelang nur im Reiche des Geistes geherrscht hatten. Damit haben wir tausend Interessen verletzt und grimmige Feindschaften gegen uns wachgerufen. (...) Eines (...) kann (...) erkannt werden: wenn die gewaltsame Lösung der bestehenden Spannungen erfolgt, wenn die politische Krisis sich zu kriegerischem Handeln entwickelt, würden die Deutschen einen schweren Stand haben inmitten aller der Kräfte, die wider sie tätig sind; anderseits aber würde der Ausgang dieses Kampfes über ihre ganze Zukunft als Staat und als Nation entscheiden. Wir haben bei einem solchen Kriege am meisten zu verlieren oder zu gewinnen; uns werden die größten Gefahren umbrausen, und nur dann werden wir siegreich aus diesem Kampf gegen eine Welt feindlicher Elemente hervorgehen, nur dann werden wir den Siebenjährigen Krieg um unsere Weltstellung erfolgreich durchkämpfen, wenn wir als Soldaten einen Vorsprung vor unseren wahrscheinlichen Gegnern voraus haben; wenn das Heer, das unsere Schlachten schlagen soll, getragen und gestützt wird durch alle materiellen und geistigen Kräfte der Nation, wenn der Wille zum Siege nicht nur in den Truppen lebt, sondern in dem gesamten einigen Volke, das diese Truppen in den Kampf um seine höchsten Güter sendet" (Bernhardi 1913: 6f.).

Weiter prophezeite er:

> „Die Frist, die uns vom Schicksal noch vergönnt ist, um unsere Kräfte zusammenzuraffen und uns auf das tödliche Ringen vorzubereiten, ist möglicherweise nur noch kurz bemessen" (a.a.O.: 200).

So bedrohlich das klingen mag, stellt er andererseits jedoch auch fest:

> „Ein Volk von 65 Millionen, das alle seine Kräfte einsetzt, um sich zur Geltung zu bringen und diese Geltung zu behaupten, ist nicht zu besiegen" (a.a.O.: 182).

Jedenfalls sei davon auszugehen...

> „(...) daß wir in einer Zeit leben, die über unsere Weltmachtstellung oder unseren Niedergang entscheiden wird" (a.a.O.: 199f.).

Das ist das nicht unrealistisch erscheinende Bild des drohenden Untergangs und damit einer nationalen Krise. Zusammengefasst: Deutschland befindet sich um 1900 in einer Rivalität mit anderen Nationen. Dieser Zustand wird absehbar und unvermeidlich in eine kriegerische Auseinandersetzung einmünden. Deren Ausgang polarisiert sich zwischen ‚Sieg oder Untergang' und zeichnet auf diese Weise ein existenziell bedeutungsvolles Krisenszenario. Die Herausforderung, die nach entsprechend rationellem Entscheiden und Handeln verlangt, lautet: ‚Mobilisierung bzw. Ausschöpfung verfügbarer Ressourcen der Nation, seien sie militärischer oder nicht-militärischer Art‘ – kurz: *aller* Ressourcen. Darin liegt die einzige rationale Handlungsstrategie, nur auf diesem Wege scheint die Lösung der Krise machbar[77].

Von hier aus gelang es dem Militär, einschlägige Forderungen an die restliche Gesellschaft zu richten. General v. Blume brachte die Forderung auf einen Begriff, der geeignet erscheint, den erwarteten Bemühungen um eine Ausschöpfung aller verfügbaren Ressourcen eine spezifische Richtung zu geben: *‚Wehrkraft‘*. ‚Wehrkraft‘ erscheint zunächst recht eindeutig die militärische Leistungsfähigkeit einer Nation zu beschreiben. Tatsächlich ist der Begriff aber semantisch wenig präzise. Als „Grundlagen der Wehrkraft und Mittel zu ihrer Pflege“ beschreibt v. Blume (a.a.O., S. 5): die Bevölkerung, materielle „Hülfsmittel“ des Landes, Lage und natürliche Beschaffenheit des Staatsgebietes, Verkehrs-Infrastruktur und die vorhandenen politischen Einrichtungen und Zustände. Der Begriff scheint vielfältige und komplex miteinander verschränkte Faktoren zu beschreiben. ‚Wehrkraft‘ wird auf diese Weise zu einer kontingenten Formel, die beliebige Gegenstände im Sinnhorizont militärischer Logik zu deuten und entsprechende Forderungen zu begründen erlaubt. Mit ‚Wehrkraft‘ als Kriterium wird es prinzipiell möglich, jeglichen gesellschaftlichen Teilbereich, jegliche Entscheidung, grundsätzlich alle Vorgänge in der Gesellschaft zu beurteilen. So lassen sich politische Oppositionsgruppen als die Wehrkraft hemmend diskreditieren[78], *Geburtenrückgänge* als *Gefährdung der Wehrkraft* darstellen[79] oder der Nutzen von Religion und Erziehung für die kämpfende Truppe als ein die Wehrkraft steigerndes Element beschreiben (s.u.).

---

77 Dieses Bild der Lage war nicht auf Deutschland beschränkt. Auch die anderen beteiligten Nationen sahen sich vor einem großen militärischen Ringen, welches über ihre nationale Existenz entscheiden würde. Exemplarisch Russland: „In St. Petersburg prophezeite Außenminister Sasonow am 20. August [1914], daß ‚der jetzige Krieg‘ sich zu einem ‚Krieg auf Leben und Tod‘ auswachsen werde, ‚in welchem jeder Kämpfende seine nationale Existenz aufs Spiel setzt‘“ (Wehler 2003: 7).

78 Daß dies der Fall ist, wurde um 1900 allgemein angenommen. Hierzu gab es allerdings auch kontroverse Positionen (vgl. Reidegeld a.a.O.).

79 „Man hat ausgerechnet, daß, wenn die Volksvermehrung in Deutschland und Frankreich in dem bisherigen Verhältnis stattfindet, im Jahre 2000 Deutschland 153 Millionen, Frankreich dagegen 59 Millionen Einwohner haben wird. In den Jahren 1890, 91, 92 und 95 war in Frankreich sogar die Zahl der Geburten geringer als die der Todesfälle“ (Blume a.a.O.: 6, Fußnote). Im Fließtext argumentiert Blume hierzu: „Wenn in einem Staate die Bevölkerung schneller zunimmt als in einem anderen, so kann dies zu völliger Aenderung des Machtverhältnisses zwischen ihnen führen“ (ebd.).

In diesem Sinne richteten Protagonisten des Militärs nun Forderungen an unterschiedliche gesellschaftliche Systeme, die Politik, die Wirtschaft, die Erziehung, die Kirche.

Von der *Politik* wurde am Vorabend des Krieges die umgehende allgemeine Mobilmachung gefordert, sowie, allgemeiner, die Jugend militärisch ausbilden zu lassen (vgl. Bernhardi 1913: 200f.). Mit Blick auf die Bevölkerungspolitik wurde ferner die Förderung einer „möglichst starke[n] Vermehrung [der] Bevölkerung" gefordert (Blume 1899: 9). Ungeachtet pazifistischer Kräfte wurde schließlich eine Politik konsequenter Kriegsvorbereitung und -durchführung verlangt (vgl. Bernhardi a.a.O.: 344). Kurz: Politische Entscheidungen sind voll und ganz an militärischen Erwägungen, mithin der Vorbereitung auf und der Initiative zum Krieg auszurichten.

Neben der rein quantitativen Vermehrung der Bevölkerung spielt jedoch aus militärischer Sicht auch deren *Qualität* eine entscheidende Rolle und an dieser Stelle wird an Sozialfürsorge und noch expliziter an Erziehung und Schule appelliert. Die Bevölkerung, quantitativ wie qualitativ, ist den Generälen ein, wenn nicht *der* zentrale Faktor der Wehrkraft eines Volkes (vgl. Blume a.a.O.: 6). Mit Blick auf das Erziehungssystem lässt sich körperliche und geistig-idealistische Vorarbeit fordern:

> „Wir dürfen uns daher nicht damit begnügen, durch Hebung der sozialen Verhältnisse und der ganzen Lebenshaltung unseres Volkes eine körperlich gesunde Jungmannschaft für die Armee heranzubilden, sondern wir müssen auch bestrebt sein, ihre geistige Ausbildung auf alle Weise zu fördern. Das Mittel dazu ist die Schule. Nur wenn auf der Schule der militärischen Erziehung vorgearbeitet, wenn dem Rekrutenmaterial eine verbesserte Vorbildung übermittelt wird, kann die militärische Erziehung unter den immer schwieriger werdenden Verhältnissen der Gegenwart ihre Ausbildungsziele in befriedigender Weise erreichen" (Bernhardi a.a.O.: 296).

Eine Steigerung von ‚Wehrkraft' wird hier anteilig an die Schule delegiert. Wachsende Anforderungen ergaben sich durch die um 1913 etablierten Strategien[80]. Der Kampf Mann gegen Mann, das Aufmarschieren in schmalen, aber tiefen Kolonnen sowie das Zusammenfassen der Truppen in überschau- und kommandierbare Blöcke entsprach nicht mehr der Realität militärischer Auseinandersetzungen. Neuartige, weitreichende und zielgenaue Gewehre und Artilleriegeschütze führten zur Vernichtung dieserart aufmarschierender Armeeeinheiten. Es wurde stattdessen von einem Aufmarsch in breiter Linie ausgegangen und einer Kampfsituation, in der die Kombattanten vereinzelt kämpften, jeder für sich Entscheidungen treffen musste im Sinne eines Hinwirkens auf den Erfolg der Truppe

80 Vgl. hierzu und dem Folgenden: v. Blume a.a.O.; Neugebauer 2006: 430ff.

und in Abwesenheit beobachtender und kommandierender Offiziere. Dies erforderte geistige Fähigkeiten, strategisches Mitdenken, eine Analyse der gegenwärtigen Situation im Gefecht, eine mutige und patriotische Einstellung und adäquates Entscheiden und Handeln (vgl. Blume, a.a.O.: 20). Der Umstand, dass man von Massenheeren auszugehen hatte, brachte ferner logistische Probleme mit sich: Einerseits Fragen der Unterkunft (für Millionenheere in Bewegung sind nicht an allen Orten Quartiere verfügbar), andererseits des Nachschubs. Soldaten mussten ausreichende Mengen an Nahrung und Munition mit sich tragen, d.h. mit schwerem Gepäck marschieren. Neben geistig-strategischen Fähigkeiten wird daher von den Autoren die körperliche Stärke des Soldaten als eine Grundvoraussetzung für einen erfolgreichen militärischen Einsatz angesehen (vgl. Blume a.a.O.: 19). Blume stellt fest, dass „(...) überlegene Schulbildung einer Nation deren Aussicht auf Erfolg im Kriege erhöht“, m.a.W.: die ‚Wehrkraft‘ zu steigern in der Lage ist (a.a.O.: 44).

> „Dies um so mehr, als der Schule nicht nur die geistige Förderung sondern im Verein mit Familie und Kirche auch die sittliche Erziehung der Jugend obliegt. Ordnungssinn, Pflichttreue, Gehorsam, Ehrgefühl, Vaterlandsliebe muß jede Schule fördern, um Anspruch auf den Namen einer solchen machen zu können. Ist sie gut, so erweckt sie des weiteren Arbeitsfreudigkeit in der ihr anvertrauten Jugend und jene Lust an der Ueberwindung von Schwierigkeiten, die eine werthvolle Mitgift für alle Lebensverhältnisse, besonders auch für den kriegerischen Beruf ist. (...) Wo die Schule in diesem Geiste wirkt, dient sie nicht nur der Wissenschaft, sondern allen Interessen des Vaterlandes und der Nation, besonders auch der Wehrkraft des Landes“ (ebd.).

Neben körperlichen und logischen Fähigkeiten geht es um ‚soldatischen Charakter‘. Auch im Angesicht tödlicher Gefahr habe der Soldat selbstaufopfernd seine Pflicht zu tun, wozu er einer gewissen Charakterfestigkeit bedürfe:

> „Das regelnde Gegengewicht gegen (…) centrifugale Neigungen und Strömungen (‚in jedem Menschen steckender Hundsfott') muß die Disziplin bilden. Sie besteht in der selbstverleugnenden Hingebung der Einzelnen an den gemeinsamen Zweck, ist der Mörtel, durch den die Einzelkräfte zu einheitlichem ganzen verbunden werden“ (Blume a.a.O.: 22).

Augenfällig wird die klare Erwartung, die Schule habe der Wehrkraft unterstützend zuzuarbeiten und es finden sich Hinweise darauf, welche Qualitäten die Absolventen, verstanden als ‚Rekrutenmaterial‘, in den Augen der Militärs mitzubringen haben. Man kann von ‚Kopf, Herz und Hand‘ sprechen. Andererseits solle sich die Schule nicht selbst überschätzen und es wird vor der Vorstellung von Erziehung als *Eigenwert* gewarnt. Über militärische Ausbildung und Formung soldatischer Charaktere hinausgehende ‚Bildung‘ wird als – Wehrkraft *zersetzender* – Risikofaktor angesehen:

> „Damit wird nicht der Ueberbildung und nicht der Halbbildung das Wort geredet. (…) Wer sich in der Jugend an Homer und Tacitus begeistert hat, wird ein schlechter Schornsteinfeger und unglücklich, wenn er darauf angewiesen ist, als solcher das tägliche Brot zu erwerben. Möglich, daß vorm Feinde der wieder erwachende Idealismus oder Verzweiflung ihn zum Helden macht. Doch wird dies die Ausnahme sein, die Regel dagegen, daß das vom Geistesproletariat ausgehende Gift in Volk und Heer zersetzend wirkt" (Blume, a.a.O.: 45).

Schule erhält ihren Wert aus militärischen Nutzenerwägungen – und nur von dort. Ähnlich verhält es sich mit Forderungen an die *Religion*, deren Nutzen, deren Funktion für den Krieg:

> „Auch der religiöse Sinn muß im Kinde geweckt und deshalb in der Familie gepflegt werden, um dem Volke den Segen der Religion zu erhalten. Ohne die Mitwirkung der Eltern würde dem heranwachsenden Geschlecht die Religion verloren gehen. Das müsste als ein schwerer Verlust auch vom Standpunkte der Wehrhaftigkeit des Volkes betrachtet werden. (…) Der Glaube an die lenkende, schützende und gnadenreiche Gottheit und an die Unsterblichkeit hilft die Scheu vor der Gefahr überwinden und nimmt dem Tode seinen Stachel. Die darauf gegründete Sittenlehre giebt der Sittlichkeit des Volkes und des Heeres einen Halt, wie er auf anderem Wege nicht gewonnen werden kann. An der Pflege dieser Güter durch die Kirche hat deshalb der Staat ein wesentliches Interesse. (…) Wenn der Sultan die grüne Fahne des Propheten entfaltet oder der Zar die Gläubigen aufruft, zugleich mit dem Boden des Vaterlandes die heilige Kirche zu vertheidigen, so besitzen sie darin ein Mittel, die Opferwilligkeit des Volkes bis zum Fanatismus zu steigern" (Blume a.a.O.: 43).

Religion bewirke Leidensfähigkeit, Furchtlosigkeit vor dem Tod und die „Sittlichkeit" des Heeres und Volkes. Ähnlich der Schule habe aber auch die Kirche sich grundsätzlich auf diese Funktion zu bescheiden und dürfe sich nicht zu religiösem Eigensinn hinreißen lassen:

> „Konfessioneller Zwiespalt dagegen schwächt die Volkskraft, sobald er eine solche Schärfe gewinnt, daß die gemeinsamen vaterländischen Interessen hinter die trennenden kirchlichen zurückgedrängt werden. Der darin liegenden Gefahr wird der Staat, der sich seiner Aufgaben bewußt ist, mit allen ihm zu Gebote stehenden Mitteln entgegentreten. Noch weniger könnte er dulden, daß die Kirche das Volk dem Staate entfremde oder gar Feindseligkeit gegen ihn im Volke nähre. Jede kirchliche Gemeinschaft hat Anspruch auf den Schutz des Staates bei Erfüllung ihrer Aufgabe, das Seelenheil der sich zu ihr bekennenden Staatsangehörigen zu fördern, deren sittlichen Werth zu heben; aber sie darf nicht im Ungewissen darüber sein, daß der Staat sich in Erfüllung seiner eigenen Aufgaben nicht beirren noch behindern lässt" (Blume a.a.O.: 42f.).

Ferner spielt die *Gesundheit* der Bevölkerung eine tragende Rolle. Von daher werden sozialpolitische Forderungen an den Staat gerichtet (vgl. Blume a.a.O.: 38). Übermäßige Ausbeutung menschlicher Arbeitskraft durch Wirtschaft und Industrie wird als schwächender Faktor der Wehrkraft der Nation gewertet und ihre Eindämmung durch den Staat ausdrücklich begrüßt. Weitere Faktoren, die als einflussreich für die Gesundheit der Bevölkerung angesehen werden, sind die Wohnumstände und die Ernährung sowie die Familie als Kristallisationspunkt der Fragen nach Leben und Aufwachsen, Gesundheit, Versorgung und Erziehung (a.a.O.: 39f.). Die Wehrkraft der Familienoberhäupter im Feld, so der General, steige in dem Maße, in dem diese ihre Familien zu Hause optimal versorgt wüssten. Die Versorgung der Familien von Frontsoldaten wird in dieser Sichtweise ein Mittel der indirekten Hebung der Wehrkraft der Truppe. Andererseits wird die Familie als der Ort der Reproduktion der Bevölkerung gesehen und damit als Ort des Nachwachsens *künftiger* Wehrkraft (a.a.O.: 41). Hierzu erscheinen Pflege und Erziehung der Kinder in den Familien unter optimalen Bedingungen erforderlich. An deren erzieherischer Kompetenz wird jedoch auch gezweifelt:

> „Zunächst das körperliche Gedeihen! Wer wüsste nicht, wie vieles Elend der Menschheit seinen Ursprung in ungesunden Kinderstuben und mangelhafter Kindheitspflege hat? Nicht immer, aber leider auch nicht selten, trägt Mangel an Einsicht, Achtsamkeit und Gewissenhaftigkeit der Eltern die Schuld. Häufiger ist die Ursache in ungünstigen äußeren Verhältnissen zu suchen. Das Kind bedarf, damit es gesund und kräftig heranwachse, der liebevollen und verständigen Pflege pflichttreuer Eltern, aber auch guter Luft, angemessener und ausreichender Nahrung, der Reinlichkeit und Abhärtung. Verwöhnung und Verweichlichung sind seiner körperlichen Entwickelung ebenso nachtheilig wie unzulängliche oder unverdauliche Kost und beständiger Aufenthalt in ungesunden Wohnräumen" (Blume a.a.O.: 41).

Der grundsätzlichen Aufgabenzuschreibung an die Familie korrespondiert das Misstrauen, ob diese im Einzelfall in der Lage sei, diese Aufgabe – im Sinne von ‚Wehrkraft' von nationaler Bedeutung – auch zu erfüllen.

Die Steigerung und Sicherung von ‚Wehrkraft' wurde unter der Erwartung einer drohenden militärischen Konfrontation auf Gedeih und Verderb zum zentralen Bezugsproblem. Alle Bestrebungen der Nation müssen auf ihre Stärkung ausgerichtet werden, will man die drohende Krise meistern. Als zentrale Ressource wurde dabei die Bevölkerung angesehen. Eine möglichst große Zahl von Nachkommen galt als nicht (mehr) zu vernachlässigender Aspekt im internationalen Ringen. Hieraus lässt sich das oben angefragte Interesse des Staates an seinem Nachwuchs erklären. Über die reine Quantität hinaus wurden aber auch Forderungen an die Qualität des Nachwuchses gestellt: Er habe gesund und kräftig (physisch), ferner intelligent (kognitiv), aber auch nationalistisch-vaterländisch gesonnen zu sein. Damit wurde das Individuum, genauer: die Masse der Individuen, zum Adressat steuernder Ambitionen, welche auch an die Erziehung in Schule und Familie herangetragen wurden. Dabei war die Familie eine in hohem Maße idealisierte Institution. Gegenüber der *realen* Familie bestanden andererseits aber auch nachhaltige Zweifel, ob sie dieser Herausforderung überhaupt gewachsen sein kann. Man konnte vor dem dargestellten Hintergrund das Wohl und

Wehe der Nation nicht den partikulären Ausgestaltungen von Familienleben überlassen – nicht zuletzt, weil auch kritisierte, Wehrkraft zersetzende Tendenzen (neben Krankheit, Behinderung und Armut v.a. der ‚vaterlandslose' Sozialismus) in Familien vorherrschen konnten. Ferner erschienen Wohnbedingungen, Gesundheitsversorgung und Ernährung als Faktoren, die das Leben der Familie und ihre Leistungsfähigkeit Wehrkraft steigernd oder zersetzend beeinflussen können.

Man wendete sich daher in der gezeichneten nationalen Krise der *conditio humana* zu, den Lebensbedingungen der Familien und ihres Nachwuchses. Es erschien plausibel, staatlicherseits Maßnahmen zu ergreifen, die das Familienleben und seine Rahmenbedingungen im gewünschten Sinne zu beeinflussen in der Lage sind – und man wird nicht fehlgehen, hier u.a. auch an die öffentliche Veranstaltung und Regulierung von Kindergärten zu denken; ferner Erkenntnisse zu gewinnen über diese Lebensbedingungen und die Mechanismen, mittels derer man zentral Einfluss auf die Familie ausüben kann. Hier finden demographische Erhebungen um 1900 sowie das ‚sozialhygienische' Motiv staatlicher Intervention im Vorschulbereich einen plausiblen Hintergrund.

5.4 Evolution, Menschenökonomie, Sozialhygiene

Es lässt sich zeigen, dass das Denken um die Wende zum zwanzigsten Jahrhundert ferner deutlich beeinflusst war von den (damals noch relativ jungen) neuen Theorien der Biologie, insbesondere der Darwin'schen. In einer pragmatischen Sicht diente sie als Grundlage für Ambitionen der Gestaltung der Gesellschaft. Bereits im militärischen Diskurs (aber – wenn auch abgeschwächt – auch bei Max Weber) konnten explizite Verweise auf ‚Krieg' als *biologisches* Phänomen gefunden werden (s.o.). Ähnlich finden sich Einflüsse in (i.w.S.) gesellschaftspolitischen Auseinandersetzungen (s.u.). Entsprechend sollen die paradigmatischen Grundlagen dieses Denkens im Folgenden kurz skizziert werden[81].

Mit Jean-Baptiste Pierre Antoine de Monet, Chevalier de Lamarck (1744-1829) und vor allem mit Charles Robert Darwin (1809-1882) erfuhr die Biologie des 19. Jahrhunderts eine Revolution. In einer positivistischen Wende wurde der Religion die Deutungshoheit bezüglich der Erklärung der Existenz aller lebenden Arten und ihrer Entwicklung entzogen. Dieser zu Folge wären alle aktuell beste-

81 Für eine ausführliche Auseinandersetzung siehe Manfred Kappelers Buch: „Der schreckliche Traum vom vollkommenen Menschen" (Kappeler 2000), das dem Folgenden in Auszügen als Grundlage diente.

henden Arten am Anbeginn durch Gott geschaffen worden und seither unverändert geblieben. Dem hatte Lamarck widersprochen und den Gedanken einer stetigen Höherentwicklung der Arten über Generationen formuliert. Aus einem gemeinsamen Stamm seien über vielfältige Differenzierungen alle heute bestehenden Arten entstanden. Er erklärte den stattfindenden Wandel mittels zweier Gesetze, die miteinander in Beziehung stehen. Erstens: Ein Organ werde gestärkt und entwickele sich fort, wenn es regelmäßig gebraucht werde. Umgekehrt schwäche kontinuierlicher Nicht-Gebrauch ein Organ, so dass es sich tendenziell zurückentwickele. Eine Variation der Fähigkeiten finde also *ontogenetisch*, auf individueller Ebene statt, entsprechend der Lebensumstände eines Individuums. Zweitens – und das macht spezifisch die Theorie Lamarcks aus – würden solche ontogenetisch erworbenen Fähigkeiten auf die Nachkommen vererbt (vgl. Kappeler 2000: 65). Die individuelle Ontogenese werde so *phylogenetisch* wirksam. Die Entwicklung der Spezies erfolge auf dem Wege individueller Anpassung an eine Umwelt und deren direkte Weitervererbung an die nächste Generation (die sich dann ihrerseits weiter anpasst und ihren Status quo weitervererbt usw.).

1859 erschien das bereits von Zeitgenossen (z.B. Haeckel 1878: 11) als epochal angesehene Werk „Die Entstehung der Arten durch natürliche Zuchtwahl" von Charles Darwin. Darwin distanzierte sich von der Lamarck'schen Theorie (vgl. Kappeler a.a.O.: 69). Gleichwohl musste er die beschriebene Veränderlichkeit der Arten anerkennen. Seine Erklärung hierzu lautete bekanntermaßen: Die Variation und damit Entwicklung der Spezies über die Zeit geschehe durch eine *natürliche Auslese* oder *Selektion*, durch *natürliche Zuchtwahl*. Die Natur ermögliche den Arten, die ihrem Lebensraum optimal angepasst seien, das Überleben. Dabei gelänge es einigen, sich in hohem Maße auszubreiten. Unter Bedingungen knapper Subsistenzmittel (Nahrung, Lebensraum) käme es zu einem ‚Kampf ums Dasein' oder einem ‚Ringen um die Existenz' (a.a.O.: 70), in dem die schwächeren Spezies sukzessive unterlägen, bis zur Ausrottung. Überlegenen Arten gelänge die Ausbreitung, zugleich die Zeugung zahlreicher(er) Nachkommen, die die Artmerkmale übernähmen. Auf diese Weise kumulieren via Vererbung über Generationen Merkmale, die eine ständig bessere Anpassung an die Lebensumstände, nicht zuletzt den erfolgreichen Kampf ums Dasein, gewährleisten. Arten entwickelten sich demnach nicht durch ontogenetischen Erwerb oder Verlust bestimmter Merkmale weiter, vielmehr anhand Anpassungsfähigkeit gewährleistender Merkmale, die ein Individuum erbbedingt hat (oder nicht).

Über diesem Diskurs schwebte die Frage nach der Stellung des Menschen in der Natur. Nach Darwin ist er ein Abkömmling aus dem Reich der Tiere. Damit träfen die oben genannten Schlüsse auch auf den Menschen als Gattungswesen zu: 1) Veränderbarkeit durch 2) natürliche Auslese bzw. ‚Zuchtwahl', die 3) stattfindet in einem ‚Ringen um die Existenz', in dem die am besten Angepassten überleben und somit ihre Merkmale (ihre aktuelle Überlegenheit) an künftige Generationen durch Vererbung weitergeben (vgl. Kappeler a.a.O.: 71f.). Insofern dachte Darwin an eine ‚Vervollkommnung' der Arten (a.a.O.: 70), an *Evolution als Höherentwicklung*.

Die Zeitgenossen sahen allein in der Tatsache, dass sich der kultivierte (europäische) Mensch weit von seinen ‚wilden' Vorfahren entfernt (verbessert) hatte, Anlass genug, einer künftigen Weiterentwicklung des Menschengeschlechts optimistisch entgegenzublicken (a.a.O.: 73). Mit Darwin kann man m.a.W. die Vergangenheit der menschlichen Spezies beleuchten und im Vergleich mit ihrer gegenwärtigen Form einen stetigen Fortschritt zu höheren Fähigkeiten erblicken. Man kann andererseits aber auch aus der Gegenwart in die *Zukunft* denken, die dann geprägt wäre von einer über unzählige Generationen sich fortsetzenden Vervollkommnung der menschlichen Spezies, insofern der gegenwärtige und künftige ‚Kampf ums Dasein' und die damit verbundene natürliche Selektion immer optimalere, immer besser angepasste Formen menschlichen Seins hervorbrächte.

Von den begeisterten, eurozentrisch denkenden Naturforschern wurde die Differenz zwischen europäischen Menschen und solchen anderer Kontinente (z.B. Hautfarbe, Schädelform) als Beleg für die gleichzeitige Existenz von Menschen auf unterschiedlich weit fortgeschrittenem Entwicklungsniveau genommen. Man kam nicht auf die Idee einer Gleichzeitigkeit der Existenz unterschiedlich angepasster, aber dennoch gleich hoch entwickelter Menschen. Vielmehr ging man von unterschiedlich weit entwickelten Rassen der Menschheit aus, wobei die europäischen Menschen die höchste Entwicklung repräsentierten und davon abweichende Rassen als frühere Stadien der Entwicklung gedeutet wurden (vgl. Kappeler a.a.O.: 75). Statt diesen mit Respekt zu begegnen, machten sich „(…) die Weißen überall auf der Welt mit ihrer Zivilisation selbst zum entscheidenden Umweltfaktor (…)" und betrachteten lokale Völker entsprechend als weniger entwickelt (a.a.O.: 46). Kappeler spricht vom „heimlichen Lehrplan der Evolutionstheorie des Imperialismus" (ebd.), mit dem koloniale Ausbeutung und militärische Unterwerfung naturwissenschaftlich legitimiert werden konnten.

‚Bio-Logik' wurde so anschließbar an die oben skizzierte imperiale bzw. Kolonialpolitik, gar zu ihrer legitimatorischen Grundlage. Zugleich schien die Höherentwicklung der eigenen Bevölkerung durch ‚angewandte' Biologie *machbar*, die Einflussnahme auf die folgenden Generationen der eigenen Art bzw. der eigenen Rasse. Neben einer *natürlichen* Zuchtwahl lässt sich auch (wie in der Landwirtschaft) eine *künstliche* Zuchtwahl denken. Das Projekt der Aufklärung, die Verbesserung der Menschen und der Gesellschaft, erfuhr eine bio-logische Ausdeutung. Eine pragmatisch-utilitaristische Wendung theoretischer Biologie führte in die Richtung politischer und medizinischer Bestrebungen der aktiven, rationalen Verbesserung des Menschen, einer Volksgruppe oder einer Rasse, seit Francis

Galtons Arbeiten als ‚Eugenik' bezeichnet. Hier lassen sich unter ähnlichen Topoi geführte Diskurse anschließen: ‚Rassen-Hygiene', ‚Sozial-Hygiene', ‚Menschenökonomie'. Das an Darwin anschließende Denken nahm in der zweiten Hälfte des 19. Jahrhunderts in einigen Fällen mehr, in anderen weniger radikale Formen an. Einerseits wurde über Formen der direkten Steuerung der Fertilität der Bevölkerung nachgedacht, die auf eine Vermehrung ‚wertvollen' Lebens abzielte und ‚unwertes' Leben an der Fortpflanzung hindern wollte, wobei auch medizinische Eingriffe wie die Sterilisation oder eine Internierung als Option erwogen wurden; ein Weg, der in radikal übersteigerter Form zum industriellen Genozid im Dritten Reich führte. Andere Autoren (bspw. Rudolf Goldscheid, s.u.) plädierten ausschließlich für eine Optimierung der Lebens- und mithin auch Fortpflanzungsbedingungen der (gesamten) lebenden Bevölkerung, um auf diesem Wege ‚Aufwuchs' zu gewährleisten. Eine Selektion bzw. Beseitigung bestimmter Bevölkerungsgruppen kam hierbei nicht in Frage.

So scheint das Denken unterschiedlichster Protagonisten um die Jahrhundertwende beeinflusst durch die neue Evolutionstheorie. Ihnen allen gemein scheint, dass sie den Schritt von der *Beschreibung vergangener Entwicklung des Menschen* zur *Formung des künftigen Menschen* vollzogen haben, die in eben dem Maße als machbar erschien, wie die erbgeschichtliche Entwicklung des Menschen als empirisch erwiesen galt. Gleich, ob es konkret um die Heranbildung von ‚Rekrutenmaterial' oder allgemeiner um optimierten ‚Volksaufwuchs' ging: Ein biologisch informierter Blick richtete sich auf die *conditio humana*, die Lebensbedingungen der Menschen. Zwei Fälle ‚praktischer Anwendung' sind die ‚Menschenökonomie' des Soziologen Rudolf Goldscheid und die ‚Sozialhygiene', am Beispiel einer Schrift Alfred Grotjahns.

Goldscheid veröffentlichte 1911 sein Werk „Höherentwicklung und Menschenökonomie – Grundlegung der Sozialbiologie". ‚Menschenökonomie' sei die „Lehre vom organischen Kapital",

> „(…) von jenem Teil des nationalen Besitzes also, den die Bevölkerung selber darstellt, von den organischen Produktivkräften, von dem wichtigsten Naturschatz, über den ein Land verfügt. Der Konsumtion *der* Menschen stellt sie gegenüber die Konsumtion *an* Menschen (…)" (Goldscheid 1911: 488, Herv. i. Orig.).

Menschen gelten in diesem Zitat ökonomisch als *Konsumtionsgut*, als Teil des nationalen Kapitals. Menschen sind (ökonomische) Ressource. Goldscheid zu Folge müsse die Bewirtschaftung der Bevölkerung mit einem landwirtschaftlichen Betrieb (Ackerbau, Viehzucht) verglichen werden. Anders als dort, wo mit Umsicht auf die Optimierung der Ernteerträge hingearbeitet werde, finde eine derart rationale Bewirtschaftung der Bevölkerung nicht statt (a.a.O.: 489f.). Genau solche „Meliorationsbestrebungen" mahnt er an:

> „Hat man nun genau festgestellt, unter welchen Bedingungen der Mensch erzeugt wird, (...) so muß man auch dazu übergehen, ein scharfes Bild von der Aufzucht der Produkte zu entwerfen. Wir wissen in der Tierzucht ganz genau, daß die Produkte, die in einem Musterbetrieb zustande kommen, andere Eigenschaften aufweisen, als solche, die in einer unmodern geleiteten Wirtschaft aufwachsen. (...) Wir haben darum zu untersuchen: Wie steht es in der Menschenökonomie mit den Aufzuchtverhältnissen? Wie ist es hier mit der Milchversorgung der Säuglinge, wie mit der späteren Ernährung der Individuen während ihrer Wachstumsperiode beschaffen, wie steht es mit Stall und Wartung? Man kann direkt sagen: je nüchterner man alles bloß Vegetative im Menschen im Sinne eines guten Landwirtes betrachtet, je leidenschaftsloser man Menschenökonomie more organico, wie Agrikultur etwa betreibt, um so mehr wirkt man im Geiste höchster seelischer Kultur, um so mehr ist man auf dem Wege, die unentbehrlichen Voraussetzungen zur höchsten seelischen Kultur zu schaffen. Nur der Mensch als bestgepflegtes Tier, als optimal erzeugtes organisches System gibt den geeigneten Boden für volle Ausgestaltung aller in ihm liegenden Anlagen ab. Der erforderliche und gut geheißene Kostenaufwand für die Entfaltung der Anlagen ist genau so abzuschätzen und abzugrenzen, wie die Meliorationsbestrebungen in der Landwirtschaft, denen man erst Einhalt gebietet, (...) wenn der Boden die zugesetzte Arbeit nicht mehr lohnt" (a.a.O.: 491f., Herv. i. Orig.).

Eine Hebung der *Kultur* gilt ihm hier als strikt *biologisches* Vorgehen („more organico"). Goldscheid fordert eine Optimierung der Bevölkerung, betrieben durch einen rational bewirtschaftenden Staat. Dabei setzt er bei der reproduktiven Funktion der Familie an, in der Menschen „in Hauswirtschaft" als vielfach ungeplantes Nebenprodukt erzeugt würden (a.a.O.: 489). Erzeugung und Aufzucht von Kindern fände dort naturwüchsig, nicht rational gesteuert, und damit suboptimal statt. Dies unterscheide sie vom Musterbetrieb, der hochwertige Qualitätsware produziert. Eugenische Maßnahmen lehnte er ab: Man dürfe „organische Schäden" nicht durch „Selektion" beseitigen, vielmehr müsse man die „Menschenfabrikation" so grundsätzlich reformieren, dass ein Ausmustern Minderwertiger nicht mehr notwendig sei (a.a.O.: 494f.). Der Mensch sei nicht in „Nutz-, Schlacht- und Zuchtvieh" (a.a.O.: 493) unterscheidbar, so dass dieser Weg der Gestaltung der Qualität der Bevölkerung entfalle. Es geht um ein *Düngen*, nicht ein *Beschneiden* der Pflanze. Von dieser Warte aus formuliert er eine paradigmatische Umstellung der Sozialpolitik. Es handele sich bei sozialer Fürsorge nicht um eine mildtätige Leistung. Vielmehr sei diese Aufgabe in die volkswirtschaftliche Kosten-Leistungs-Kalkulation einzurechnen. Es handele sich um Investitionen in Aufzucht und Ausbildung, die sich im Laufe der Zeit amortisierten. Eine Gesellschaft, die die Menschen aus ihren Produktionskosten herauskalkuliere und sie zugleich in immer rascherem Tempo ausbeute, zehre an den Ressourcen des Volkes, ohne sie zu pflegen:

> „Es läßt sich darum direkt sagen: die gesamte Kulturgesellschaft lebt heute weitaus über ihren Verhältnissen, weil sie von ihrem organischen Kapital, statt nur von dessen Zinsertrag zehrt. (...) Unsere Zeit stellt eine Phase der Kultur dar, die dadurch gekennzeichnet ist, daß alle Reserven unseres Seins und Habens angegriffen werden. Diese Reserven werden angegriffen durch die Steigerung der Intensität der Arbeit nach jeder Richtung hin, sie werden in noch höherem Maße angegriffen durch die Hineinzerrung der Frau in den Produktionsprozeß. Dies und vieles andere droht nur dann nicht, in Debetposten umzuschlagen, wenn wir mit der größten Energie und Umsicht dahin streben, durch umfassende Kompensationen neue Reserven und Sicherungen zu schaffen. Auf die Produktion dieser neuen Reserven und Sicherungen arbeitet nun die Sozialpolitik und Sozialhygiene hin" (a.a.O.: 498f.).

Die hier gezeichnete Krise besteht darin, dass die ‚Ressourcen' der Gesellschaft aufgebraucht, Menschen als biologische Grundlage der Gesellschaft über die Maßen ausgebeutet würden, statt auf langfristige und nachhaltige Bewirtschaftung zu setzen. Das müsste bedeuten, von ‚Überschüssen' bzw. dem ‚Zinsertrag' zu zehren, nicht den menschlichen ‚Kapitalstock' anzugreifen.

Ziel aller Menschenökonomie ist die Optimierung der Bevölkerung. Regeneration der Bevölkerung findet in der Familie statt, die damit in den Fokus der Betrachtung rückt. Man darf ihr traditionell-naturwüchsiges Umgehen mit Erzeugung und Erziehung des Nachwuchses nicht länger hinnehmen, es bedarf rationeller Aufzucht zum Wohle des Staates. Auch dies weist auf die Notwendigkeit hin, in Versorgung und Erziehung der Kinder einzugreifen und würde ein einschlägiges staatliches Engagement in der Veranstaltung öffentlicher vorschulischer Angebote legitimieren.

Alfred Grotjahn veröffentlichte 1921 einen Ratgeber mit dem Titel „Die hygienische Forderung", in dem er die Grundannahmen und das Aufgabenfeld der ‚Sozialhygiene' darlegte. Der Mensch sei ein Kulturwesen, so dass man die (bisherige) biologische Hygiene um eine soziale ergänzen müsse.

> „Diese soziale Hygiene allein kann uns lehren, hygienische Kultur zu vertiefen, zu vereinfachen und zu verallgemeinern. (...) Die Not der Zeit wird diese Entwicklung beschleunigen. Denn das Ziel der Gesundheitspflege ist nicht die Gesundheit einiger Bevorzugter, sondern die *Verallgemeinerung der Körperkultur* in allen Schichten unseres Volkes. Sie erstreckt sich weiterhin auch auf die kommenden Geschlechter und hat als Endziel nichts mehr und nichts weniger als die *ewige Dauer des eigenen Volkes*" (Grotjahn 1921: 179, Herv. i. Orig.).

‚Sozialhygiene' setzt sich zunächst und allgemein die Steigerung der Geburtenzahlen und die Senkung der Sterblichkeitsraten zum Ziel (a.a.O.: 7). Unter diesem Fokus befasst sie sich mit einer Vielfalt von Lebensbereichen, denen sie aus medizinischer Sicht Vorgaben macht. Es geht um die Bekämpfung von Krankheiten auf dem Wege bspw. der Impfung, der Desinfektion, allgemein der Hebung von Reinlichkeit (a.a.O.: 10ff.). Hierzu zählen u.a. vielfältige Hinweise auf die richtige Form des Waschens und der Körperpflege. Des Weiteren gibt Grotjahn Ratschläge für die Wahl der richtigen Kleidung (a.a.O.: 33ff.), der richtigen Ernährung (40ff.), wozu auch Hinweise über angemessene Nahrungsmittel und ihre Zubereitung zählen, sowie zur Einnahme der Mahlzeiten. Er äußert sich ferner über die richtige Gestaltung eines Bettes (a.a.O.: 39), über Sport (a.a.O.: 95ff.), über Fortpflanzungshygiene bzw. Eugenik (a.a.O.: 85), sowie über ein hygienisches Familienleben (a.a.O.: 111ff.), was Fragen der Kinderaufzucht ebenso beinhaltet wie ‚sexuelle Hygiene' (122ff.). Schließlich geht er auf Fragen der Städteplanung ein (a.a.O.: 152ff.), was u.a. Kanalisation, Straßenreinigung, Abfallentsorgung, Wasserversorgung und Wohnraumgestaltung umfasst.

Formuliert wird eine Fülle von z.T. äußerst detaillierten Vorgaben und Ratschlägen zu vielfältigen Bereichen des alltäglichen, gesellschaftlichen und persönlichen Lebens, bis hinein in die allerprivateste Lebensführung. Erneut können unter einer kontingenten Formel – ‚Sozialhygiene' – quasi beliebige persönliche und soziale Aspekte Gegenstand von Forderungen und Anweisungen werden, jetzt unter biologisch-medizinischen Kriterien.

Explizit wird das Thema des Überlebens und Überdauerns der eigenen Nation als zentraler Referenzpunkt definiert, auf den alle sozialhygienischen Bemühungen hinarbeiten. Auch jenseits militärischer Forderungen nach ‚Wehrkraftsteigerung' erschien es nach dem Krieg notwendig, Quantität und Qualität der Bevölkerung zu optimieren (s.u.). Sozialhygiene wurde hierfür als rationelles Mittel der Stärkung der Nation präsentiert.

> „Der Wiederaufbau unserer Volkskraft erfordert ungeheuere Anstrengungen einer dichten und leistungsfähigen Bevölkerung, die auf eng begrenztem Raume zu wirken genötigt ist. Unter solchen Bedingungen wird eine Ausgestaltung der Gesundheitspflege zur zwingenden Notwendigkeit, die sich von jeder Entartung in verfeinerte Komforthygiene fernhält, vielmehr alle Volksgenossen gleichmäßig umgreift und als soziale Hygiene den Gemeinschaftsverbänden in Volk und Staat gesundheitsfördernde und krankheitsabwehrende Maßnahmen auferlegt, zu denen die Kraft des Einzelnen nicht ausreicht" (Grotjahn 1921: 7).

Es gilt auch hier die Forderung nach zahlreicher, kräftiger und gesunder Bevölkerung, ebenso die Erwartung, dass diese Aufgabe Sache des Staates und (subsidiär) freier Träger zu sein habe. In der (beeinflussenden Steuerung der) Lebensführung des Einzelnen sowie den Familienverhältnissen und der Ausgestaltung des sozialen Nahraums wird der Kern des Fortbestehens der sich nach dem Kriege wieder erholenden Nation gesehen:

> „(…) die Kleinigkeiten, auf die sie [die hygienische Lebensführung] zu achten verlangt, stehen in den engsten Beziehungen zu den Entfaltungsmöglichkeiten der nationalen Gemeinschaft. Das gilt nicht nur von der eigentlichen sozialen Hygiene, sondern auch schon von der hygienischen Lebensführung des Einzelnen. (…) [Es] hat aber jeder die doch recht befriedigende Gewissheit, daß, wenn alle oder der größte Teil der Mitglieder einer Familien-,

> Berufs-, Siedlungs- oder Volksgemeinschaft sich eines gesundheitlich einwandfreien Lebenswandels befleißigen, die Annehmlichkeiten aller vervielfältigt, die durchschnittliche Lebensdauer außerordentlich steigen, die Krankheits- und Sterblichkeitshäufigkeit auf den denkbar niedrigsten Stand sinken und der Volkswohlstand sowie die nationale Geltung sich schnell wieder heben würde. So dient der Einzelne durch sein persönliches Verhalten der Gemeinschaft und kann als Gegenleistung verlangen, daß auch die Gemeinschaftsverbände ihm alle gesundheitlichen Maßnahmen zur Verfügung stellen, für deren Beschaffung er allein zu schwach ist und die nur von den mächtigen Organisationen des Staates, der Gemeinden, der Versicherungskörperschaften, der Berufs- und Zweckvereinigungen ins Leben gerufen und unterhalten werden können" (Grotjahn 1921: 8f.).

‚Sozialhygiene' nutzt sowohl den Individuen als auch der Nation insgesamt. Individueller und kollektiver Nutzen werden in eins gesetzt, von Maßnahmen der Gesundheitsförderung profitieren alle. Man könnte von einer *win-win-Situation* sprechen.

Grotjahn beschreibt als Feld sozialhygienischer Forschung und Praxis u.a. die Fortpflanzung im Rahmen der Familie und deren Überwachung (s.o.). Kennwert für das Erreichen einer starken Nation, bestehend aus einer Vielzahl gesunder Menschen, sei eine hohe Geburtenziffer.

> „Endlich muß *die Fortpflanzung im Rahmen der Familie* der hygienischen Überwachung in einem Grade unterstellt werden, daß die Entstehung körperlich und geistig Minderwertiger hintenangehalten und die Aufzucht einer hinreichend großen, den nationalen Auftrieb sicherstellenden Zahl rüstiger Nachkommen dauernd gewährleistet wird" (Grotjahn 1921: 9, Herv. i. Orig.)[82].

Fortpflanzung erscheint neben der Senkung der Sterberate als zentraler Hebel zur Vermehrung der Bevölkerung. Diese galt hinsichtlich der Kriegsfolgen als wichtiges Problem. Während zwischen 1871 und 1914 die Bevölkerung des Deutschen Reiches um 60% von 41 Millionen auf 65 Millionen Menschen zugenommen hatte, hatten der Weltkrieg und seine Folgen bis 1925 zu einem Verlust von ca. 11 Millionen Menschen geführt (vgl. Wehler 2003: 231ff.). Ein dramatischer demographischer Einbruch, der durch direkte Verluste im Krieg, Hunger, Versorgungsmängel u.a.m. zustande kam, aber auch durch den Umstand, dass aufgrund der Menge gefallener Männer nach dem Krieg Eheschließungen und damit neue Familiengründungen in geringerem Maße möglich waren. Direkte und indirekte Effekte des Krieges führten zu einem dramatischen Rückgang der Bevölkerung. Entsprechend wichtig galt der Aufwuchs der Bevölkerung nach dem Krieg; und entsprechend problematisch wurde die Tendenz der Nutzung moderner Verhütungsmittel durch die Familien gesehen.

82 Aus Raumgründen und weil für sie die Frage der Vorschulerziehung nicht relevant erscheint, soll die explizit eugenische Position Grotjahns hier nicht dargestellt werden. Siehe hierzu Kappeler (2000: 310ff.).

„In einer Zeit, in der der bei allen Kulturvölkern beobachtete *Geburtenrückgang* die Besorgnis der Ärzte und Politiker in gleich hohem Maße erregt, (...) ist es von grundlegender Wichtigkeit, mit der quantitativen Fortpflanzungshygiene den Anfang zu machen, der die Verbesserung der Qualität der Bevölkerung erst nachzufolgen hat. (...) Dauernde Verminderung der Bevölkerungsmenge kann (...) nicht nur, sondern muß mit Sicherheit zum Untergange der Bevölkerung – zum Völkertode führen" (Grotjahn 1921: 141f. Herv. i. Orig.).

Ähnlich dem militärischen Diskurs, aber auch den Gedanken Goldscheids, wird ein polarisierendes Krisenszenario gezeichnet: Nationales Erstarken oder Untergang, „Völkertod". Wachstum der Bevölkerung wird zum politischen Desiderat. Der Ort, an dem Bevölkerungswachstum stattfindet bzw. prozessiert wird ist auch hier die Familie, der „Urgrund aller Kultur" (a.a.O.: 148f.). Wie auch schon im Falle des militärischen Diskurses oder der Aussagen Goldscheids spricht Grotjahn den Familien potentiell die Fähigkeit rationalen Handelns ab, mindestens zieht er sie stark in Zweifel. Empfängnisverhütung versetze die Familien in die Lage, die Zahl ihrer Nachkommen willentlich zu beschränken. Hier entstünden Gefahren für die Nation, der ein vielköpfiger Nachwuchs durch die individuelle Familienplanung verwehrt werde (a.a.O.: 144). Es erscheint nicht ausreichend, diese Entscheidungen allein der Familie zu überlassen. Unter anderem wird an „nationale Gesinnung" (a.a.O.: 145) appelliert, um zahlreichen Kinderwunsch in den Familien anzuregen. Es sei „(...) mit Nachdruck zu betonen, daß die Leistung eines der Zahl nach ausreichenden Nachwuchses die erste nationale Pflicht der Elternpaare ist" (a.a.O.: 149). Gefordert wird eine Indienstnahme der Familien zum Wohle der Nation, einhergehend mit einer deutlichen Einschränkung ihrer Entscheidungsfreiheit. Zur Lösung des Problems schlägt Grotjahn veritable biopolitische Maßnahmen vor: eine „Elternschaftsversicherung" (a.a.O.: 148), Lohnzahlungen abhängig von der Kinderzahl sowie die unterschiedliche Besteuerung kinderreicher und kinderloser Familien; mithin: „(...) die wirtschaftliche Begünstigung der kinderreichen Familien (...)" (ebd.).

Folgendes Zitat soll abschließend das bisher Gesagte in den Worten Grotjahns resümieren. Neben der Bedeutung der Familie werden noch einmal die quantitativen und qualitativen Aspekte einer optimalen Bevölkerungsentwicklung betont. Die Sicherung eines *gesunden Nachwuchses* legt auch hier den Gedanken an eine öffentlich veranstaltete und kontrollierte Erziehung nahe. Zugleich verwendet Grotjahn schlussendlich eine Formulierung, die einen direkten Bezug zur pädagogischen Diskussion der Zeit aufweist und das Wissen des Autors um diesen Diskurs belegt: das „Jahrhundert des Kindes" – aus „nationalen" Gründen im Plural gefasst.

„Die Familie hat in der Neuzeit ihre Rolle als Güter herstellende Stätte gewiß mehr und mehr eingebüßt und dadurch an wirtschaftlicher Bedeutung erheblich verloren. Dafür sind ihre übrigen Aufgaben an Umfang und Anspruch auf Verantwortlichkeit außerordentlich gewachsen, namentlich die der *Kinderaufzucht*, die wir uns denn doch nicht mehr so leicht machen dürfen, wie unsere Vorfahren es in ihrer Ahnungslosigkeit zu tun pflegten. (...) Der *gesunde Mensch* – nicht mehr bloß eine möglichst ansteckungsfreie Umgebung – der gesunde Mensch muß das Ziel sein, nach dem sich in Zukunft unsere Gesundheitspflege orientieren wird. *Und von diesen gesunden Menschen ihrer recht viele!* Das führt ohne weiteres zu einer vermehrten Gesundheitspflege des *Nachwuchses* unseres Volkes, die zurzeit noch außerordentlich viel zu wünschen übrig lässt. (…) Der Krieg hat uns gelehrt, daß hier ein Ausgleich geschaffen und vor allem das Kindesalter mehr als bisher zum Gegenstand der *sozialen Hygiene* gemacht werden muß. Denn darüber kann kein Zweifel sein: schon aus nationalen Gründen wird das Jahrhundert für Deutschland nicht das Jahrhundert *des* Kindes, sondern das Jahrhundert *der Kinder* sein müssen" (Grotjahn 1921: 111f. Herv. i. Orig.).

Die bis hier skizzierten militärischen und (i.w.S.) biologischen Diskurse waren an der Wende zum zwanzigsten Jahrhundert wirkmächtig in öffentlichen Debatten. Sie standen erkennbar nicht in einem Verhältnis zusammenhangloser Parallelität. In beiden findet man Querverweise und argumentative Verbindungslinien.

So erschien beiden die aggressive Auseinandersetzung, der Kampf bzw. Krieg, essentiell. Im Falle des Militärs als historisch belegbare Tatsache, als Ereignis von hohem kulturellem Wert, als *biologische Notwendigkeit*, als unvermeidliches und wünschenswertes Geschehen. Im Falle der biologischen Perspektive als ‚Kampf [sic!] ums Dasein' und seit Darwin als Grundmechanismus der Evolution der Arten auf dem Wege einer Selektion, in der die überlegenen Arten sich durchsetzen. Das Militär sah ferner die Erkenntnisse der Biologie als bedeutsam für die Optimierung der Bevölkerung an, zur Herstellung einer Überlegenheit im Krieg unter Bedingungen der allgemeinen Wehrpflicht und des Einsatzes von Massenheeren. Für die eugenisch-biologische Perspektive war, mindestens logisch, die kriegerische Auseinandersetzung zwischen Völkern eine immer vorhandene Option.

Beide verwiesen – nach je eigener Logik – auf die Möglichkeit und Notwendigkeit der Optimierung der Bevölkerung in quantitativer und qualitativer Hinsicht. Im Falle des Militärs ging es um die Bereitstellung von ‚Rekrutenmaterial' und dem Gegner überlegener Soldaten, in biologischer Sicht lockte die Möglichkeit, den ‚vollkommenen Menschen' (Kappeler) eugenisch über Generationen zu züchten. Beide legitimierten sich mit dem Wohl und der Dauer der Nation.

Ungeachtet funktionalistischer und rein humanitärer Deutungsmuster wird erkennbar, dass diese ganz unterschiedlichen Teildiskurse der Öffentlichkeit eine öffentliche Betreuung und Versorgung von Kindern nahelegten und legitimierten. Ihren unterschiedlichen Logiken folgend zeichneten sie alle das Bild nationaler Krisen, der Notwendigkeit quantitativer und qualitativer Optimierung der Bevölkerung, ein Misstrauen hinsichtlich der Leistungsfähigkeit der Familie in diesen Dingen und daher der dringenden nationalen, d.h.: staatlichen Aufgabe, sich dieser Probleme anzunehmen. Hieraus, aus dieser diskursiven Großwetterlage, lässt sich die eingangs gezeichnete Uminstitutionalisierung der Versorgung kleiner Kinder und damit das in dieser Zeit gesteigerte staatliche Engagement plausibel erklären. Zum ‚sozialhygienischen Motiv' bzw. dem Krieg als Voraussetzung staatlichen Handelns käme – beide überlagernd und in beiden vorhanden – mindestens noch ein weiteres ‚Motiv' hinzu, nämlich der verbreitete *Zweifel an der Familie*, die eine Schlüsselstellung in allen Deutungsmustern innehatte. Neben der hier geleisteten, erweiterten Darstellung der Semantiken um ‚Krieg' und ‚Sozialhygiene' müsste als plausibilisierende Annahme also *drittens* der Verdacht des Versagens der Familie in Erklärungsversuche für staatliches Eingreifen in die Betreuung kleiner Kinder einbezogen werden.

Insbesondere die evolutionstheoretischen Deutungsmuster weisen keinen (nennenswerten) Bezug auf Erziehung oder Volksbildung auf; Erziehung spielt hier scheinbar nicht die entscheidende Rolle. Das erscheint aus biologischer Sicht plausibel. In dieser Perspektive, die sich mit der Vererbung von Merkmalen über Generationen befasst (nach Darwin, nicht nach Lamarck!), die also pädagogisch wenig beeinflussbare *inter*generationale und genetische Prozesse beobachtet, kann Erziehung kaum als besonders einflussreiche Größe gelten. Indessen erscheint eine gesunde, ‚hygienische' Versorgung des Nachwuchses in öffentlichen Einrichtungen geboten, um einen vielköpfigen und gesunden Aufwuchs der Nation zu gewährleisten und so zur *intra*generationalen Bevölkerungsoptimierung beizutragen. Nicht zuletzt deshalb, weil den Familien in dieser Hinsicht misstraut wird. Das charakterisiert Leistungserwartungen an Kindergärten aus biologischer bzw. hygienischer Sicht. Eine projektierte Verbesserung des Volkes über Generationen kann mittels Erziehung jedoch nicht gedacht werden.

Einrichtungen für kleine Kinder brauchen aber, wenn man sie nicht allein als ‚Heilanstalten' oder ‚Zuchtstationen' konzipieren will, *pädagogische Konzepte*. Von daher kann gefragt werden, inwiefern solche Konzepte auf die genannten öffentlichen Diskurse reagierten. Die Theorie Maria Montessoris, die als Pädagogik deutlich erkennbar an medizinisch-biologische Denkmuster anschlussfähig ist, sich andererseits aber auch eigentümlich vom bisher Beschriebenen unterscheidet, soll hierfür im Folgenden als exemplarischer Fall herangezogen werden.

5.5 Erziehung als Therapie – der Fall der Montessori-Pädagogik

Nähert man sich der Pädagogik Maria Montessoris (1870-1952), so trifft man auf ein unüberschaubar weites Feld von Publikationen unterschiedlichen Charakters. Ganze Bibliotheken ließen sich mit Werken von ihr und über sie füllen. Neben einer großen Zahl von Schriften der Autorin selbst finden sich unzählige Auslegungen, Interpretationen und Analysen über sie, die aus vielfältigen Perspektiven heraus verfasst worden sind (vgl. Böhm 2010: 27). Herauszustellen ist insb. die Unterscheidung, die Winfried Böhm trifft: Man kann Exegese betreiben, man kann die Programmatik Montessoris auslegen, vertreten, verfechten, in der Praxis dokumentieren und diese entlang immanenter normativer Prämissen weiter zu vermitteln versuchen; oder – und dieser Perspektive soll hier gefolgt werden – man kann sich dem Denken Montessoris distanziert-analytisch nähern (vgl. Böhm a.a.O.: 11).

Es kann in vorliegender Studie nicht darum gehen, den ausgeuferten Diskursen über Montessori (vgl. schon Schulz 1961) einen weiteren Beitrag hinzuzufügen. Stattdessen wird der ,Fall Montessori' hier im Rahmen der vorgelegten Studie in Anspruch genommen, um anhand der Pädagogik der ,Dottoressa' zu veranschaulichen, inwiefern sie in ihrem Denken – zeitlebens – konform ging mit spezifischen Denkströmungen ihrer Zeit, die sich durchaus seit der Mitte des 19. Jahrhunderts über unterschiedliche politische Phasen hinweg durch Europa zogen. Zweifellos war die erste Hälfte des zwanzigsten Jahrhunderts geprägt von Kriegs- und Gewalterfahrung und einer Militarisierung der Gesellschaft. Andererseits aber auch, wie oben beschrieben, durch einen Aufschwung der Biologie und der Medizin, einer Vernaturwissenschaftlichung, Klinisierung oder Medizinalisierung, die sich sowohl durch spektakuläre wissenschaftliche Erkenntnisse und Fortschritte ausdrückte (Charles Darwin, Robert Koch, Alexander Fleming, Sigmund Freud) als auch durch eine Durchdringung des alltäglichen Lebens bis in kleinste Details mit dem Gedanken der ,Hygiene'. Der Mensch – und in Summa: die gesamte Gesellschaft als Population, als Volk – wurde zum Gegenstand der Betrachtung aus biologischer und medizinischer Perspektive, Anthropologie, Biologie und Medizin als Naturwissenschaften zu bedeutsamen Paradigmen gesellschaftlicher Beobachtung und Gestaltung. In dieser Perspektive nimmt es nicht Wunder, dass es mit Montessori eine *Ärztin* war, die sich des Gegenstandes der Erziehung angenommen hat. Montessori war, nach eigenem Bekunden, keine Lehrerin oder Pädagogin (vgl. Montessori zit. in Böhm a.a.O.: 71). Ihr Interesse an Kindern und ihrer Erziehung war wissenschaftlich und klinisch motiviert[83], ihre Pädagogik eine Form der Heilpädagogik (vgl. Fuchs 2003: 77f.; s.u.). Dabei steht ihr Denken in einer eigentümlichen Spannung. Einerseits argumentierte sie strikt naturwissenschaftlich und das meint in ihrer Zeit: positivistisch (vgl. Fuchs 2003, Montessori 1913a,b). Entsprechend lehnte sie metaphysisches

83 „Sobald ich wußte, daß eine Klasse von Kleinen mir zur Verfügung stand, hatte ich den Wunsch, mir aus dieser Schule ein Versuchsfeld für wissenschaftliche Pädagogik und Psychologie des Kindesalters zu machen" (Montessori 1913b: 67).

Philosophieren ab, betrachtete es als historisch durch die positiven Wissenschaften überholt. Andererseits erblickte sie aber in den ‚natürlichen' Vorgängen, die sie beobachten wollte, das Walten Gottes und ordnete das ‚Natürliche' ‚kosmischen Gesetzen' unter (vgl. Fuchs a.a.O.: 94ff.; 2002)[84].

Die vorliegende Analyse kann nicht anders verfahren, als verkürzend, quasi holzschnittartig zentrale Elemente der Montessori-Pädagogik aufzugreifen und den Versuch zu unternehmen, entlang der gewählten Beobachtungskategorien die Verbindungen zwischen öffentlichen Diskursen und Montessoris pädagogischen Erörterungen aufzuzeigen.

5.5.1 Normative Kategorien

Pädagogische Anthropologie: Wesentliches Fundament der Theoriebildung Montessoris ist die Anthropologie in der Form, in der sie zeitgenössisch betrieben wurde. Ihr erstes Großwerk, das 1910 in italienischer Sprache erschien, ist betitelt als „Antropologia Pedagogica" (Montessori 1913a)[85]. Darin legt sie ihr grundsätzlich positivistisches Wissenschaftsverständnis dar, zeigt Formen anthropometrischer Messung von Probanden auf sowie deren statistische Auswertung. Am Ende zielt ihre Arbeit auf die Bestimmung eines ‚medial man' (s.u.), der die Idealform des naturgemäß entwickelten Menschen darstellt. Montessori erforschte in der hier angedeuteten Weise Kinder und formulierte aus ihren Erkenntnissen Anweisungen für einen richtigen, d.h.: ‚naturgemäßen' pädagogischen Umgang mit ihnen. Hier interessiert insbesondere, inwiefern sie das Kind als erziehbares Wesen zeichnet, ferner, worin sie seine Erziehungsbedürftigkeit erblickt.

Grundsätzlich setzt Montessori, betrachtet man die Bildsamkeit des Kindes, mehr auf ‚Entwicklung' als auf ‚Erziehung' (vgl. Montessori zit. in Böhm 2010: 93). Anders ausgedrückt fokussiert sie die Aneignungstätigkeit der Kinder, nicht die Vermittlungstätigkeit der Erziehenden.

> „Alle können einer schwachen und unterlegenen Person befehlen und sie unterdrücken, aber niemand kann eine andere Person ‚entwickeln'. Die ‚Entwicklung' kann nicht gelehrt werden" (Montessori 1972: 184).

84 Auf ihre kosmische Theorie wird hier nicht eingegangen. Zur skizzierten Spannung siehe die abschließende Diskussion unten.

85 Eine deutsche Übersetzung hat Angelika Hanisch im Rahmen ihrer Dissertation vorgelegt (Hanisch 2012).

Ein Vermitteln von Kenntnissen Erwachsener an Kinder lehnt sie als Unterdrückung ab. Kinder entwickeln sich ungeachtet – nicht unabhängig von – einer Erziehung, die sie erfahren. Dabei beginnt die Entwicklung an einem Nullpunkt: Am Anfang ist das Kind ‚Nichts', es muss alles, was es wird, alle Eigenschaften und Fähigkeiten nicht nur entfalten, vielmehr von Grund auf aufbauen. Es ist nicht nur Entwickler, sondern gar Schöpfer seiner selbst (Montessori 1988: 58).

> „Beim menschlichen Wesen handelt es sich also nicht um eine Entwicklung, sondern um eine Schöpfung, die vom Nullpunkt ausgeht. Der wunderbare Schritt, den das Kind zurücklegt, führt vom Nichts zum Etwas, und es fällt uns schwer, dieses Wunder verstandesmäßig zu erfassen (...) Das Kind verfügt über andere Kräfte, und die Schöpfung, die es vollbringt, ist keine Kleinigkeit: die Schöpfung des Ganzen. Es schafft nicht nur die Sprache, sondern formt auch die Organe, die es ihm ermöglichen, zu sprechen. Jede körperliche Bewegung, jedes Element unserer Intelligenz, alles, womit das menschliche Individuum ausgestattet ist, wird vom Kind geschaffen. Eine wundervolle Eroberung, die unbewusst vollbracht wird" (Montessori zit. in Fuchs 2003: 54f.).

Im Kind existieren nach Montessori Kräfte (‚Horme', vgl. Fuchs 2003: 53), die es dazu treiben, sich entlang eines inneren Bauplans (vgl. Montessori 1972: 45; 1988: 56) aktiv mit seiner Umwelt auseinander zu setzen. In auftretenden sensiblen Phasen (vgl. Montessori 1988: 60ff.) widme es sich dabei Gegenständen seiner Umwelt, wobei diese Beschäftigung zur Entstehung und Genese seiner Persönlichkeit beitrüge. Die Bildsamkeit des Kindes wird in hohem Maße autopoietisch gedacht. Das Kind entfalte sich selbst, physisch wie psychisch, entlang eines inneren Plans, der ihm von der Natur eingeschrieben werde. Dabei verfahre es zunächst, bis zum Alter von etwa drei Jahren, nicht planvoll oder bewusst, vielmehr sauge es Eindrücke aus seiner Umgebung auf, es absorbiere sie. Diese zunächst unzusammenhängend vorhandenen Eindrücke, die sich als Strukturen in eine Art körperliches Gedächtnis einprägen (‚Mneme'; vgl. Montessori 1972: 57; Fuchs a.a.O.: 54), die in Worten Montessoris ‚inkarniert' werden, zu „geistigem Fleisch" werden (Montessori 1972: 23, 47; 1988: 48ff.), werden ab dem dritten Lebensjahr durch aktives und konzentriertes Tun (Umgang mit spezifischem Material, s.u.) miteinander zu sinnvollen Zusammenhängen verknüpft. Nicht nur der Terminus der Absorption, den Montessori hier verwendet, verweist semantisch auf ihre biologische Perspektive, sondern auch der Versuch, geistige Prozesse in quasi organische Form zu überführen, eine Art organische Repräsentanz zu konstruieren. Ferner der Gedanke, dass es sich bei diesem Zeitraum bis zum dritten Lebensjahr um eine zweite embryonale Phase handele, die der vorgeburtlichen folge (ebd.) und analog zu dieser zu denken sei. Montessori spricht vom Kind als einem ‚geistigen Embryo' (vgl. Montessori 1972: 55), von „psycho-embryonale[m] Leben" (a.a.O.: 61).

Wichtiges Merkmal der kindlichen Aneignungsfähigkeit sei schließlich eine tätige Auseinandersetzung mit der Welt. Das Kind müsse mit Gegenständen hantieren können, gemäß seiner geistigen Entwicklung:

> „Es ist geradezu undenkbar, dass sich die so mächtige und eindrucksvolle ‚normale Kraft' des Psychischen, auf der alle unsere Arbeit beruht, äußern könnte, ohne dass die Hand zusammen mit dem Geist tätig wird. Die Hand des Kindes muss von seinem Geist geführt werden. Das führt zur Entwicklung. *Die Hand ist das Organ des Geistes*" (Montessori zit. in Böhm 2010: 132).

Das Kind erscheint, zusammenfassend, als bildsam in dem Sinne, dass es von inneren Kräften getrieben sich tätig autopoietisch entfaltet, entlang einem ebenfalls inneren, ‚natürlichen' Bauplan (ein ‚Baumeister seiner selbst'). Die aktive Auseinandersetzung mit Gegenständen der Umwelt ist dabei essentiell, die Umwelt kann aber nicht – in Form bspw. erzieherischer Maßnahmen – diese Entwicklung bewirken. Die Entwicklung findet i.d.S. ‚zentral' als postnatale, embryonale Genese im Kind statt, die Umwelt stellt ein Konglomerat ‚peripherer' Begleitumstände dar (vgl. Montessori zit. in Böhm 1996: 45).

Die Frage nach der Erziehungs*bedürftigkeit* beantwortet Montessori anthropologisch mit dem Umstand, dass der Mensch, anders als die Tiere, nicht grundsätzlich instinktgeleitet sei. Daraus entstünden Handlungsspielräume, Wahlfreiheiten, die eine eigenständige Entwicklung notwendig machten:

> „Die Tatsache, dass das menschliche Neugeborene nicht wie das tierische von allem Anfang an von festen und unabänderlichen Leitinstinkten beherrscht wird ist ein Zeichen dafür, dass der Mensch ein gewisses Maß von Handlungsfreiheit besitzt. Diese macht eine besondere Durchformung erforderlich, die jedes Individuum von sich aus vornehmen muss und deren Ergebnisse daher unvorhersehbar sind" (Montessori zit. in Fuchs 2003: 56f.).

Auch hier betont Montessori wieder die unumgehbare Autopoiesis des Kindes. Eine notwendige ‚Durchformung' kann nur ein reiner Selbst-Actus sein. Erziehung wird aber v.a. deswegen notwendig, weil Kinder als ‚deviate', als ‚abweichende' und i.w.S. ‚kranke' Wesen angesehen werden:

> „Das also deviate Kind, das in unsere Schulen kam, welche es sich ja zur Aufgabe machen, das Kind zu normalisieren, kam zu uns mit einer Menge von Eigenschaften, man könnte sagen ‚infantilen Defekten', vielleicht auch mit funktionellen Krankheiten; es verwandelte sich aber in unseren Schulen in einen ganz anderen Typ" (Montessori zit. in Böhm 2010: 127; vgl. auch Montessori 1972: 171ff.; 180ff.).

Kinder erscheinen, vor einer Erziehung nach Montessori, als defekte Wesen. Sie zählt eine Reihe solcher Defekte exemplarisch auf (Montessori zit. in Böhm 2010: 127ff.): Das abhängige Kind, das in seiner Beziehung zu Eltern und Geschwistern allzu verstrickt ist; das „außerordentlich lebhafte Kind" (a.a.O.: 128), phantasievoll und intelligent, aber unbeständig und wenig konzentriert; das streit- und besitzsüchtige Kind; das launenhafte Kind; das schüchterne, ängstliche Kind; das verlogene Kind. Obgleich einige dieser Eigenschaften möglicherweise von Erwachsenen als wünschenswert angesehen würden (Aggressivität als Durchsetzungsfähigkeit; Schüchternheit als ‚Artigkeit'), handele es sich doch in allen Fällen um Abweichungen von der natürlichen Entwicklung des Kindes, die durch eine naturgemäße Erziehung als Entwicklungshilfe wieder herzustellen sei. Erziehung müsse durch periphere Einflüsse eine krankhafte, abweichende, deviate Entwicklung korrigieren indem sie dem natürlichen Bauplan eine ebenso natürliche Entfaltung ermöglicht. Die Erziehungsbedürftigkeit resultiert also daher, dass die Entfaltung des inneren Bauplanes, obgleich autopoietisch, dennoch von Umwelteinflüssen abhängt. Das Kind ist keine Monade. Diese Umwelteinflüsse können naturgemäß, aber auch nicht-naturgemäß sein und Montessori unterstellt allgemein empirisch Letzteres (bspw. Montessori 1988: 56). ‚Deviationen' entstehen entweder durch einen den ‚natürlichen' Entwicklungsgang des Kindes verzerrenden Einfluss oder aber durch eine mangelhafte Umgebung (vgl. Montessori zit. in Böhm 2010: 137). Die Kinder kommen, ihrer Auffassung nach, krank in ihre Schulen. Es ist Aufgabe der Schulen, sie von einem kranken Zustand zu einem ‚normalisierten' (s.u.) zu bringen. Das setzt geradezu eine klinische Bemühung um Genesung von Anfang an voraus:

> „In unseren Schulen ist diese ‚Genesung' nicht der Endzweck wie in den Kliniken für schwierige Kinder, sondern der Ausgangspunkt" (Montessori 1972: 185).

Erst ein ‚genesenes' Kind hätte die Voraussetzungen für eine weiterhin natürliche Entwicklung. Entsprechend kann man das Kind nicht einfach (irgendwelchen) sozialen Verhältnissen überlassen, man muss seine Umgebung kontrollieren.

Wenn von Devianz, von Abweichung, gar Krankheit die Rede ist, entsteht die Frage, worin Montessori das ‚Normale' erblickt. Sie greift hierzu auf ein Konstrukt zurück, das sie in ihrer *Antropologia Pedagogica* von Quételet adaptiert hatte: den ‚Normalmenschen' bzw. den (statistisch gesprochen) ‚Durchschnittsmenschen' (‚medial man'):

> "(...) anthropometry might to-day be regarded as a branch of *biometry*. The measurements obtained from living beings, and the statistical and mathematical studies based upon them, tend to determine the *normality* of characteristics; and when the biometric method is applied to man, it leads to a determination of the normal dimensions, and hence of the *normal* forms, and to a reconstruction of the *medial man* that must be regarded as the man of perfect development, from whom all men actually existing must differ to a greater or less extent, through their infinite normal and pathological variations. This sort of touch-stone is of indisputable scientific utility, since we cannot judge of *deviations* from the norm, so long as normality is unknown to us" (Montessori 1913a: 454, Herv. i. Orig.).

Der Idealmensch entsteht formal als Durchschnittswert, als statistisches Konstrukt aus naturwissenschaftlichen, anthropometrischen Messungen an einer Vielzahl von Individuen. Man kann nicht von Devianz sprechen, solange man die Norm nicht bestimmt hat. Von einem solchen Idealbild muss aber das konkrete Individuum zwangsläufig abweichen. Der konkrete Mensch wäre dem entsprechen gar nicht anders zu denken als deviat, aufgrund einer unendlichen Anzahl ‚pathologischer Variationen' hinsichtlich des Bezugspunktes des *medial man*.

Montessori konkretisiert diesen Durchschnitts- bzw. Idealmenschen. Sie geht von einer ‚anderen', der ‚eigentlichen' Natur des Kindes aus, die sich vom Ausgangszustand des nicht (nach ihrer Theorie) erzogenen Kindes unterscheidet und liefert Beschreibungen solcher ‚naturgemäß' erzogener Persönlichkeiten:

> „Es gibt also eine andere Natur, und in ihr verbirgt sich ein tieferes, harmonischeres und stärkeres Wesen, und wenn dieses sich entwickeln und schließlich siegen kann, lässt diese andere Natur alle die zahlreichen guten oder schlechten Eigenschaften verschwinden, genau so wie die aufgehende Sonne die Sterne am Himmel verblassen und verschwinden lässt" (Montessori in Böhm 2010: 130).

Dass das so sich entfaltende Kind tatsächlich dem natürlichen Wesen des Menschen entspricht, schließt Montessori quasi-empirisch aus einer Gleichförmigkeit der Entwicklung, die sich bei unterschiedlichen Individuen zu verschiedenen Zeiten und an verschiedenen Orten herausgebildet habe, wo immer die Kinder mit ihrer Pädagogik in Berührung gekommen seien:

> „Tatsache ist, dass sich unter bestimmten Bedingungen ein neuer und überaus einheitlicher Typ des Kindes gezeigt hat, der besondere Züge aufwies, welche seine Normalität darstellen. Es waren das ganz andere Kinder, arbeitsame und ruhige, disziplinierte, voll von Liebe und Interesse, explosiv in ihren Eroberungen. Diese Beobachtungen haben sich immer und überall als wahr erwiesen" (Montessori in Böhm 2010: 127).

Das ideale, erzogene Kind ist „arbeitsam", „ruhig" und „diszipliniert". Ferner ist es ein interessierter Forscher und Entdecker, der, verglichen mit anderen Kindern, die die Vorzüge der Montessori-Pädagogik nicht genossen hätten, geradezu „frühreif" (Montessori in Böhm a.a.O.: 95) erscheine. Durch die ‚Normalisierung' entstehe eine

> „(…) *innere Ordnung*, die sich in einem Zustand der Ruhe und Heiterkeit zeigt, der wiederum zu einer *spontanen Disziplin* führt. Diese Disziplin stellt sozusagen den größten Erfolg meiner Methode dar, über die ein großer italienischer Wissenschaftler sagte, dass sie die Kinder *über die Freiheit zur Disziplin* führe" (ebd., Herv. i. Orig.).

Die Spannung zwischen Freiheit und Zwang (bzw. zwischen Natur und Disziplin) wird im ‚geheilten' Individuum vollständig aufgelöst. Disziplin erscheint als Bestandteil der kindlichen Natur, so dass man dieser nur freien Lauf lassen muss. Es genügt die ‚periphere' Gestaltung eines Umfeldes, welches strukturell disziplinierend wirkt. Die vormals ‚deviaten' bzw. ‚kranken' Kinder genesen unter solchen Bedingungen und die Behauptung ihrer Soziabilität, ihrer Ertüchtigung für die Gesellschaft durch die Montessori-Pädagogik, ist im Text augenscheinlich.

> „Nur die normalisierten, von der Umgebung unterstützten Kinder offenbaren in ihrer sukzessiven Entwicklung die wunderbaren Fähigkeiten, die wir beschreiben: die spontane Disziplin, die ständige, freudige Arbeit, die sozialen Gefühle der Hilfe und des Verständnisses für die anderen. Die Aktivität zur freien Wahl der Beschäftigung wird zur ständigen Lebensweise. Die Genesung ist der Beginn einer neuen Lebensform" (Montessori 1972: 185).

Zugleich betont Montessori als wesentliches Merkmal des normalisierten Kindes dessen Freiheit bzw. Unabhängigkeit von Erwachsenen:

> „Jedes befreite Kind, das für sich selbst zu sorgen weiß, das sein Schuhe anziehen und sich ohne Hilfe an- und auskleiden kann, spiegelt in seiner Freude, in seiner Heiterkeit die menschliche Würde wieder, denn die Menschenwürde erwächst aus dem Gefühl der eigenen Unabhängigkeit" (Montessori zit. in Böhm 2010: 157).

Neben den hehren Zielen der Genesung der Gesellschaft, schließlich: der Menschheit (s.u.), erfüllt das normalisierte Kind auch ganz profane und pragmatische Erwartungen, die erkennbar nahe am guten Funktionieren eines Kinderhauses orientiert sind: Das An- und Auskleiden stellt eine nicht zu unterschätzende organisatorische Herausforderung dar, wenn *eine* Pädagogin es mit einer ganzen Gruppe von Kindern zu tun hat. Dem Ideal der kindlichen Unabhängigkeit nahe stehend werden hier dem erzogenen Kind Fähigkeiten zugeschrieben, alltägliche Verrichtungen auch ohne die Unterstützung der Erzieherin zu bewältigen, die dadurch eine deutliche Entlastung erfährt. Das normalisierte Kind trägt nicht nur zur Verbesserung der Gesellschaft, sondern auch zum reibungslosen Funktionieren des Kinderhauses bei.

Die Gesellschaftsbeschreibung: Das Bild, das Montessori von der Gesellschaft zeichnet, soll anhand einiger längerer Zitate dargestellt werden. Auch hier dominiert eine biologische Perspektive:

> „Auch in unserer Gesellschaft hat sich ein Kreislaufsystem entwickelt. Die Produktionsgüter der verschiedenen Individuen und Völker werden in Umlauf gebracht, und jedes Individuum nimmt davon, was es für sein Leben benötigt. Der große Fluß des Handels macht diese Güter für andere Individuen und Völker erreichbar. Sind die Händler und Hausierer nicht mit den roten Blutkörperchen vergleichbar? auch in der Gesellschaft werden die Produkte des einen Landes in einem anderen, weit entfernten Land verbraucht. Im Laufe der letzten Jahre haben sich Funktionen herausgebildet, die denen der Hormone im Bereich der Organphysiologie ähneln. Es handelt sich um Versuche der großen Staaten, ihre Umwelt zu ordnen, den Kreislauf zu kontrollieren, anzuregen und zu ermutigen und die Aufgaben aller Nationen zu steuern mit dem einzigen Zweck, Harmonie und Wohlsein aller herzustellen. Die offensichtlichen

> Schwächen dieser Versuche beweisen, daß dieses ‚Kreislaufsystem' trotz eines hohen Organisationsniveaus seine embryonale Entwicklung noch nicht beendet hat. In der menschlichen Gesellschaft fehlt noch das, was den spezialisierten Zellen des Nervensystems entspricht. Aus dem chaotischen Zustand der heutigen Welt könnte man fast schließen, daß sich bisher nichts, was diesem Kommandoorgan des menschlichen Organismus entspricht, in der Gesellschaft entwickelt hat. Durch das Fehlen dieser speziellen Funktion ist nichts vorhanden, was die gesamte Gesellschaft harmonisch lenken könnte. Die Demokratie, die die entwickeltste Organisationsform unserer Zeit ist, gibt allen die Möglichkeit, sich ihren Präsidenten zu wählen. Das wäre im Bereich der Embryologie unvorstellbar, denn wenn jede Zelle spezialisiert sein muß, dann muß es um so mehr die sein, die die Funktion des Ganzen leitet. Eine leitende Arbeit ist am schwierigsten und erfordert eine größere Spezialisierung als jede andere. Es handelt sich also nicht darum, gewählt zu werden, sondern darum, geeignet und tauglich zu sein. Wer andere leiten soll, muß zuerst sich selbst umgewandelt haben. Es kann keinen Führer geben, wenn dieser nicht seiner Aufgabe gewachsen ist. Dieses Prinzip, das von der Spezialisierung zur Funktion geht, interessiert uns deshalb um so lebhafter, weil es der Plan zu sein scheint, nach dem die Natur auf allen Lebensgebieten arbeitet: Es ist der Plan der Natur, wenn sie schafft" (Montessori 1972: 40f.).

Die Gesellschaft erscheint als *sozialer Organismus*, der analog biologischer Organismen ein Kreislaufsystem entwickelt hat (die Wirtschaft), ferner ein endokrines Steuerungssystem (die Politik). Beide werden idealerweise harmonisch gedacht, d.h. ein gut funktionierendes wirtschaftliches Kreislaufsystem sollte alle Organe (Nationen) und Zellen (Menschen) mit allem Notwendigen versorgen. Gleich einem zentralen Nervensystem sollte eine optimale Politik diese Vorgänge harmonisch regeln. Dass das empirisch nicht passiert, führt sie darauf zurück, dass die Gesellschaft ihre ‚embryonale Phase' noch nicht abgeschlossen, d.h. einen endgültigen Zustand guten Funktionierens noch nicht erreicht habe[86]. Basierend auf einer genetischen Zytologie geht sie davon aus, dass sich aus einfachen, undifferenzierten Zellen hochspezialisierte Funktionsträger in bestimmten Organen entwickeln. Das Gleiche gilt dann auch für die Gesellschaft, die auf diese Weise ebenfalls als differenziert angesehen wird und in der Menschen spezifische Funktionen gemäß ihrer Position im sozialen Organismus einnehmen müssen.

> „Das Interesse gilt dem grundlegenden Unterschied zwischen den einzelnen Zellen, da sie alle von ganz gleichen Zellen abstammen. Indem sie sich aber auf ihre verschiedenen Aufgaben vorbereiten, verändern sie sich und passen sich der Arbeit, die sie nie zuvor geleistet haben, an. Haben sie sich einmal, je nach den Aufgaben des Organs, dem sie angehören, umgewandelt, können sie nicht mehr weiteren Veränderungen unterworfen werden. Eine

---

86 In einer französischsprachigen Veröffentlichung aus dem Jahre 1948 erklärt sie die Ereignisse der zurückliegenden Vergangenheit, das im obigen Zitat angesprochene ‚Chaos', als „Paroxysmus" (Montessori zit. in Schulz 1961: 86); als, so der Duden, anfallartige Steigerung von Krankheitserscheinungen. Gesellschaftliche Probleme – und hier ist immerhin an Weltkrieg, Konzentrationslager, Massenvernichtung und Holocaust zu denken – wären damit auf eine unvollendete embryonale Entwicklung zurückzuführen oder aber als Krankheiten des gesellschaftlichen Organismus anzusehen. Beides sind biologische bzw. medizinische Konzepte, keine bspw. politischen, militärischen oder soziologischen.

> Zelle der Leber könnte sich nicht in eine Nervenzelle umwandeln. Das heißt, um diese Arbeit leisten zu können, mußten sich die Zellen nicht vorbereiten, wie wir es ausdrücken würden, sondern sie mußten sich umgestalten. Geschieht nicht dasselbe in der menschlichen Gesellschaft? Wir können sagen, daß es besondere Gruppen von Menschen gibt, die die Organe der Menschheit bilden. Zu Beginn erfüllt das Individuum viele Aufgaben. Das geschieht auch in den primitiven Gesellschaftsformen, wo die wenigen Individuen jede Arbeit ohne Spezialausbildung leisten müssen: die gleiche Person ist Maurer, Arzt, Tischler, mit einem Wort: alles. Aber wenn sich die Gesellschaft entwickelt, spezialisiert sich die Arbeit. Jeder wählt eine Arbeit und legt sich psychisch so darauf fest, daß er nur diese und keine andere mehr durchführen kann" (Montessori 1972: 38f.).

Die These von der Spezialisierung der einzelnen Zellen (Menschen) im Organismus (Gesellschaft) macht es plausibel, zur Bearbeitung der angedeuteten wirtschaftlichen und politischen Probleme bei den Zellen, den Menschen anzusetzen. Hierin sieht sie den gesellschaftlichen Nutzen einer klinischen Erziehung, eine Heilung bzw. ‚Normalisierung' der Masse der Menschen und funktionsgerechte Selbst-Formung der Individuen, was sukzessive zu einem guten, harmonischen Funktionieren der Gesellschaft führe (Fuchs 2003: 121). Ziel von Erziehung wäre also eine Heilung gesellschaftlicher Kreislaufprobleme (ebd.), die vollständige Entwicklung der Gesellschaft (und damit Überwindung eines embryonalen Stadiums)[87].

Pädagogische und institutionelle Abgrenzung: Montessoris Kritik an etablierten Formen öffentlicher Erziehung bezieht sich nicht auf eine konkrete Pädagogik oder auf spezifische Veranstaltungen. Relativ allgemein spricht sie von der Schule und reduziert Schulpädagogik auf einige wenige Merkmale[88]. Pädagogische und Institutionenkritik sind dabei derart eng miteinander verknüpft, dass sie hier nicht voneinander unabhängig betrachtet werden sollen. In ihrem Buch „Selbsttätige Erziehung im frühen Kindesalter" (Montessori 1913b: 25) finden sich deren zentrale Momente: Unterwerfung von Kindern unter Schulpläne, körperliche Ruhigstellung von Kindern in eigens dafür geschaffenen Schulbänken sowie die Praxis einer Dressur mittels Belohnung und Bestrafung, die auf ein abstraktes, von Ministerien geschaffenes Erziehungsziel hinarbeiten soll.

---

87 Nur am Rande sei hier unterstrichen, dass sie sich (im obigen Zitat) diesbezüglich noch nach Ende des zweiten Weltkrieges deutlich antidemokratisch äußert. Demokratie erscheint, obgleich die ‚entwickeltste Regierungsform', als zu überwinden, da sie – biologisch undenkbar – Steuerungsmacht aufgrund von Mehrheitsentscheiden verleiht und nicht aufgrund von Eignung und funktionaler Spezialisierung.

88 Ihre Pädagogik richtet sich aber neben der Schule auch auf vorschulische Veranstaltungen. Eine Unterscheidung wird nicht immer klar getroffen. Es ist davon auszugehen (da sie von kindlicher Entwicklung und nicht von spezifischen Organisationen ausgeht), dass ihre pädagogischen Aussagen zugleich schulische wie vorschulische Einrichtungen adressieren.

An der Gestaltung von Schulräumen bemängelt Montessori eine Möblierung, die auf eine Disziplinierung kindlicher Aufmerksamkeit und eine körperliche Abrichtung zu aufrechter Körperhaltung ausgerichtet sei. Umfänglich beschreibt sie die moderne, nach wissenschaftlichen Kriterien geschaffene Schulbank:

> „(...) mit peinlicher Genauigkeit wurde die Entfernung zwischen dem Sitz und dem Pult berechnet, damit der Rücken des Kindes nicht verkrümmt werde, und schließlich (...) wurden die Sitze getrennt und so schmal bemessen, daß das Kind sich kaum hinsetzen, noch viel weniger aber sich mit seitlichen Bewegungen strecken konnte, damit es nur von seinem Nachbar säuberlich isoliert sei. Auch ist die Bank nun so gebaut, daß das Kind in seiner ganzen Unbeweglichkeit soviel als möglich sichtbar ist, und der geheime Zweck dieser strengen Absonderung ist, unmoralische Handlungen im Schulzimmer zu verhüten – und das Gleiche finden wir auch in den Schulräumen für das vorschulpflichtige Alter. (...) die willfährige Wissenschaft geht noch weiter und vervollkommnet die Bank so, daß sie die Unbeweglichkeit des Kindes in größtem Maße gewährleistet, oder, wie man wohl sagen darf, jede Bewegung des Kindes unterdrückt. Es ist alles so eingerichtet, daß, wenn das Kind an seinem Platz untergebracht ist, Pult und Sitz es von selbst in die Haltung hineinzwingen, die man in hygienischer Beziehung für die richtige hält. Der Sitz, das Fußbrett, das Pult sind so angeordnet, daß das Kind bei seiner Arbeit nicht stehen kann; sie zwingen es, in aufrechter Haltung zu sitzen“ (Montessori 1913b: 15f.).

Analog der Schulbank, die den Körper des Kindes vollkommen ruhig stellt und seine Aufmerksamkeit auf das Tun des Lehrers ausrichtet, sieht Montessori die Anwendung von Belohnungen und Bestrafungen als Erziehungsmittel.

> „Solche Belohnungen und Strafen sind, wenn ich mich so ausdrücken darf, für die Seele dasselbe, was die Bank für den Leib, das Werkzeug der Knechtschaft für den Geist. In diesem Fall aber sind sie eher geeignet, Verkrüppelungen herbeizuführen, als sie zu heilen. Lohn und Strafe sind Reizmittel zu unnatürlicher, erzwungener Leistung, und es läßt sich bei ihrer Anwendung gewiß nicht von natürlicher Entwicklung des Kindes reden“ (Montessori 1913b: 20).

Lohn und Strafe gelten als Mittel der Erhaltung kindlicher Aufmerksamkeit und der Steuerung kindlichen Lernens auf die Lehrziele der Erwachsenen hin. Was sie aber – genauso wie die Schulbank – verhindern, ist die natürliche Regung von Geist und Körper, ein natürlicher kindlicher Ausdruck, der dadurch in ‚unnatürlicher‘ Weise überformt werde. Aus diesen Kritiken resultiert schließlich die Forderung nach einer einschlägigen Reform der Schule:

> „Wir müssen fordern, daß die Schule dem Kinde eine freie natürliche Äußerung seiner Art gestatte, damit eine wissenschaftliche Pädagogik möglich werde; hierin liegt wesentlich die zu vollziehende Reform“ (Montessori 1913b: 14). „Wenn irgendein Eingreifen der Erziehung wirksam sein soll, so nur jenes, welches darauf abzielt, die vollständige Entfaltung dieses Lebens zu *befördern*. Um dies zu erreichen, müssen wir vor allem streng vermeiden, die *spontanen Bewegungen zu unterdrücken und nach unserer Willkür Forderungen zu stellen*“ (Montessori a.a.O.: 82; Herv. i. Orig.).

Eine solche Reform müsste die kritisierten Zustände in ihr Gegenteil verwandeln. Das heißt, Versuche seitens Erwachsener (Lehrer, Ministerien), Kinder nach gesellschaftlich akzeptierten Vorstellungen zu formen, eine gesellschaftliche Überformung kindlichen Lebens, müssten einer Beachtung – und Beobachtung – der ‚kindlichen Natur' weichen, denen sie im Grunde immer zuwiderlaufen. Die Freiheit kindlicher Bewegungen und Äußerungen müsste an die Stelle rigider Disziplinierung und einer erzieherischen Einflussnahme treten, die das Kind auf das Lernen von Inhalten verpflichtet, die von abstrakten Erwachsenengremien wie bspw. Ministerien vorgeschrieben wurden.

5.5.2 Operative Kategorien

Mit welchen Mitteln die benannten Ziele einer naturgemäßen Erziehung erreicht werden sollen, wie also Pädagogik zu reformieren sei, soll im Folgenden entlang der operativen Kategorien dieser Studie beleuchtet werden.

Die pädagogische Fachkraft: In einer Pädagogik nach Montessori hätte eine Erzieherin zuvorderst altbekannten Aufgabenzuschreibungen und einem hergebrachten Rollenverständnis zu entsagen: Sie dürfte nicht mehr als Wissensvermittlerin agieren, müsste sich vielmehr geradezu selbst „eliminieren":

> „Am schwierigsten ist es, der Lehrerin verständlich zu machen, dass sie sich selbst eliminieren und jene Vorstellungen, die bis vor kurzem noch zu den geheiligten Rechten des Lehrers gehörten, aufgeben muss, wenn das Kind Fortschritte machen soll. Sie muss klar erkennen, dass sie keinen unmittelbaren Einfluss auf die Schüler nehmen darf, und zwar weder auf ihren Bildungsgang noch auf ihre innere Disziplin, und dass sie ihr Vertrauen allein auf die verborgenen Energien der Schüler zu setzen hat" (Montessori zit. in Böhm 2010: 163).

Insofern Erzieherinnen nicht direkt auf die Entwicklung des Kindes steuernd zugreifen können, bleiben sie auf vor allem zwei Aktivitäten beschränkt: Die Gestaltung einer Umwelt, die der Natur des Kindes so gut wie möglich entgegenkommen soll, und die Beobachtung der Kinder (insb. auch als wissenschaftliche Tätigkeit, die die Kenntnisse über die Natur des Kindes erweitern soll).

> „Die Erziehung hat als erstes die Aufgabe, dem Kind eine Umgebung zu schaffen, in der es die Möglichkeit hat, die ihm von der Natur zugeteilten Funktionen zu entwickeln. Das bedeutet nicht nur, das Kind zu befriedigen und ihm zu erlauben, das zu tun, was ihm gefällt, sondern wir müssen bereit sein, mit einem Befehl der Natur zusammenzuarbeiten, mit einem ihrer Gesetze, das vorschreibt, daß sich die Entwicklung durch die Erfahrung in der Umwelt verwirklicht" (Montessori 1972: 82).

Hier drückt sich auf eigentümliche Weise die kantische Spannung zwischen Freiheit und Zwang aus bzw. die zwischen Natur und Disziplinierung (vgl. Helsper 2006). Das Kind müsse die Freiheit haben, zu „tun, was ihm gefällt", also seiner ‚Natur' zu folgen. Darüber hinaus müsse sich die Erzieherin geradezu *mit* ‚der Natur' *gegen* das (unerzogene) Kind verbünden, so dass das Kind einen ‚naturgemäßen Willen' erst entfalten kann. Diesen muss man dann ‚freilassen'.

> „Die Freiheit des Kindes hat als *Grenze* das Interesse der Gemeinschaft, als *Form* das, was wir gewöhnlich gute Erziehung nennen. Wir müssen daher an dem Kind all das unterdrücken, was andere belästigt oder schädigt und alles was in der Richtung roher, unmanierlicher Handlungen liegt" (Montessori 1913b: 81). „‚Dem Kind seinen Willen lassen, das seinen Willen nicht entwickelt hat', heißt den Sinn der Freiheit verraten" (Montessori 1972: 184).

Die Spannung lässt sich auflösen, wenn man davon ausgeht, dass die (wissenschaftlich ausgebildete) Erzieherin über die Natur des Kindes *besser* Bescheid weiß als das Kind selbst. Sie weiß idealerweise um die Idealformen des *medial man*. Entsprechend kennt sie die Norm und kann solche Äußerungen des Kindes, die als ‚naturgemäß' einzustufen sind, von ‚deviaten' Formen unterscheiden. Das gibt der Erzieherin das Recht, Kinder zu disziplinieren, sofern diese sich ‚unmanierlich' (= ‚unnatürlich') verhalten.

Ein emotionales Verhältnis zwischen Erzieherin und Zögling scheint in Montessoris Entwürfen pädagogisch nicht relevant zu sein:

> „Die Individualität eines Menschen hängt nicht von der Individualität eines anderen ab, und so kann sie auch dann nicht von der Individualität eines anderen Menschen abhängig sein, wenn sie normal und besser werden soll" (Montessori in Böhm 2010: 131).

Zwar beschreibt sie immer wieder Szenen von Herzlichkeit und Zuneigung zwischen ihr und den Kindern. Letztlich ist das entscheidende, entwicklungsfördernde Element aber nicht die persönliche Beziehung (vgl. bspw. H. Nohl) oder ein dialogisches Verhältnis (vgl. M. Buber), sondern die kindliche Arbeit mit dem Entwicklungsmaterial. Gerade anhand der Beschreibungen der Stilleübung (s.u.) kann man erkennen, dass die Erzieherin eher die Rolle einer distanzierten Beobachterin und Experimentatorin einnehmen soll, die das ‚Labor', die Umwelt des Kindes, gestaltet, auf diese Weise Entwicklung ermöglicht und zugleich wissenschaftliche Daten über diese Entwicklung erhebt. Ihr Verhältnis, bei aller beschriebenen Herzlichkeit, ist typischerweise das der distanzierten Wissenschaftlerin gegenüber Kindern, die auch als ‚Probanden' charakterisiert werden können.

Raumstruktur und Medien: Wesentlich ist für Montessori nicht ein bestimmter didaktischer Umgang mit Kindern, sondern in viel höherem Maße, beinahe ausschließlich, die gestaltete Umgebung, in der das Lernen der Kinder stattfindet

(Montessori 1972: 82). Zu dieser Umgebung lassen sich in ihren Schriften einerseits Darstellungen der Möblierung finden, andererseits Beschreibungen eines didaktischen Materials, das der kindlichen Tätigkeit an die Hand gegeben wird und das insofern kein pädagogisches Medium ist, als es nicht der Präsentation von Lerninhalten gilt, sondern als Stoff zur tätigen Beschäftigung gemäß dem inneren Bauplan.

Montessori zielt, in Abgrenzung zu den von ihr kritisierten Zuständen in pädagogischen Einrichtungen, auf eine „Freiheit des Kindes in seinen spontanen Selbstäußerungen" (1913b: 76) und gestaltet danach auch den Raum, in dem die Kinder sich aufhalten und arbeiten.

> „Ich habe Tische anfertigen lassen mit weiten, festen, achteckigen Beinen, die dem Tisch zu gleicher Zeit einen sehr sicheren Stand und leichte Beweglichkeit geben, so leicht, daß zwei vierjährige Kinder ihn mühelos umhertragen können. Diese Tische sind rechteckig und breit genug, daß an der Langseite zwei Kinder gesetzt werden können; (...). Außerdem haben wir kleinere Tische, an denen ein Kind für sich arbeiten kann. (...) Überdies habe ich in jedem Schulzimmer eine Anzahl von bequemen Armstühlchen, die einen aus Holz, andere aus Geflecht. Neuerdings werden auch kleine quadratische Tischchen mit einem Fuß und Tische von anderer Gestalt und verschiedener Größe hergestellt; man deckt sie mit kleinen weißen Decken aus Waschleinen und schmückt sie mit Grün und Blumen in Vasen. (...) Zur Ausstattung gehört ferner ein Waschtisch, der so nieder sein muß, daß die Platte einem drei- oder vierjährigen Kinde erreichbar ist, und der seitliche Bretter hat, diese wie das Ganze weiß und abwaschbar, auf denen Seife, Bürsten, Handtücher Platz finden; auch brauchen wir einen Spucktopf, der dazu dient (...), das beim Reinigen der Zähne sich ergebende Abwasser aufzunehmen. Die Schränke sind ebenfalls nieder – die obere Platte ist so hoch wie die eines Tisches für Erwachsene –, aber sehr lang, so daß eine größere Zahl kleiner Türen Platz finden, von denen jede mit einem besonderen Schlüssel verschlossen werden kann. Das Schloß muß von den Kindern erreicht werden können, so daß sie öffnen, schließen und Gegenstände in die Fächer einräumen können. Auf der Platte des langen, schmalen Schranks liegt eine Decke aus Waschleinen und es steht ein Glas mit lebenden Fischen darauf. Rings an den Wänden umher, so nieder, daß sie den Kleinen erreichbar sind, finden sich die kleinen Schiefertafeln aufgehängt, dazwischen Behältnisse für Kreide und Wischlappen. Über den Tafeln hängen Bilder mit Darstellungen von Kindern, Familienszenen, Landschaften, Haustieren – alles ganz einfache, anmutige Gegenstände" (Montessori 1913b: 76f.).

An anderer Stelle schreibt sie:

> „Unsere Tischchen und verschiedene Arten von Stühlen sind alle leicht und lassen sich leicht fortbewegen, und wir gestatten dem Kind, sich die Haltung zu wählen, die ihm am bequemsten erscheint. Es kann es sich bequem machen, gerade so gut, als es seinen eigenen Platz einnehmen kann. Und diese Freiheit ist nicht nur ein äußeres Zeichen, daß nicht Zwang herrscht, sondern ein Erziehungsmittel. Wirft ein Kind durch eine ungeschickte Bewegung einen Stuhl um, der mit Geräusch zu Boden fällt, so erhält es hiermit einen eindringlichen Beweis seiner eigenen Ungeschicklichkeit; wäre dieselbe Bewegung in festen Bänken ausgeführt worden, so wäre sie unbemerkt hingegangen. So hat das Kind einen Anhaltspunkt, sich selbst zu verbessern; tut es das, so hat es wieder den Beweis vor sich, daß es sich eine Fähigkeit erworben hat: die Tische und Stühle bleiben alle ruhig an ihrem Platz. Daraus ergibt

sich nun deutlich, daß das Kind gelernt hat, seine Bewegungen zu beherrschen" (Montessori 1913b: 79, Herv. i. Orig.).

Möbel, insbesondere Stühle, Sessel, Tische, sind grundsätzlich in einer den Kindern angemessenen Größe gefertigt, sie sind klein, leicht und handhabbar. Sie sind darauf ausgerichtet, von den Kindern bewegt bzw. nach Gutdünken benutzt zu werden. Damit unterstützt Montessoris Raumgestaltung die freie Bewegung der Kinder und lädt geradezu zu gelegentlichen Ummöblierungen ein. ‚Der Natur' wird hinsichtlich der Raumgestaltung freier Lauf gelassen, die Kinder können es sich „bequem machen". Nicht das Kind soll durch ein Möbel in eine bestimmte Haltung gebracht werden, vielmehr werden, umgekehrt, die Möbel je konkret nach Wünschen der Kinder ausgerichtet.

Zugleich weisen die Möbel und Alltagsgegenstände aber auch ‚didaktische' Qualitäten auf, die denen der Sinnesmaterialien (s.u.) nicht unähnlich sind. Möbel sind auf ihre Weise widerständig, womit das Kind Erfahrungen macht. Stühle können umfallen. Wenn das geschieht, hat sich das Kind falsch verhalten und erhält durch das fallende Möbel eine ‚Rückmeldung' über seinen Fehler. Das wiederum führe, so Montessori, zu Lernen, zu verfeinerten, vorsichtigeren, differenzierteren Bewegungen, so dass das Kind mittelfristig auch über das ‚Medium' des Mobiliars motorische Entwicklungs- bzw. Lernschritte vollziehe[89]. So betrachtet kann man dem Mobiliar erzieherische Wirkungen zuschreiben.

Nur am Rande sei angemerkt, dass Zähneputzen und allgemein Reinlichkeit einen hohen Stellenwert in Montessoris Denken einnahmen. ‚Hygiene', seinerzeit verbreitete Forderung (s.o.), war ein zentrales Element ihrer Ausführungen.

Handelt es sich bei den Möbeln um eine Ausstattung, die pragmatisch auf Bedürfnisse des Alltags ausgerichtet ist (Sitzen, Arbeiten, Waschen, Aufbewahren), so zielen spezifische ‚didaktische' – besser: Entwicklungsmaterialien als pädagogische Elemente der Umgebung auf eine gezielte und konzentrierte Auseinandersetzung des Kindes. Als ‚Peripherie' sollen sie seiner eigentätigen Entwicklung dienen.

„Um diesen Zweck [spontane Selbsterziehung, d.h. Entwicklung, MK] zu erreichen, ist es notwendig, dass das Kind ein angemessenes *Entwicklungsmaterial* zur Verfügung hat, das heißt eine Reihe von Gegenständen, die seinen Bedürfnissen nach intellektueller Entwicklung unmittelbar entsprechen. Dieses Material ist nicht jenes ‚didaktische Material' für Unterricht und Unterweisung, wie es heute in den Schulen gebraucht wird, denn es soll ja nicht der Lehrerin zur Objektivation und Illustration ihrer Le[hr]gegenstände dienen; es soll im

89 „So sieht man, dass die Umgebung selbst es ist, die dazu beiträgt, die Kinder ständig vollkommener zu machen, weil jeder Fehler, wie klein er auch sein mag, sofort sichtbar wird, so dass es sich für die Lehrerin erübrigt einzugreifen" (Montessori zit. in Böhm 2010: 157).

> Gegenteil dem Kinde als eine Art Übungsplatz für seine geistige Gymnastik bereitgestellt werden“ (Montessori in: Böhm 2010: 93f.).

Diese „geistige Gymnastik“, eine ‚Psychokultur‘ analog physischer Körperkultur, findet statt als Selbsttätigkeit mit spezifischem Material und nach bestimmten, hierfür vorgesehenen Verfahrensweisen. Ein berühmtes Beispiel wäre ein Holzbrett, in das unterschiedlich große Holzzylinder eingefügt werden sollen:

> „Zehn kleine Holzzylinder, deren Basis stufenweise um etwa 2 Millimeter abnimmt, werden in entsprechende Öffnungen im Block eingesetzt. Das Spiel besteht darin, daß die Figuren herausgenommen, auf dem Tisch untereinander gemischt und dann wieder eingesetzt werden. Ziel ist, das Auge zu üben in der Auffassung des Unterschiedes des körperlichen Umfangs“ (Montessori 1913b: 159).

Ähnlich ein Satz von zehn Würfeln, deren Größe von Stück zu Stück abnimmt:

> „Der erste hat eine Basis von zehn Zentimeter, und die folgenden nehmen stufenweise an Größe je um einen Zentimeter ab, so daß der kleinste eine Basis von einem Zentimeter hat. Die Übung besteht nun darin, daß die rosa gefärbten Blöcke auf einen grünen Teppich geworfen und dann zu einem kleinen Turm aufgeschichtet werden, so daß der kleinste die Spitze bildet. Das Kind muß nun jedesmal auf dem grünen Teppich den größten Block heraussuchen“ (Montessori 1913b: 163).

Diese bekannten, klassischen Materialien sollen an dieser Stelle zur Darstellung genügen. In ihrer Schrift über „Selbsttätige Erziehung“ (Montessori 1913b: 173ff.) beschreibt sie ferner Materialien und Übungen zur Schulung des Tastsinnes (mit glattem oder Sandpapier bezogene Holztafeln), des Gefühls für Wärme und Kälte (warmes und kaltes Wasser), der Körper bzw. Formwahrnehmung (Arbeit mit unterschiedlich dicken Walzen aus Holz, Unterscheidung unterschiedlich geformter Bausteine), Übung des Geschmackssinnes (bittere, saure, süße, salzige Flüssigkeiten), des Geruchssinnes (Erschnuppern unterschiedlicher Blumen, Speisen, Gewürze), des Gesichtssinnes bzw. des Auges (Formerkennung, Seriation unterschiedlich langer, großer und/oder dicker Elemente), Schulung des Gehörs (Stimmgabeln) sowie die Beschäftigung mit Farben und deren Abstufungen. Was an den vorangehenden Zitaten auffällt, ist, dass bei der Beschreibung des Materials immer auch ein Ziel und eine bestimmte Form des Umgangs damit benannt wird. Man könnte denken, dass Kinder ‚frei‘, nach ihrem Gutdünken mit den Materialien spielen dürfen. Tatsächlich existieren aber Spielregeln, ist eine ‚richtige‘ Form des Spielens bzw. Arbeitens vorgesehen. Wenn das Kind Aufgaben nicht richtig löst, wird es darauf nicht von Erwachsenen hingewiesen oder kritisiert; vielmehr gibt das Material selbst eine entsprechende Rückmeldung:

> „Ein anderes Merkmal dieses Entwicklungsmaterials ist, dass es eine *immanente Fehlerkontrolle* enthält, das heißt: das Material muss den Fehler so klar zeigen, dass ihn das Kind unmöglich übersehen kann; und die Konstruktion des Materials muss so sein, dass sie auch die Korrektur des Fehlers nahelegt und erleichtert. Jeder Fehler, den das Kind macht, stellt ein Hindernis in seinem Tätigsein dar“ (Montessori zit. in Böhm 2010: 94).

Bezogen auf die obigen Beispiele: Versucht das Kind einen Zylinder in eine zu kleine Öffnung zu stecken, gelingt das aufgrund der Beschaffenheit des Materials nicht. Positioniert es einen Zylinder in eine zu große Öffnung, so klappt das zwar, am Ende muss aber ein Zylinder übrigbleiben, für den keine passende Öffnung vorhanden ist (ähnlich: Montessori 1969: 139f.). In gleicher Weise geht Montessori davon aus, dass die Kinder einen falsch gestapelten Turm, in dem die Bauklötze nicht aufsteigend nach Größe angeordnet wurden, rein optisch als ‚falsch‘ erkennen werden.

> „Die Nachprüfung liegt in der regelmäßigen Abnahme des Turmes gegen die Spitze. Ein falsch gelegter Würfel unterbricht die Linie und enthüllt so den Fehler. Ein sehr gewöhnlicher Fehler ist anfangs der, daß die Kinder den zweiten Würfel zur Basis machen und den ersten darauf legen, also die beiden größten verwechseln. Den gleichen Fehler habe ich besonders auch bei schwachsinnigen Kindern beobachtet. Auf die Frage ‚Welches ist der größte?‘ nahmen die Kinder gewöhnlich nicht diesen, sondern den nächsten“ (Montessori 1913b: 182).

Entwicklungs- bzw. Sinnesmaterial ist auf eine bestimmte Form der Übung ausgelegt und enthält immanente Fehlerkontrollen; man kann mit ihm richtig oder falsch arbeiten. Der Vergleich zwischen ‚normalen‘ und ‚schwachsinnigen‘ Kindern macht deutlich, dass auch hier stark mit der Unterscheidung ‚normal/deviat‘ operiert wird, wobei ‚richtig‘ und ‚falsch‘ nicht durch die Beurteilung der Erzieherinnen rückgemeldet werden, sondern strukturell und unpersönlich durch das Material selbst. ‚Der Raum erzieht‘ und in ihm die bereitgestellten Materialien, die, so Montessori, aufgrund detaillierter Beobachtungen an Kindern zusammengestellt (a.a.O.: 198), aber auch von anderen Wissenschaftlern übernommen wurden (a.a.O.: 182). Die Norm stellt sich auch hinsichtlich des ‚richtigen‘ Materials und des ‚richtigen‘ Umgangs damit wieder durch eine systematische Beobachtung von Kindern und damit als statistisch berechneter Durchschnitt her.

Über die *Sozialstruktur* in einer Casa dei Bambini lassen sich anhand der Schriften Montessoris – jedenfalls anhand der hier herangezogenen – nur schwerlich Aussagen machen und die, die man treffen kann, sind widersprüchlich. In den untersuchten Texten wird das Verhältnis der Kinder untereinander sowie der Erzieherin zu den Kindern kaum scharf sichtbar. Welche erziehungsbedeutsame Rolle spielt die Kindergruppe in der Montessori-Pädagogik? In welcher Relation oder auch Anordnung werden die Kinder zueinander gedacht?

Einerseits, das konnte bereits gezeigt werden, finden sich Aussagen, die eine strikte Absonderung der Kinder voneinander (durch eine Schulbank) ablehnen und damit ein Miteinander der Kinder befürworten. Ferner, ebenfalls eine Frage der Raumausstattung, Tische, an denen mehrere Kinder Platz nehmen und arbeiten können. Auch der Gedanke des gemeinschaftlichen Ummöblierens liegt anhand weiter oben zitierter Passagen nahe. Andererseits (s.o.) vertritt Montessori strikt die Position, dass Persönlichkeit nicht an Persönlichkeit wachsen könne und damit eine Person keinen Einfluss auf die Entfaltung einer anderen nehmen kann. Letzteres begründet nicht nur das in Montessoris Texten omnipräsente Interventionsverdikt, sondern legt auch den Gedanken nahe, dass der pädagogische Bezug als erziehungswirksames Element bei Montessori keine – oder nur eine höchst untergeordnete – Rolle spielt.

Um der Frage nach der Sozialstruktur nachzugehen, dem Verhältnis der in den Alltag einer Casa dei Bambini involvierten Personen, kann auf ein sicher als klassisch zu bezeichnendes Werk der Montessori-Forschung zurückgegriffen werden, auf Günther Schulz' „Der Streit um Montessori" aus dem Jahre 1961. Er widmet diesem Thema ein eigenes Kapitel, aus dem deutlich hervorgeht, dass die Frage nach der Rolle und Form der Gemeinschaft in den pädagogischen Ideen Montessoris bereits seit dem Erscheinen ihrer ersten Schriften in Deutschland gestellt und vielseitig und kritisch diskutiert wurde. Schulz, ein Protagonist der Montessori-Methode, der im genannten Werk nicht zuletzt auch eine umfangreiche, internationale Bibliographie veröffentlicht hat, bezieht sich auf unterschiedliche und über weite Zeiträume verstreute Schriften Montessoris, um ihre Bezugnahmen auf ‚das Soziale' und ‚die Gemeinschaft' zu rekonstruieren. Zentrale Argumente sollen im Folgenden nachvollzogen werden.

Tatsächlich, so Schulz, könne bei Betrachtung der Montessori-Praxis der Eindruck des Individualismus entstehen, da Kinder in einem Raum je für sich und konzentriert ihrer Arbeit nachgehen (Schulz 1961: 72f.). Ein Nebeneinander vieler Individuen deutet sich an, in dem nur ein instrumentelles Zugreifen auf die materielle Umwelt und eventuelle Unterstützungen der Erzieherin stattfinden, nicht aber ein ‚gemeinschaftliches' Tun. Dies sei jedoch ein oberflächlicher Eindruck, basierend auf lückenhafter Rezeption. Generell habe eine Reihe von Faktoren verhindert, Montessoris Pädagogik ‚vollständig' und ‚richtig' zu sehen. So seien nur wenige (von ‚sozialistischer' Seite ausgewählte) Schriften in der Weimarer Zeit überhaupt ins Deutsche übersetzt worden; wichtige Aussagen über ‚das Soziale' in der Montessori-Pädagogik seien dem Publikum so nicht zugänglich gewesen (a.a.O.: 74; 91). Außerdem, ein wiederkehrendes Argument, sei es der Mehrzahl der Kritiker Montessoris eigen, ihre Kenntnis der Montessori-Pädagogik wesentlich aus Büchern zu beziehen und nicht mit der einschlägigen pädagogischen Praxis vertraut zu sein (a.a.O.: 77).

Schulz zeichnet eine Art Entwicklungssoziologie des Kindes- und Jugendalters bei Montessori nach. Von 3-6 Jahren zunächst spreche sie vom Kind als einem „sozialen Embryo" (a.a.O.: 74), der einen „Clangeist" (ebd.) entwickele und ein „Gruppengefühl" (a.a.O.: 75); schließlich von einer „Kohäsionsgesellschaft" (ebd.). Diese werde nicht durch rationelle Organisation geschaffen, entstehe vielmehr scheinbar als emphatische, spontane gemeinschaftliche Gesellung:

> „Die Natur gibt augenscheinlich einen Grundplan für den Bau der Persönlichkeit und seine Gesellschaft, aber dieser Entwurf kann nur durch die gehorsame Aktivität des Kindes verwirklicht werden, wenn es unter Bedingungen lebt, dies zustande bringen zu können" (Montessori zit. in Schulz 1961: 75).

‚Gesellschaft' als diffuser ‚Clan' wäre hier allerdings *Effekt* einer Erziehung, die – mit allen bisherigen Aussagen konform – sich auf die Schaffung einer geeigneten Umwelt beschränkt. Die eigentliche Entwicklung resultiert auch in dieser Passage aus dem immanenten Bauplan, der – so könnte man das Adjektiv ‚gehorsam' deuten – vom Kind zu befolgen ist. *Daraus* entsteht dann die kindliche Clan-Gesellschaft. Soziale Bezüge sind Resultat richtiger Erziehung; bis hier tragen sie aber noch nicht instrumentell zu ihr bei und werden nicht durch eine Organisation der Kindergruppe hergestellt.

Ab dem sechsten Lebensjahr spreche Montessori von einem „sozialen Neugeborenen" (a.a.O.: 75). „Eine ‚neue Form sozialen Lebens' kommt ‚spontan zum Vorschein': Die ‚organisierte Gesellschaft'" (Schulz ebd.). Auch hier wird das ‚spontane Erscheinen' der Gesellungsform betont, das Effekt einer natürlichen Entwicklung des Kindes (bzw. der Kinder) ist, nicht aber zu einer solchen beiträgt. Dieser Zusammenschluss sei „(…) sichtlich geformt durch den Gehorsam gegenüber ‚Gesetzen' und gegenüber den gesuchten Führern" (ebd.), so Schulz, wobei der Gehorsam der psychoembryonalen Entwicklung entstamme – also aus einer Individualgenese hervorgehe[90]. Mit 12 Jahren gilt der Jugendliche erneut als ‚sozialer Neugeborener', diesmal an der Schwelle zur Erwachsenengesellschaft.

> „Nach 12 Jahren müssen wir bei ihm das Gefühl für die Gesellschaft entwickeln, das dazu beitragen muß, unter den Menschen mehr Verständnis für die Arbeit herbeizuführen und, daraus folgend, mehr Liebe!" und weiter: „Forcieren wir die praktischen Arbeiten (…)! Lassen wir das Kind an mancher sozialen Arbeit teilnehmen. Helfen wir ihm intellektuellerweise durch Studien (…) jenes menschliche Verstehen und jene Solidarität zu entwickeln, die heute so sehr fehlen!" (Montessori zit. in Schulz 1961: 76).

90 Als Beispiel einer solchen organisierten Gruppe mit Gesetzen, Führern und Gehorsam wird die Pfadfinderbewegung genannt (a.a.O.: 76).

Hier scheint zum ersten Mal in der Bio-Psycho-Soziogenese des Kindes Hilfe notwendig, ein angemessenes Gefühl für die Gesellschaft der Erwachsenen muss entwickelt *werden*. Das dazu scheinbar wichtigste, jedenfalls zuerst genannte Element ist die Arbeit, für die es „mehr Verständnis" herzustellen gelte. Ferner, ein interessanter Schluss, folge aus Arbeit *Liebe*. Arbeit schafft damit ein diffus-emotionales vergemeinschaftendes Band. Damit ist noch nicht gesagt, wie dieses Verständnis pädagogisch herzustellen sei. Schließlich benennt Montessori aber den Intellekt, spricht von ‚Studien', durch die dieses Verständnis hergestellt werden soll. Hier finden sich zwei pädagogisch wirksame Elemente. Einerseits – und zum ersten Mal ausdrücklich – eine Arbeitserziehung zur Gemeinschaft, verbunden mit einer Reihe herzustellender emphatischer Gefühle. Andererseits eine Vorstellung des Lernens, des intellektuellen Erfassens und Verstehens von Solidarität und Gemeinschaft durch Studium – der wieder jeglicher Bezug auf gemeinschaftliche Aktivitäten zu fehlen scheint und die das Bild eines Intellektuellen am Schreibtisch vor seinen Büchern nahelegt.

In dieser, man könnte es nennen: Theorie der Soziogenese wird deutlich, dass Individuum und Gesellschaft von Montessori miteinander verbunden gedacht werden. Gleichwohl scheinen weit überwiegend der Wille und die Fähigkeit zur Gesellung aus der individuellen Entwicklung der Beteiligten hervorzugehen. ‚Gesellschaft' ist Resultat individueller Entwicklung(en), nicht deren Auslöser, Katalysator oder Motor. Die wiederholte Rede vom ‚Embryo', einem ‚Bauplan' oder einer ‚Wiedergeburt' oder auch „natürliche geistige Osmose" (a.a.O.: 80, s.u.) lässt auch hier die große Nähe zum biologisch-naturwissenschaftlichen Denken Montessoris erkennen. Auch die soziale Entwicklung scheint wesentlich von individuellen, in nuce biologischen Dispositionen abzuhängen. Nicht explizit aber der immanenten Logik nach verweist das auf den Gedanken, dass man individuelle Entfaltung nicht ‚machen' kann, also auf die Autopoiesis des Kindes. Entsprechend spielen soziale Kontakte keine entscheidende Rolle beim selbständigen ‚Bau' der eigenen Persönlichkeit.

Gleichwohl wäre es sicher unzutreffend, das Bild eines Montessori-Kinderhauses zu zeichnen, in dem eine Anzahl von Individualisten nebeneinander her leben. Montessori hat einschlägige Kritiken in diesem Sinne polemisierend beantwortet:

> „(...) als meine Methode bekannt wurde, fragte man mich mit kritischem Ton, obgleich ich von Orten sprach, an denen die Kinder heiter zusammen leben und arbeiten: ‚Wie soll sich denn der soziale Sinn entwickeln, wenn jedes Kind auf eigene Faust arbeitet?" (Montessori 1916, zit. in Schulz 1961: 78).

Sobald Kinder zu Zwecken der Erziehung öffentlich versammelt werden, Erziehung also eine organisierte Form annimmt, ist es unvermeidlich, viele Kinder an einem Ort zusammen zu bringen und es ist erwartbar, dass sich zwischen diesen Kindern soziale Kontakte ausbilden, dass es zu Gruppendynamiken kommt etc. Die Vergemeinschaftung der Kinder sei in den Praxiseinrichtungen empirisch evident, so dass eine Kritik an der fehlenden theoretischen Erörterung sozialer Relationen gegenüber einer Überbetonung der individuellen Autopoiesis beinahe absurd erscheint. Stattdessen wird die soziale Gruppe der Kinder und Erwachsenen im Haus als gegeben hingenommen. Das Argument Montessoris weist in dieselbe Richtung wie die Apologie Schulz', Kritiker Montessoris seien eben mit der Praxis nicht vertraut – wobei damit unter der Hand zugestanden wird, dass diese sich von ihren Schriften und theoretischen Ausführungen unterscheide. Gleichwohl kann man sagen, dass es sich um eine Gesellung von Kindern zu handeln scheint, die, mindestens mit Blick auf Montessoris Argumente und Texte (und die liefern schließlich die Grundlage der Arbeit in einem Haus, das sich als ‚Montessori-Einrichtung' versteht), pädagogisch keine besondere Rolle zu spielen scheint. Eine Kommentatorin Montessoris hatte diese Gesellung beschrieben als „(…) una società nomade ed itinerante" (a.a.O.: 79), eine ‚nomadische', ständig in Wanderung begriffene Gruppe. Als solche ist ‚Gruppe', jedenfalls im frühen Kindesalter, ein zwar beobachtbares, nicht aber durch Organisation herzustellendes Phänomen, das – und auch das passt wieder in die positivistische Logik – Gegenstand vielfältiger wissenschaftlicher Beobachtungen werden kann.

Ferner – und andererseits – wird in bemerkenswerter und spezifischer Weise von *peer-education* gesprochen; Kinder ‚erziehen' Kinder bzw. lernen voneinander. Dies in altersgemischten und koedukativen Gruppen:

> „So wünscht Montessori Gruppen von etwa drei Jahrgängen für ihre Schulen. Und diese Anweisung gilt ihr auch für das Kinderhaus. (…) Es geht ihr um die ‚natürliche geistige Osmose' (…) zwischen den Kindern" (Schulz 1961: 80).

Unter Bedingungen eines verordneten Verzichts auf direkte Unterweisung von Kindern durch Erwachsene scheint eine Form des ‚sozialen Lernens' (und Lehrens) die zu sein, dass Kinder Kinder belehren bzw. von ihnen lernen. Dies wird als ‚natürlich' gewertet. Die argumentativ selbst erzeugte Problematik, dass Persönlichkeit nicht an (und durch) andere(r) Persönlichkeit wachsen könne (s.o.), wird dadurch aufgelöst, dass Vermittlungs- und Lernprozesse analog osmotischer Diffusion modelliert werden, wie sie aus der Zellbiologie bekannt ist[91]. Mit dem Bild der Diffusion wird zugleich die Frage umgangen, wie das Verhältnis von Lehren und Lernen zu denken ist, bzw. in der späteren Formulierung durch Luhmann/Schorr das ‚strukturelle Technologiedefizit' der Erziehung. Eine solche

91 Ionische Konzentrationsunterschiede diesseits und jenseits einer semipermeablen Zellmembran führen dazu, dass bestimmte Ionen die Membran durchdringen, um auf diese Weise einen ausgeglichenen, isotonischen Zustand zwischen dem Zellinneren und der Zellumgebung herzustellen.

‚geistige Diffusion' ist ein physiologischer Prozess der Transition von Ionen durch bestimmte Kanäle oder Rezeptoren einer teildurchlässigen Membran; in diesem Bild gibt es keine Vorstellung von Bewusstsein, eigensinniger Aneignung oder gezielter Vermittlung. Kindergruppen wären in diesem Bild vorzustellen als Zellhaufen, deren Elemente quasi-biochemisch miteinander reagieren.

Ein weiteres Bild zeichnet Montessori, indem sie Kindergruppen mit gewobenem Stoff gleichsetzt und die Transformation vom ‚Faden' zum fertigen Stoff analog zum Prozess der Sozialwerdung beschreibt:

> „Kleine Kinder leben harmonisch für sich allein, aber etwas größere brauchen einen Führer[92], der sie leitet und ihnen befiehlt. (…) Wenn ein Stück Tuch gewebt werden soll, so wird das Webstück zuerst vorbereitet. Alle Fäden liegen nahe nebeneinander, parallel. Dies ist wie in der Gesellschaft durch Kohäsion. Die Fäden sind alle an einem Punkt befestigt, aber sie vermischen sich nicht. Das zweite Stadium ist dem ähnlich, wenn das Schiffchen alle die Fäden verbindet. Das ist wie die Arbeit des Führers, der die einzelnen miteinander verbindet. Aber die notwendige Voraussetzung ist, das Webstück zu haben, die Gesellschaft durch Kohäsion als Grundlage, sonst könnten wir nicht ein starkes Stück Tuch weben" (Montessori zit. in Schulz 1961: 85).

Mit diesem Bild kann man sich eine Kindergruppe als verwobene Fäden eines noch nicht fertig bearbeiteten Stückes Stoff vorstellen. Sie sind bereits ‚gefädelt', sie liegen ausdrücklich bereits „parallel", sind also in einer spezifischen Weise bereits geordnet; ein eigentümlicher Gegensatz zur bisherigen Vorstellung kindlicher Spontaneität, Flexibilität und Mobilität, die in der Kritik strikter Verortung von Kindern in der Schulbank und im Ideal der freien Möblierung Ausdruck gefunden hatte. Die organisierte, jugendliche, sicher aber die erwachsene Variante von ‚Gesellschaft' fügt die vorab ausgerichteten und angeordneten Fäden dann strikt und straff zusammen, indem sie die Individuen zu *einem* Stoff verbindet, zu dem sie beitragen, in dem sie *als* Individuen aber nicht mehr erkennbar sind. Das Gleichnis zeichnet die Idee einer vergesellschaftenden Erziehung, in der der Einzelne eine Funktion für das Ganze hat, am Ende aber als Einzelner bedeutungslos gegenüber dem Kollektiv wird (letztlich zählt das Tuch, nicht die Fäden, aus denen es besteht).

Inhalte: Aus der Darstellung der verschiedenen Sinnesmaterialien – und in diesem Begriff enthalten – ergibt sich bereits das Spektrum von Inhalten, mit denen

---

92 Erneut sei hier nur am Rande darauf hingewiesen, dass Montessori in dieser Passage zwei Mal vom in einer Gesellschaft notwendigen ‚Führer' spricht. Hier handelt es sich um einen Redebeitrag auf dem Internationalen Montessori-Kursus in London im Jahre 1946, also erneut (s.o.) um eine Aussage, die nach dem Ende der faschistischen Diktaturen in Deutschland und Italien so getroffen wurde.

sich die Pädagogik Montessoris, mindestens in den frühen Jahren um 1913, befasste. Es geht allgemein nicht um die Vermittlung bestimmter Wissensbestände, vielmehr um eine *Schulung der Sinne* sowie der *Motorik*. Inhalte beziehen sich auf die biologische Ausstattung des Kindes. In dieser ‚Sinnesschulung' geht es um Sehen, Hören, Riechen, Schmecken, Tasten, die Wahrnehmung von Wärme und Kälte, haptisches Erkennen unterschiedlicher Formen etc. Motorisch fördert das Material einen geschickten Umgang mit den verschiedenen Elementen, welcher in konzentrierter Auseinandersetzung des Kindes damit erworben werden soll. Auch die oben skizzierte Art der Möblierung hat motorische Geschicklichkeit zum Ziel: Kinder sollen lernen, sich so zu bewegen, dass die Stühle und Tische nicht umgestoßen werden und auf diesem Wege eine gewisse Anmut ihrer Bewegungen ausbilden. Somit werden auch die Inhalte nicht aus normativen Setzungen Erwachsener gewonnen, aus Unterrichtsplänen, i.w.S. gesellschaftlichen Vorgaben; vielmehr ergeben sie sich aus der biologischen Grundausstattung des Menschen, die ihm ein Wahrnehmen von und Agieren in der Umwelt ermöglicht.

Methodik/Didaktik/Prozesse: Mit Blick auf ‚Methoden' und didaktisch wirksame Prozesse der Montessori-Pädagogik lassen sich zwei unterschiedliche Stränge unterscheiden. Einerseits die Aneignungsprozesse, die als Autopoiesis allein entwicklungswirksam sein können, wenn man von der Nicht-Vermittelbarkeit von Entwicklung ausgeht, wie Montessori das tut. Andererseits finden sich auch Übungen, die von der Lehrerin oder Maria Montessori selbst angeleitet werden, in denen also ein direktes Einwirken auf die Kinder stattfindet.

Insoweit Montessori davon ausgeht, dass Kinder sich entwickeln, man sie aber nicht sich-entwickeln-machen kann, finden sich Prozessbeschreibungen, die das Tun der Kinder selbst beleuchten und ihre tätige Weltaneignung und Persönlichkeitsentwicklung darstellen.

> „Die Normalisierung kommt von der Konzentration auf eine Arbeit. Zu diesem Zweck müssen sich Motive in der Umgebung befinden, die geeignet sind, diese Aufmerksamkeit wachzurufen; werden die Gegenstände ihrem Zweck gemäß benutzt, führt das zu einer ‚geistigen Ordnung'; und werden sie außerdem auch ‚genau benutzt', führt das zu einer Koordination der Bewegungen" (Montessori 1972: 184).

Das Ziel der Methode wird von ihr immer wieder als ‚Normalisierung' bezeichnet und der Weg dahin führt über selbständige Arbeit des Kindes mit dem Material unter der Bedingung, dass hierbei eine vollständige Konzentration erreicht wird. Montessori spricht von einer „Polarisation der Aufmerksamkeit" (Montessori zit. in Böhm 2010: 94), an anderer Stelle von „Selbstversenkung" (a.a.O.: 160) des Kindes in sein Tun. Derart arbeitend befasst sich ein Kind wieder und wieder mit dem Material, vollzieht Übungen dreißigmal, vierzigmal, zweihundertmal (a.a.O.: 94) und lässt sich auch durch Lärm oder Unruhe in seiner Umgebung in seiner Konzentration nicht stören (a.a.O.: 161). Pädagogische Prozesse sind demnach weniger vermittelnde, es zählt eher die Beobachtung des kindlichen Tuns.

Andererseits finden gezielte Einwirkungen und Anleitungen seitens der Erzieherinnen statt. Dies insofern, als sie dem Kind den ‚richtigen' Umgang mit dem Material nahe bringen muss. Ferner gibt es Übungen, die unter deutlicher Moderation durch die Erzieherin stattfinden. Als Beispiel sollen hier ihre berühmten ‚Stilleübungen' dienen:

> „Ich nehme verschiedene Haltungen an, stehend und sitzend, und bleibe dabei immer ganz still und ohne jede Bewegung. Die Bewegung eines Fingers kann ein, wenn auch kaum wahrnehmbares Geräusch hervorrufen. Man kann so atmen, daß es wohl hörbar ist. Ich bewahre aber *absolute* Stille, was nicht gerade leicht ist. Ich rufe ein Kind an, daß es das Gleiche tue wie ich. Es bringt seine Füße besser zusammen, und dies verursacht ein Geräusch! Es bewegt einen Arm, streckt ihn auf dem Arm des Stuhles aus: wieder ein Geräusch! Sein Atem ist nicht ganz und gar geräuschlos, nicht ruhig, nicht unhörbar wie der meine. Während das Kind so verfährt und auf meine kurzen Bemerkungen wieder Unbeweglichkeit und Stille folgt, beobachten und lauschen die übrigen Kinder. Viele von ihnen haben Interesse für die Sache, die ihnen neu ist, daß wir nämlich so viele uns unbewußte Geräusche verursachen und daß es *Abstufungen der Stille* gibt. Wenn nichts, auch *garnichts* sich bewegt, herrscht absolute Stille. Sie sehen mir voll Erstaunen zu, wenn ich mitten im Zimmer stehe, so ruhig, daß es tatsächlich ist, als wäre ich garnicht. Dann wollen sie es mir gleichtun, und manchmal übertreffen sie mich sogar. Ich mache gelegentlich aufmerksam auf einen sich vielleicht fast unmerklich bewegenden Fuß. So muß das Kind jeden Teil seines Leibes ängstlich in acht nehmen, um sich ganz unbeweglich zu verhalten. Wenn die Kinder solchergestalt sich bemühen, entsteht eine Stille, die sehr verschieden ist von der, die wir oberflächlicherweise sonst so nennen. Es ist, als schwände das Leben so nach und nach dahin und das Zimmer würde leer, es wäre niemand mehr da. Dann hört man das Ticken der Uhr, und dieser Laut scheint in dem Maße stärker zu werden, als die Stille zunimmt" (Montessori 1913b: 197f.).

Den Rahmen dieser Übung bildet an genannter Stelle die wissenschaftliche Beobachtung des kindlichen Gehörsinnes und seine Fähigkeit, Abstufungen von Stille wahrzunehmen (a.a.O.: 197)[93]. Gleichwohl wird ihr auch pädagogischer Wert zugeschrieben, insofern Kinder eine absolute Stille kennenlernen und ihr Gehörsinn so unter der Bedingung der Abwesenheit alltäglicher akustischer Reize sensibilisiert wird. Diese Übung findet ohne Zuhilfenahme konkreten Materials statt. Stattdessen setzt Montessori auf ein Prinzip von Vorgabe und Nachahmung, macht sich selbst in der Übung zum Vorbild für die Kinder. Sie tritt in gewisser Weise als die experimentierende Naturwissenschaftlerin auf, die wie in einem Labor die Variablen kontrolliert (Beseitigung von Alltagsgeräuschen, sieht man von der Uhr ab; Verhalten der Kinder, das sich an ihre Vorgaben zu halten hat) und Beobachtungen hinsichtlich kindlicher Hörfähigkeit anstellt. Zugleich sieht sie in

93 „Eines Tages kam ich auf den Gedanken, diese Stille zu Versuchen über die Gehörschärfe der Kinder zu benützen" (Montessori 1988: 173).

der kindlichen Wahrnehmung absoluter Stille aber auch die Chance eines Erkenntnisgewinns und es ist ebenfalls ersichtlich, dass ein solches Einüben in vollkommenes Stillehalten eine Einübung in geordnetes, diszipliniertes Verhalten im Alltag darstellt.

5.6 Synchroner Vergleich: Elementarpädagogik und Naturwissenschaft

Die zentrale These dieses Buches ist, dass pädagogische Texte stets in einem weiteren, nicht-pädagogischen, gesellschaftlichen Kontext verfasst werden und aus diesem ihre spezifische Legitimation beziehen. Im vorliegenden Fall, der Pädagogik Maria Montessoris, wurde der Kontext als hochgradig durchdrungen von militärischen und biologischen Deutungsmustern gezeichnet. Inwiefern findet sich dies in der pädagogischen Argumentation Montessoris wieder?

Zunächst kann festgehalten werden, dass Montessori – mindestens in den herangezogenen Texten – keinerlei argumentative Nähe zum Militär zeigt. Ihre Betonung der ‚natürlichen' Disziplin der normalisierten Kinder mag sicher der Forderung nach Disziplin entsprechen, die die Militärs der Zeit an die Erziehung richteten; sie reicht aber sicher nicht hin um in Montessoris Pädagogik Analogien auf militärische Plausibilitäten zu erblicken. Es muss nicht zwingend davon ausgegangen werden, dass, wenn ‚Krieg' und semantischer Kanonendonner die öffentlichen Diskurse einer Zeit durchdringen, Anstalten und Programme der Vorschulerziehung in allzu offensichtlicher Weise ähnliche Methoden und Strukturen propagieren, Marschieren auf dem Hof etwa oder Weit- und Zielwerfen als wehrsportliche Übungen[94]. Die Verbindungslinien sind gegebenenfalls – und das ist hier der Fall – subtiler. Zwischen militärischem und i.w.S. biologischem Diskurs bestanden durchaus Querverbindungen, wie oben gezeigt wurde: Krieg als biologische Konstante in Geschichte, Gegenwart und Zukunft der Menschheit, Krieg als Selektionsmechanismus im Darwin'schen ‚Kampf ums Dasein', die Notwendigkeit der Aufzucht einer vielköpfigen, gesunden, kräftigen, intelligenten und national gesinnten jungen Generation als ‚Rekrutenmaterial'; Krieg schließlich als ultima ratio in der Auseinandersetzung mit anderen Völkern und Rassen im Kampf um knappe, lebenswichtige Ressourcen. Die Bevölkerung galt als wichtige biologische Ressource der nationalen ‚Wehrkraft'.

An eben dieses Säbelrasseln schließt Montessori nicht an, wohl aber – und dies nun auf der ganzen Linie – an die hier immer mitgedachten biologischen

94 Obwohl auch das der Fall sein kann. Siehe die Ausgaben der Zeitschrift ‚Kindergarten', des Organs des Fröbelverbandes, seit September 1914 oder auch die ausführliche Materialsammlung bei Berger (1986) zur Vorschulerziehung in der NS-Zeit.

Grundlagen. In nahezu allen Untersuchungskategorien präsentiert sie ein durch und durch biologisches Denken. Das Kind ist bildsam im Sinne eines Embryos, der sich körperlich wie psychisch selbst baut, dies in aktiver Auseinandersetzung mit seiner Umwelt. Hierbei folgt es einem inneren, natürlichen Bauplan, so wie seine körperliche Reifung einem genetischen Plan folgt. Psychische Entwicklung wird quasi-organisch als ‚Inkarnation' gezeichnet. Das einzelne Kind ist insofern ‚krank' bzw. abweichend, als es dem statistisch ermittelten biologischen Normalfall menschlicher Entwicklung nicht entspricht. Das macht es erziehungsbedürftig, Fehlentwicklungen sollen pädagogisch ‚normalisiert', i.d.S. ‚geheilt' werden. Das kann das Kind nur selbst erreichen. Erzieherinnen gestalten v.a. die Umwelt gemäß Kriterien einer ‚Naturgemäßheit', die sie, aufgrund biologischer bzw. naturwissenschaftlicher Vorbildung als statistische Größen kennen, so dass sie auch in der Lage sind, ‚natürliches' von ‚deviatem' Verhalten zu unterscheiden. Am Ende steht ein erzogenes Individuum, das idealerweise abweichungsfrei dem Mittelwert einer Gauß'schen Normalverteilung entspricht: der ‚homme moyen' oder ‚medial man', der statistisch ermittelter Ausdruck des natürlich entwickelten Menschen ist.

Die Gesellschaft gleicht in der Darstellung Montessoris ebenfalls einem Organismus, Teilsysteme gleichen Organen, Menschen den Zellen. Insofern sie die Entwicklung der Natur mit dem Telos eines harmonischen Zusammenwirkens aller Organe verbindet, können auch gesellschaftliche Disharmonien (man denke an die katastrophalen Weltkriege, den industriellen Genozid, Wirtschaftskrisen etc.) nur daher rühren, dass die Gesellschaft entweder ‚krank' oder noch nicht fertig entwickelt, also selbst in einem embryonalen Übergangszustand befangen ist. Fatalerweise – aus heutiger Sicht – denkt sie am Ende ihres Schaffens an eine gesellschaftliche ‚Führung' analog einem zentralen Nervensystem. Auch ihre Gesellschaftsdiagnose folgt entsprechend einer Bio-Logik und ihre Antwort auf diese Krisen ist ebenfalls einschlägig: Gleich der Entwicklung von der Stammzelle in eine ausdifferenzierte Nerven-, Leber- oder Hautzelle müssen sich die Menschen selbst durchformen, um dann ihre Funktion in einer differenzierten Gesellschaft optimal ausüben zu können. Hierfür braucht es eben diese Form der Pädagogik, die es Kindern ermöglicht, sich selbst zu spezialisieren, was, ähnlich der Zytogenese, nur autopoietisch geschehen kann und sich heteronomer Einwirkung entzieht.

Entsprechend zielt Montessoris Erziehung inhaltlich und material auf die Ermöglichung eines Trainings der Sinne. Die Umwelt stellt entsprechendes, auf die Schulung von Sinnen und Motorik abgestimmtes Material bereit und überlässt diese Übung dann den einzelnen (unfertigen) Zellen/Kindern.

Die Pädagogin im Kinderhaus befindet sich, immer wieder in ihren Texten erkennbar, in der Rolle der beobachtenden und experimentierenden Naturwissenschaftlerin. Sicher ist sie auch Pädagogin, aber die fachliche Basis ihres Handelns ist eine biologisch-anthropologische und an sie wird der Anspruch wissenschaftlicher Beobachtung gerichtet. *Hier verschwimmen die Grenzen zwischen Erziehung und empirischer Naturwissenschaft.*

Doch wie ist Erziehung, wie eine Pädagogik als deren Kunstlehre zu denken vor dem Hintergrund, dass die skizzierten biologischen Ansätze die Vervollkommnung der Menschheit, die Genese der Spezies v.a. *intergenerational* dachten? In solchem, von Darwin inspiriertem Denken kann Erziehung nichts beitragen, da, anders als noch von Lamarck gedacht, nun nicht mehr von einer Vererbung ontogenetisch erworbener Fähigkeiten ausgegangen wurde. Wie kann dennoch eine Pädagogik in dieser Zeit und unter biologischen Prämissen einen solchen Siegeszug antreten? Die Lösung scheint genau hierin zu liegen: sie argumentiert biologisch und positivistisch. Damit kann sie ihre pädagogischen Vorschläge als naturwissenschaftlich relevant ausflaggen und an die Logik v.a. des sozialhygienischen Diskurses anschließen. Dies sicherlich auch, weil ‚Hygiene' (bspw. Räume fegen, Körper und Zahnpflege) in ihren Texten eine wichtige Rolle einnimmt. Der Unterschied zu i.w.S. eugenischen Diskursen liegt darin, dass sie nicht *evolutionsbiologisch*, sondern *ontogenetisch* argumentiert. Ihre Argumentation zielt nicht auf Selektion entlang des Kriteriums ‚angepasst/nicht-angepasst', sondern auf die Verbesserung aktuell lebender Individuen. Sie liefert quasi ein Modell rationeller Gestaltung der Aufzucht lebenden Nachwuchses, wie das bspw. Goldscheid und Grotjahn explizit gefordert hatten. Statt der Genese der Spezies über Generationen fokussiert sie die nachwachsende Generation selbst, wobei sie innerhalb des positivistisch-biologischen Paradigmas verbleibt, aber statt auf ‚Evolution' auf ‚Ontogenese' setzt. Unter dieser Bedingung werden aufklärerisch-pädagogische Ambitionen der Verbesserung von Mensch und Gesellschaft an das naturwissenschaftliche Paradigma anschlussfähig. Zugleich erweist sie sich aber auch als anschlussfähig an die Reformpädagogik und die erziehende Profession, insofern sie scheinbar das Ideal ‚vom Kinde aus' (vgl. Kap. 1.3) und einer ‚freiheitlichen' Erziehung in Reinform vertritt und Hinweise zur praktischen Gestaltung des Alltags in pädagogischen Einrichtungen gibt. Sie bietet so quasi eine Schnittstelle zwischen pädagogischen und politisch-öffentlichen Deutungsmustern an, ist jedenfalls an beide in hohem Maße anschlussfähig.

Die voranstehenden Ausführungen unterstreichen die biologische Ausrichtung der Pädagogik Montessoris. Sie unterliegen damit einer interpretativen Tendenz, die nicht unangefochten geblieben ist. Ein Streit besteht v.a. hinsichtlich der Auslegung ihrer Anthropologie: Muss man eben diese positivistisch-biologische, auch klinisch-therapeutische Ausrichtung Montessoris betonen (vgl. Fuchs 2002, 2003; Böhm 2010) oder ist es vorrangig, ihre religiöse, kosmische Theorie hervorzuheben (vgl. Ludwig 2002: 363)?[95] Hildegard Holtstiege (2002: 318ff.) hat eine einseitige Betrachtung der Anthropologie Montessoris scharf kritisiert und anderen Autoren eine verkürzende Ausblendung zu einem Verständnis der Montessori-Pädagogik wichtiger Aspekte vorgeworfen. Dieser Vorwurf muss auch die vorgelegte Analyse treffen. Die Frage, ob Montessori vorrangig ‚Kosmologin' oder ‚Biologin' gewesen sei, ob man ihre Pädagogik unter dieser oder jener Perspektive (oder unter Einbezug anderer möglicher Sichtweisen) auslegen *muss*, ist indessen eine Frage der Exegese, die hier (und auch allgemein) nicht entschieden werden kann[96]. Es bleibt ein Spannungsverhältnis, es bleiben die Widersprüche in ihrer Theorie. Allenfalls kann man ihr monistische Absichten unterstellen, den Versuch, positive Wissenschaft und Theologie in einer umfassenden Theorie zu integrieren (vgl. Fuchs 2002). Auf diese Debatte kommt es hier aber nicht an, insbesondere auch deshalb, weil hier der Kontext des frühen 20. Jahrhunderts den Rahmen der Betrachtung bildet. Ihre kosmologischen Ideen hat Montessori deutlich später entwickelt (vgl. Ludwig a.a.O.). Wichtig war, den Konnex zwischen einer Vernaturwissenschaftlichung der öffentlichen Gesellschaftsbeschreibungen einerseits und der in diesem Kontext entstandenen, spezifischen pädagogischen Vorschläge Montessoris andererseits aufzuzeigen. Dieser Konnex ist in allen oben betrachteten Kategorien offensichtlich. Die Frage ist nicht die nach Kohärenz und interner Stimmigkeit der Montessori-Pädagogik. Auch nicht die nach ihrer abschließend gültigen und ‚richtigen' Interpretation. Vielmehr die nach ihrer Anschlussfähigkeit an und Resonanz auf die weitere Öffentlichkeit, und beide sind erkennbar gegeben. Inwiefern *andere* Elemente ihrer Theorie – zeitgleich und in späterer Zeit – einen Anschluss an *andere* Diskurse und Teilbereiche der Gesellschaft ermöglichten – bspw. die Kirche (vgl. Konrad 2002: 51ff.) – und inwiefern man das als gelungene Strategie zur Verbreitung der eigenen Arbeit beschreiben kann, wäre zu diskutieren. Insgesamt betrachtet mag es gerade diese breite Anschlussfähigkeit der Gedanken Montessoris sein, die sie für viele zur Patronin (je!) einschlägiger Pädagogik gemacht hat – sicher vom Ende her betrachtet auf Kosten theoretischer und ideologischer Kohärenz.

---

95 Für Ludwig (ebd.) kann Montessoris Denken „(…) ohne seine religiösen Wurzeln nicht angemessen verstanden werden (…)".

96 Von eigener Deutung abweichende Ergebnisse mit der Unterstellung nicht hinreichend „(…) exakte[r] Kenntnis der Arbeitsansätze Montessoris (…)" als „Fehlinterpretationen" zu disqualifizieren (Holtstiege 2002: 322) erscheint unangemessen und unterstellt die Möglichkeit einzig richtiger Interpretationen bzw. ‚richtiger' Exegese. Das weist in Richtung eines Dogmatismus.

6 Politisierung der Elementarpädagogik

Betrachtet man die Bundesrepublik Deutschland im Zeitraum der späten 1950er bis Mitte der 1970er Jahre, so finden sich verschiedene Problemwahrnehmungen, vor deren Hintergrund die große Schulreform zwischen ca. 1965 und 1975 stattfand (vgl. v. Friedeburg 1992, Herrlitz et. al. 2009.). Über die Notwendigkeit einer Reform des Erziehungssystems bestand politischer Konsens. Zugleich, im Nachhall des Wirtschaftswunders und unter Annahme der vermeintlichen politischen Beherrschbarkeit zyklischer konjunktureller Schwankungen mit Hilfe keynesianischer Wirtschaftspolitik, kann in dieser Zeit von einer stabilen finanziellen Grundlage für kostenintensive Maßnahmen gesprochen werden. Unter diesen Bedingungen schien es möglich, auch konkurrierende Ansprüche an ein reformiertes Bildungswesen zeitgleich zu realisieren (vgl. Radtke 1996: 21). Erst die sich abzeichnenden finanziellen Probleme im Umfeld der Öl- und Wirtschaftskrisen der 1970er Jahre schufen eine Situation begrenzter finanzieller Mittel. Das große Reformprojekt wurde aufgrund unlösbarer inhaltlicher Differenzen zwischen Regierung und Opposition und mit Verweis auf seine Nicht-Finanzierbarkeit gekippt (vgl. Neumann 1987: 114).

Im Kontext der Schulreform wurden auch die Kindergärten zum Thema. Vorschulerziehung wurde, nach einer Phase der weitgehenden politischen und gesellschaftliche Nichtbeachtung, als früher Beitrag zu einer Leistungssteigerung des Erziehungssystems in Anspruch genommen und als Korrektiv bzw. Hebel zur Bearbeitung unterschiedlicher Problemwahrnehmungen projektiert. Diese Zusammenhänge zwischen öffentlichen Krisenszenarien und elementarpädagogischen Entwürfen werden im Folgenden beleuchtet.

Die beiden ersten Abschnitte dieser dritten Studie (Kap. 6.1 und 6.2) rekonstruieren Ereignisse und Diskurse der Zeit, indem sie analytisch die einzelnen wahrgenommenen Probleme, sowie das öffentliche Zusammenspiel zwischen Akteuren v.a. der Politik und der Wissenschaft aufzeigen. Aus diesen diskursiven Verdichtungen heraus wurden politische Erwartungen an die Vorschulerziehung gerichtet (Kap. 6.3). Anschließend daran soll die Kindergartenpädagogik dieser Zeit anhand zweier pädagogischer Texte aus der Zeit um 1970 in den Blick genommen werden (6.4 und 6.5): Der Entwurf einer „Curriculumentwicklung im

Vorschulbereich" des DJI (Zimmer 1973) sowie die Darstellung der Vorschulklasse der deutsch-amerikanischen John-F.-Kennedy-Schule in Berlin (Hoenisch/Niggemeyer/Zimmer 1969). Kapitel 6.6 schließlich stellt Pädagogik und Kontext vergleichend gegenüber.

6.1 Zum gesellschaftlichen Kontext der 1960er und 70er Jahre

In öffentlichen Diskursen in der Bundesrepublik im Verlauf der 1960er Jahre lassen sich analytisch mehrere Problembeschreibungen identifizieren, von denen aus in der Folge Erwartungen an das Erziehungssystem formuliert wurden.

Vielfach benannt wird zunächst der ‚Sputnik-Schock', den der erfolgreiche Start eines unbemannten Satelliten durch die UdSSR im Oktober 1957 in den USA und bei ihren westlichen Partnern auslöste. In Zeiten des Kalten Krieges wurde die technische Überlegenheit des Gegners, für die der Sputnik in den westlichen Staaten stand, als existenzielle Bedrohung aufgefasst. Zum Abbau des technologischen Rückstandes, gleich einer Aufholjagd, wurden einerseits Milliarden in die Forschung investiert (vgl. Radtke 2003: 281). Andererseits rückte als Strategie der verstärkten Heranbildung technisch qualifizierten Fachpersonals die Erziehung in den Blick und der Gedanke, dass man ‚schlummernde' Begabungsreserven in den ärmeren Schichten der Bevölkerung erzieherisch heben könne, die bis dato in Fragen der Erziehung eher vernachlässigt worden waren. Eine US-Amerikanische Autorin schrieb:

> „Sputnik I hat uns aus unserer Selbstgefälligkeit, der kommunistischen Welt gegenüber konkurrenzfähig zu sein, herausgerissen. Wir haben offenbar nicht begriffen, daß eine Nation, die kein effektives Programm für die Erziehung der Kinder von zwei Drittel oder mehr der Bevölkerung entwickelt, auf eine Katastrophe zusteuert. (...) Einer der schwersten Fehler, die wir als Nation und als Erzieher begehen könnten, wäre es zu glauben, daß jene knappe Hälfte unserer Bevölkerung, die zu den mittleren und oberen Einkommensgruppen gehört, genügend Wissenschaftler, Ingenieure, Lehrer, Produktionsarbeiter und Facharbeiter bereitstellen kann, um unsere Position zu halten" (Davis 1968, zit. in Paus-Haase 1986: 5f.).

Qualifiziertes Fachpersonal erschien ferner auch in wirtschaftlicher Hinsicht essentiell. In West-Deutschland herrschte ein Mangel an Fachkräften. Konnte die Nachfrage der Unternehmen bis zum Mauerbau noch durch Zuwanderung aus dem Gebiet der DDR bedient werden, versiegte diese Quelle im Oktober 1961 quasi über Nacht (vgl. Plumpe 2008: 396; Herrlitz et. al. 2009: 171). Die Erwartungen lagen nun auf dem Erziehungssystem, das aber als mangelhaft galt. Diese zunächst kultusadministrativen Kreisen vorbehaltene Einschätzung wurde durch Georg Picht in der Zeitschrift „Christ und Welt" öffentlich skandalisiert: Er sprach von der „Deutschen Bildungskatastrophe“ (Picht 1965). „Bildungsnotstand“ sei „wirtschaftlicher Notstand“ (a.a.O.: 17), seine Behebung eine Frage der nationalen Existenz. Das Erziehungssystem könne bis 1970 gerade den erwarteten Bedarf an Lehrkräften decken. In anderen akademischen Berufen sei mit einem altersbedingten Ausscheiden von Fachkräften im gleichen Umfang zu rechnen wie in den Schulen (a.a.O.: 22), so dass, verdoppele man nicht die Zahl der Abiturienten, die Katastrophe unabwendbar sei (a.a.O.: 28).

Der Bildungsökonom Friedrich Edding (1963) formulierte eine Neubestimmung der wirtschaftlichen Bedeutung von Erziehung: Ein Erziehungssystem sei kein Luxus oder *Konsumgut*, das sich eine wohlhabende Gesellschaft leiste, vielmehr umgekehrt als *Investition* die Voraussetzung wirtschaftlicher Prosperität und internationaler Konkurrenzfähigkeit (a.a.O.: 82). Versäume ein Land hinreichende Investitionen in Erziehung, geriete es international ins Hintertreffen, was die Reform des als leistungsunfähig erkannten deutschen Erziehungssystems unverzichtbar erscheinen ließ. Beide Problemperspektiven, wirtschaftliche und Systemkonkurrenz, kulminierten in die Forderung nach hochqualifizierten Fachkräften und verwiesen auf die Notwendigkeit einer Reform des Erziehungssystems.

Im Laufe der 1960er Jahre schließlich entstand als weiteres Krisenszenario eine Wahrnehmung möglicher Kontinuitäten zwischen der bundesrepublikanischen Gesellschaft und der überwunden geglaubten NS-Diktatur. Der Eichmann-Prozess 1961 in Jerusalem und der Auschwitz-Prozess in Frankfurt am Main 1963 waren öffentlichkeitswirksame Ereignisse, die vielleicht vor allem das Interesse der herangewachsenen Nachkriegsgeneration auf Deutschlands NS-Vergangenheit lenkten[97]. „Mehr oder weniger skandalöse personelle Kontinuitäten taten sich nun, da der Blick geschärft war, überall in Politik und Gesellschaft auf“ (Frei 2008: 83). Schon im Jahre 1959 fanden sich an der neu eröffneten Kölner Synagoge Hakenkreuzschmierereien. Personen, denen man eine ‚braune Vergangenheit‘ nachsagte, bekleideten (erneut oder nach wie vor) hohe öffentliche Ämter. Die Spitze der neu gegründeten Bundeswehr bestand aus Generälen, die bereits für Hitler Krieg geführt hatten. Theodor Heuss hatte 1933 als Abgeordneter dem Ermächtigungsgesetz zugestimmt. Heinrich Lübke sagte man nach, er habe als Architekt Baracken für KZs und die Beherbergung von Zwangsarbeitern entworfen. „Da amtierte fast sieben Jahre lang ein nach des Kanzlers eigener Einschätzung ‚tiefbrauner‘ Bundesvertriebenenminister Oberländer, der den deutschen ‚Lebensraum im Osten‘ geplant und für die Völker dort bestenfalls ein Helotendasein vorgesehen hatte; da waren furchtbare Juristen wie Wolfgang Fränkel, der

97 Dem stand eine vorangegangene Zeit der Nichtbearbeitung gegenüber, in der der ‚Blick zurück‘ vermieden worden war. Preuss-Lausitz/Zeiher/Geulen (1995: 17) haben vom „Syndrom von Fleiß und Schweigen“ gesprochen.

am Leipziger Reichsgericht Fälle von ,Rassenschande' verfolgt hatte und gleichwohl 1962 für das Amt des Generalbundesanwalts zu taugen schien" (Frei 2008: 83). Weitere Parallelen wurden während des Besuchs des persischen Schahs Rheza Pahlevi und seiner Frau Farah Diba Anfang Juni 1967 in Berlin gezogen. Brutale Auseinandersetzungen zwischen Schah-Gegnern und iranischen Gegendemonstranten sowie später zwischen den Schah-Gegnern und der Berliner Polizei mündeten in Straßenschlachten und Hetzjagden und endeten mit dem Tod des Studenten Benno Ohnesorg (vgl. Frei a.a.O.: 112ff.). Auch diese Ereignisse wurden mit vergleichbaren Szenen am Ende der Weimarer Republik in Bezug gesetzt, es wurde von SA-Methoden gesprochen.

Eine Wiederholung der Geschichte wurde schließlich auch in den Verhandlungen um Notstandsgesetze gesehen (seit 1958). Diese näherten sich im Jahre 1964 einer Realisierung (a.a.O.: 95ff.). In der vorgesehenen Beschränkung von Freiheitsrechten im Katastrophenfalle konnten Parallelen zum Ermächtigungsgesetz von 1933 gesehen werden, das Hitlers Machtübernahme ermöglicht hatte. Die Demokratie stand angesichts dessen in Frage.

Aus anderer Sicht hatte bereits einige Jahre zuvor Ralf Dahrendorf die demokratische Realität der Bundesrepublik kritisiert (Dahrendorf 1965). Eine Demokratie müsse gleiche Teilhaberechte für alle nicht nur formal anbieten, sondern auch ihre Nutzung für alle ermöglichen. Grundbedingung hierfür sei (höhere) Bildung, die den Bürgern hinsichtlich ihrer Rechte und Pflichten den „Fußboden" (a.a.O.: 23) abzustecken habe, sie m.a.W. für eine demokratische Teilhabe qualifiziere. Insofern aber angebbare Bevölkerungsgruppen signifikant weniger an höherer Bildung partizipierten (Katholiken, Landbevölkerung, Arbeiterkinder, Mädchen), könne nicht von einer Möglichkeit gleichberechtigter gesellschaftlicher Beteiligung ausgegangen werden. Das stellte den Zustand realer Demokratie in Deutschland in Frage und verwies auf die Notwendigkeit einer aktiven, um mehr Bildungsbeteiligung werbenden Bildungspolitik, mit der Dahrendorf den von ihm so bezeichneten ,Traditionalismus der Unmündigkeit' (a.a.O.: 67) überwinden wollte. Menschen sollten via Erziehung in die Lage versetzt werden, religiöse, milieu- oder geschlechtsbedingte Restriktionen zu überwinden und, ob für sie traditionell vorgesehen oder nicht, höhere Bildung in Anspruch zu nehmen. ,Erziehung' war kein rein pragmatisches, auf Wirtschaft und Beruf ausgerichtetes, vielmehr ein gesellschaftspolitisches Desiderat.

6.2 Elementarpädagogisch relevante Befunde der Wissenschaft

Der öffentliche Diskurs über Erziehung wurde, neben der bereits genannten Bildungsökonomie, wissenschaftlich flankiert von weithin rezipierten anthropologischen, psychologischen und sozialisationstheoretischen Forschungsergebnissen.

In ihren Auswirkungen nicht zu unterschätzen ist die Neubestimmung von „Begabung und Lernen“ im gleichnamigen Gutachtenband des Deutschen Bildungsrates (1970a). Das auf biologisch-genetischen Annahmen beruhende Konzept der ‚Begabung’ von Kindern, als notwendiges anthropologisches Gegenstück zu den Erziehungs- bzw. Unterrichtsbemühungen Erwachsener, wurde ersetzt durch das der ‚Lernfähigkeit’, die immer bereits Resultat vorangegangener Lernprozesse sei und künftiges Lernen ermögliche (vgl. Roth 1970). ‚Lernen’ wird so beschreibbar als lebenslang währender Prozess, der (anders als ererbte Begabung) didaktisch beeinflussbar erscheint; dies bereits vor und auch nach der Schule, was die Möglichkeit einer Pädagogisierung des gesamten Lebenslaufes eines Menschen eröffnet, da dessen Lernen jederzeit Gegenstand vermittelnder Einwirkung werden kann. Die Perspektive auf den Kindergarten änderte sich damit, von einem Schonraum hin zum Lernraum, aber auch zum potentiellen Förderraum.

Ähnliches hatte Benjamin Bloom 1964 formuliert (vgl. Lückert 1972). Mit bereits vier Jahren verfüge ein Kind über 50% der Intelligenz eines Erwachsenen, mit acht Jahren über 80% und mit dreizehn Jahren bereits über 92% (a.a.O.: 148). Intelligenzentwicklung finde wesentlich in der frühen Kindheit statt und entfalte sich in einem Verhältnis zur Umwelt. „Sozialkulturelle Kontakte und Anregungen“ (a.a.O.: 148) beeinflussten sie ab der Geburt des Kindes.

> „Eine günstige Umwelt begünstigt die Entwicklung der Intelligenz, wie umgekehrt eine sozial kulturell ungeistige Umwelt die Entwicklung der Intelligenz hemmt (…)“ (Lückert 1972: 151).

Damit gerieten Bedingungen des Aufwachsens von Kindern in ihren Familien in den Blick, mit der Annahme, sie fielen in verschiedenen Teilen der Gesellschaft unterschiedlich aus: ‚fördernd’ oder ‚ungeistig’. Gerade der letzte Fall erforderte zusätzliche frühe Förderung.

Als sozialisationstheoretische Wendung und Zuspitzung dieses Themas kann man das Gutachten Klaus Mollenhauers im Gutachtenband „Begabung und Lernen“ lesen (Mollenhauer 1970). Darin beschreibt er die Familie als „Sozialisations-Agentur“ (a.a.O.: 271), die die Persönlichkeitsstruktur des Kindes im Rahmen des sozialen Milieus der Familie forme. Hinsichtlich des Schulerfolges von Kindern sei, „die Vermutung zulässig“,

> „(…) daß entscheidende Bedingungen für die unterschiedlichen Startchancen in den Lernprozessen zu suchen sind, die die Kinder schon vor dem Schuleintritt durchlaufen" (Mollenhauer 1970: 269).

V.a. zwei Variablen seien Ursache für ungleiche Startchancen von Kindern: Die familiäre Erziehungspraxis und die soziale Position der Familie (a.a.O.: 270), zwischen denen ein Zusammenhang angenommen wird. Die Institution Schule setze eine bestimmte Vorsozialisation voraus.

> „Entstehen hier Diskrepanzen, dergestalt daß einzelne Kinder und Kinder ganzer Bevölkerungsgruppen die gewünschten Leistungen nicht oder nur durch gravierende Konflikte hindurch erbringen, sind für die Forschung zwei Wege der kritischen Analyse nahe gelegt: Die Kritik der Schule als eines Systems von Anforderungen, die durch ihre Art Kinder des einen Sozialisationstyps *benachteiligen* zugunsten derer eines anderen – und die Kritik der Sozialisationsprozesse und ihrer Bedingungen, sofern sich in ihnen eine Erziehungspraxis manifestiert, die die volle Beteiligung der Kinder am Bildungssystem verhindert oder erschwert" (a.a.O.: 271, Herv. i. Orig.).

Die ‚Passung' des Kindes zur Schule, insbesondere als „(…) Bereitschaft und Fähigkeit eines Individuums, Leistungen zu erbringen (…)" (a.a.O.: 272), hinge von den familiären Werten der Erziehung ab. Leistungswille, so referiert er US-amerikanische Studien, sei bei *Mittelschichts*kindern eher gegeben sei als bei *Unterschichts*kindern. Erstere seien tendenziell „aktivistisch", „zukunftsorientiert" und „individualistisch" (ebd.) und bereit zu Bedürfnisaufschub. Von Seiten der Eltern der Unterschicht werde signifikant häufiger als in Mittelschichtsfamilien Wert gelegt auf soziale Einordnung, gutes Betragen und Ehrlichkeit, auf Gehorsam und Unterordnung. Weniger Wert sei von den befragten Unterschichtseltern gelegt worden auf Neugier, Wissbegierde, Angstfreiheit, Selbstvertrauen, Vergnügen, Zufriedenheit, Kreativität und Originalität. Erziehungsziele wie Nonkonformität und Individualismus seien in Familien der Unterschicht gering angesehen (a.a.O.: 273). Ihre Vorstellungen von Erziehungsmethoden umschreibt Mollenhauer mit „weitgehender Kontrolle des Kindes" (a.a.O.: 276), Einforderung von Gehorsam und „Formen regelrechten Unterweisens und Anleitens" (ebd.), Anwendung körperlicher Züchtigung (a.a.O.: 279) sowie einem bindenden emotionalen Kontakt zum Kind (a.a.O.: 276). Unterschichtsmütter neigten ferner dazu, Jungen und Mädchen unterschiedlich zu behandeln. In der Förderung von „Intelligenz", „Kreativität", „Verantwortlichkeit", „Bürgersinn" u.a. zeigten sie sich ratlos (a.a.O.: 276). Der Erziehungsstil ‚der Unterschicht' sei demnach zur ‚neuen' Schule nicht kompatibel.

> „Elterliche Erziehungsideologie und die strategischen Prinzipien einer ‚demokratisierten' Schule sind nicht kongruent. Die innerfamiliären Werte und Vorstellungen entsprechen eher einem ‚konservativen' Schultypus (…). Die Tendenz in Richtung auf soziale Konformität und die Orientierung an kleingruppenhaften Normen (…) wirkt (…) disfunktional [sic!] im

> Hinblick auf den Begriff eines Erziehungswesens, das gerade jenes in der familiären Erziehungsideologie vernachlässigte Wert- und Vorstellungssyndrom in der nachwachsenden Generation reproduzieren möchte“ (Mollenhauer 1970: 276f.).

Die (Unterschichts-)Familie stünde damit als vorgängige Sozialisationsagentur einer (demokratisierenden) Reform der Schule im Wege. Dieser Befund weist auf die Notwendigkeit von Erziehung *vor* der Schule und *außerhalb* der in Verdacht geratenen Familien hin. Der Kindergarten rückt unmittelbar ins Blickfeld. Einschlägig formuliert die abschließende Synopse des Bandes:

> „Der Kindergarten sollte als ‚nebenfamliäres Erziehungsfeld‘ konzipiert werden (...). Die damit angestrebte Kontrastierung [sic!] der Familienerziehung erfordert eine Umorientierung: Weniger das abhängige, Geborgenheit und mütterlichen Schutz suchende Verhalten des Kindes wäre zu fördern, sondern eher das ‚emanzipatorische und leistungsorientierte‘ Verhalten“ (Skowronek 1970: 553).

Das Risiko ‚unangemessener‘ Milieus für das Aufwachsen des Kindes erscheint im Kindergarten bearbeitbar, als Ausgleich der Nachteile der Kinder aus ‚anregungsarmen‘ Milieus sowie als Kontern unangemessener Erziehungswerte und -stile der Unterschichtseltern. Dadurch: Herstellung von *Chancengleichheit* durch frühe Förderung entsprechend zentraler Anforderungen der ‚neuen‘ Schule, *Emanzipation* und *Leistungsorientierung* als Grundlage für Schulerfolg. Während das Erziehungssystem als wesentliche Instanz der gerechten Zuweisung sozialer Positionen in der Gesellschaft angesehen wird (vgl. Dahrendorf, s.o.), wird der Kindergarten zu der Instanz, die *im* Erziehungssystem für (frühzeitig ausgleichende) Gerechtigkeit sorgen soll.

6.2.1 Exkurs: Kritische Theorie.

Kursorisch sollen einige Grundgedanken der Kritischen Theorie der Frankfurter Schule anhand von Texten Max Horkheimers und Theodor W. Adornos skizziert werden. Zum einen, weil diese Gesellschaftstheorie nachhaltig in die Erziehungswissenschaft hinein gewirkt hat (vgl. Klafki 1976; Blankertz 1971). Zum anderen, weil der später analysierte Text Zimmers über „Curriculumentwicklung im Vorschulbereich“ (Zimmer 1973) unausgesprochen immer wieder in zentralen Punkten auf diese Theorie referiert.

In einem Aufsatz entwarf Max Horkheimer 1937 paradigmatisch Grundgedanken einer Kritischen Theorie in Abgrenzung zur traditionellen. Die traditionelle Vorstellung von Theorie beschrieb er als

> „(…) das aufgestapelte Wissen in einer Form, die es zur möglichst eingehenden Kennzeichnung von Tatsachen brauchbar macht. (…) als Ziel der Theorie überhaupt erscheint ein universales System der Wissenschaft“ (Horkheimer 1937: 205).

Traditionelle Theorie weise eine Tendenz in Richtung eines mathematischen Zeichensystems auf, Differenzen zwischen Disziplinen würden diffus und die Sozialwissenschaften eiferten dem Ideal der erfolgreichen Naturwissenschaften nach (a.a.O.: 207). Solcherart Traditionelle Theorie ließe sich unter zwei Perspektiven betrachten: entweder als ideologischer Versuch der Lösung rein disziplinimmanenter Probleme oder aber sie richte ihr Tun auf Erhalt und Reproduktion der bestehenden Sozialordnung aus.

Die Sozialordnung nun sei grundsätzlich Menschenwerk. Menschen nähmen ‚Gesellschaft' allerdings reifizierend als natürlich gegebene Bedingung wahr, ohne sich ihrer historischen Kontingenz bewusst zu sein. Stattdessen sei sie stets eine historisch entstandene soziale Struktur (a.a.O.: 216). Dabei habe gesellschaftliche Ordnung (bisher) immer

> „(...) entweder auf unmittelbarer Unterdrückung beruht oder ist eine blinde Resultante widerstrebender Kräfte, jedenfalls nicht das Ergebnis bewusster Spontaneität der freien Individuen“ (Horkheimer 1937: 217).

Somit trüge eine ‚traditionelle' Wissenschaft, sofern sie ‚Gesellschaft' optimieren will, zu Erhalt und Optimierung unterdrückender Verhältnisse bei. Anders ‚kritische' Theoriebildung:

> „Es gibt nun ein menschliches Verhalten, das die Gesellschaft selbst zu seinem Gegenstand hat. Es ist nicht nur darauf gerichtet, irgendwelche Mißstände abzustellen, diese erscheinen ihm vielmehr als notwendig mit der ganzen Einrichtung des Gesellschaftsbaus verknüpft. Wenngleich es aus der gesellschaftlichen Struktur hervorgeht, so ist es doch weder seiner bewussten Absicht noch seiner objektiven Bedeutung nach darauf bezogen, daß irgend etwas in dieser Struktur besser funktioniere. Die Kategorien des Besseren, Nützlichen, Zweckmäßigen, Produktiven, Wertvollen, wie sie in dieser Ordnung gelten, sind ihm vielmehr selbst verdächtig und keineswegs außerwissenschaftliche Voraussetzungen, mit denen es nichts zu schaffen hat. Während es zum Individuum in der Regel hinzugehört, daß es die Grundbestimmungen seiner Existenz als vorgegeben hinnimmt und zu erfüllen strebt, während es seine Befriedigung und seine Ehre darin findet, die mit seinem Platz in der Gesellschaft verknüpften Aufgaben nach Kräften zu lösen und bei aller energischen Kritik, die etwa im einzelnen angebracht sein sollte, tüchtig das Seine zu tun, ermangelt jenes kritische Verhalten durchaus des Vertrauens in die Richtschnur, die das gesellschaftliche Leben, wie es sich nun einmal vollzieht, jedem an die Hand gibt. (…) Sie [die kritische Theorie] begreift den vom blinden Zusammenwirken der Einzeltätigkeiten bedingten Rahmen, das heißt die gegebene Arbeitsteilung und die Klassenunterschiede, als eine Funktion, die, menschlichem Handeln entspringend, möglicherweise auch planmäßiger Entscheidung, vernünftiger Zielsetzung unterstehen kann“ (Horkheimer 1937: 223f.).

Eine kritische Perspektive problematisiert die bestehende Ordnung selbst. Sie will sie nicht verbessern, sondern transformieren. ‚Kritische Menschen' folgen nicht gesellschaftlichen Idealen, vielmehr misstrauen sie ihnen. Sie nehmen sie nicht als naturgegeben an, sondern als Ergebnis von Konflikten in einer Gesellschaft, der Widersprüche, interessengeleitete Konflikte, immanent sind; die Momente der Unterdrückung Vieler durch Wenige beinhaltet. Insofern diese Ordnung von Menschen gemacht wurde, kann sie auch von Menschen verändert werden. Dies gelte es zuvorderst zu erkennen, und in einem nächsten Schritt, sich aus den (nun nicht mehr) ‚bewusstlosen' Zwängen zu befreien:

> „Die Vernunft kann sich selbst nicht durchsichtig werden, solange die Menschen als Glieder eines vernunftlosen Organismus handeln. Der Organismus als natürlich wachsende und vergehende Einheit ist für die Gesellschaft nicht etwa ein Vorbild, sondern eine dumpfe Seinsform, aus der sie sich zu emanzipieren hat. Ein Verhalten, das, auf diese Emanzipation gerichtet, die Veränderung des Ganzen zum Ziel hat, mag sich wohl der theoretischen Arbeit bedienen, wie sie innerhalb der Ordnungen der bestehenden Wirklichkeit geschieht. Es entbehrt jedoch des pragmatischen Charakters, der sich aus dem traditionellen Denken als einer gesellschaftlich nützlichen Berufsarbeit ergibt" (Horkheimer 1937: 225, Herv. MK).

Ein solches kritisches Denken wäre nun gerade nicht mehr ‚brauchbar', müsste stattdessen strukturelle Formen von Unterdrückung transformieren, in einem selbstemanzipativen Akt der Nicht-Nutznießer, die sich so aus ihrer „dumpfen Seinsform" erheben. Produktionsweise und individuelle Freiheit befinden sich für Horkheimer empirisch in einem Widerspruch, den es aufzulösen gilt (a.a.O.: 226). Gesellschaftliche Prosperität und das Glück der Menschen müssten konvergieren, nur dann wäre sie ‚vernünftig' organisiert. Tatsächlich sei die Gesellschaft nicht die der Menschen, sondern die des *Kapitals* (a.a.O.: 224). Die Wirtschaft versorge nicht die Allgemeinheit (und erst *dann* den einzelnen Kapitalisten), vielmehr verhalte es sich umgekehrt; Großkapitalisten seien Nutznießer, alle anderen Individuen unterdrückt (a.a.O.: 230). Kritische Theorie zielt dem entsprechend auf eine Demaskierung und Beseitigung ausbeuterischer Produktionsverhältnisse im Kapitalismus ab (a.a.O.: 250). Ziel ist die Aufklärung dieser Verhältnisse und so die Ermöglichung emanzipatorischen Widerstandes, der letztlich in einem Zustand endet, in dem gesellschaftliche (Produktions-)Bedingungen und Entfaltungsmöglichkeiten des Individuums ineinander aufgehen. Konzise an anderer Stelle:

> „(...) Entscheidend ist, daß die Gesellschaft (...) betrachtet wird (...) als ein geschichtlicher Prozeß mit inneren Tendenzen und Gegentendenzen, die man nur erfassen kann, insofern man selbst mit seiner Arbeit und seinen Interessen bewußt an ihnen teilnimmt. Die wichtigste dieser Tendenzen ist die Herstellung von Zuständen, in denen die unendlichen Fähigkeiten der Menschen nicht mehr gehemmt sind, sondern in denen sie sich in voller Freiheit zum Wohl des gesellschaftlichen Ganzen entfalten können" (Horkheimer 1938: 138).

Theodor W. Adorno hat in Aufsätzen und Gesprächen mit Hellmut Becker die Absicht der Kritischen Theorie mit Blick auf den Holocaust und die Erziehung spezifiziert (vgl. Adorno 1966a, b, 1969). Zentraler normativer Fluchtpunkt ist ihm der Schrecken von Auschwitz.

> „Die Forderung, daß Auschwitz nicht noch einmal sei, ist die allererste an Erziehung. Sie geht so sehr jeglicher anderen voran, daß ich weder glaube, sie begründen zu müssen noch zu sollen" (Adorno 1966a: 88).

Da die gesellschaftlichen Voraussetzungen wenig zum Zwecke der Verhinderung eines erneuten Holocaust beeinflussbar seien, „(...) sind Versuche, der Wiederholung entgegenzuarbeiten, notwendig auf die subjektive Seite abgedrängt" (a.a.O.: 89). Damit spielen Psychologie und Erziehung eine zentrale Rolle. Ein wesentliches, subjektives Problem und Auslöser für den Holocaust sei, dass Täter ‚besinnungslos' ihren Hass an den Opfern ausgelassen hätten:

> „Solcher Besinnungslosigkeit ist entgegenzuarbeiten, die Menschen sind davon abzubringen, ohne Reflexion auf sich selbst nach außen zu schlagen. Erziehung wäre sinnvoll überhaupt nur als eine zu kritischer Selbstreflexion" (Adorno 1966a: 90).

Ausgangspunkt für Erziehung ist ihm der Mensch als *unbewusstes* Wesen, Ziel der *kritisch-selbstreflexive* Mensch.

> „Da aber die Charaktere insgesamt, auch die, welche im späteren Leben die Untaten verübten, nach den Kenntnissen der Tiefenpsychologie schon in der frühen Kindheit sich bilden, so hat Erziehung, welche die Wiederholung verhindern will, auf die frühe Kindheit sich zu konzentrieren" (Adorno 1966a: 90).

Damit ergeht ein Auftrag an die vorschulische Erziehung. In Deutschland überdauerten „(...) autoritäre Verhaltensweisen und blinde Autorität viel zäher (...), als man es unter Bedingungen formaler Demokratie gern Wort hat" (a.a.O.: 91). Das zeichnet eine Kluft zwischen demokratischem Schein und Sein der zeitgenössischen Gesellschaft. Autorität und blinde Autoritätshörigkeit erscheinen als Reminiszenz der als überwunden behaupteten NS-Ideologie, als mangelnde demokratische Mündigkeit, zugleich als latenter Nährboden für mögliche künftige Gewaltausbrüche.

> „Denkt man daran, wie Besuche irgendwelcher Potentaten, die politisch gar keine reale Funktion mehr haben, zu ekstatischen Ausbrüchen ganzer Bevölkerungen führen, so ist der Verdacht wohl begründet, daß das autoritäre Potential nach wie vor weit stärker ist, als man denken sollte" (Adorno 1966a: 92).

Mangelndes Kontingenzbewusstsein – siehe Horkheimer – wird von Adorno auch dem Selbstverständnis des Individuums zugeschrieben:

> „Denn es gehört zu dem unheilvollen Bewußtseins- und Unbewußseinszustand, daß man sein So-Sein – daß man so und nicht anders ist – fälschlich für Natur, für ein unabänderlich Gegebenes hält und nicht für ein Gewordenes. Ich nannte den Begriff des verdinglichten Bewusstseins. Das ist aber vor allem eines, das gegen alles Geworden-Sein, gegen alle Einsicht in die eigene Bedingtheit sich abblendet und das, was so ist, absolut setzt" (Adorno 1966a: 99).

Das ‚verdinglichte Bewusstsein' ist das psychologische Pendant zur reifizierenden Auffassung von Gesellschaft. In Erziehungs- und Sozialisationsprozessen eigne sich das Individuum die gesellschaftliche Umwelt als Faktum an und übernehme deren Regeln. Derart sozialisierte Persönlichkeiten, hörig dem Kollektiv, wirkten auf andere Menschen ein, mit dem Ziel, diese ebenfalls zu kollektivieren (a.a.O. S. 97; 99). Erziehungsanstalten wären dem entsprechend potentiell performative Gehilfen bestehender (unterdrückender) Gesellschaftsordnung.

Erziehung müsse dem entgegen idealerweise die „Herstellung eines richtigen Bewusstseins" (ebd.) bezwecken. Dies sei die Grundbedingung ‚wirklicher' Demokratie:

> „Das heißt: eine Demokratie, die nicht nur funktionieren, sondern ihrem Begriff gemäß arbeiten soll, verlangt mündige Menschen. Man kann sich verwirklichte Demokratie nur als Gesellschaft von Mündigen vorstellen. Wer innerhalb der Demokratie Erziehungsideale verficht, die gegen Mündigkeit, also gegen die selbständige bewußte Entscheidung jedes einzelnen Menschen gerichtet sind, der ist antidemokratisch, auch wenn er seine Wunschvorstellungen im formalen Rahmen der Demokratie propagiert" (ebd.).

Die Lösung sieht er in einer konsequenten Umsetzung des kantischen Verständnisses von selbständigem Vernunftgebrauch. Forderungen der Gesellschaft und darin enthalten: propagierte Erziehungsideale müssten sich vor der selbständig und eigenverantwortlich eingesetzten Vernunft der Individuen – was die Kinder als Adressaten von Erziehung einschließt – bewähren, so dass diese in freier Wahl die Anforderungen übernehmen oder aber auch ablehnen können.

> „Die Tendenzen, von außen her Ideale zu präsentieren, die nicht aus dem mündigen Bewußtsein selber entspringen, oder besser vielleicht: vor ihm sich ausweisen, diese Tendenzen sind stets noch kollektivistisch-reaktionär" (Adorno 1966b: 107).

Damit ist aber im Grunde eine Pädagogik entworfen, die sich am Ende selbst handlungsunfähig macht: die nicht einwirken darf, die keine Ambitionen der Menschenformung verfolgen darf, schließlich keine Ziele setzen darf. Diese wären von den Kindern selbst zu bestimmen.

6.3 *Sozialliberale Semantik um 1970*

Am 28.09.1969 gewann die SPD die Bundestagswahl und ging mit der FDP eine sozialliberale Koalition ein. Sie löste damit die konservative Regierung unter Kanzler Kurt Georg Kiesinger ab, unter dem sie seit 1965 in einer großen Koalition mitregiert hatte. Der gerade gewählte Bundeskanzler Willy Brandt markierte in seiner Regierungserklärung vom 28.10.1969 vor dem Hintergrund der skizzierten Diskurse die Probleme *mangelnder Chancengleichheit* und *Demokratiefähigkeit*. In seinen Schlussworten widersprach er der Vorstellung einer latent persistierenden Kontinuität zur Zeit der NS-Diktatur kategorisch. Er glaube nicht an ein ‚Ende der Demokratie', „(…) wir fangen erst richtig an" (Brandt 1969: 380). Die Marschrichtung seiner Regierung proklamierte er mit den berühmten Worten: „Wir wollen mehr Demokratie wagen" (Brandt 1969: 353). Zugleich sei der „zentrale Auftrag des Grundgesetzes", nämlich „allen Bürgern gleiche Chancen zu geben, noch nicht annähernd erfüllt" (a.a.O.: 367). Die Steigerung von Demokratie und Chancengleichheit wurde zum Kernthema sozialliberaler Politik.

> „Die Regierung kann in der Demokratie nur erfolgreich wirken, wenn sie getragen wird vom demokratischen Engagement der Bürger. Wir haben so wenig Bedarf an blinder Zustimmung, wie unser Volk Bedarf hat an gespreizter Würde und hoheitsvoller Distanz. Wir suchen keine Bewunderer; wir brauchen Menschen, die kritisch mitdenken, mitentscheiden und mitverantworten" (Brandt a.a.O.: 380).

Demokratische Mitwirkung der Bürger wird skizziert als deren Recht, zugleich als Auftrag. Das macht den Bestand der Demokratie vom Engagement der Bürger abhängig und setzt entsprechende Fähigkeiten voraus, herzustellen durch Erziehung:

> „Bildung und Ausbildung, Wissenschaft und Forschung stehen an der Spitze der Reformen, die es bei uns vorzunehmen gilt. (…) Das Ziel ist die Erziehung eines kritischen, urteilsfähigen Bürgers, der imstande ist, durch einen permanenten Lernprozeß die Bedingungen seiner sozialen Existenz zu erkennen und sich ihnen entsprechend zu verhalten" (Brandt a.a.O.: 366).

Bürger sollen zu Kritik und Urteilsfähigkeit erzogen werden; ein permanentes, i.d.S. lebenslanges Lernen. Dabei sollen sie lernen, die Bedingungen ihrer sozialen Existenz zu erkennen, sich reflexiv und kritisch zur Gesellschaftsordnung zu stellen und sich entsprechend zu verhalten. Der skizzierte mündige Bürger soll bewusst die Gesellschaftsordnung gestalten. Parallelen zur Kritischen Theorie und Antworten auf verschiedene Aspekte der weiter oben skizzierten Diskurse sind hier augenfällig.

Bildungspolitische Programmschriften der Zeit nahmen die markierten politischen Probleme Demokratiefähigkeit und Chancengleichheit auf und projektierten entsprechende Reformen des Erziehungssystems, an das beider Herstellung delegiert wurde. So formulierte der „Bildungsbericht ′70“ der Bundesregierung:

> „Der Verfassungsgrundsatz der Chancengleichheit muß durch eine intensive und individuelle Förderung aller Lernenden in allen Stufen des Bildungssystems verwirklicht werden. Bildung soll den Menschen befähigen, sein Leben selbst zu gestalten. Sie soll durch Lernen und Erleben demokratischer Werte eine dauerhafte Grundlage für freiheitliches Zusammenleben schaffen und Freude an selbständig-schöpferischer Arbeit wecken“ (BMBW 1970: 9).

Dabei gehe der Deutsche Bildungsrat (s.o.) davon aus,

> „(…) daß die soziokulturellen Bedingungen, unter denen sie [die Kinder, MK] lernen, ungleiche Lebenschancen begründen; daß eine familienergänzende Bildung und Erziehung, die ausgleichend neben die familiare Sozialisation tritt, sozial bedingte Ungleichheiten abbauen kann (…)“ (BMBW 1970: 19).

Der „Strukturplan für das Bildungswesen“ äußert zum Thema ‚Chancengleichheit‘:

> „Das Recht auf schulische Bildung ist dann verwirklicht, wenn Gleichheit der Bildungschancen besteht und jeder Heranwachsende so weit gefördert wird, daß er die Voraussetzungen besitzt, die Chancen tatsächlich wahrzunehmen“ (Deutscher Bildungsrat 1970b: 30).

„Chancengleichheit“ soll dabei

> „(…) nicht durch eine Nivellierung der Anforderungen angestrebt werden. Die Aufgabe ist vielmehr, frühzeitig die Chancenunterschiede der Kinder auszugleichen und später das Bildungsangebot so zu differenzieren, daß die Lernenden ihren Lerninteressen und Lernmöglichkeiten entsprechend gefördert werden und entsprechende Angebote weiterführender Bildung antreffen“ (ebd.).

Hier treffen sich sozialdemokratische und liberale Philosophie. Bis zur Einschulung soll hinsichtlich der Lern- bzw. Schulfähigkeit der Kinder eine *aus*geglichene bzw. *an*geglichene Ausgangslage hergestellt sein, was (hier unausgesprochen) auf den Kindergarten verweist. Die weitere Schullaufbahn ist eine ‚offene’, wobei Kinder durch angemessene Angebote jederzeit gezielt gefördert werden. „Benachteiligungen“, könnten entstehen „(…) aufgrund regionaler, sozialer und individueller Voraussetzungen (…)“ (a.a.O.: 30). Damit wird auf eine milieu- und sozialstatusbedingt defizitäre Erziehung durch die Eltern rekurriert. Diese sei „ergänzungsbedürftig“ (Deutscher Bildungsrat 1973: 16), weil „ungünstige soziokulturelle Bedingungen“ das Lernen der Kinder hemmten und auf diesem Wege „(…) soziale Benachteiligungen entstehen und aufrechterhalten werden“ (a.a.O.:

17). Die Strategie gleicht einem ‚Emporziehen' der Kinder der ‚Unterschicht' auf das Niveau der ‚Mittelschicht'. Zum Zeitpunkt der Einschulung wären dann alle Kinder auf gleichem Niveau. Auf dieser Basis könne dann jedes Kind seine Lernbiographie im Schulsystem in differenzierten Angeboten verfolgen, wobei die Unterschiede im Lernerfolg nicht als reproduzierte Ungleichheit, sondern als Ergebnis individueller Leistung erscheinen Chancengleichheit in der Gesellschaft herzustellen wird Auftrag des Erziehungssystems.

Für das Lernziel ‚Demokratiefähigkeit' formuliert der „Strukturplan":

> „Wenn es (...) das Ziel der Schule ist, den jungen Menschen auf das Leben in einer offenen Gesellschaft und in einem demokratischen Staat vorzubereiten, müssen die Grundmuster des mündigen Verhaltens in der Schule eingeübt und erprobt werden. Einübung und Erprobung erfolgen im tätigen wechselseitigen Verhalten zwischen den Schülern und zwischen Lehrern und Schülern" (Deutscher Bildungsrat 1970b: 37).

Erziehungsveranstaltungen wären nach demokratischem Vorbild zu verwirklichen. Hierzu gehört auch ein egalitäres Lehrer-Schüler-Verhältnis.

Wie sehr das diskursive Umfeld der späten 60er Jahre in explizit formulierte Erwartungen an den *Kindergarten* kanalisiert wurde, lässt sich anhand eines Vortrags von Hildegard Hamm-Brücher anlässlich des Vorschulkongresses 1970 in Hannover zeigen (Hamm-Brücher 1970). ‚In einer Demokratie demokratisch leben' ist ihr Leitbild (a.a.O.: 13), ein Anschluss an die Regierungserklärung Brandts.

> „Das Bezugssystem aller bildungspolitischen Überlegungen ist die Staatsform, in der wir leben und die Gesellschaftsform, in der wir zu leben wünschen: Wir leben in einer Demokratie (...). Wir wissen aber, dass dies allein nicht genügt, um Demokratie lebendig, glaubwürdig und widerstandsfähig zu machen. Dazu müssen wir in der Demokratie demokratisch leben" (Hamm-Brücher 1970: 13). Und weiter: „Demokratie kann man – wie jede andere Staatsform – installieren. Verfassungen kann man beschließen. Demokratisch leben aber muß man lernen. Lernen von frühauf und lebenslang. Demokratisch zu leben ist die Existenzfrage der Demokratie" (ebd.).

Damit wird die Qualifikation zu einem Leben in einer Demokratie durch Erziehung zur existenziellen Voraussetzung dieser Gesellschaftsform erklärt. Diese hat ‚von frühauf' zu erfolgen, schon im Kindergarten.

Hamm-Brücher stellt drei Leitsätze auf, in denen sie die Bedeutung des Kindergartens näher konturiert:

> „Vorschulerziehung muß Demokratie verwirklichen. Vorschulerziehung muß demokratisch leben – und lehren, demokratisch zu leben. Vorschulerziehung muß bei der Erfüllung ihrer pädagogischen Aufgabe auf der Seite des Kindes sein – vorbehaltlos, eindeutig und ohne Rücksicht auf mögliche und gelegentlich spürbar werdende öffentliche oder ideologische Ansprüche" (Hamm-Brücher a.a.O.: 14).

Den ersten Leitsatz – „Demokratie verwirklichen" – konnotiert sie folgend mit der Ambition der Herstellung von Chancengleichheit. Dabei sei „Chancengleichheit (…) ein pädagogisches Prinzip (…)" (a.a.O.: 14), was ein moralphilosophisches Problem (‚Gerechtigkeit') in Überschneidung zu pädagogischem Handeln bringt und das zeitgenössische politische Desiderat als einheimischen Bestandteil der Erziehung erscheinen lässt. Zur Erläuterung des Zusammenhangs zwischen Vorschulerziehung und Chancengleichheit referiert sie auf die Gutachten des Deutschen Bildungsrates sowie die Arbeiten Benjamin Blooms (a.a.O.: 14f.). Die Entwicklung des Kindes hänge von frühen Milieueinflüssen ab, die in der Gesellschaft ungleich ausfielen. Die Lösung sieht sie in einer kompensatorischen Erziehung im Kindergarten:

> „Deshalb müssen wir unser bildungspolitisches Interesse und unsere Bemühungen folgerichtig auf jenen Bereich der Bildung und Erziehung ausdehnen, der der Grundschule zeitlich vorangeht – und das ist die Elementarerziehung. Sie ist der Bereich, in dem sich der Ausgleich auf Bildungschancen rechtzeitig einleiten lässt" (a.a.O.: 17).

Mit dem zweiten Leitsatz – Kindergarten muss demokratisch leben und demokratisch zu leben lehren – macht sie die Herstellung demokratischer Mündigkeit in demokratischen Strukturen zum frühpädagogischen Auftrag. Sie nimmt Neills Modell ‚Summerhill' zum Vorbild:

> „Es ist eine konsequent freiheitliche und konsequent demokratische Erziehung, (…) die Kinder seiner Schule entwickeln, verändern und erneuern die Ordnungen für ihr Zusammenleben aus den Problemen und Ärgernissen, die sie sich gegenseitig bereiten. Sie tun es gleichberechtigt mit den Erwachsenen und in gemeinsamer Verantwortung" (a.a.O. S 18).

Kinder schaffen gemeinsam und demokratisch Ordnungen des täglichen Zusammenlebens. Dies in einer gleichberechtigten Auseinandersetzung aller Kinder und Erwachsenen über die Konflikte des alltäglichen Miteinanders. Die Schule Neills wird als Beispiel für den idealen Kindergarten präsentiert, skizziert als demokratische Gesellschaft im Kleinen (ebd.).

‚Vorschulerziehung muß vorbehaltlos auf der Seite des Kindes sein' – Unter diesem Motiv diskutiert Hamm-Brücher schließlich den Referenzpunkt angestrebter Kindergartenpädagogik. „Auf der Seite des Kindes" zu stehen sei diesbezüglich

> „(…) das erste und wichtigste Prinzip eines Erziehungssystems, das das kleine Menschenkind und keine Staats- oder Gesellschaftsraison in den Mittelpunkt seiner Bemühungen stellt" (a.a.O.: 18f.); „Elementarerziehung als Anleitung zu einem erfüllten Kinderleben (…) müsste das einzige Gebot der Vorschulerziehung sein" (a.a.O.: 19).

Die Argumentation geht rein vom Kindeswohl aus. Mögliche Leistungserwartungen der Gesellschaft werden abgewiesen. Elementarerziehung in demokratischen Formen wird zur Voraussetzung für ein ‚erfülltes Kinderleben' erklärt und dies erscheint als einzig legitimer Anspruch. Die Vorstellungen von Vorschulerziehung, die sie bis dahin entwirft, bilden aber andererseits politische Ideale ab und zeichnen Erziehung in engem Bezug zu politischen Notwendigkeiten. Man kann gar ein Verhältnis der Unterordnung der Erziehung unter politische Vorgaben darin erblicken, dass sie am Beginn Ihres Vortrages die Demokratie als Bezugsrahmen für die Erziehung ausflaggt. Am Ende betont sie vor ihrem Publikum, das wesentlich aus pädagogischen Fachkräften und ProtagonistInnen der Elementarpädagogik bestanden haben dürfte, die Freiheit und das Glück des Kindes. Die ‚Beglückung' des Kindes setzt dabei Demokratie geradezu voraus. Liest man mit analytischer Distanz, so zeigt sich in ihrem Vortrag der dialektische Gedanke, dass eine funktionierende Demokratie zu Mündigkeit erzogene Bürger brauche und dass, umgekehrt, die funktionierende Demokratie den Rahmen der glücklichen und freien Entfaltung aller Bürger bilde. *Gesellschaftsinteressen und die ‚Bedürfnisse' des Kindes werden identifiziert.*

Für die Elementarpädagogik dieser Jahre kann eine Entwicklung analog der so skizzierten Diskurse nachgezeichnet werden. Die in der Nachkriegszeit beobachtbare Phase einer Nicht-Beachtung des Kindergartens durch Politik und Wirtschaft (vgl. Konrad 2004: 180f.), die in Folge der oben nachgezeichneten Bezugsprobleme Mitte der 60er Jahre umschlug in höchstes Interesse und Reformwillen, findet sich in der Entwicklung der Kindergartenpädagogik im Zeitraum der 1960er Jahre wieder. Diese setzte zunächst, bis zum Ende der 1950er Jahre, auf die Gewährung eines institutionalisierten Schonraums (vgl. Reyer 2006a: 194f.; Neumann 1987: 101ff.). Als prominenteste Protagonistin gilt die Fröbelforscherin Erika Hoffmann.

> „Wir sind überzeugt, einen pädagogischen Widerstand gegen die durch unsere Zeitumstände immer stärker vorangetriebene Frühreife setzen zu müssen. Diesen Widerstand kann und soll der Kindergarten leisten" (Hoffmann 1968: 347).

Erkennbar ist die Vorstellung eines biologisch gegebenen ‚Reifepunktes', der lediglich durch Zuwarten und Wachsenlassen vom Kind selbst erreicht werden kann, wohingegen „vorangetriebene Frühreife" aufgrund gesellschaftlicher Forderungen als schädlich betrachtet und abgewehrt wird.

Der Intention des Reifen-Lassens wurde im Verlauf der 1960er Jahre paradigmatisch die pädagogische Idee früher, leistungsorientierter Förderung entgegengesetzt, einer rationellen, technischen Vermittlung in erster Linie kognitiver

Kenntnisse und Fähigkeiten[98]. Das entspricht dem oben markierten Fachkräfteproblem: Hebung von ‚Begabungsreserven’, frühzeitige kognitive Leistungssteigerung, Training spezifischer (wissenschaftlicher) Denkweisen und Einstellungen, sowie Kenntnisse bspw. der Biologie, Physik etc.

Als Ende der 1960er Jahre die skizzierten gesellschaftspolitischen Themen (Demokratie, Chancengleichheit) dominant wurden, formierte sich erneut eine pädagogische Kritik an derart pragmatischen Ansätzen und eine alternative Formulierung pädagogischer Aufgaben unter dem Stichwort ‚soziales Lernen‘ (vgl. Paus-Haase a.a.O.: 38ff.). Hierhin lässt sich das ‚Curriculum soziales Lernen‘ (CSL) verorten, das seit 1971 im Deutschen Jugendinstitut (DJI) erarbeitet wurde (vgl. Joos 2002: 236; Diehm 1995) und im Folgenden genauer betrachtet wird.

6.4 Das ‚Curriculum Soziales Lernen‘

Der Aufsatz „Ein Bezugsrahmen vorschulischer Curriculumentwicklung“ (Zimmer 1973) wird als eine Sammlung von „Werkstattüberlegungen“ gekennzeichnet (a.a.O.: 9). Der Text steht in wissenschaftlichem Kontext, er schließt an Arbeiten der Bildungskommission des Deutschen Bildungsrates, der Arbeitsgruppe Vorschulerziehung des DJI sowie des Max-Planck-Institutes in Berlin und seiner Curriculumforschung an (ebd.). In der Einleitung findet sich in verdichteter Form ein Überblick über das Programm, das sich in hohem Maße als Kontrast zur zeitgenössischen Vorschulerziehung entwirft.

> „Wenn man – wie dies zunehmend formuliert wird – die Schule als einen gettoähnlichen Ort ansieht – in dem wenig Gelegenheit besteht, im Alltag des eigenen Lebens verdinglichtes Alltagsbewusstsein aufzubrechen, die eigene Lebenswirklichkeit als paradigmatische zu begreifen und aufzuklären, wenn gesagt wird, daß zwischen Schule und gesellschaftlicher Praxis ein gebrochenes Verhältnis bestehe, dann kann der Kindergarten in seiner Organisation und mit seinen Angeboten nicht ausgenommen werden von dieser Kritik: Nicht nur – wenn man diese Unterscheidung überhaupt treffen will – Lernen, sondern auch Spielen kann abgehoben von der Lebenswirklichkeit der Kinder veranstaltet werden. Nicht nur der Lehrer, sondern auch die Erzieherin verfährt in der Regel innerhalb eines Arrangements, bei dem Kompetenzen in einer Richtung, nämlich vom Unterweisenden zum Zögling hin übermittelt werden“ (Zimmer 1973: 12).

Zunächst zeichnet sich eine *Institutionenkritik* ab. Pädagogische Organisationen müssten ins soziale Umfeld expandieren, der pädagogische Alltag sowie die Curriculumentwicklung müssten entschult werden. Damit einher geht zweitens eine

98 Bspw. Werner Corrells Versuch der Vermittlung von Frühlesen mittels Leselernmaschinen (vgl. Aden-Grossmann 2002: 188f.).

pädagogische Kritik. Pädagogische Entwürfe müssten inhaltlich Nähe zum kindlichen Erleben in Familie und Alltag aufweisen; eine Pädagogik, die sich nahe an, am besten *in* den gesellschaftlichen Vollzügen selbst realisiert. ‚Lebensweltbezug' und damit zugleich ‚Entschulung' (vgl. Illich 1972) bedeuten eine pädagogische Entgrenzung: Einerseits eine Öffnung der Institution für den Alltag und seine Gegenstände, andererseits ihre diffuse pädagogische Allgegenwart in allen Bereichen der Gesellschaft (a.a.O.: 13). Eine Auflösung von Institutionengrenzen dürfe jedoch nicht zugleich die Aufhebung eines Schutzraumes bedeuten und zu einer Auslieferung der Kinder an die Nutzenerwägungen gesellschaftlicher Akteure (Unternehmen) führen[99]. Drittens wird die Erwartung bzw. der Auftrag an Kindergärten formuliert, *gesellschaftskritisch* zu wirken. Es gilt, Menschen dazu zu befähigen, ihr „verdinglichtes Alltagsbewusstsein aufzubrechen", soziale Strukturen als paradigmatische, damit: veränderbare zu begreifen. Schließlich wird die Vermittlung von Fähigkeiten und Kenntnissen *durch* einen Pädagogen *an* einen Zögling und damit das Machtgefälle zwischen beiden kritisiert. Ein zu entwerfendes Curriculum müsste reziproke, *dialogische Verhältnisse* zwischen Kindern und Pädagogen ermöglichen, mithin machtfreie Kommunikation. Von einer Pädagogik des „Kommuniqués" – ein Bezug auf Paulo Freire – müsse abgesehen werden, an dessen Stelle habe der „Dialog" zu treten (a.a.O.: 18)[100]. Dieser Überblick umreißt das Programm. Anhand der in Kapitel 3.4 beschriebenen inhaltsanalytischen Kategorien werden die einzelnen Aspekte im Folgenden weiter inhaltlich konkretisiert.

6.4.1 Normative Kategorien

Gesellschaftsbeschreibung: Die Gesellschaftsbeschreibung im Text bezieht sich nicht auf konkrete Gegebenheiten oder Ereignisse, sondern ist formal gehalten:

---

99 „Auf der einen Seite bleibt die Forderung, Schule aus ihrer Isolation herauszuholen und sie gesellschaftlichen Handlungsfeldern näher zu bringen. Auf der anderen Seite gilt es jener Variante zu wehren, die das ‚learning by doing' als eine naive Auslieferung von Schülern an die Vorstellungen und Erwartungen der in Institutionen maßgebenden Gruppen, also der Abnehmer, deutet (...)" (a.a.O.: 15).

100 Das ‚Kommuniqué' bedeutet Freire das autoritative Statement, die Bestimmung eines Inhaltes und seine festgelegte, lineare Vermittlung durch einen (mächtigen) Lehrer an eine (ohnmächtige) Gruppe von Schülern. Wie ein ‚Bankier' Geld, so lege der Lehrer die Wissensinhalte des Kommuniqués in den Köpfen der Kinder an. Freire spricht entlang dieses Gleichnisses von einer ‚Bankiersmethode' des Unterrichtens. In ihr drückt sich das Machtgefälle zwischen Lehrer und Schülern aus. Diese Umstände seien zugunsten eines ‚Dialogs' zu überwinden, welcher aus Lehrern zugleich Schüler und aus Schülern zugleich Lehrer mache. Freire spricht auch vom ‚Lehrer-Schüler' und vom ‚Schüler-Lehrer'. Siehe dazu: Freires „Pädagogik der Unterdrückten" (Freire 1971).

„Lebenswirklichkeit wäre nicht als ein überdauerndes Gebilde sozialer Regelmäßigkeiten darzustellen, das in einer vom Menschen unabhängigen Eigengesetzlichkeit existiert, sie wäre als je konkrete in ihrer Geschichtlichkeit, Machbarkeit und Veränderbarkeit zu verdeutlichen" (a.a.O.: 28).

Gesellschaftliche Ordnung sei vom Menschen geschaffen und durch ihn veränderbar. Gesellschaftliche Ordnung sei, mit einem Zitat *Freires,* gekennzeichnet durch

„soziale, politische und wirtschaftliche Widersprüche" die es zu begreifen gelte, „um Maßnahmen gegen die unterdrückerischen Verhältnisse der Wirklichkeit zu ergreifen" (a.a.O.: 15).

Auf eine Formel gebracht: ‚Gesellschaft' ist eine *immanent Unterdrückung begünstigende, kontingente und veränderbare Struktur.* Menschen zu ihrer kritischen Reflexion und tätigen Veränderung zu befähigen wird in der Folge zur zentralen Aufgabe der Erziehung erklärt. Wenn auch auf die Kritische Theorie im gesamten Text kein Bezug genommen wird, finden sich hier doch bis in den Wortlaut die Diagnosen Horkheimers und Adornos wieder. Ähnlich abstrakt-formal wird das Gesellschaftsideal gezeichnet.

„[Es] wird davon ausgegangen, daß Bildungsprozesse auf Lebenssituationen und deren Wandel vorbereiten sollen. Von hierher kann sich der Versuch bestimmen, theoretische Annahmen über Lebenssituationen von Kindern und Erwachsenen gleichsam als Spezialfall einer Theorie über gesamtgesellschaftliche Autonomisierungsprozesse zu entwickeln (...)" (a.a.O.: 32).

Menschen sollen befähigt werden, ‚Wandel' gestalten zu können. Eine Entwicklung ‚der Gesellschaft' zielt auf deren ‚Autonomisierung', ein ständiges Streben dem Telos ‚Freiheit' entgegen. ‚Bildung' gilt als Teil einer einschlägigen gesellschaftlichen Reform.

Anthropologie und Idealpersönlichkeit: Dem Gedanken unterdrückender Gesellschaftsstrukturen entspricht im Text, ähnlich den Erörterungen Adornos, ein Bild vom in spezifischer Weise *unterdrückten Individuum.* Individuen seien sich der prinzipiellen Historizität gesellschaftlicher Strukturen nicht bewusst.

„Die Beobachtung der Praxis erwachsener Menschen zeigt, daß sie ihre – (...) heteronomen Anwendungsbedingungen unterliegenden – technischen und instrumentellen Fertigkeiten (...) einsetzen, ohne in der gleichen Weise die sozialen Voraussetzungen und Wirkungen ihrer Tätigkeit mitberücksichtigen zu können. Der soziale Kontext instrumentellen Handelns scheint einem Prozeß kollektiven Vergessens unterlegen und aus dem Bewußtsein verschwunden zu sein" (a.a.O.: 30).

(Konventionell erzogene) Individuen zeichnen sich damit als Träger und Anwender instrumenteller Qualifikationen aus. Deren sozialer Zusammenhang aber wurde ‚kollektiv vergessen'. Solche Individuen erfüllen instrumentelle Leistungserwartungen, problematisieren aber die Fremdbestimmung nicht, die als sozialer Kontext der Handlung mangels Reflexionsfähigkeit unerkannt bleibt. Hier findet sich die *Defizitkonstruktion* des (nicht oder falsch erzogenen) Adressaten: Er gilt als *reflexionsunfähiges* Individuum. Seine *Aneignungsfähigkeit* bzw. *Bildsamkeit* wird eher am Rande beschrieben:

> „Die Diskussion setzt Kompetenzen voraus – erwerbbare Fähigkeiten Drei- bis Fünfjähriger, sich untereinander in Planungsabsichten verständlich zu machen, daraus ableitbare Verbindlichkeiten anzuerkennen und eine Weile durchzuhalten, Konflikte, die sich aus unterschiedlichen Plänen ergeben, zu verhandeln oder auszutragen" (a.a.O.: 49).

Als Grundvoraussetzung für pädagogische Arbeit gilt die *Diskursfähigkeit* des Kindes. Dazu gehören neben grundsätzlicher Sprachfähigkeit die (kognitive) Fähigkeit des ‚Verhandelns', des Anerkennens von ‚Verbindlichkeit' und eine gewisse Frustrationstoleranz. Die Adressatenbeschreibung kann damit auf den Punkt gebracht werden: Das Kind als Adressat vorschulischer Erziehungsveranstaltung wird konturiert als *grundsätzlich diskursfähiger aber ‚bewusstloser', unreflektierter Unterdrückter.*

Das Erziehungsziel mit Blick auf das Kind leitet sich ebenfalls aus der Idee der prinzipiellen Veränderbarkeit potentiell unterdrückender gesellschaftlicher Ordnung sowie der Diagnose des unreflektierten und damit unmündigen Adressaten her. Es geht um die Fähigkeit zur Bewusstmachung gesellschaftlicher Strukturen (Freire hatte von *conscientização* gesprochen), die Herstellung reflexionsfähiger Persönlichkeiten.

> „(…) es sollte nach Möglichkeit Vorsorge getroffen werden dafür, daß sie [Kinder im vorschulischen Alter, MK] später ihre Qualifikationen nicht einfach auf Abruf, ohne ein Bewußtsein vom sozialen Kontext ihrer Anwendung und damit ohne einen mittelbaren Bezug auf ein gesamtgesellschaftliches Interesse in Handlungen übersetzen" (a.a.O.: 31).

Neben der immunisierenden Wirkung einer *Reflexion* gegen mögliche Ausbeutung soll Erziehung jedoch auch die Fähigkeit politischer *Aktion* vermitteln:

> „Wenn man davon ausgeht, daß es Aufgabe vorschulischer und schulischer Erziehung ist, auf ‚das Leben' vorzubereiten, so ist damit gemeint, Kinder und Heranwachsende für das Handeln in Lebenssituationen zu qualifizieren. ‘Qualifizieren' soll dabei bedeuten, sie in die Lage zu versetzen, in Situationen der Gegenwart und näheren Zukunft ihren Anspruch auf Selbstbestimmung (…) in kompetenter Weise zu vertreten. Dieser Anspruch richtet sich gegen historisch-gesellschaftlich vermittelte und damit prinzipiell aufhebbare Formen der Fremdbestimmung" (ebd.).

„Qualifikation“ von Individuen verweist dabei nicht auf die Herstellung verwertbarer Fertigkeiten, sondern auf die Befähigung zur emanzipatorischen Umgestaltung heteronomer Strukturen. Erziehung

> „(...) setzt sich zum Ziel, zur Emanzipation von Fremdbestimmung zu verhelfen und die Solidarität der an der Entfaltung ihrer Person Gehinderten zu stärken, indem sie die Vermittlung von Kompetenz als die Vermittlung eines Instrumentariums zur Aufklärung fremdbestimmter Situationen und zur Realisierung entsprechender Situationsbeeinflussung auffaßt“ (a.a.O.: 28f., Herv. MK).

„Kompetenz“ steht für eine Art Werkzeugkasten zur Veränderung heteronomer Strukturen. Kompetenz bedeutet dann erstens die Fähigkeit zu (kritischer) *Reflexion* und zweitens (politischer) *Aktion*[101]. Hinzu kommt der Wert der Solidarität, der zivil-couragierte Einsatz auch für andere. Die ideale Person wäre entsprechend ein *kritisch-reflexiver, emanzipatorisch und politisch aktiver sowie solidarischer, mündiger Bürger*, der bestrebt ist, Gesellschaftsordnungen ‚freiheitlich’ zu gestalten.

Kritik bestehender Institutionen und der Elementarpädagogik: Gerade diesen Ambitionen stünde die etablierte Vorschulerziehung im Wege:

> „Denn es ist anzunehmen, dass viele der bisherigen Formen und Inhalte des schulischen und auch vorschulischen Lernens mögliche Fragen nach den sozialen und – im weiteren Sinne – politischen Zusammenhängen von Handlungen eher verschütten als fördern“ (a.a.O.: 30).

Kindergarten und Schule wären damit ‚Gehilfen der Unterdrückung’, indem sie gerade die Erkenntnis der Heteronomie, der unaufgedeckten Wertsetzungen, ferner die Entwicklung eines *kritischen Bewusstseins* verhindern, und damit die bestehende Gesellschaftsstruktur perpetuieren.

> „Zwar lernt [ein Schüler, MK] in der Chemie die chemische Zusammensetzung von Kunststoffasern kennen, kaum aber die ökonomischen und ökologischen Begleitumstände der Massenproduktion von Kunststoffen. Er erfährt in der Physik – über die Lehre von der Mechanik hinaus – nicht, welche Wirkungen die Teilautomatisierung von Arbeitsgängen auf die Arbeitsbedingungen haben kann“ (a.a.O.: 30).

Damit verhindere pädagogische Veranstaltung gerade die Bewusstmachung bzw. Reflexion der ökonomischen Rahmenbedingungen menschlicher Tätigkeit. Ein solcher Typ pädagogischer Veranstaltung führe einer ausbeutenden Gesellschafts- und Wirtschaftsstruktur reflexionsunfähige, leicht verwert- und ausbeutbare Menschen zu.

---

101 Gleichlautend hatte Wolfgang Klafki (1976) Kritische Erziehungswissenschaft beschrieben.

Neben bestehenden Institutionen geraten in gleichem Sinne auch etablierte Pädagogiken in die Kritik. Sie werden unterteilt in drei Richtungen, die kompensatorische Pädagogik, den psychologischen Funktionsansatz und den disziplinorientierten oder Wissenschaftsansatz. *„Kompensatorische Erziehung"* trüge „wesentliche Kennzeichen verschulter vorschulischer Erziehung" (a.a.O.: 20):

> „Unzureichend erscheinen (...) Ansätze, in denen (...) in der Absicht kompensatorischer Erziehung die Standards schulischer Leistungen zum alleinigen Bezugspunkt vorschulischer Trainingsprogramme werden (wobei sowohl die Lebenswirklichkeit als auch die spezifischen Fähigkeiten von Kindern aus sozio-ökonomisch benachteiligten Gruppen weitgehend außeracht gelassen werden)" (a.a.O.: 19).

Kritisiert wird als Zielsetzung kompensatorischer Erziehung die Anpassung von Unterschichtskindern an die der Mittelschicht angepassten Normerwartungen der reformierten Schule. Dies werte die Kinder der ‚Unterschicht' ab und ziele nicht primär auf Handlungsfähigkeit im Alltag, sondern auf Passung zur Institution Schule. Pädagogische Inhalte würden dann (deduktiv) aus deren Normerwartungen gewonnen, nicht (induktiv) aus den Alltagserlebnissen der Kinder.

Modelle, die unter die Kategorie *‚psychologisch-funktionalistischer Ansatz'* subsumiert werden, bezögen ihren Inhalt aus der psychologischen Bestimmung von Personenmerkmalen. Genannt werden exemplarisch: „Aufschub von Bedürfnisbefriedigung", „Leistungsorientierung", „logisch-mathematisches Denken" und „Intelligenz" (a.a.O.: 21).

> „Stattet man das Individuum vergleichsweise unabhängig von konkreten situativen Anforderungen mit jenen Grundfähigkeiten aus, so scheint sich die Chance zu vergrößern, daß es sich angesichts der [gesellschaftlichen] Veränderungen verhalten kann und Kompetenzen jeweils im aktuellen Anlaß zu erwerben versteht" (a.a.O.: 20f.).

Dieser Ansatz bestimme pädagogische Inhalte in hohem statistisch-mathematischem Abstraktionsgrad (deduktiv), fern des kindlichen Alltags. Für die pädagogische Arbeit im Kindergarten sei er nicht geeignet (ebd.). Er unterliege ferner dem Risiko einer self-fulfilling prophecy: Man wende pädagogisch die aus der Beobachtung von Kindern gewonnenen Kategorien redundant *auf* die Kinder an („test-coaching", a.a.O.: 21). Eine psychologistisch-universalistische Beobachtung des Kindes zur Gewinnung möglicher Förder- und Erziehungsziele abstrahiere ferner von den Erfahrungen von Kindern und Erwachsenen in ihrer alltäglichen Lebenswelt:

> „Das, was die subjektive Betroffenheit der handelnden Menschen bedingt, wird vernachlässigt zugunsten der funktionalen Bestimmung und der – sich etwa im Intelligenzquotienten ausdrückenden – Quantifizierung eines Verhaltensrepertoires" (a.a.O.: 22).

Ein solches Funktionstraining könne der späteren heteronomen Nutzung der Qualifikationen der Individuen Vorschub leisten, damit einer – von ihnen unbemerkten – ökonomischen Ausbeutung in der Arbeitswelt (ebd.).

‚Disziplinorientierten Ansätzen' schließlich unterläge die Grundannahme, die Lebenswelt werde zunehmend durchdrungen von wissenschaftlichen Prinzipien, ohne deren Kenntnis Menschen nicht mehr in der Lage seien ihr Leben zu führen (a.a.O.: 22f.). Lernziele würden daher aus wissenschaftlichen Konzepten gewonnen („Klassifizieren", „Schlussfolgern", „Objektivität" etc.; a.a.O.: 23). Aber:

> „Stellt man sich die messenden, klassifizierenden, Variablen kontrollierenden Schüler vor, so läßt sich einiges von ihrer Hilflosigkeit erahnen gegenüber den vielfach ganz anders, nämlich unmittelbar und sinnlich erfahrenen Problemen, Schwierigkeiten und also Widersprüchen ihrer Lebenssituationen" (a.a.O.: 24).

Kinder würden „dem Diktat disziplinimmanenter Entwicklungen und Moden" (a.a.O.) unterworfen, „unter dem Kriterium der Wissenschaftspropädeutik" (a.a.O.) müssten sie „an ihren Lebensproblemen vorbeieilen" (a.a.O.). Damit wiederholt sich die Kritik der Realitätsferne. Erkennbar werden in solchen Ansätzen die Inhalte ebenfalls aus einer Deduktion gewonnen. Ebenso wiederholt sich der Verdacht, heteronome Ausnutzung individueller Qualifikationen zu begünstigen:

> „(…) die scheinbare Neutralisierung von Interessen zugunsten ‚objektiver' Einstellungen, der funktionale Charakter der Lernzieldefinition erinnert an das – zuvor diskutierte – Vorgehen bei der Lernzielbestimmung über Subjektvariablen; beide Ansätze können komplementär verstanden werden in dem Versuch der Vermittlung eines Ensembles von Qualifikationen, deren instrumenteller Charakter den mobilen Einsatz dort befördert, wo sich Bedarf und Verwertungsinteressen anmelden" (a.a.O.: 24).

Eine Bestimmung pädagogischer Ziele mittels ‚wissenschaftlicher Objektivität' sei nur scheinbar interessenneutral. Wissenschaft stehe selbst immer im Verhältnis zu ökonomischen Produktionsweisen. Erziehung entlang ihrer Grundprämissen fördere spätere ökonomische Ausbeutung der Menschen (a.a.O.: 24f.).

Allen kritisierten Ansätzen wird vorgeworfen, dass sie die Inhalte der Erziehung nicht aus den Lebensfragen der Kinder bestimmen (Deduktionsvorwurf). Die jeweiligen Inhalte und erwünschten Qualifikationen seien für eine autonome Lebensführung unbrauchbar. Stattdessen sei ihnen die Ambition der Herstellung von heteronomer Verwertbarkeit der erzogenen Individuen immanent. So erzogene Menschen wären deshalb nicht mündige Individuen, vielmehr ökonomische Verfügungsmasse (Ausbeutungs- bzw. Heteronomievorwurf). Dem entgegen müsste Kindergartenpädagogik *induktiv* bestimmt werden, realitätsnah aus dem Leben der betroffenen Subjekte. Statt Verwertbarkeit müsste *Mündigkeit* befördert werden, die heteronomer Indienstnahme entgegenzuwirken ermöglicht.

6.4.2 Operative Kategorien

Inhalte: Zur Bestimmung von Inhalten wäre nach bisher Gesagtem *induktiv* vorzugehen, es gilt, lebensnahe *Situationen* aufzugreifen. Formal werden hierfür drei Kriterien aufgestellt: ‚Situationen' sollten (a) von Kindern gewählt werden (und von Kindern zu bewältigende Probleme berühren, a.a.O.: 36), sie sollten (b) konkret sein, „reale Situationen in jeweiligen subkulturellen Milieus" (a.a.O.: 37), und sie sollten (c) die Möglichkeit Einflussnahme beinhalten:

> „Es sollten (…) Situationen sein, die im Rahmen pädagogischer Aktion beeinflußbar sind, in denen beispielhaft gezeigt werden kann, daß Kinder und Erwachsene – wohl auch in der Form solidarischen Handelns – Einfluß zu nehmen in der Lage sind" (a.a.O.: 37).

Was eine relevante Situation sei, wird von den an der Curriculumentwicklung Beteiligten – Kinder, Erzieherinnen, Eltern, Wissenschaftler – diskursiv bestimmt, mithin: in demokratischer Entscheidungsfindung (a.a.O.: 34). Insofern über diese formalen Setzungen hinaus Inhalte nicht weiter bestimmt werden, kann grundsätzlich *alles* zum pädagogisch relevanten Lerngegenstand werden. Indessen werden im Text Vorschläge gemacht, die illustrieren sollen, was ein angemessener ‚situativer Anlass' sein kann. Hierin lässt sich eine spezifische inhaltliche Tendenz erkennen:

> „Straßenkämpfe in einer nordamerikanischen Stadt zwischen jugendlichen Schwarzen und Kindern von Einwohnern aus Puerto Rico werden zum Anlaß eines Projektes, das Nachforschungen über die Gründe der Auswanderung aus Puerto Rico anstellt; Teil des Projektes ist eine längere Exkursion der schwarzen Schüler und ihrer Lehrer nach Puerto Rico, während sie an Ort und Stelle die ökonomischen und sozialen Gründe der Auswanderung untersuchen und sich durch Gelegenheitsarbeiten das zum Überleben notwendige Geld verdienen" (a.a.O.: 47).

Der Vorschlag erscheint in hohem Maße visionär. Das vorgeschlagene Projekt bewegt sich außerhalb schulischer Mauern und außerhalb des pädagogisch Gewohnten. Ein lokaler, gewalttätiger Konflikt führt einen Teil der Betroffenen – die „Schwarzen", Schüler wie Lehrer – in das Herkunftsland ihrer Gegenspieler, der Puerto-Ricaner. Was dort untersucht werden soll ist die sozio-ökonomische Situation im Land. Es ist nicht der lokale Konflikt ‚Schwarze gegen Puerto-Ricaner', der hier bearbeitet wird. Er ist lediglich der Anlass. Untersucht werden soziale Bedingungen im Herkunftsland der immigrierten Konfliktgegner. Erkennbar soll ein solches Projekt zur Rekonstruktion der dortigen sozioökonomischen Zustände führen, die die Menschen erst in die Migration getrieben haben. Mithin zur Kritik unterdrückender Zustände. Auf dem Wege einer solchen Problemrekonstruktion erscheinen die soziale Struktur und ihre unterdrückenden Elemente ursächlich für die Migration, was im Beispiel zu Spannungen im Aufnahmeland führte. Es werden nicht (primär) z.B. rassistische Ressentiments als ursächlich beschrieben; es werden nicht (primär) Menschen für die Zusammenstöße verantwortlich gemacht[102]; es werden keine angemessenen Formen des Umgangs mit Konflikten vermittelt (bspw. Verfahren der Mediation); skizziert ist das Problem vielmehr als ein systemisches. Schließlich sind es im Beispiel die Betroffenen selbst, die Wege der Erkundung und Lösung ihres eigenen Problems finden – das aufgrund von abstrakten, historisch gewachsenen, unterdrückenden Wirtschaftsstrukturen entstanden ist. Ähnlich das folgende Beispiel:

> „Ein griechischer Tanker etwa, der in einer Bucht an der kanadischen Küste Öl abläßt, kann Anlaß zu Nachforschungen sein, ob und wie Verursacher von Meeresverschmutzung zur Rechenschaft gezogen werden können; Schüler und Lehrer nehmen hier Teil an Initiativen der Küstenbevölkerung und der sie vertretenden Behörden“ (a.a.O.: 47).

Auch hier zielen pädagogische Reflexion (Nachforschung) und Aktion (Teilnahme an Initiativen) wieder auf Vorgänge *hinter* dem eigentlichen Geschehen. Schüler beteiligen sich nicht an Reinigungsarbeiten (was auch denkbar, vielleicht sogar naheliegend wäre). Sie forschen nach möglichen rechtlichen Schritten gegen den Verursacher und vermitteln ihre Ergebnisse an die Betroffenen-Initiativen. Verursacher ist ein *Wirtschaftsunternehmen,* bekämpft wird eine Wirtschaftspraxis, nicht der entstandene Schaden. Das Projekt ist erneut ein wirtschafts- und sozialkritisches. Schülerinnen und Schüler werden in diesen Vorschlägen in die ‚große Politik' eingebunden, pädagogische und politische Aktion verlieren ihre deutliche Abgrenzung. Pädagogisches Arbeiten in Projekten zu situativen Anlässen erscheint immer zugleich als *Vermittlung*, darüber hinaus aber auch als *politische Aktion*[103].

Methodik/Didaktik/Prozesse: Als Form pädagogischer Arbeit wird das ‚Projekt' genannt, das aus ‚situativen Anlässen‘ entstehe. Diese lägen „auf der Straße“ (a.a.O.: 47), müssten jedoch identifiziert werden.

> „Aus der Diskussion kann sich ein Projekt entwickeln, eine Abfolge von Schritten, die der Bewältigung der jeweiligen Fragen und Probleme gelten. Kommt es innerhalb eines solchen Projektes zur Feststellung von Mängeln der Kompetenz, zu Stellen also, an denen ohne entsprechende Kompetenz nicht voranzukommen ist, so kann das der Anlaß zu Stützkursen sein,

---

102 Die Kontrahenten des Beispiels stammen bemerkenswerterweise aus signifikanten Minderheitengruppen und können vermutlich als ‚Unterdrückte‘ gelten. Das macht das Projekt zu einem Akt der ‚Solidarität unter Gleichen'.

103 Ferner werden Beispiele für ‚situative Anlässe' genannt, die vielleicht dem Anspruch, konkrete Probleme der Kinder selbst zu bearbeiten, am nächsten kommen. Zerstörtes Kindergartenspielzeug, ein Kind hat sich in der Stadt verlaufen, Krach beim Schlafengehen, ‚im Krankenhaus' etc. (a.a.O.: 48).

> zu jenen didaktischen Schleifen, über die die für das Projekt notwendige Kompetenz erworben werden kann“ (a.a.O.: 47).

‚Situativer Anlass‘, ‚Diskussion‘, ‚Projekt‘ und ‚didaktische Schleifen‘ gelten als die Elemente der ‚didaktischen Einheit‘. Die Diskussion ist dabei ein wiederkehrendes „reflexives Element der Projektbegleitung“ (a.a.O.: 49):

> „Die Diskussion ist kein einmaliger Akt zu Beginn der Durchführung einer didaktischen Einheit; sie kommt immer wieder vor – in der Form von Planungsgesprächen, Absprachen zwischen Untergruppen, Beschlüssen über die Konsultation Außenstehender, Verständigungen über wünschbare Kenntnisse und damit über die Einleitung didaktischer Schleifen“ (a.a.O.: 49).

Das ständig mitlaufende Element der Diskussion führt parlamentarische Strukturen in den pädagogischen Alltag ein. Die Deliberation aller Beteiligten bildet die Grundlage dieses pädagogischen Entwurfes, einer politisierten Pädagogik, einer *Demokratiepädagogik*. Obgleich man allgemein von der besonderen Bedeutung der ‚Situation’ im ‚Situationsansatz’ ausgehen könnte, scheint das Element der *Diskussion* in der operativen Umsetzung *die* zentrale Rolle zu spielen.

Projektarbeit zielt auf die skizzierten Ambitionen der Reflexion (gesellschaftlicher Missstände) und der politischen Aktion (die diese abstellen soll):

> „Diskussionen begleiten, unterbrechen und bestimmen Projekte, jene auf unmittelbaren, sinnlichen Erfahrungserwerb gerichteten Handlungen, in denen versucht wird, sich wichtige Teile der Situation zu erschließen und mittelbar oder unmittelbar Einfluß auf sie zu nehmen“ (a.a.O.: 49).

‚Projekt’ ist hier der Name für ein Prozessieren, das auf die o.g. ‚Autonomisierung’ der Gesellschaft hinarbeitet, dessen wesentliche Merkmale das Erkennen und Abstellen von Unterdrückung sind. ‚Projektarbeit’ ist gedacht als Element der gesellschaftlichen Entwicklung:

> „Situationen werden (…) nicht als statische, klar abgrenzbare, von Widersprüchlichem freie, einmalig zu analysierende aufgefaßt. Sie sind eher ‚Stationen gesellschaftlicher Entwicklung‘, wie klein und bedeutungslos sie auch erscheinen mögen“ (a.a.O.: 42).

Das pädagogische Projekt wird als gesellschaftliche Entwicklung im Kleinen konzipiert. Es geht neben einer *realitätsnahen Vermittlung* auch um eine *vermittelnde Realisierung* gesellschaftlicher Transformation; nicht um reine Vorbereitung späterer, mündiger Lebensführung, sondern bereits ihre Durchführung; ‚Autonomisierung’ verstanden als Abschaffung von Beschränkungen menschlicher Freiheit *in actu educationis*. Vermittlungskommunikation wird zu politischer Kommunikation, die je gegenwärtig verändernden Einfluss auf bestehende Strukturen nimmt.

Strukturen: Der Text äußert sich nicht über räumliche Gegebenheiten, dafür werden aber deutliche soziale Strukturen vorgeschlagen. ‚Curriculumentwicklung’ ist stets diskursiv von allen Beteiligten – Wissenschaftler, Erzieherinnen, Kinder und Eltern – zu betreiben:

> „Aussagen über Lebenssituationen und Notwendigkeiten der Qualifizierung für sie erfolgen im Diskurs, in aufeinander bezogenen Gesprächen und Handlungen zwischen Erziehern, Wissenschaftlern, Eltern, anderen in einer Situation Mithandelnden und Kindern“ (a.a.O.: 34).

Alle *stakeholder* sind in den kontinuierlichen, demokratischen Austausch einbezogen und haben gleiche Mitspracherechte. Sie unterscheiden sich durch ihre spezifischen Perspektiven („Sachverstand“, a.a.O.), nicht aber durch Machtdifferenzen. Das gilt auch bezüglich der Erzieher-Zögling-Interaktion. Dazu erscheint es notwendig,

> „(…) dass aus beiden – Lehrern und Schülern – zugleich Forschende und Handelnde, Lernende und Lehrende werden“ (a.a.O.: 18).

Eine solche Rollenbeschreibung ebnet Hierarchien ein. Was sich abzeichnet ist eine permanente Deliberation zwischen gleichberechtigten Beteiligten in parlamentarischen Strukturen in allen Phasen eines Projektes.

Die pädagogische Fachkraft: Das hat Auswirkungen auf die Aufgabenbeschreibung der Fachkräfte. Geforderte Gleichberechtigung gerät in Konflikt mit hierarchischen Strukturen, die pädagogischen Verhältnissen immer inhärent sind. Der Text betont für die Fachkräfte die Notwendigkeit einer

> „(…) Professionalisierung im Hinblick auf die didaktische Erfassung und Verarbeitung konkreter Lebenswelten. Nicht die Schmälerung ihrer impulsgebenden Rolle soll hier zugestimmt werden, sondern ihrer Unterstützung durch die Aktivierung des Sachverstandes bei Kindern, Schülern oder Eltern“ (a.a.O.: 18).

Auftrag der Erzieherin ist es, aus dem Alltagsleben der Kinder Lernarrangements zu gewinnen. Die Lebenswelt der Kinder beobachten und didaktisch wenden – das bedeutet Professionalität. Dabei kann die Erzieherin keineswegs eigenständig verfahren, muss vielmehr ihr Tun in den verschiedenen Gremien mit allen Beteiligten rücksprechen. Auch die Befähigung dazu (z.B. Kooperation mit Wissenschaftlern) gilt als zu erwerbende Professionalität (a.a.O.: 57f.). Das „schmälere“ indes ihre „impulsgebende Rolle“ nicht – eine Beschreibung, in der sich nichtreziproke Verhältnisse andeuten. Vielmehr wird die aktive Beteiligung von Kindern, Eltern, Wissenschaftlern als „Unterstützung“ ausgelegt. Machtverhältnisse erscheinen und werden wieder eingeebnet. Die Erzieherin scheint – zwischen

Gestaltungsauftrag und Verpflichtung auf demokratischen Diskurs – in einer spannungsreichen Position zu stehen. Deutlicher wird das Problem am nun folgenden Beispiel der JFK-Schule, so dass das Thema weiter unten noch einmal aufgegriffen wird.

6.5 Die Vorschulklassen der John-F.-Kennedy-Schule in Berlin

Am 11.10.1960 wurde in Berlin die „Deutsch-Amerikanische Gemeinschaftsschule“ gegründet, eine bilinguale, multinationale öffentliche Schule unter staatlicher Aufsicht[104]. Von Anfang an unterrichteten dort amerikanische und deutsche Lehrkräfte. Wenige Tage nach dem Attentat auf Kennedy (22.11.1963) wurde sie in „John-F.-Kennedy-Schule“ (im Folgenden: JFK-Schule) umbenannt. In der Gründungszeit wurden die LehrerInnen und SchülerInnen, jeweils zur Hälfte Kinder aus amerikanischen Soldatenfamilien und deutsche Kinder aus ‚well to do families‘, zunächst in verschiedenen lokalen Schulen untergebracht. 1967 besuchten 880 Kinder die Schule. Heute hat sie Ihr Gebäude am Teltower Damm und wird von ca. 1700 Schülern besucht, die Hälfte davon Deutsche, ca. ein Drittel amerikanische Kinder.

In der JFK-Schule gab es Ende der 1960er Jahre drei Vorschulklassen (‚preschool‘), die von fünfjährigen Kindern besucht wurden. Aus der Arbeit der Vorschulklassen berichtete das seit 1969 in mehreren Auflagen erschienene Buch „Vorschulkinder“ (Hoenisch et. al. 1969), das im Folgenden untersucht wird. Als Selbstbeschreibung des Projekts kann man lesen:

> „Dieser Bericht soll eine Anstiftung sein für Eltern, mit ihren Kindern auch anders zu spielen und umzugehen, als sie es bisher gewohnt sind. Wir schildern das Leben von Vorschulkindern, zwar innerhalb einer Vorschulklasse, aber doch so, daß das meiste von dem, was sie erleben, zu Hause den eigenen und auch den Nachbarkindern gleichermaßen ermöglicht werden kann“ (Hoenisch et. al. 1969: 7).

Das Buch „Vorschulkinder“ zielt auf eine Reform bestehender Formen frühkindlicher Erziehung, es präsentiert sich geradezu verschwörerisch: als „Anstiftung“ zum Bruch mit einer konventionellen Erziehung. Es wendet sich als Erziehungsratgeber über Institutionengrenzen hinweg an Laien und Fachkräfte:

---

104 Zu den folgenden Rahmeninformationen siehe zwei Zeitungsartikel: „Zweisprachig ohne Zwang“ von Hilke Schlaeger aus der „Zeit“ vom 13.10.1967 (Ausgabe 41), zu finden im Zeit-online-Archiv; ferner: „Freiheit gewählt: John-F.-Kennedy-Schule feiert 50. Geburtstag“ von Jan Ludwig im Online-Angebot des Berliner Tagesspiegels vom 28.09.2010; schließlich die stichpunktartige Geschichte auf der Homepage der Schule: http://www.jfk:de/index.php?option=com_content&view=article&id= 57&Itemid=67. Letzter Zugriff: 12.09.2012

> „Dies Buch gilt Kindergärtnerinnen, Lehrern und Pädagogen: wer Kindergärten nach und nach in Vorschulen verwandeln will, kann auch unter den gegebenen Verhältnissen improvisierend mit Vorschulerziehung beginnen" (ebd.).

Der Vorsitzende des Erziehungsdirektoriums der Schule, Dietrich Goldschmidt, schreibt in einem Nachwort:

> „Sie [die JFK-Schule, MK] versucht, Modellarbeit zu leisten, die über die Erfüllung ihrer besonderen Aufgaben hinaus von allgemeiner Bedeutung ist" (a.a.O.: 238).

Damit präsentiert der Text eine Veranstaltung mit *Modellcharakter*. Das Buch schildert reich bebildert die Arbeit in einer Vorschulklasse. Einleitenden Kapiteln, die eine Gesamtschau über den Entwurf bieten, folgen thematische Kapitel unterschiedlichen Umfangs[105]. Dem schließen sich Ausführungen über „Die Entwicklung der Vorschulkinder" (a.a.O.: 234)[106] und „Zur Einrichtung der Vorschulklasse" an (a.a.O.: 234f.), sowie ein typischer Tagesplan (a.a.O.: 236).

Besonders ausführlich werden neben dem Themenkreis „Soziale Erfahrungen" (72 Seiten) „Mathematik" (54 Seiten), „Naturwissenschaften" (33 Seiten) und „Kommunikation" (35 Seiten) behandelt, was als Anschluss an die vorangehenden gesellschaftlichen Diskurse über ‚Begabungsförderung' und eine Verwissenschaftlichung der Erziehung gelesen werden kann. Bemerkenswert erscheint weiter die Widmung des Buches als eine Anleitung zur Vor*schul*erziehung und die Ambition, Kindergärten in Vorschulen umzuwandeln. Hier wird deutlich ein Fluchtpunkt der Erziehung hin zur Schule als nachfolgender Institution gezeichnet[107].

6.5.1 Normative Kategorien:

Gesellschaft und pädagogische Abgrenzung:

> „Vorschulerziehung in der Bundesrepublik: es gibt sie kaum. Die Programme der Kindergärten in der Tradition von Fröbel, Montessori oder Steiner kennzeichnen sich dadurch, daß sie auf Kinder treffen, die eigentlich mehr könnten und wollen als das, was ihnen angeboten wird. Während die Programme für Zwei- oder Dreijährige vortrefflich sein mögen, erscheinen sie für Vier- oder Fünfjährige als zu einfach. Zudem spiegeln sie eine vorindustrielle

105 „Soziale Erfahrungen", „Gesundheit", „Naturwissenschaft", „Mathematik", „Kommunikation", „Kunst" und „Körperliches Training".

106 Dabei handelt es sich nicht um z.B. entwicklungspsychologische Aussagen, vielmehr um eine Anleitung zur systematischen Beobachtung kindlicher Entwicklung entlang Kategorien, die durch die Kapitelstruktur des Buches bestimmt werden.

107 Vgl. oben die scharfe Abgrenzung zur Schule des Co-Autors Jürgen Zimmer nur vier Jahre später.

> Gesellschaft, eine Zeit des Handwerks, des Beschaulichen und Überschbaren. Wichtige Erfahrungen und Fähigkeiten, die eine relative Selbständigkeit von Fünfjährigen mit bedingen und nur innerhalb der komplexen gesellschaftlichen Verhältnisse erworben werden können, bleiben ausgespart" (a.a.O.: 8).

Der zeitgenössische Kontext, ‚die Gesellschaft', erscheint in der Darstellung lediglich knapp. In Abgrenzung zu einer „vorindustriellen" Gesellschaft wird sie als „komplex" beschrieben. Ersteres wird mit traditionellen Pädagogiken, Letzteres mit dem vorliegenden Entwurf assoziiert. Damit gewinnt das Modell, ähnlich dem Entwurf des ‚Curriculum Soziales Lernen', seine argumentative Energie aus kritischer Abgrenzung zu bestehender Pädagogik.

Die Behauptung, dass es hier Vorschulerziehung ‚kaum gebe', erscheint im Land Friedrich Fröbels gewagt. Seine und andere prominente Entwürfe werden kurzerhand umgewidmet: vortrefflich geeignet für Zwei- und Dreijährige. Ältere Kinder direkt vor Erreichen des schulpflichtigen Alters würden damit jedoch unterfordert. Die bestehenden Kindergärten folgten demnach also alters- und leistungsunangemessenen Programmen, sie treffen kindliche Lernbedürfnisse nicht. Das Konzept präsentiert sich selbst als leistungsbetont. Ferner ließen die bestehenden Institutionen eine wünschenswerte Erziehungsphilosophie vermissen:

> „Statt die Selbständigkeit und Unabhängigkeit der Kinder zu fördern und ihnen ein dazu notwendiges erstes Wissen zu vermitteln, scheint es – so jedenfalls besteht der begründete Eindruck – in nicht wenigen deutschen Kindergärten eher um die Einübung zweitrangiger Tugenden wie Sauberkeit, Ordnung und Gehorsam zu gehen" (ebd.).

Damit fallen bestehende Kindergärten unter einen allgemeinen Autoritätsverdacht. Beschrieben wird eine Haltung, die Mollenhauer (s.o.) als das ‚Erziehungssyndrom der Unterschicht' kritisiert hatte.

> „Wer Kindern andere Lernerfahrungen ermöglicht als die gewohnten, kann sehen, wie diese Kinder mit Spontaneität und Vergnügen physikalische Experimente und mathematische Mengenlehre betreiben, die Probleme von Feuerwehrleuten und Finanzbeamten besprechen und im Spiel dramatisieren, was sie zuvor erlebt haben" (a.a.O.: 7).

Autoritärer Erziehung wird eine neue Form entgegengestellt, die sich selbst den Anstrich des Provokativen und Revolutionären, dabei ausschließlich Kindorientierten, Ermöglichenden gibt. Es läge an den Kindern, sich mit Gegenständen wie z.B. Physik oder Mengenlehre auseinanderzusetzen, wofür sie hohe Bereitschaft mitbrächten. Zwanglos scheint hier pädagogisch abgeleitetes Sollen mit kindlichen Wollen in harmonischer Übereinstimmung zu stehen.

Anthropologie: Die Beschreibung kindlicher Bildsamkeit schließt erkennbar an die Umstellung von ‚Begabung' auf ‚Lernen' durch den Deutschen Bildungsrat an:

> „Man hat früher geglaubt, daß Begabungen von den Anlagen her vorgegeben seien und zum rechten Zeitpunkt durch Anregungen der Umwelt lediglich entfaltet werden müßten. Mittlerweile ist in einer großen Zahl von Untersuchungen deutlich geworden, daß vielfältige Wechselwirkungen zwischen dem Betätigungsfeld eines Kindes, seiner Leistungsbereitschaft, seinen Antrieben, Interessen und Motiven erst nach und nach das bewirken, was man unscharf unter dem Begriff der Begabung zusammenfassen könnte" (a.a.O.: 7).

Dem Kind werden damit „Antriebe", „Interessen", „Motive" und „Leistungsbereitschaft" in seiner Interaktion mit der Umwelt unterstellt, welche als Gegenstand seiner aktiven Auseinandersetzung beschrieben wird. Weiter heißt es:

> „Auch die Interessen sind nicht vorgeformt. Auch sie entwickeln sich an den Angeboten der Umwelt. Jedes Kind, das nicht im ersten Jahr schon unterdrückt und zu einem für die Erwachsenen allzu bequemen Verzicht gezwungen wurde, lebt ungeheuer neugierig und der Außenwelt zugekehrt, es experimentiert mit Gegenständen und Personen, und seine Erfahrungen hängen davon ab, wie diese Gegenstände beschaffen und die Personen eingestellt sind" (ebd.).

‚Neugierde' und ‚Zugewandtheit zur Außenwelt' werden der Adressatenbeschreibung hinzugefügt, der Leistungsorientierung des Programms entsprechend wird das Kind als proaktives Wesen gezeichnet. Zugleich findet sich im Zitat erneut die Ablehnung erwachsenen, autoritären Verhaltens gegenüber Kindern. Dieses Verhalten (‚Unterdrückung', hier aus Bequemlichkeit) behindere quasi die dem Kind innewohnende Eigenschaft neugieriger Auseinandersetzung und des Experimentierens.

Ein weiteres Motiv referiert (unausgesprochen) auf Piagets Entwicklungstheorie (vgl. Zimbardo 1992: 65ff.; Ginsburg/Opper 1993):

> „Ein Fünfjähriger erlebt sich als Mittelpunkt dieser Welt. (...) Er wird Hilfe brauchen, wenn er Sicherheit gewinnen will in seiner ersten Begegnung mit größeren Gruppen" (Hoenisch et. al.: 10).

Damit wird *Egozentrik* als Merkmal des Kindes beschrieben, das ein Problem im sozialen Zusammenleben darstellt. Es ist *sein* Problem, insofern es „Hürde um Hürde" (ebd.) in seiner Entwicklung nehmen muss, was ihm „mit einigem Selbstvertrauen – und unter Anleitung" (ebd.) gelingen kann. Dabei konturieren sich die ‚Hürden' als Hindernisse in fremden sozialen Umwelten, die sich einem Egozentriker entgegenstellen:

> „Kein Zweifel, daß die ersten Erfahrungen der Kinder mit den Gruppenregeln mühsam genug sind. Die eigenen Wünsche treffen immer wieder auf eine Wirklichkeit, die sich um diese Wünsche nicht schert“ (a.a.O.: 10).

Das Defizit, das dem Kind mit dem Merkmal der Egozentrik zugeschrieben wird, ist das der Unfähigkeit zum (einvernehmlichen) Zusammenleben in einer Gemeinschaft mit Anderen, die – ebenfalls egozentrisch – andere, partikuläre Interessen verfolgen.

Die Anthropologie, die dem Modell der Vorklasse der JFK-Schule unterliegt, zeichnet das Kind demnach als lernbereit und neugierig; darin erscheint die *Erziehungsmöglichkeit*. In der Egozentrik erscheint seine *Erziehungsbedürftigkeit*. Daraus kann auf das kindbezogene *Ziel* der Erziehungsveranstaltung, die *Herstellung eines Individuums mit der Fähigkeit zum friedlichen, sozialen Zusammenleben* geschlossen werden. Beispiele erhärten diese These:

> „Die Kinder lernen nach und nach, in Gruppen zu arbeiten und zu spielen. Sie schieben sich die Eisenbahn zu, warten in einer Reihe auf ihre Milchflaschen und wissen, daß sie alle auf der Staffelei malen werden, selbst wenn nicht alle zur gleichen Zeit drankommen. Katja sieht und läßt Donna mit der Puppe spielen, weil sie sich ausrechnen kann, daß sie bald selbst mit der Puppe spielen wird. Manuel merkt, daß er weiter kommt, wenn er seinen Streit mit Vincent selbst schlichtet und nicht erst den Lehrer einschaltet“ (a.a.O.: 10).

Die Beschreibungen scheinen sich stets auf Frustrationen zu beziehen, die aus *Knappheit* entstehen: Mehrere Kinder wollen mit einem nur einmal vorhandenen Spielzeug spielen. Oder: Knappheit der Aufmerksamkeit – eine Erzieherin kann nur einem Kind auf einmal die Milchflasche aushändigen, alle anderen müssen warten. Daraus resultiert jeweils ein Interessenkonflikt, der, das sieht das erzogene Kind ein, sich am besten auf sozial verträglichem Wege lösen lässt, nicht durch Gewalt oder Hinzuziehen einer höheren Autorität.

> „(...) es gibt Auswege: Man kann sich seine Wünsche erfüllen und zugleich verantwortlich gegenüber der Gruppe handeln. Wenn Katrin zum Beispiel den anderen hilft, die Mäntel zuzuknöpfen und die Reißverschlüsse zuzuziehen, weiß sie, daß alle dann mehr Zeit haben, um draußen zu toben“ (a.a.O.: 10).

So ließe sich das Problem der knappen Ressource ‚Erzieherin' lösen. Die Zielvision beschreibt ein Kind, das *solidarisch zur Gemeinschaft* deren Probleme (und damit auch die eigenen) löst. Zugleich löst dieses solidarische Kind alltägliche Organisationsprobleme. Solidarität und ‚Selbständigkeit' tragen zum reibungslosen Ablauf der Veranstaltung und zur Entlastung der Pädagogin bei. Das auf sozial verträglichem Wege, diskursiv bzw. demokratisch:

> „In der Diskussion (...) kann Michael erläutern, weshalb Fred schneller zu seiner Säge kommt, wenn er um sie bittet und sie Jörg nicht aus der Hand zu reißen versucht. Michael

> also kann seine Vermutung begründen, daß Jörg der Höflichkeit halber auf Freds Bitte die Säge mit größerer Wahrscheinlichkeit herausrücken wird als bei einem Angriff. *Danke* und *Bitte* erhalten nach und nach Bedeutung“ (a.a.O.: 10, Herv. i. Orig.).

Das ideale Kind, wie es diese Beispiele zeigen, ist eines, dem es gelingt, Konflikte in einer Gemeinschaft (und hier speziell: der Organisation) auf spezifische Weise zu bearbeiten: *Solidarisch* (auf die Interessen der Gruppe bezogen, nicht egozentrisch); *eigenständig* (ohne den Lehrer zu bitten, Probleme zu lösen, was auch bedeutet: unter Verzicht auf Autorität); *diskursiv* (argumentativ, nicht gewalttätig). Das kommt dem Ideal eines mündigen Bürgers ausgesprochen nahe.

6.5.2 Operative Kategorien

Eigenschaften und Rolle der Erzieherin: Die Lehrerin, ihre Rolle bzw. ihre Aufgaben werden in verschiedener Weise gezeichnet. Unterscheidbar sind Beschreibungen der Lehrerin als ‚Detektivin', als ‚Freundin' und als ‚Agentin für Chancengleichheit'. Alle diese Rollen enthalten ein hohes Maß an Spannungen und Widersprüchen.

> „Die Chance der Vorschullehrerin liegt nicht so sehr darin, in autoritärer Bestimmtheit dem Kind Punkt für Punkt mitzuteilen, was es zu tun habe, vielmehr kann sie in der morgendlichen Eröffnungsdiskussion den Kindern Vorschläge unterbreiten und von ihnen Vorschläge einholen, sie kann die Kinder wählen lassen, was man in welcher Reihenfolge verwirklichen könnte, um dabei Einzel- und Gruppeninteressen gleichermaßen zu wahren. Einerseits wird die Lehrerin aufgrund ihrer gesellschaftlichen Erfahrungen versuchen, den Kindern Fähigkeiten zu vermitteln, die zu einem möglichst kompetenten und selbständigen Verhalten in den gesellschaftlichen Situationen ausstatten, andererseits gehört es zum Training eben jener Selbständigkeit der Kinder, daß die Lehrerin spontan auftauchende kindliche Interessen aufnehmen und fördern wird. Diese spontanen Interessen bilden sich etwa nach Erlebnissen beim Bäcker, in den Autobussen oder vor dem Fernsehapparat. Die Lehrerin wird sich wie ein Detektiv auf die Spur dieser Interessen begeben und sie in systematische Erfahrungen und Lernprozesse umzuwandeln versuchen“ (a.a.O.: 8).

Zuvorderst steht hier die erneute Absage an autoritäre Vorgaben der Erzieherin. Themen werden in der demokratischen Diskussion geklärt, an der alle Kinder teilnehmen. Die Lehrerin scheint auf die Möglichkeit des Vorschlagens von Themen und Aktionen beschränkt. Zu ‚verordnen' liegt nicht im Rahmen ihrer Befugnisse. Die „Eröffnungsdiskussion“ erscheint dabei als Plenarversammlung, in der alle Beteiligten gleiche Vorschlags- und Mitbestimmungsrechte haben:

„Dort, wo Arbeit erforderlich erscheint, wird sie nicht einfach angeordnet, sondern in ihrer Zielsetzung von den Kindern diskutiert, wobei die Vorschullehrerin sich zwar an der Diskussion mit Argumenten beteiligen sollte, zugleich aber wissen muß, dass Kinder über die besseren Argumente verfügen können, selbst wenn sie nicht logisch sind" (a.a.O.: 8).

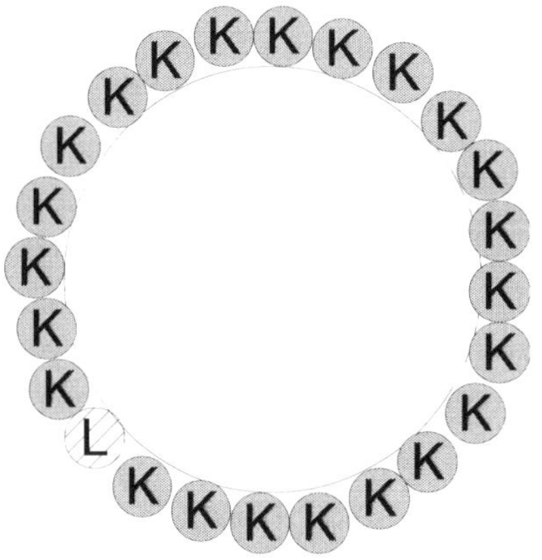

Abb. 9: Stuhlkreis. K = Kind; L = LehrerIn

Die Asymmetrie der Differenz Kinder-Erwachsene hinsichtlich Macht, Autorität, Definitions- und Verfügungsgewalt wird hier explizit eingeebnet. Die Sozialstruktur wäre als vollständiger Kreis auszudrücken, dem jegliches Machtzentrum fehlt (Abb. 9). Das führt die Lehrerin in die kantische Antinomie von Freiheit und Zwang. Zugleich ist sie nämlich gehalten, die Kinder „mit Fähigkeiten auszustatten", wofür ihr dann doch ein Vorsprung an gesellschaftlichen Erfahrungen zugestanden wird. Sie soll Lernsituationen systematisch gestalten, muss andererseits aber immer auf Äußerungen der Kinder und deren (berichtete) Alltagserfahrungen warten, weil Sie nicht das Recht auf thematische Vorgabe besitzt. Der Widerspruch verschwindet – in obigem Zitat – durch eine syntaktische Konstruktion des ‚Einerseits…Andererseits', die die Vereinbarkeit beider Pole nahelegt. Systematische, d.h. gesteuerte Kompetenzförderung durch die Lehrerin und situative Aufnahme von Kinderthemen erscheinen so bruchlos vereinbar. Als „Detektiv" greift die Lehrerin die in die Diskussion gebrachten Themen der Kinder auf und macht sie zu Lernanlässen. Dass sie dabei mit einiger Wahrscheinlichkeit das kindliche Erleben entlang ihrer Vermittlungsabsichten ‚biegen' muss, wird im Programm nicht zur Irritation. Das Verhältnis der Lehrerin/Erzieherin zu den Kindern wird ferner ausdrücklich als eine *Freundschaftsbeziehung* beschrieben:

„In allen Situationen der Vorschulzeit sind die Kinder für den Lehrer Individuen und Freunde, keine zeitweiligen Untergebenen, die sich den Wünschen der Erwachsenen zu unterwerfen haben. Autoritäre Erziehungstechniken führen zu Dressaten, die jedes selbständige Verhalten im Keim ersticken. Ein Lehrer, der auf autoritäres Verhalten verzichtet, wird seine Schüler anleiten, er wird ihnen zu verstehen geben, daß er gutes Verhalten von ihnen erwartet, er wird von ihnen erwarten, daß sie rücksichtsvoll miteinander umgehen. Und er wird sich wundern über die Fähigkeit dieser Kinder, sich gleichermaßen unabhängig wie selbstdiszipliniert zu verhalten" (a.a.O.: 11).

Der Lehrer wird aufgefordert, eine – im Sinne Parsons' – diffuse Sozialbeziehung mit den Kindern einzugehen. Eine spezifische, rollenförmige Beziehung wird mit der Vorstellung von „autoritären Erziehungstechniken" assoziiert und zurückgewiesen. Freunde sind keine Untergebenen, womit erneut Hierarchie zwischen Kindern und Erwachsenen abgelehnt wird. Disziplinarmaßnahmen bedeuten ‚Dressur' – das Gegenteil dessen, was man als Ziel verfolgt: mündiges Handeln. Erneut steht der Lehrer hier in einem Dilemma: Als Freund unter Freunden verfügt er über keine Disziplinarmacht. Einerseits soll er die Kinder auch nicht aktiv disziplinieren, *andererseits* legt das Zitat aber nahe, dass er den Kindern „zu verstehen geben" soll, dass er „gutes" und „rücksichtsvolles" Verhalten erwartet. Die Antwort auf das Problem lautet: Die Kinder können das alleine! (Selbst-)Disziplin ist ihnen derart wichtig und eigen, dass der Lehrer „sich wundern" wird. Dass es (empirisch) dennoch zu Problemen mit der Disziplin kommen kann, schreiben die Autoren dem Verhalten der pädagogischen Fachkraft zu:

> „Der Lehrer prägt den Umgangston im Klassenzimmer. Wenn er laut ist, sind die Kinder laut. Wenn er schreit oder körperlich bestraft, werden sie nervös und verachten ihn. Er muß es schaffen, ruhig und gleichmäßig zu sprechen, egal, wie müde und erschöpft er ist. Drei tiefe Atemzüge, ein lustiges Lied mitten im ärgsten Lärm, dann eine leise Stimme, die die Kinder auf Zehenspitzen zu ihren Plätzen schickt – und jede Klasse wird zur Ruhe kommen" (a.a.O.: 11).

Disziplinarmaßnahmen führen zu Unruhe – nicht umgekehrt. Der Zustand der Kindergruppe scheint vom Vorbild des Lehrers abhängig, dessen Verhalten auf die Gruppe abfärbt. Als ‚disziplinarische' Maßnahme gilt ein „lustiges Lied", im Anschluss eine Platzanweisung, die sich als Spiel präsentiert. Dass es sich hier dennoch um *körperliche Verortung von Kindern* handelt, wird durch das Bild des singenden und spielenden Lehrers verdeckt. Ähnlich folgendes Beispiel:

> „Angenommen, Peter und Emanuel wollen lieber stören als mitarbeiten, dann kann man Alexa dafür loben, dass sie beim Aufräumen hilft, kann die Arbeitsstunde unterbrechen und singen: *ich sehe einen Jungen, er hilft so schön, und Philipp ist sein Name*, um schließlich Peter und Emanuel zuzuflüstern: *und ich bin sicher, ihr wisst auch, was ihr jetzt tun müsst*, und sie damit ermutigen, ihr bestes Verhalten zu zeigen" (a.a.O.: 11, Herv. i. Orig.).

Im Falle von Regelverstößen oder mangelnder Disziplin wäre zu loben (die anderen), nicht zu strafen (die Regelverletzer). Erneut wird öffentlich gesungen und Anerkennung für einzelne ausgedrückt. Lediglich flüsternd, nicht-öffentlich, heimlich, beinahe verschämt werden die Störenfriede *als* Störenfriede angesprochen und ‚freundschaftlich' – als ‚Wink mit dem Zaunpfahl' – darauf hingewiesen, dass das expressive Lob der Anderen als korrigierende Richtungsweisung eigentlich ihnen bestimmt war. Die ubiquitäre Notwendigkeit in einer Kindergruppe für Disziplin zu sorgen bei gleichzeitigem programmatischen Autoritätsverdikt führt hier in einen beinahe absurden Eiertanz. Schließlich wird von Pädagogen eine *Gleichbehandlung aller Kinder* ungeachtet deren sozialer Verhältnisse erwartet:

> „Ein Lehrer, der zwar meint, man solle die Menschen gern haben, egal wie sie aussehen, der zugleich aber die offenherzigen und freundlichen Kinder, die Kinder mit der richtigen Religion, die Kinder privilegierter Eltern bevorzugt, der redet mit falscher Zunge. Zur Verwirklichung der Chancengleichheit wird er erst dann beitragen, wenn er den stillen, schüchternen, stumpfen, wortkargen und interessenarmen Kindern mit mindestens dem gleichen Maß an Zuwendung begegnet wie allen anderen" (a.a.O.: 18).

Das Problem der Perpetuierung oder gar Herstellung von Chancenungleichheit wird beim Lehrer verortet. Er ist es, der potentiell gesellschaftliche Unterschiede unreflektiert in sein Beziehungsverhalten gegenüber Kindern einführt, indem er sie entlang der genannten Dimensionen unterschiedlich behandelt. Die *Herstellung von Chancengleichheit*, großes politisches Ziel der Zeit, wird hier dem richtigen Verhalten des Lehrers zugeschrieben. Chancengleichheit, hergestellt in der pädagogischen Interaktion, als Gleichbehandlung Aller.

Medien, Raum- und Sozialstrukturen: Das Klassenzimmer wird beschrieben als „Bühne und Requisitenkammer für Handlungen, die der Vorbereitung auf die sozialen Situationen der Gegenwart und Zukunft dienen" (a.a.O.: 16).

> „Einen Raum einmal vorausgesetzt, werden die zum Lehrplan gehörigen Materialien aufgestellt, gleichsam die Wände entlang – als ständiger Anreiz und dauernde Einladung, sich an diesen Dingen zu schaffen zu machen. Man kann sich das Kind in der Mitte des Raumes stehend vorstellen, so daß es zu den verschiedenen Angeboten den gleichen leichten Zutritt hat und seinen Interessen nachgehen oder auch nur prüfen kann, ob ein Interesse sich lohnt" (Hoenisch et. al. 1969: 7f.).

Zu den Materialien gehören u.a.: ein Spielhaus für das „Üben sozialer Rollen" (ebd.), eine Reihe von Tischen, die thematisch sortiert sind (ebd.): Naturwissenschaften (alte Uhren, Lupen, Magneten), ein Wasserspieltisch (Gießen und Schütten), Mathematik (Objekte verschiedener Formen und Größen, Messinstrumente etc.), eine Werkbank für den Erwerb von „Handfertigkeiten" und den „Abbau von Aggressionen" (ebd.), verschiedene Haustiere, ein Bücherregal, Staffeleien, Musikinstrumente u.a.m. Dabei handelt es sich nicht um ausgefeilte didaktische Materialien, sondern um Alltagsgegenstände (a.a.O.: 9), die den Kindern zur Nutzung nach eigenem Interesse zur Verfügung stehen.

Im Mittelpunkt dieses vielfältigen Angebots steht ‚das Kind' – allerdings nicht alleine. Genau hieraus wird auch die Notwendigkeit demokratischer Aushandlung neben der Notwendigkeit der Bestimmung von Themen (a.a.O.: 8) hergeleitet:

„Demokratie in der Vorschule, das heißt: Argumentationsverfahren zu entwickeln und die Konflikte und Wünsche so zu diskutieren und auszuhandeln, daß Mehr- und Minderheiten möglichst gleichermaßen zu ihrem Recht kommen. Denn es liegt auf der Hand, daß der Wechsel der Kinder zwischen verschiedenen Materialien (...) seine technischen Probleme mit sich bringt. Es sind nicht fünfundzwanzig Staffeleien da und auch nicht ein Dutzend Goldhamster. Die Erfahrung, daß es für ein Kind und für die Gruppe letzthin besser ist, eine vernünftige Umverteilung der Spiel- und Lernmöglichkeiten zu bewirken, als sich in Zweikämpfe um besonders beliebte Gegenstände einzulassen, gehört zu den wichtigsten, die sich vermitteln lassen" (a.a.O.: 8).

Demokratisches Aushandeln wird hier präsentiert als der Königsweg im Umgang mit Knappheit von Ressourcen, zur Lösung von (nicht nur in Vorschuleinrichtungen immer gegebenen) Verteilungskonflikten. Ziel ist es, eine gerechte („vernünftige") *Umverteilung der Ressourcen auf demokratischem Wege* zu erreichen. Eine Gruppe im Zentrum reagiert reflexiv, diskursiv, demokratisch mündig auf das Verteilungsproblem (der Materialien an der Peripherie; vgl. Abb. 10).

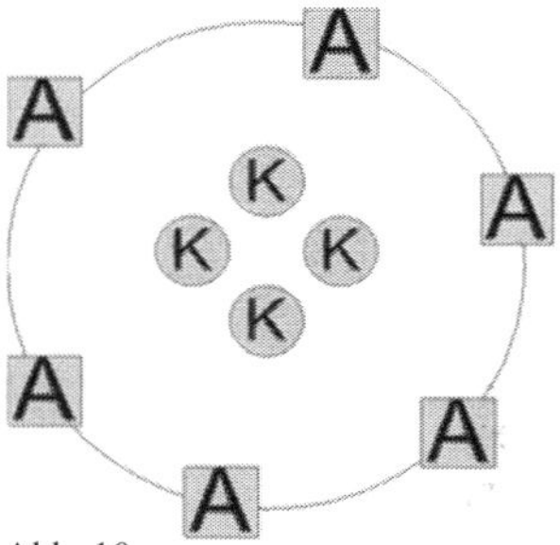

Abb. 10:
Relation Kindergruppe/Angebot
A = Angebot; K = Kind

Methoden und Prozesse: Wie sich materiale, sozialstrukturelle und inhaltliche Elemente in Bezug zueinander setzen lassen, lässt sich exemplarisch beobachten an der Darstellung der Aktion „Mohrrüben demokratisch" (a.a.O.: 54f.). Die Lehrerin hat Saatgut, Töpfe und Erde besorgt und möchte mit den Kindern Studentenblumen und Möhren säen.

„Freitag, 21. März, 9.30 Uhr: die Kinder nehmen ihre Stühle, setzen sich im Kreis und sind aufgeregt. Wir gründen einen Planungsstab, er schlägt vor, wer was wann und wo machen könnte. Und diskutiert, ob man die Blumen innen und die Möhren außen oder die Möhren innen säen soll. Im Plenum wird abgestimmt – der Mehrheit nach werden die Blumen außen wachsen (...)

[Es folgt ein „Spiel zwischendurch", MK]

9.52 Uhr: Mark ist der erste, der die Erde in den Kasten schaufelt. Die Schaufel wandert weiter zu Ann, Jörg, Joni, Katja, Benjamin (...). Die Erde wird geharkt, geknetet, hochgenommen, unter die Nase gehalten, in den Kasten gestreut und wieder geharkt.

10.07 Uhr: Ich teile die Samen aus. Die Kinder merken, daß Blumensamen anders aussehen als Möhrensamen. Und daß man sie betasten, kosten, zählen und tauschen kann (...)" (a.a.O.: 54).

Räumlich findet hier zunächst die Form des Stuhlkreises Anwendung. ‚Pflanzen' ist das Thema. Es werden Vorkommnisse geschildert, die den Charakter von Lerngelegenheiten haben („Betasten", „Zählen", „Tauschen"). Gerahmt ist der ganze Vorgang von deutlich und ausdrücklich demokratischen Strukturen und Prozessen: ein „Planungsstab" wird einberufen; „Beschlüsse" werden im „Plenum" verabschiedet. Die vorhandene Arbeit wird so aufgeteilt, dass jede(r) an die Reihe kommt – demokratische Verteilung vorhandener Arbeiten, Ressourcen und Beteiligungsmöglichkeiten, wobei niemand ausgeschlossen bleibt und jeder die Möglichkeit (und auch Aufforderung!) erhält, mit allen anderen zu partizipieren. Die Beschreibung der pädagogischen Aktion gleicht größeren und komplexeren, institutionalisierten Abläufen in einem demokratischen Staat. Der Kindergarten stellt sein verkleinertes Abbild dar, eine Miniatur der ‚großen' demokratischen Gesellschaft.

Inhalte: Nur der Vollständigkeit halber sollen hier inhaltliche Themen kurz zusammengefasst werden, sie ergeben sich bereits aus den obigen Darstellungen und der Kapitelstruktur des Buches. Unterscheidbar ist die Ebene der Wissensvermittlung (Mathematik, Lesen, Naturwissenschaften, alltagspraktische Kenntnisse, Kunst, Musik) von der Ebene des sozialen Lernens. Dabei zieht sich die Vermittlung sozialer Fähigkeiten immer *en passant* durch die Strukturen und Prozesse der Einrichtung hindurch, gleich, ob es jeweils konkret um Mathematik, Möhrenpflanzen oder andere Inhalte geht. ‚Soziales Lernen' – das *Einüben diskursiver, solidarischer, gleichberechtigter, politisch-demokratischer Prozesse* – wird so zum Prinzip pädagogischer Interaktion.

6.6 Synchroner Vergleich: Politisierung der Elementarpädagogik

Der „Bezugsrahmen vorschulischer Curriculumentwicklung" bezieht seine Impulse wesentlich aus einer Kritik an bestehenden gesellschaftlichen Verhältnissen, die auf der Theorie der Frankfurter Schule gründet und sich in großer Nähe zu zeitgenössischen politischen und wissenschaftlichen Diskursen bewegt. Gesellschaft erscheint als unterdrückende, kontingente Struktur. Das nicht- (oder falsch) erzogene Kind wird gezeichnet als reflexionsunfähiger Unterdrückter. Bestehende Einrichtungen und Programme der Elementarpädagogik trügen zur Ermöglichung von Ausbeutung und Fremdbestimmung bei. Konsequent werden entgegengesetzte Ideale präsentiert: Die Gesellschaft soll sich ‚autonomisieren'; das Kind ein reflexives und emanzipatorisch tätiges, sich und andere emanzipierendes Individuum werden; der Kindergarten eine Einrichtung, die die Fähigkeit zur kritischen Reflexion und emanzipatorischen Transformation heteronomer Gesellschaftsstrukturen befördert. Dies in deliberativen Formen, im Modus kontinuierlicher egalitärer Diskussion zwischen gleichberechtigten Beteiligten: Erwachsenen wie Kindern, Eltern, ErzieherInnen, WissenschaftlerInnen.

Als Ursache von Unterdrückung gilt die Wirtschaft, die ‚Qualifikationen' erwarte, die Herstellung einer qualifizierten, heteronom steuerbaren Arbeiter-Verfügungsmasse. Sie erzeuge soziale Spannungen (Bsp. ‚Puerto-Rico') und ökologische Krisen (Bsp. ‚Öltanker'), die zum pädagogischen Gegenstand werden. Das Programm ist wirtschaftskritisch, zugleich politik-optimistisch: Demokratische Beratung und Entscheidung (‚Projekt') sollen Beschränkungen menschlicher Entfaltungsmöglichkeiten durch die Wirtschaft demaskieren und abbauen. Gezeichnet wird eine Einhegung kapitalistischer Strukturen auf politischem Wege, eine Transformation gesellschaftlicher Ordnung ausgerichtet am Telos ‚Freiheit'.

Demokratische, damit politische Beschlussfassung, Reflexion und Aktion durchziehen die Methoden und Strukturen des Programms. Das Ziel ist die Gestaltung der Gesellschaft in demokratischen Bahnen durch kritisch-reflexive, tätige, mündige, solidarische Individuen. Die entworfene Veranstaltung bereitet nicht allein auf die Zukunft vor, sie inszeniert die sich selbst emanzipierende Gesellschaft bereits im Kleinen, als ihre Miniatur, als ihr Modell und Labor. Sie erscheint nicht allein als Vermittlungsveranstaltung, vielmehr verschwimmen die Grenzen zwischen pädagogischer und politischer Kommunikation.

Auffällig spiegelt der Entwurf damit die politisch markierten Forderungen nach ‚Demokratiefähigkeit' und ‚reflexiver Mündigkeit' sowie politischer Mitgestaltung und -verantwortung durch die Bürger, wie sie anschließend an Brandt (aber auch Dahrendorf) durchweg alle politischen Akteure und Papiere benannt hatten. Gleiches gilt für die dort geforderte Chancengleichheit als Gleichberechtigung aller am Diskurs Beteiligten. Interessanterweise spiegeln sich die Gedanken Horkheimers und Adornos im Programm, ohne dass auch nur einmal explizit auf die Kritische Theorie Bezug genommen würde (an einen Platzhalter erinnernd wird auf Paulo Freire referiert, einen Pädagogen). Identisch ist hier die Vorstellung von ‚Gesellschaft' als unterdrückender Struktur, die die Entfaltungsmöglichkeiten der Individuen behindere. Ferner die Annahme eines ‚verdinglichten Alltagsbewusstseins', der nicht-kontingenzbewussten Wahrnehmung von Gesellschaft und Subjektivität. In diese Nähe zur Kritischen Theorie, und jetzt insb. zu Adorno, fügt sich, dass pädagogische Inhalte nicht vorgegeben werden, sondern durch die Kinder bestimmt werden sollen. Das entspricht seinem Heteronomieverdikt. Kinder sollen Inhalte vor der eigenen Vernunft überprüfen, nicht gedankenlos rezipieren. Schließlich kann man auch die präsentierte pädagogische Anthropologie parallel zur Kritischen Theorie lesen: Kinder sind als Adressaten defizitär, insofern sie nur über ein verdinglichtes Alltagsbewusstsein verfügen. Das erzogene Individuum (Ideal) entspricht letztlich dem, was Horkheimer als den ‚kritischen Menschen' und Brandt als ‚mündigen Bürger' beschrieben hatte.

Im Modell der Berliner JFK-Schule zeigen sich gewisse Parallelen dazu. Gleichwohl finden sich dort einige Ergänzungen, die im Folgenden ausführlicher in den Vergleich einbezogen werden sollen.

Etablierte elementarpädagogische Ansätze gelten den Protagonisten als museal-obsolet, ‚unterfordernd' und nicht mehr der Realität einer ‚komplexen' Gesellschaft gerecht. Bestehenden Pädagogiken wird das Attribut ‚autoritär' zugeschrieben, in deutlicher Nähe zur Formel der ‚Unterdrückung' bei Zimmer und in Übereinstimmung zur Diagnose Mollenhauers, Dahrendorfs und zum auch hier nie genannten Adorno. Idealvorstellungen von Erziehung – ‚Selbständigkeit fördern', ‚Herrschaftsfreiheit' (in der Einrichtung), ‚Chancengleichheit' (hinsichtlich der Nutzung von Ressourcen), herzustellen durch die ‚gleiche' Anerkennung aller Kinder durch die Erzieherin, schließlich: ‚Demokratie' – entsprechen auch hier bis ins Detail denen des öffentlichen Diskurses.

Das Kind als Adressat wird wesentlich als egozentrisch gezeichnet, damit erneut wenig diskurs- und reflexionsfähig. Das wäre (in weiter Analogie zu Dahrendorf) kein ‚traditionell-', eher ein ‚psychologisch Unmündiger'. Jedenfalls wäre ein solches Kind, ähnlich dem mit ‚verdinglichtem Bewusstsein', nicht fähig zur Teilnahme an demokratischen Prozessen und die Adressaten(defizit)beschreibung bestimmt sich damit auch hier vom gesellschaftlichen Ideal her. Die Zielpersönlichkeit ist auch im Falle der JFK-Schule ein ‚mündig-solidarisches' Individuum.

Interessant erscheint die Verwendung der Zielformeln ‚Selbständigkeit', ‚Unabhängigkeit' und ‚Selbstdisziplin'. Sie verweisen auf ‚freiheitliche' Werte, aber auch auf die kantisch-vernünftige Persönlichkeit im Sinne Adornos, die sich – im Denken unabhängig – nicht von Befehlen oder der allgemeinen Meinung leiten lässt. Indessen erfahren diese Formeln im Kontext der Vorschulklasse eine besondere Auslegung. ‚Selbständig' die Schuhe binden, ‚unabhängig' von der Lehrerin Konflikte lösen, ‚selbstdiszipliniert' Störungen des Alltagsgeschehens vermeiden. Die Lösung von Problemen der Organisation wird unter Verwendung dieser Formeln an die Kinder delegiert. Aufgaben wie die der Herstellung von Disziplin und des Milchflaschenfüllens treten in der Verpackung ‚liberaler', ‚emanzipatorischer' Werte auf.

Inhaltlich kommt im Modell der JFK-Schule einer Demokratieerziehung insofern besondere Bedeutung zu, als sie sowohl selbst Inhalt als auch begleitendes Thema und Prinzip bei der Auseinandersetzung mit anderen Inhalten ist, die dann deutlich an einen typischen Bildungskanon erinnern und auf Schulvorbereitung ausgerichtet sind. Damit wird der historische Übergang von Begabungsförderung zu ‚sozialem Lernen' am Ende der 1960er Jahre im Modell nachvollzogen, ohne ersteres zu vernachlässigen oder zurückzuweisen. Im Modell finden sich quasi in sedimentierter Form Analogien zum Förderdiskurs der vorangegangenen Jahre, vereint mit aktueller Neubestimmung von Früherziehung.

Methodisch finden sich auch hier Formen der Diskussion, der demokratischen Planung und Beschlussfassung. Diese finden strukturelle Umsetzung insbesondere in Formen des Stuhlkreises, i.w.S. beschrieben als *parlamentarische Gremien*, als ‚Planungsstab' oder ‚Plenum'. Eine prinzipiell kreisförmige Anordnung der Kinder drückt einen Raum ohne Machtzentrum aus. Alle Beteiligten – auch die Lehrerin – sind vollständig gleichberechtigt. Gerade entgegen der (landläufig anzunehmenden) Vorrangstellung der Lehrerin wird betont, dass ihre Logik nicht besser sei als die (Un-)Logik der Kinder.

Dass die Antinomien dieses Settings die Lehrerin vermutlich in erhebliche Schwierigkeiten bringen, wurde diskutiert. Ihre eine immer machtvolle Einflussnahme auf die Gruppe voraussetzende Gestaltungsaufgabe wird durch die Betonung ihrer Rolle als ‚Gleiche unter Gleichen' relativiert. Dass Interventionen ihrerseits dennoch notwendig werden könnten, wird nicht ignoriert, allerdings in der Rollenzuschreibung als ‚Detektivin' (auf der Suche nach Inhalten) und ‚Freundin' (im Falle von Disziplinarmaßnahmen) bzw. ‚Agentin für Chancengleichheit' harmonisiert und durch die Impression einer singenden und spielenden ‚Gefährtin' ersetzt.

Die untersuchten Programme schließen erkennbar an die zeitgenössischen politischen Diskurse an. Sie bestimmen Ziele bzw. pädagogische Fluchtpunkte, Inhalte, Methoden und Strukturen entlang Vorstellungen von ‚Demokratie', ‚Chancengleichheit', ‚Mündigkeit', ‚Emanzipation' und ‚Solidarität'. Das Ergebnis einer solchen Pädagogik wäre ein mündiger Bürger *en masse*, der genau dem entspricht, was in Zeiten krisenhafter Wahrnehmung einer mangelhaften Demokratie benötigt und gefordert wurde. Die Programme sind durchzogen von demokratischer, *politischer* Logik. Sie können als Fälle *politisierter Elementarpädagogik* gelten.

7 Ökonomisierung der Elementarpädagogik

Im Rahmen dieser letzten Studie wird davon ausgegangen, dass das Zusammenspiel von Wirtschaft und Sozialpolitik in den vergangenen Jahren und bis in die Gegenwart Spannungen produziert, die den Hintergrund darstellen für Neubestimmungen der Bildungspolitik sowie elementarpädagogischer Programmatik. Kindergartenpädagogik wandelt sich, wenn das Gefüge zwischen Staat, Wirtschaft und privaten Haushalten umgestellt wird. Es wird die These vertreten, dass dieser Wandel v.a. als Durchsetzung ökonomischer Logiken beschrieben werden kann, als Ökonomisierung, die bis hinein in die Pädagogik des Kindergartens beobachtbar ist.

Um dieser These nachzugehen wird zunächst (Kap. 7.1) Bezug genommen auf die Diagnose Wolfgang Streecks über die ‚Krisen des demokratischen Kapitalismus', die einen plausiblen heuristischen Rahmen für die in letzter Zeit in immer rascherer Folge weltweit auftretenden sozialstaatlichen und ökonomischen Krisenphänomene bietet. Wenn als Kontext elementarpädagogischer Wissensproduktion eine Spannung zwischen Wirtschaft und Sozialpolitik angenommen wird, sind beider aktuell vertretene Semantiken von besonderem Interesse[108]. Kap. 7.2 rekonstruiert daher wirtschaftliche, Kap. 7.3 sozialpolitische Deutungsmuster. Vergleicht man beide, zeigen sich deutliche Parallelen. Dass Parallelen dazu auch in der Elementarpädagogik beobachtet werden können, zeigt die Untersuchung des heute verbreiteten, revidierten ‚Situationsansatzes' (Kap. 7.4) und der ‚KLAX-Pädagogik' (Kap. 7.5), die kategorienbasiert analysiert und abschließend in Kap. 7.6 mit dem gesellschaftlichen Kontext verglichen werden.

108 Es soll hier nicht ausgeblendet werden, dass sich die Erziehungswissenschaft bereits ausführlich mit wirtschaftlichen Einflüssen auf das Erziehungssystem und die Bildungspolitik auseinandergesetzt hat (vgl. z.B. Lohmann 2002, 2010; Radtke 2006b, 2009, 2011, Pongratz 2004, Bellmann 2006). Die folgenden Analysen behandeln insofern manches, was bereits in ähnlicher Form Gegenstand früherer Erörterungen in erziehungswissenschaftlichen Abhandlungen gewesen ist. Die vorliegende Arbeit möchte aber aktuelle elementarpädagogische Entwürfe nicht auf erziehungswissenschaftliche Befunde (als deren Kontext) beziehen, sondern auf die als relevant erachteten öffentlich-politischen Diskurse. Daher kommen hier der wirtschaftliche und der sozialpolitische ausschnittweise zu Wort. Eine gewisse Redundanz mit früheren Arbeiten wird hierfür in Kauf genommen.

7.1 Krisen des ‚demokratischen Kapitalismus'

Wirtschaftskrisen haben als Bindestrich-Krisen in den vergangenen Jahren in der medialen Öffentlichkeit dauerhaft einen prominenten Platz erlangt, als ‚Banken-Krise', ‚Euro-Krise' oder ‚Schuldenkrise', jüngst: ‚Grexit'. Die Lage scheint dramatisch: Der Euro – und damit die Europäische Union selbst – scheint bisweilen auf dem Spiel zu stehen. Dabei sind Wirtschaftskrisen im Kapitalismus nichts Unerwartbares, sondern „normale Momente ökonomischen Wandels" (Plumpe 2011a: 55; 2011b). Seit der Durchsetzung liberaler Wirtschaftsordnungen hat es sie immer wieder gegeben. Erklärungsbedürftig wäre eher die *Abwesenheit* von Krisen über längere Zeiträume, etwa in der Wirtschaftswunderzeit.

Hinzu kommt, dass sich westliche Industrienationen spätestens seit dem Zweiten Weltkrieg nicht nur als *liberale Marktwirtschaften* begreifen, sondern auch als *Demokratien* und *Sozialstaaten.* Die Gleichzeitigkeit marktliberaler und demokratisch-sozialstaatlicher Vorstellungen einer gerechten Gesellschaftsordnung führt, was beider Bezugnahme auf die Formel der ‚Freiheit' mehr oder minder erfolgreich zu verdecken vermag, in eine Aporie (vgl. Streeck 2011a, b). Moderne, demokratische Nationalstaaten stehen vor der Aufgabe, die „tektonische Spannung" (Streeck 2011a: 11) zwischen wirtschaftlicher und politischer Verteilungslogik zu moderieren. Aus dieser Sicht können gegenwärtige Krisenphänomene als Resultat einer Dynamik wechselseitig sich aufschaukelnder, einander widersprechender Gerechtigkeitsvorstellungen begriffen werden.

Das Problem, das der „demokratische Kapitalismus" (Streeck 2011a) im Titel trägt, ist, dass sich marktwirtschaftliche und demokratische Logiken der Allokation von Reichtum widersprechen. Die Idee eines liberalen Marktes verfolgt das Ideal der „Grenzproduktivität" (a.a.O.: 7), maximaler Renditen, resultierend aus einem „freien Spiel der Marktkräfte" (ebd.). Investitionen und daraus resultierende Gewinne (oder Verluste) führen zur Verteilung von Reichtum. Dieses Ideal werde, so Wolfgang Streeck, von Kapital- bzw. Produktionsmittelbesitzern vertreten, da es ihnen die beste Möglichkeit zur Durchsetzung ihrer Interessen biete.

Auf der anderen Seite steht die Vorstellung der Allokation von Reichtum auf dem Wege *politischer Durchsetzung sozialer Rechte.* Dieses Ideal werde von Gruppen vertreten, die nicht über Produktionsmittel verfügen. Da es sich dabei um die Mehrheit der Bevölkerung handelt und in Demokratien der Mehrheitswille Verbindlichkeit erhält, sehen, so Streeck, insbesondere Arbeiter hierin die Möglichkeit zur Durchsetzung ihrer Interessen. Hierzu können die Kodifizierung von Rechtsansprüchen auf vielfältige Leistungen (z.B. gesetzliche Rente) oder einschlägige Struktursetzungen des Staates (z.B. das Institut der Tarifautonomie) zählen, die die Chancen von Arbeitern auf Partizipation am produzierten Reichtum gegenüber dem Zustand auf freien Märkten deutlich erhöhen.

Das eine Prinzip setzt auf den ‚freien' Markt, das andere auf regulierende Eingriffe des Staates *in* den Markt. Das gleichzeitige Bekenntnis zu ‚sozialer' *und* ‚ökonomischer' Gerechtigkeit ist für moderne westliche Gesellschaften konstitutiv. Regierungen müssen zwischen beiden Logiken trotz deren Unvereinbarkeit oszillieren, wollen sie nicht die Zustimmung der Mehrheit der Bevölkerung oder ihre wirtschaftliche Grundlage verlieren[109].

Krisenbearbeitung – ein Phasenmodell: Diese formalen Überlegungen können verdeutlicht werden, wenn man verschiedene historische Kompromisse zwischen Wirtschafts- und Sozialstaatslogik in den westlichen Industriestaaten kursorisch beleuchtet. Seit den 1970er Jahren lassen sich vier unterscheidbare Formen der Bearbeitung dieser Spannung beobachten (Streeck 2011a). Im Kern geht es immer um einen Zustand der *Knappheit*, unter dem Verteilungskonflikte verschärft (oder überhaupt erst) auftreten, was den Antagonismus der beiden Verteilungsprinzipien sichtbar macht und zuspitzt. Historisch kontingent sind dabei die *Arena*, in der der Konflikt ausgetragen wird, die *Akteure* bzw. Rollen, die die Auseinandersetzung führen und schließlich die *Strategien* der Austarierung des genannten Interessenkonfliktes. Prinzipiell gleichförmig ist aber immer ein Muster, das Streeck „Konfliktpazifizierung auf Vorschuß" (2011c: 17) bzw. das „Dopingregime des Pump-Kapitalismus" (2011b) genannt hat. Die je gegenwärtigen Ansprüche von Arbeitern *und* Unternehmern werden unter Bedingungen knapper Ressourcen gleichzeitig bedient, indem auf virtuelle oder erst künftig (und nur: möglicherweise) erwirtschaftete Werte zurückgegriffen wird. Je nachdem, welche Form ein solches Arrangement annimmt, handelt es sich um Varianten der Inflation oder Verschuldung. Spezifische Arrangements setzten sich im Rahmen der benannten Parameter historisch zeitweilig durch, trugen aber mit der Aporie immer den Keim der Krise in sich, was letztlich immer zur Umsteuerung führte.

In den rund drei Jahrzehnten nach dem zweiten Weltkrieg produzierte die Wirtschaft zunächst exorbitantes Wachstum (vgl. Radtke 1996: 21). Die Steigerung von sozialer Wohlfahrt *und* Profit waren für Arbeiter und Unternehmer gleichzeitig erreichbar[110]. Politisch durchgesetzte Tarifautonomie, starke Gewerkschaften, die politische Garantie der Vollbeschäftigung (‚Stabilitätsgesetz') und seit den späten 50er Jahren der Ausbau des Sozialstaates entsprachen den Interessen der Arbeiter. Das ‚Wirtschaftswunder' erzeugte die Illusion eines politisch einforderbaren Rechtsanspruches auf Wohlstandszuwachs (vgl. Streeck a.a.O.: 8;

---

109 Besonders plastisch und quasi im Zeitraffer war dieses Problem zuletzt in Griechenland zu beobachten.

110 Vgl. Streeck 2011a: 8; ähnlich Schirm 2008: 411f., der von „organisiertem Liberalismus" gesprochen hat.

Leisering 2008: 429). Es entstand die Vorstellung, wirtschaftliches Wachstum sei machbar: Durch politische Steuerung (Keynes) oder Abstinenz (Hayek).

Mit Abflauen des Wirtschaftswachstums, das sich ex post als die Grundbedingung der Krisenfreiheit in den Wirtschaftswunderjahren identifizieren lässt, überschritten Ansprüche auf regelmäßige Lohnsteigerungen den wirtschaftlichen Produktivitätszuwachs (Streeck 2011a: 8). Hohe Lohnforderungen führten zum Rückgang von Arbeitsplätzen (aufgrund geringerer Investitionsneigung der Unternehmer). Arbeitslosigkeit galt als politisch inakzeptabel, so dass die (westlichen) Regierungen zur Befriedigung aller Interessen trotz knapper werdender wirtschaftlicher Ressourcen – als erste hier skizzierte Strategie – die Geldmenge steigerten. Geld wurde so verfügbarer, aber auch billiger. Das führte zu Geldentwertung. „(…) Inflation [kann] auch als Ausdruck von Anomie in einer Gesellschaft betrachtet werden, die aus strukturellen Gründen gemeinsame Kriterien für soziale Gerechtigkeit nicht entwickeln kann" (ebd.). Die Inflationierung einer Währung kann aber nicht dauerhaft betrieben werden. Zunehmende Geldentwertung senkt die Investitionsneigung der Unternehmer, weil eine Entwertung des Geldes zugleich auch eine Entwertung ihrer Renditen bedeutet, und steigert so das Arbeitslosigkeitsrisiko, das sie gerade senken sollte. Inflation brachte in den 1970er Jahren nicht Konjunktur, sondern eine Stagnation der Wirtschaft, eine ‚Stagflation' (vgl. Mayntz/Scharpf 2005).

Das führte zu einem Strategiewechsel. Die US-Notenbank bekämpfte seit Ende der 70er Jahre die Inflation mit hohen Leitzinsen (vgl. Streeck 2011a: 9). Eine Währung wird so stabilisiert, das Vertrauen von Investoren gesteigert, zugleich sinkt aber auch hierbei die Investitionsneigung, weil Kredite teuer werden. Die in der Folge steigende Arbeitslosigkeit wurde angesichts untragbar gewordener Inflationsraten – nun – als das kleinere Übel und zu erbringendes Opfer betrachtet. Zugleich wurden die Gewerkschaften bekämpft und sukzessive entmachtet (ebd.). „Das war der Anfang der neoliberalen Ära. Eine strukturelle Bodensatzarbeitslosigkeit wurde erstmals und wird bis heute politisch als unvermeidbar hingenommen; überraschend war, dass Regierungen damit wiedergewählt werden konnten. Allerdings verschoben sich die Forderungen nach sozialer Sicherung und Besserstellung (…) in die politische Arena. Dort kam es zu einem Druck auf die Regierungen, durch öffentliche Ausgaben zu kompensieren, was in der Lohnpolitik nicht mehr erreicht werden konnte" (Streeck 2011b: 2). Ergebnis war eine hohe Staatsverschuldung. Bei sinkendem Wachstum und zugleich steigenden Arbeitslosenzahlen waren die Staatseinnahmen rückläufig, während die Kosten für Wohlstandssicherung und die Versorgung der Arbeitslosen explodierten (vgl. auch Butterwegge 2006: 115). Staaten mussten Kredite aufnehmen. Schulden ersetzten als Vorgriff auf künftige, erst zu erarbeitende Werte die Inflation (vgl.

Streeck 2011a: 9). Der Konflikt zwischen ‚Kapitalismus' und ‚Demokratie' verlagerte sich von der Bühne der Tarifauseinandersetzungen zwischen Arbeitgebern und Gewerkschaften auf die politische, Adressat der Forderungen von *Wählern* wurde der *Staat* (ebd.). Aber auch Staatsverschuldung kann nur begrenzt betrieben werden. Wenn sie einen kritischen Wert übersteigt, schwindet das Vertrauen der Gläubiger in die Fähigkeit des Staates, seine Schulden zurückzuzahlen. ‚Frisches' Geld, auch zur Tilgung früherer Schulden, ist dann nur noch zu hohen Zinsen zu erhalten. Ist dieser Punkt erreicht, üben Märkte bzw. Investoren Druck auf Staaten aus, ihren Haushalt zu konsolidieren. Das führte erneut zu strategischen Anpassungen (a.a.O.: 10).

Mitte der 1990er Jahre baute Bill Clinton durch strikte Sparmaßnahmen in Form radikaler Einschnitte im Sozialbereich die Staatsverschuldung ab und erreichte zwischen 1998 und 2000 ‚schwarze Zahlen' im US-Amerikanischen Haushalt (a.a.O.: 10). Zunehmende soziale Ungleichheit aufgrund dieses Sozialabbaus bei zugleich zunehmender Deregulierung der Märkte wurde dadurch kompensiert, dass den privaten Haushalten „beispiellose neue Gelegenheiten (…) sich zu verschulden" (ebd.) geboten wurden. „Der treffende Ausdruck ‚privatisierter Keynesianismus' wurde geprägt, um die faktische Ersetzung der öffentlichen durch private Schulden zu beschreiben" (ebd.). Nicht mehr der Staat verschuldete sich, um Wohlstandserwartungen der Bürger zu bedienen, Verschuldung wurde vielmehr in deren Ermessen verschoben. Sie erhielten die Möglichkeit, einen hohen Lebensstandard privat auf Kredit zu finanzieren. Mit z.T. hochspekulativen Finanzdienstleistungen konnte eine einschlägige Branche exorbitante Gewinne verbuchen. Gleichzeitig wurden Steuererhöhungen vermieden. Auch Personen mit mittlerem Einkommen konnten sich kreditfinanziert den Luxus eines eigenen Hauses (oder mehrerer) leisten und mussten das z.T. auch, insofern Immobilienbesitz als Ersatz für die vom Staat nicht mehr erwartbare Altersrente galt (ebd.)[111]. Sie verkauften so einen großen Teil ihres künftigen Lebenseinkommens an Gläubiger (a.a.O.: 10).

2008 stürzte diese „Kreditpyramide" (ebd.) in sich zusammen. Die Deregulierung von Märkten hatte den Handel mit nicht-realen Werten (Derivate, Optionen) ermöglicht, ein Rückgriff auf (erneut) potentielle, damit aber auch riskante Ressourcen. Zur Stabilisierung des Wirtschaftssystems sprangen nach dem ‚Platzen der Blase' Nationalstaaten ein, indem sie faule Kredite aufkauften (a.a.O.: 10). Schulden ‚systemrelevanter' Banken wurden sozialisiert. Der Konflikt zwischen Markt und Demokratie hat sich in der Folge bis heute auf die Ebene *globaler*

111 Ähnliches ließ sich in Deutschland beobachten, wo ‚private Vorsorge' für das Alter bspw. in Form von ‚Riester-Renten' u.ä. propagiert wurde. Auch hierzulande galt (und gilt) das Eigenheim als Teil einer gelungenen Vorsorgestrategie für das Alter (angesichts einer nicht mehr zum Leben ausreichenden, künftigen staatlichen Altersrente).

Finanzmärkte verschoben. Ausgetragen wird er gegenwärtig zwischen *Nationalstaaten* und *Institutionen des Finanzsektors*[112]. Probates finanzwirtschaftliches Druckmittel ist die Beurteilung nationaler Volkswirtschaften durch große Rating-Agenturen, die mit ihren Einschätzungen den Zinssatz bei Kreditnahme für einzelne Staaten moderieren können. Der so ausgeübte Druck kann dazu führen, dass gewählte (oder auch in Krisen eingesetzte) Regierungen Auflagen erfüllen, die im Interesse der Finanzinstitute liegen, nicht aber der Wahlbevölkerung (vgl. Streeck 2011c). Damit ist es (bislang noch) möglich, im Spannungsverhältnis zwischen ‚Markt' und ‚Demokratie' eine Politik durchzusetzen, die den zweiten Pol zu Gunsten des ersten zurückstellt. „Die Frage ist jetzt, wie weit Staaten gehen können bei der Durchsetzung der Verfügungsrechte und Profiterwartungen der Märkte gegenüber ihren Bürgern, um zu vermeiden, Bankrott anmelden zu müssen, ohne gleichzeitig den Rest von demokratischer Legitimität, der ihnen noch geblieben ist, aufs Spiel zu setzen" (Streeck 2011a: 12).

Wenn hier davon ausgegangen wird, dass Wirtschaft und Sozialpolitik als Pole der skizzierten Spannung wesentlich gegenwärtige Krisenwahrnehmungen bestimmen, dann stellt sich die Frage nach den Logiken bzw. Deutungsmustern, die in der Öffentlichkeit von der einen bzw. anderen Seite gegenwärtig präsentiert werden. Die beiden folgenden Abschnitte gehen dem nach.

7.2 Problemskizzen und diskursive Figuren der Wirtschaft

Auf der Suche nach Gesellschaftsbeschreibungen im Funktionssystem Wirtschaft wird zunächst anhand von Texten aus dem Kontext der Weltbank eine übernationale Perspektive beleuchtet, ehe anschließend deutsche Akteure fokussiert werden, die Vereinigung der bayerischen Wirtschaft (vbw) sowie die Arbeitgeberverbände BDI und BDA.

‚Qualified work-force' – Zur Problemskizze der Weltbank: Einen Reader einleitend, der die Beiträge eines von der Weltbank 2006 in Washington D.C. veranstalteten Symposiums zusammenfasst, schreibt die Herausgeberin und Jugendreferentin der Weltbank Mary Eming Young:

112 Die Ironie der Situation besteht, wie Streeck (a.a.O.) aufweist, darin, dass die Staaten ihre Haushaltsdefizite erneut in die Höhe getrieben hatten, um die Finanzmärkte zu retten. Jetzt sind sie zur Schuldentilgung auf Kredite eben dieser Märkte angewiesen. Die Finanzmärkte wiederum misstrauen den Kapazitäten der Staaten, ihre Schulden zurückzahlen zu können. Sie drängen die – eben noch zu ihren Gunsten freigiebigen – Staaten zu strenger Austeritätspolitik. Das kann, wie (nicht nur) am Beispiel Griechenlands beobachtbar, z.B. die Bereiche Gesundheit, Bildung/Wissenschaft oder Polizei und Justiz betreffen, also den i.w.S. sozialstaatlichen Sektor.

> „Global interdependency is posing formidable challenges for future generations and society. The workplace of the 21st century is becoming vastly different from that of even the 20th century. The new century is increasingly favoring a work force consisting of individuals who are intellectually flexible, skilled in problem solving, emotionally resilient, and well able to interact with others in constantly changing social environments and highly competitive economies. Maximizing the human potential is more important and necessary than ever before" (Young 2007: 3).

Gesellschaftlicher Wandel, der Kern der Diagnose, wird als Wandel von Berufsarbeit bzw. wirtschaftlicher Produktion spezifiziert. Um unter Bedingungen globaler Märkte weiterhin prosperierende nationale Volkswirtschaften gewährleisten zu können, müsse eine mit bestimmten Kompetenzen ausgestattete „work-force" hergestellt werden, die dem entspreche, was ‚das 21. Jahrhundert bevorzuge'[113]. Um das zu gewährleisten müsse ‚Humanpotential' maximiert werden in Form von *Investitionen in ‚ECD-services'* (ECD: ‚early child development'). Damit ergeht in der Folge ein Auftrag an Erziehung, die das ‚Humanpotential' von Kindern bereits in den ersten Lebensjahren in entsprechenden Dienstleistungsorganisationen fördern soll. Begründet wird dies mit einer Reihe von Argumenten.

Zunächst finden sich *Renditeargumente*: Die Investition in ECD-services sei ein lohnendes Geschäft (vgl. Grunewald/Rolnick 2007: 15). Neben möglichen Gewinnen könnten durch ECD-Dienste ferner Folgekosten vermieden werden, die der Gesellschaft durch Korrekturmaßnahmen (Armenfürsorge, Gefängnisse) entstünden (vgl. Coffey 2007: 27f.). Ferner: „(...) younger persons have a longer horizon over which to recoup the fruits of their investments" (Heckman, zit. in Coffey 2007: 30). Frühe Erziehung bringe mehr Gewinn aufgrund höherer Lebensleistung der Erzogenen.

Des Weiteren wird mit der *neurobiologischen Reifung* der Kinder argumentiert (vgl. Mustard 2007). Wichtige synaptische Verschaltungen im Gehirn entstünden in bestimmten Zeitfenstern (‚windows of opportunity') in den frühen Jahren. In der falschen Umgebung, v.a. in einem ungeeigneten Erziehungsumfeld in der Familie, werde die Chance auf optimale Reifung der Kinder(hirne) verpasst und nicht wieder gut zu machender Schaden in Kauf genommen. Dies sei durch ‚ECD-services' zu vermeiden.

Als *Moralargument* kann die – lapidare und apodiktische – Aussage gelten, man müsse ein ECD-System einrichten, weil es richtig sei, so zu handeln (vgl. Coffey 2007: 31). Schließlich findet sich ein Argument *sozialer Kohäsion*: Reiche und Arme müssten Frieden miteinander schließen (vgl. Coffey a.a.O.: 28).

---

113 Wobei hier ‚das 21. Jahrhundert' personifiziert wird; es wird dadurch zu einer zugleich zurechenbaren aber auch schicksalhaften Quelle des Wandels, die Herausforderungen schafft und die man benennen, aber nicht zur Verantwortung ziehen kann.

M.a.W. gilt es für Unternehmer, sich durch Bereitstellung von ECD-services um die sozioökonomisch schlechter gestellten Bevölkerungsschichten zu kümmern.

Zur Umsetzung eines landesweiten Systems vorschulischer Erziehung wird ein *Markt-* bzw. *Quasi-Markt-Modell* vorgeschlagen (vgl. Grunewald/Rolnick 2007). Von Staat und Wirtschaft sei ein Fonds einzurichten, aus dem ‚Stipendien' v.a. an at-risk-families vergeben werden. Diese erhielten damit als *Kunden* Kaufkraft, die sie bei einschlägigen ECD-Anbietern verausgaben könnten. Anbieter hätten Qualitätsstandards, gesetzt durch das Fondsmanagement, zu genügen, nachzuweisen durch Selbst- und Fremdevaluation. So entfalte sich ein ECD-Markt, auf dessen Mikro-Ebene Ressourcen auf die effizienteste Weise eingesetzt würden. Die Existenz des Dachfonds sei als Stabilitätssignal ein Anreiz zum Einstieg in den Markt für immer weitere Anbieter und Geldgeber (z.B. karitative NGOs). Zugleich wird von einer prinzipiell freiwilligen Marktinklusion aller Familien ausgegangen. Sollten Familien nicht von selbst einsteigen, so seien sie durch *Incentives* („Gutscheine für eine Tüte Gemüse") dazu zu bewegen und ‚bei der Stange zu halten':

> „However, we are confident that most families would take advantage of the scholarship and enroll their children in a high-quality ECD program. Nevertheless, for families that may not at first enroll, incentives (e.g., a coupon for a bag of groceries) would likely help encourage them to participate. One important aspect of successful programs is continuity. A challenge to early childhood programs is working with a population that tends to be relatively transient. Incentives to keep families involved in a program may be important to maintaining continuity with an ECD program" (Grunewald/Rolnick a.a.O.: 22).

Staatliche Top-Down-Steuerung oder Subventionierung wird als erwiesenermaßen ineffizient und (unter Behauptung wissenschaftlich fundierten besseren Wissens) ‚ideologisch' abgelehnt. Es gelte, die ‚Lücke zu schließen' („closing the gap", Young a.a.O.: 3) zwischen wissenschaftlich gesichertem Wissen über optimale Förderung kleiner Kinder und bestehender, minderwertiger Praxis (vgl. Mustard/Young 2007). ‚Wissenschaftliches Wissen' – nicht politische Willensbildung – liefert die Legitimation dieser Entscheidungen. Das Volumen der Investitionen der Weltbank in einschlägige Forschungs- und ECD-Programme betrug im Jahre 2006 nach eigenen Angaben 1.7 Milliarden US$[114].

Positionen deutscher Akteure: Nationale Akteure in Deutschland äußern sich ähnlich, fokussieren aber stärker die Lage am deutschen Arbeitsmarkt. So bspw. Randolph Rodenstock, Präsident der Vereinigung der Bayerischen Wirtschaft (vbw):

114 Im Jahre 1990 noch 126 Millionen US$ (vgl. Young 2007: 6).

> „Für den einzelnen Menschen ist Bildung die elementare Voraussetzung, sein privates und berufliches Leben zu meistern. Für die gesamte Gesellschaft ist Bildung der wichtigste Rohstoff. In unserer Informationsgesellschaft ist schon Wissen für sich genommen keine endliche Menge. Aus wie viel mehr besteht dann Bildung? Erst Bildung im umfassenden Sinn macht aus Erziehung, Ausbildung, Fähigkeiten und Wissen der Menschen das bedeutendste Kapital – auch für die Wirtschaft. Dieses Kapital wird immer knapper, seine Mängel immer offensichtlicher. Das deutsche Bildungssystem, einst weltweites Vorzeigeprodukt, ist längst nicht mehr fit für den europäischen und globalen Wettbewerb. Wir alle müssen ‚Bildung neu denken' und entsprechend handeln" (vbw 2003: 11).

Ähnlich die BDA:

> „Bildung schafft Zukunft für die Wirtschaft. Der Wirtschaftsstandort Deutschland ist abhängig vom Bildungsstandort Deutschland. (…) Die wissensbasierte Innovationswirtschaft braucht die volle Entfaltung des Potenzials der Talente und Fähigkeiten, um sich im Wettbewerb behaupten zu können" (BDA 2005, Vorwort).

Wirtschaftliche Prosperität unter Bedingungen der Konkurrenz auf globalen Märkten wird (parallel zur ‚work-force') von ‚Bildung' abhängig gemacht, die als „wichtigster Rohstoff" und „bedeutendstes Kapital" gilt. Das deutsche Erziehungssystem sei diesbezüglich im internationalen Vergleich allerdings nicht konkurrenzfähig. Das benötigte Humankapital werde knapp, was dem ‚Wirtschaftsstandort Deutschland' Probleme einbringe. Man dringt entsprechend auf Reformen im Erziehungssystem. Einschlägige Qualifikationen nutzten, so die Protagonisten, der Wirtschaft, aber auch den Individuen. Optimale ‚Bildung' wird als *Win-Win-Situation* (vgl. BDA 2006: 9) für Individuum und Gesellschaft skizziert. Wirtschaftliches und individuelles Interesse werden in eins gesetzt.

Die Problembeschreibung lässt sich weiter differenzieren. Als ‚Herausforderung' gilt zunächst der *demographische Wandel* (vgl. vbw a.a.O. S. 69), ein Geburtenrückgang bei gleichzeitig gestiegener Lebenserwartung, was „(…) eine höhere Ausschöpfung des Arbeitskräftepotentials zur Sicherung des Arbeitskräfteangebots (…)" (ebd.: 70) notwendig mache. Demographischer Wandel verschärft die Knappheit qualifizierter Arbeitskräfte, und verweist auf die Notwendigkeit einer Effizienzsteigerung der Qualifizierung Jugendlicher und Erwachsener.

Konstatiert wird zudem eine *Halbwertzeit von Fachwissen* die eine „laufende Anpassung der Qualifizierung" (ebd.: 70) Berufstätiger erfordere. ‚Lebenslanges Lernen' ist dabei Chiffre für eine ständige Formung benötigter Qualifikationen. ‚Bildung', kann so als Prozess ständiger Anpassung der Individuen an wirtschaftliche Qualifikationserwartungen gelesen werden.

Die vbw stellt schließlich, ähnlich der Weltbank, einen *Strukturwandel der Arbeitswelt* fest: von der „Industriegesellschaft" hin zu „wissensbasierter Dienstleistung" (a.a.O.: 76). Künftig, so die Prognose, werde es nur noch kleine Kernbelegschaften in Unternehmen geben, die „je nach Erfordernissen temporär durch

Randbelegschaften (…) ergänzt werden“ (a.a.O.: 79). Konjunkturabhängig anfallende Arbeit werde in Form von Aufträgen an selbständige Consultants vergeben (Outsourcing; vgl. Sennett 2009). Die Selbständigkeit werde zu einer „sich ausbreitenden Arbeitsform“ für „Selbstbeschäftigte“ (vbw a.a.O.: 79) aus allen sozialen Gruppen, die ihre Arbeit als Dienstleistung in „wissensintensiven“ und „wenig Kapital erfordernden“ Tätigkeitsbereichen anbieten (ebd.). Wissen und nicht Startkapital erscheint damit als zentraler Faktor für eine selbständige, d.h. unternehmerische Tätigkeit.

> „Die längere Lebensarbeitszeit wird unter den neuen Arbeitsbedingungen zu wachsenden Diskontinuitäten in der Erwerbsbiografie der künftigen Arbeitskräfte führen. Im Verlauf ihres Erwerbslebens werden immer mehr Menschen ganz unterschiedliche, mal abhängige, mal selbständige Tätigkeiten ausüben. Zudem wechseln die benötigten fachlichen Inhalte und geforderten Qualifikationen schneller. Betriebs- und Tätigkeitswechsel, Arbeit, Arbeitslosigkeit und Umschulung werden sich häufiger ergänzen. Dies stellt künftige Erwerbstätige vor neue Herausforderungen: Selbstorganisation, Eigenverantwortung und Kooperationsfähigkeit treten immer mehr an die Stelle der herkömmlichen Einordnung in extern und durch starre Arbeitsorganisationen festgelegte Kontrollstrukturen“ (a.a.O.: 79).

Hingewiesen wird damit auf einen ständigen Wechsel der Tätigkeit in einer hochgradig fluiden Berufswelt. Die damit einhergehenden Belastungen werden qua ständiger Weiterbildungsverpflichtung dem Individuum zugeschlagen. Ferner ändere sich der Modus der Arbeitsorganisation. Der pejorativen Skizze von „starren Arbeitsorganisationen“ und „festgelegten Kontrollstrukturen“ steht nun das Bild vom flexiblen Arbeitnehmer als *Unter*nehmer gegenüber, der *selbständig* die Erwartungen seiner Auftraggeber resp. ‚Kunden' erfüllen muss. Ferner breite sich die projektbezogene Arbeitsorganisation aus:

> „Dies erfordert ein hohes Maß an menschlicher Flexibilität sowie die Fähigkeit und Bereitschaft zur Zusammenarbeit in ständig wechselnden, neuen und unvertrauten Zusammenhängen von Betrieben und Personen. An die Stelle der Abhängigkeit von einzelnen Arbeitgebern tritt diejenige von Netzwerken mit anderen Kooperationspartnern und Auftrag gebenden Organisationen“ (vbw a.a.O.: 79).

Insofern Teams zeitlich begrenzt zu losen Netzwerken zusammentreten um spezifische Aufgaben zu lösen und danach auseinanderfallen, müssen sich beruflich Tätige kontinuierlich innerhalb kurzer Zeiträume auf immer wieder neue Personen, Arbeitsstrukturen und Zielsetzungen einstellen. Das Bild einer wirtschaftsspezifisch ‚idealen' Persönlichkeit deutet sich an[115]. Diese hat v.a. über ein Spektrum von *Kompetenzen* zu verfügen. Die vbw fordert bspw.: „Basiskompetenzen,

115 Ausführlich beleuchtet Bröckling diese Figur und beschreibt sie als das „Unternehmerische Selbst“ (Bröckling 2007).

die elementare Lebens- und Handlungsfähigkeiten sichern", „Weltwissen", „Personale Schlüsselqualifikationen für Alltag und Berufsleben" (a.a.O. S. 19f.), „Soziale Kompetenz", „Verantwortungsbereitschaft", „Durchsetzungsbereitschaft", „Kompromissfähigkeit", ein „Selbstverwirklichungsmotiv", ein „Leistungsmotiv", „Selbstwirksamkeitserwartung", „Unabhängigkeitsstreben", „Stressresistenz", „Ungewissheitstoleranz", „Optimismus", „Kreativität", „Risikobereitschaft" und „Selbstorganisationsfähigkeit", schließlich ein „pro-aktives, positives Persönlichkeitsbild" (a.a.O.: 27). Hier zeichnet sich Beliebigkeit ab, die in der Formel vom ‚Unternehmergeist' zusammengefasst wird.

> „In allgemeiner und arbeitsorientierter Bildung müssen unternehmerische Qualifikationen vermittelt werden, weil die Zukunft nicht durch den Versorgungsstaat, sondern durch internationalen Wettbewerb geprägt sein wird" (a.a.O.: 28).

Marktordnung ersetzt in dem Bild politische Regulierung. Entsprechend gilt nicht der Bürger eines (versorgenden) Wohlfahrtsstaats als Zielprojektion, alle benannten Kompetenzen verweisen das Individuum vielmehr letztlich auf sich selbst, als *selbständigen Unternehmer*, der motiviert, verantwortlich, pro-aktiv, flexibel, emotional stabil usw. selbst handelt. Er gilt als Schlüssel zur Bewältigung der skizzierten ‚Herausforderungen'. Notwendige Qualifikationen erhält er auf dem Wege der Bildung bzw. des ‚Kompetenzerwerbs'. Die Lösung wird damit zunächst an das Erziehungssystem, letztlich aber an das lebenslang lernende Individuum delegiert.

‚Schlüsselkompetenzen' – ein Exkurs: Insofern die Formel ‚Kompetenz' in Diskursen über Erziehung gegenwärtig ubiquitär verwendet wird, scheint es sinnvoll, sie etwas genauer zu betrachten. Einschlägiges findet sich dazu in Veröffentlichungen der OECD.

Im Jahre 1997 startete die OECD, die PISA-Erhebungen flankierend, ein Projekt mit dem Titel „Definition and Selection of Key-Competencies" (‚DeSeCo', OECD 2002, 2005, Rychen/Salganik 2003; Salganik/Stephens 2003). Ziel war die Bestimmung allgemein benötigter Fähigkeiten von Individuen. Dabei gingen die Protagonisten „beyond taught knowledge and skills" (OECD 2005: 8), ‚Kompetenzen' wurden vor (kanonisiertem) ‚Wissen' priorisiert. Fähigkeiten sollen kontextübergreifend bestimmt werden, d.h. nicht einem partikularen Kulturkreis oder Berufsfeld entstammen, und sie sollen zugleich eine *erfolgreiche Lebensführung* ermöglichen *und* für ‚die Gesellschaft' von Nutzen sein[116]. ‚Erfolg'

116 Auch hier findet sich wieder eine ‚win-win-Situation', eine Identifikation individueller und ‚gesellschaftlicher' Interessen.

im Sinne der Gesellschaft wird normativ bestimmt mit „ökonomischer Produktivität", „Demokratie", „sozialer Zusammenhalt", „Gleichberechtigung" und „Menschenrechte" sowie „ökologische Nachhaltigkeit" (ebd. S. 6). Dies seien Leitwerte in allen OECD-Teilnehmerstaaten.

Die Bestimmung von ‚Kompetenzen' erfolgt explizit aus der Perspektive *gesellschaftlicher Bedarfe*; das Konzept der ‚Schlüsselkompetenzen' sei ein „demand-led approach":

> "This demand-led approach asks what individuals need in order to function well in society as they find it. What competencies do they need to find and to hold down a job? What kind of adaptive qualities are required to cope with changing technology?" (OECD 2005: 6).

‚Erfolg' bedeutet aus der Perspektive des Individuums, zu ‚funktionieren', einen Job zu finden und zu behalten. ‚Schlüsselkompetenzen' beschreiben *adaptive Fähigkeiten* des Individuums zur Anpassung an *changing technologies*. Das Individuum soll sich ständig auf unvorhersehbare Erwartungen der Berufswelt, von Technologie und Markt, einstellen können. Explizit verzichtet man auf eine nähere Bestimmung relevanter Kompetenzen:

> „Individuals need a wide range of competencies in order to face the complex challenges of today's world, but it would be of limited practical value to produce very long lists of everything that they may need to be able to do in various contexts at some point in their lives" (OECD 2005: 4).

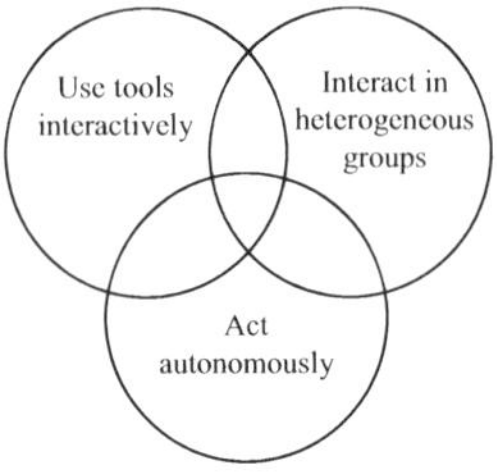

Abb. 11: Kompetenz-Kategorien der OECD (vgl. 2005: 5)

Formuliert wird stattdessen ein globaler ‚Orientierungsrahmen'. Dieser besteht aus drei Komponenten (Abb. 11): *Instrumentelle Kompetenz*, *Soziale Kompetenz* und *Autonome Kompetenz*[117]. ‚Instrumentelle Kompetenz' meint die Fähigkeit zum Umgang mit jeglicher Form von Werkzeugen, ‚Soziale Kompetenz' die Fähigkeit zur Verständigung in einer Vielzahl unterschiedlicher Kommunikationszusammenhänge. ‚Autonome Kompetenz' meint schließlich die Befähigung des Individuums, sein Leben planvoll, selbständig und eigenverantwortlich zu führen, nicht zuletzt, ihm einen Sinn zu geben. Der Erwerb von ‚Kompetenzen' obliegt den Individuen selbst. Zur wesentlichen Voraussetzung dafür machen die Autoren die Fähigkeit zu Reflexion.

117 So die Termini, die im Deutschen i.d.R. verwendet werden, wenn von ‚Kompetenzen' die Rede ist. Ihre inhaltliche Nähe zum Modell der OECD ist augenscheinlich.

> „At the centre of the framework of key competencies is the ability of individuals to think for themselves as an expression of moral and intellectual maturity, and to take responsibility for their learning and for their actions"; „Thinking reflectively demands relatively complex mental processes and requires the subject of a thought process to become its object" (OECD 2005: 8).

Salganik/Stephens sprechen von „conscious expertise in relation to one's own learning" (Salganik/Stephens 2003: 38). Damit lassen sich *lernmethodische Kompetenzen* (vgl. Gisbert 2003, 2004) den drei zuvor genannten konnotieren.

Das Konzept ‚Kompetenz' identifiziert individuelle und gesellschaftliche Interessen. Dabei bestimmen sich ‚Kompetenzen' von der Seite gesellschaftlicher Erwartungen her, die aber in der Formel selbst keine Spezifikation erfahren. Im ‚broad context' von individuellen, sozialen, autonomen und lernmethodischen Kompetenzen kann *jeder* (Lern-)Gegenstand unter einen oder mehrere (alle?) dieser Kompetenzbereiche subsumiert werden. *Alles* kann potentiell als lernrelevant gelten, unter dem Kriterium je aktueller wirtschaftlicher und gesellschaftlicher Brauchbarkeit. Individuen sollen lebenslang an ihren ‚Kompetenzen' feilen, sich den jeweiligen Erwartungen anpassen, um auf diese Weise ‚erfolgreich', d.h. nützlich bzw. funktional zu sein und zu bleiben. Damit taugt der Begriff eher zur Begründung je aktueller wirtschaftlicher Leistungserwartungen als zur pädagogischen Konkretisierung von Lernzielen. Leistungserwartungen künftiger Märkte und Industrien können nicht plausibel vorhergesagt werden, nicht einmal kurzfristig. Das Konzept der ‚Schlüsselkompetenzen' bestimmt allenfalls die konkrete Erwartung ständiger Anpassung an sich wandelnde Erwartungen. Das Individuum wird, ist von ‚Kompetenzen' die Rede, *universell anforderbar* skizziert.

Wissensbestände gelten in einer sich ständig wandelnden Welt als hinderlich. ‚Wissen' müsste zu einem Mindestmaß als kanonisierbar gedacht werden, um Gültigkeit beanspruchen zu können. Man müsste ferner eine gewisse Traditionsbildung voraussetzen. Im Rahmen sich unvorhersagbar wandelnder Märkte und Technologien wären solche Voraussetzungen kontradiktorisch. „Wenn ein Sinn (und ein Ziel) der Geschichte nicht mehr erkannt werden kann und damit auch kein normativer Sinn und Zweck entsprechender Steigerungsaufgaben, ‚öffnet' sich die Zukunft und die Kompetenzdiskurse werden nun vollends formalisiert" (Reichenbach 2007: 93). Burchardt (2006: 139) hat von „*Bildung light* für magere Zeiten", von „Individualisierung der Verantwortung" (ebd.) und einem „Zwang zur Selbst-Ökonomisierung zum ‚Humankapital'" (ebd.) gesprochen. Die Umstellung von ‚Wissen' auf ‚Kompetenz' stellt eine kulturelle und historische Dekontextualisierung dar. Unter der Formel ‚Kompetenz' richten sich ökonomische Erwartungen nicht nur an Erziehungsorganisationen, sondern fordern auch ein Selbst-Management von den Individuen (Bröckling et. al. 2000: 30).

Kritik und Forderungen: Mit Blick auf das deutsche Erziehungssystem, das „in vielerlei Hinsicht verschwenderisch mit Lebens- und Lernzeit" umgehe (vbw 2003: 124), machen verschiedene Wirtschaftsprotagonisten Reformvorschläge. „Verfrühung, Verdichtung und Verstetigung" der „Zeitökonomie des Lernens" wird angemahnt (a.a.O.: 125). Erziehung soll effizienter werden. Daneben fordern die Protagonisten für die vorschulische Erziehung, für die es „(…) bislang kein[en] anspruchsvolle[n] Bildungsauftrag" gebe (a.a.O.: 131), eine Ausrichtung an wirtschaftlichen Zielsetzungen. „Soziales Lernen", „Kindertümelei" (ebd.) und die Ignoranz gegenüber den neurobiologischen Lernfenstern verdrängten in bisheriger Vorschulpädagogik die Förderung kognitiver Fähigkeiten und einer wünschenswerten „Arbeitshaltung" (a.a.O.: 150). Wirtschaftliche Themen seien darin nicht aufgehoben (a.a.O.: 132). Umzustellen sei bereits im „ersten Lernfenster" auf die von der OECD empfohlenen Basiskompetenzen (a.a.O.: 133).

Der Kindergarten wird so zur ersten Instanz eines insgesamt intensivierten und beschleunigten Erziehungssystems stilisiert. „Arbeitshaltung", „Basiskompetenzen", „kognitive Fähigkeiten" und intensives „Training" insb. in Bereichen, die man dem MINT-Spektrum zuordnen kann, umreißen die Erwartungen der vbw an diese Veranstaltung. Vom Kindergarten wird eine strikt durchrationalisierte, auf Effizienz und wirtschaftliche Brauchbarkeit ausgerichtete Erziehung erwartet (vgl. BDA 2006: 7f.). Es wird zur Aufgabe der Politik erklärt, entsprechende Infrastrukturen (Krippen, Kindergärten, Horte) zu schaffen und mit qualifiziertem Personal auszustatten (vgl. vbw 2007: 8f.), was eine kostenintensive, aber auch hoch rentable Investition darstelle (ebd.)[118]. Die BDA verschreibt dem Erziehungssystem explizit die eigene, ökonomische Logik:

> „Wir sind überzeugt, dass die erfolgreichen Prinzipien der Marktwirtschaft auch im Bildungsbereich greifen: Leistung, Wettbewerb, Profilbildung, Qualität. (…) Unternehmerisches Handeln ist grundsätzlich auch Schulen, Berufsschulen und Hochschulen möglich" (BDA 2005, S. 6).

Voraussetzung sei hierfür die „Selbständigkeit der Bildungseinrichtungen" (ebd.), ihre „Entbürokratisierung und Deregulierung" (ebd.). Skizziert wird ein Bildungsmarkt, Erziehungsanstalten als wettbewerbsorientierte Unternehmen. Dabei sei schon im Kindergarten anzusetzen, weil die „(…) ersten acht Jahre (…) die intensivsten Lernjahre in der kindlichen Entwicklung [sind]" (a.a.O.: 7) und sie deshalb „systematisch für eine verbesserte frühe Förderung genutzt werden" müssten (ebd.). Das wird begründet mit der „großen Lernfreude" in diesen Jahren, den „offenen Augen" (ebd.), mit denen kleine Kinder durch die Welt gingen; aber

118 Für Deutschland hat bspw. die Bertelsmann-Stiftung ein Gutachten veröffentlicht (Fritschi/Oesch 2008), dem zufolge aufgrund mangelnder Verfügbarkeit von Krippenplätzen zwischen 1990 und 1995 der Volkswirtschaft ein (künftiger) Nettonutzen von 12.6 Milliarden Euro entgangen sei.

auch mit Verweis auf die Hirnforschung, der zu Folge das Gehirn nichts lieber tue, als lernen (ebd.).

Zusammengefasst: Das von Seiten der Wirtschaft markierte Problem ist das der Herstellung von Produktivität und Konkurrenzfähigkeit im globalen Wettbewerb. Dazu mangele es insb. an qualifiziertem Personal, das als ‚Rohstoff' bzw. ‚Kapital' aufgefasst wird. Die Lösungsformel lautet: ‚Bildung', verstanden als ‚Kompetenzerwerb', wobei dieser Formel beliebige Anforderungen konnotiert werden können. Das mündet in eine Forderung nach Effektivierung des Erziehungssystems ein, nach inhaltlicher Ausgestaltung insb. entlang der MINT-Fächer, nach kognitiver Förderung sowie nach Einführung marktförmiger Logiken und Strukturen in Erziehungseinrichtungen. Andererseits besteht die Erwartung ständiger eigenverantwortlicher Qualifizierung der Individuen gemäß Markterfordernissen. Insgesamt wird eine Intensivierung und Vorverlegung des Kompetenzerwerbs ins frühe Kindesalter angemahnt. In der Formel ‚Bildung' findet letztlich eine Identifikation des Nutzens von Erziehung für Individuum und Gesellschaft statt: ‚Bildung' als conditio sine qua non erfolgreicher, eigenständiger Lebensführung *und* als ‚Kapital' für die Wirtschaft.

7.3 Sozialstaatliche Semantiken

In der Auseinandersetzung mit den ‚Krisen des demokratischen Kapitalismus' bildet der Sozialstaat den zweiten Pol[119]. Sozialstaaten sind ein „(…) wesentliche[s] Strukturmerkmal moderner Vergesellschaftung (…)" (Lessenich 2008: 483). Ein akzeptables Leben für *alle* Bürger eines Staates lässt sich offenbar nicht verlässlich durch marktförmige Verteilung von Reichtum herstellen, so dass sich historisch der Sozialstaat als politisches Marktkorrektiv etabliert hat (vgl. Galuske 2002; Radtke 2009).

Sozialstaatliche Strukturen sind in (zunächst westlichen) Industrieländern in unterschiedlichen Formen entstanden (vgl. Döring 2004: 37; Kaufmann 2003: 25f.). Sowohl ihre Semantiken als auch Strukturen evoluieren (vgl. Lahusen/Stark 2003, Kaufmann 2003, Butterwegge 2006). Gegenwärtig (und in der BRD seit etwa 15 Jahren) kann, analog der prominenten Typologie Esping-Andersens (1990), ein Wandel des Sozialstaates vom ‚konservativen' oder ‚korporatistischen' Wohlfahrtsstaat hin zu einem ‚liberalen' Modell anglo-amerikanischen

119 Zum Sozialstaat siehe z.B.: Offe 1977; Galuske 2002, 2004; Döring 2004; Butterwegge 2006, 2015; Kaufmann 2003; Lessenich 2003, 2008; Leisering 2008; Schirm 2008.

Vorbilds beschrieben werden; oder, in anderer Terminologie, vom ‚versorgenden' hin zum ‚Sozialinvestitionsstaat' (Olk 2007). Zentrale Aufgaben bzw. Bezugsprobleme bleiben dabei gleich, was sich ändert ist die Form ihrer Bearbeitung und deren semantische Rechtfertigung.

Funktionen sozialstaatlicher Strukturen: Lutz Leisering beschreibt den Sozialstaat folgendermaßen: „Der Sozialstaat in einem engeren Sinne umfasst die soziale Sicherung und das Arbeitsrecht, in einem weiteren Sinne auch das Bildungswesen, die Wirtschafts- und Betriebsverfassung und die Arbeitsbeziehungen sowie die wachstums- und beschäftigungsbezogene Wirtschaftspolitik" (Leisering 2008: 426). Es gehe um die produktive Relationierung der „großen Ordnungen Staat, Markt und Familie" (a.a.O.: 442). Schirm (2008: 408) spricht ähnlich von einem ‚Dreieck' zwischen Staat, Arbeitnehmern und Arbeitgebern. Claus Offe vertrat die These: „Sozialpolitik ist die staatliche Bearbeitung des Problems der *dauerhaften Transformation von Nicht-Lohnarbeitern in Lohnarbeiter*" (Offe 1977: 157, Herv. i. Orig.). Offe weiter: „Der Besitzer von Arbeitskraft wird erst als Staatsbürger zum Lohnarbeiter" (a.a.O.: 165). Im Umkehrschluss ist von einer Vergesellschaftung durch Lohnarbeit auszugehen (a.a.O.: 169), womit der Königsweg der Integration von Individuen in die Gesellschaft sowie der Sicherstellung ihres Lebensunterhalts benannt ist. Sozialstaaten können diesem knappen Umriss folgend verstanden werden als *Strukturbildungen, die unter Bedingungen einer liberalen Marktwirtschaft Staat, Unternehmen und private Haushalte historisch kontingent in ein (je) spezifisches Verhältnis zueinander setzen.*

Als zentrale Aufgaben des Sozialstaats können genannt werden[120]: Er muss (1) unter Bedingungen liberaler bzw. kapitalistischer Wirtschafts- und Produktionsweise eine *gesellschaftliche Ordnung* etablieren, die für alle annehmbar erscheinen kann (Offe a.a.O.: 159). Er muss m.a.W. die gesellschaftliche Kohäsion bzw. Integration angesichts reiner, zentrifugal wirkender Profitorientierung der Märkte gewährleisten (vgl. Galuske 2002). Kohäsion wird durch zentrale Leitwerte erzeugt, an denen sich sozialstaatliche Strukturbildungen ausrichten und von denen aus sie sich legitimieren (z.B.: ‚christliche Nächstenliebe', ‚Nation', ‚Solidarität', ‚Freiheit'). Solche Werte ergeben sich nicht im Marktgeschehen selbst (vgl. Marshall 1992: 116), sie müssen eingeführt werden. Sozialpolitik ist als vergemeinschaftendes Element notwendige Grundlage ‚freier' Märkte.

Sozialstaatliche Strukturen bearbeiten ferner das Problem in kapitalistischen Marktwirtschaften entstehender *Lebensrisiken* (2). Sie müssen, insofern zu keiner Zeit alle Individuen wirtschaftlich inkludiert werden (vgl. Offe a.a.O.: 163, 165), für Nicht-Arbeitende, d.h. die Alten, Kranken, Arbeitslosen, Kinder eine ‚Exit-

120 Die folgende Aufzählung erhebt keinen Vollständigkeitsanspruch.

Option' aus dem Arbeitsmarkt bereitstellen. Ansonsten entstünden großen Bevölkerungsgruppen unvermeidbar existenzielle Krisen.

Komplementär dazu – jetzt mit Blick auf Probleme der Wirtschaft – erfüllt ein Sozialstaat (3) die Aufgabe der *Regulierung bzw. Bereitstellung von Arbeitskräften für Unternehmen*. Er schafft semantisch und strukturell legitime Formen der Teilhabe bzw. Nicht-Teilhabe von Personen am Arbeitsmarkt, abhängig von der wirtschaftlichen Nachfrage. Z.B. in Form der Zuschreibung der Frau als ‚Hausfrau und Mutter' oder als ‚Arbeitskraft'; durch das Anwerben von Gastarbeitern oder eine Zuwanderungsbegrenzung; durch Festhalten von Jugendlichen im Erziehungssystem oder deren frühere Entlassung in den Arbeitsmarkt (vgl. Klemm 2008), Ausdehnung oder Begrenzung der Wehrpflicht etc., wodurch Arbeitskräfte dem Arbeitsmarkt seiner Bedarfslage entsprechend zur Verfügung gestellt oder anderweitig gebunden werden.

Schließlich kann zu den sozialstaatlichen Aufgaben (4) die Vorbereitung der Individuen auf Arbeitsmarkterfordernisse und allgemein die gesellschaftliche Teilhabe, die Wahrnehmung von Rechten und Pflichten, gezählt werden (*Qualifikationsfunktion*). Dem kommt der Staat durch die Veranstaltung öffentlicher Erziehung nach, heute von der Krippe beginnend bis hin zur Universität.

Die neoliberale Semantik bundesdeutscher Sozialpolitik: Sozialstaatliche Bezugsprobleme bleiben über die Zeit relativ konstant. Was sich wandelt sind Strukturen und Semantiken des Sozialstaats. „Eine Möglichkeit zur ökonomisch effizienten Anpassung an Globalisierung für Länder, die von den Normen der konsensualen Entscheidungsfindung und der Solidarität geprägt sind, scheint daher eine Redefinition der Normen durch eine Synthese zwischen den pfadabhängigen Normelementen und den mit der neuen Herausforderung einhergehenden Prinzipien der Wettbewerbsfähigkeit und der Liberalisierung zu sein" (Schirm 2008: 411). Frank-Olaf Radtke hat von „re-description" (2009: 627) gesprochen, mit Luhmann von „Theorie-Substitution" (a.a.O.: 625). Dabei tauchen neue Formeln und diskursive Figuren auf und alte werden einer Umdeutung unterzogen.

Eine einschlägige Veränderung sozialpolitischer Semantik um die Jahrtausendwende lässt sich anhand exemplarischer Texte aus dem bundesdeutschen Sozialstaatsdiskurs nachzeichnen (Herzog 1997; Schröder/Blair 1999; Schröder 2003; Deutscher Bundestag 2005; Bundesregierung 2007). Sie ging mit dem strukturellen Wandel einher oder diesem als strategisches Präludium voraus. Im Folgenden soll solchen Neubestimmungen anhand der präsentierten *Gesellschaftsdiagnose*, formulierten *Leitwerten*, vorgeschlagenen *operativen Formen*, dem vorausgesetzten *Bürgerideal* und schließlich dem präsentierten ‚Problembürger' nachgegangen werden.

Gesellschaftsdiagnose, Problem und Lösung: Generell präsentieren gegenwärtige sozialpolitische Akteure die Diagnose einer Gesellschaft im Wandel. Exemplarisch Gerhard Schröder und Tony Blair:

> „Unsere Volkswirtschaften befinden sich im Übergang von der industriellen Produktion zur wissensorientierten Dienstleistungsgesellschaft der Zukunft“ (Schröder/Blair 1999: 892).

‚Wandel’ bezieht sich erneut wesentlich auf den Wandel von Lohnarbeit und Produktionsweise. Statt industrieller Arbeit zeichne sich zukünftig eine solche ab, die wesentlich auf ‚Denken’ und ‚Wissen’ basiere. Ausdrücklich wird dabei vom „gemeinsamen Schicksal“ in der EU gesprochen (a.a.O.: 888). Der gesellschaftliche Wandel entspringt demnach nicht politischer Gestaltung, er ‚passiert’. Politik scheint eher auf Folgen des Wandels reagieren zu müssen, als diesen zu initiieren oder zu verantworten. Zu ihren zentralen Strategien gehören die Liberalisierung und Deregulierung von Märkten.

> „Die Produkt-, Kapital- und Arbeitsmärkte müssen allesamt flexibel sein“ (Schröder/Blair a.a.O.: 892); anzustreben seien „(...) Rahmenbedingungen, unter denen ein einwandfreies Spiel der Marktkräfte möglich ist (...)“ (a.a.O.: 891).

Dem steht ein Bild bürokratischer Verkrustung und Starrheit gegenüber: Der Staat greife (bislang) mit „deutscher Regulierungswut“ (Herzog 1997) in den Markt ein. „Bürokratismus“ (ebd.) hemme kleine und große Unternehmer. Der Politik wird entsprechend Zurückhaltung auferlegt, der Markt wird idealisiert. Seine Schwächen seien in der Vergangenheit über- und seine Stärken unterschätzt worden (vgl. Schröder/Blair a.a.O.: 888).

Neben einem Abbau von Bürokratie, Steigerung und (wo nicht vorhanden) Einführung von Wettbewerb und einer Steuerpolitik, die Unternehmer begünstigen soll (a.a.O.: 891), gilt Investition in ‚Bildung’ als Strategie der Bearbeitung der aus dem gesellschaftlichen Wandel resultierenden ‚Herausforderungen‘:

> „Erste Priorität muß die Investition in menschliches und soziales Kapital sein“ (a.a.O.: 892). „Wenn auf Dauer ein hoher Beschäftigungsstand erreicht werden soll, müssen Arbeitnehmer auf sich verändernde Anforderungen reagieren“ (ebd.).

Damit werden Menschen als Kapital und als wirtschaftliche Ressource beschrieben. Der Mensch als Arbeitskraft muss sich flexibel, adaptiv wechselnden Anforderungen der Erwerbsarbeit an fluiden Märkten stellen. Dies strukturell zu gewährleisten wird zur sozialstaatlichen Aufgabe, als Investition in Humankapital. Die Darstellung bewegt sich nahe an den Formulierungen der Akteure der Wirtschaft. Lebenslang lernend sollen sich Individuen marktgängig machen (und erhalten) und auf diese Weise *selbständig* ihre Existenz – in Form möglichst kontinuierlicher Lohnerwerbsarbeit – sichern. ‚Existenzsicherung', eine zuvor sozialstaatliche Aufgabe, wird privatisiert bzw. individualisiert (a.a.O.: 893).

Sozialstaatlicher Wertewandel: Schröder und Blair nahmen 1999 spezifische Umdeutungen zentraler gesellschaftlicher Werte vor:

> „Fairneß, soziale Gerechtigkeit, Freiheit und Chancengleichheit, Solidarität und Verantwortung für andere: diese Werte sind zeitlos. Die Sozialdemokratie wird sie nie preisgeben" (a.a.O.: 888); „Wir haben Werte, die den Bürgern wichtig sind – wie persönliche Leistung und Erfolg, Unternehmergeist, Eigenverantwortung und Gemeinsinn – zu häufig zurückgestellt hinter universelles Sicherungsstreben. Allzu oft wurden Rechte höher bewertet als Pflichten" (a.a.O.).

Hier werden Leitsemantiken sozial- und gesellschaftspolitischer Debatten in westlichen Staaten angesprochen: Freiheit, Gerechtigkeit und Solidarität. Der neue Gesellschaftsentwurf der Sozialdemokratie um die Jahrtausendwende scheint darin dem Willen des Volkes (was den „Bürgern wichtig" ist) zu entsprechen. *‚Gerechtigkeit'* beinhaltet (formal) immer die Vorstellung einer Form der Gleichbehandlung aller auf einer bestimmten Dimension (vgl. Forst 2005: 26). Solche Formen sind jedoch historisch kontingent[121]. In den Formeln von ‚Fairness' und ‚Sozialer Gerechtigkeit' deuten Schröder/Blair eine grundsätzliche Neubestimmung des Gerechtigkeitsverständnisses an:

> „In der Vergangenheit wurde die Förderung der sozialen Gerechtigkeit manchmal mit der Forderung nach Gleichheit im Ergebnis verwechselt. Letztlich wurde damit die Bedeutung von eigener Anstrengung und Verantwortung ignoriert und nicht belohnt und die soziale Demokratie mit Konformität und Mittelmäßigkeit verbunden statt mit Kreativität, Diversität und herausragender Leistung" (a.a.O.: 888).

Von ‚ausgleichender' Gerechtigkeit wird umgestellt auf ‚Chancen-' bzw. ‚Teilhabegerechtigkeit'[122]. „Herausragende Leistung" und „Diversität" – damit gerade die *Ungleichheit* der Menschen in Voraussetzungen, Leistung und Ergebnis – rü-

---

121 „Dass Gerechtigkeit dem Wert der Gleichheit aufruht, ist denn auch eine in der politischen Philosophie weit verbreitete Auffassung: Dass Menschen ungleich behandelt werden, scheint von jeher das korrektive Verlangen nach Gerechtigkeit zu speisen, das Verlangen, solcher Ungleichheit ein Ende zu setzen" (Forst 2005: 26). Dabei sei die inhaltliche Frage ‚gleich' in welcher Hinsicht bzw. „Equality of what?" (a.a.O.) unbestimmt. Es käme dann auf die Dimension an, auf der Gleichbehandlung stattfinden soll. Dies unterliege jedoch der politischen Setzung, die von Zeit zu Zeit unterschiedlich ausfallen kann. Forst kommt zu dem Schluß, „(...) dass die erste Frage der Gerechtigkeit die Frage der Macht ist" (ebd.).

122 Der zweite Armutsbericht der Bundesregierung spricht von „Schaffung von Befähigungsgerechtigkeit" und „Schaffung von Zugangsgerechtigkeit" (Deutscher Bundestag 2005: 14).

cken als Werte an die Spitze. Als Voraussetzung für ,Teilhabe', des neuen Bezugspunktes von ,Gerechtigkeit', werden nicht mehr materiale Ressourcen gesehen, sondern primär immaterielle: Wissen, Motivation, Leistungsbereitschaft und eine unternehmerischen Haltung. Durchgängig wird schließlich ,Bildung' als ihre Quelle ausgemacht. *,Solidarität'* vereindeutigt Roman Herzog folgendermaßen:

> „Wäre es nicht ein Ziel, eine Gesellschaft der Selbständigkeit anzustreben, in der der Einzelne mehr Verantwortung für sich und andere trägt, und in der er das nicht als Last, sondern als Chance begreift?" (Herzog 1997).

Die Aufforderung zu (mehr) ,Solidarität' kehrt ein früheres Verständnis des Begriffes um und wehrt so Unterstützungsansprüche des Einzelnen an die ,Solidargemeinschaft' ab. ,Verantwortung' erhält die Bedeutung von *Eigenverantwortung* und zugleich *Gemeinsinn*. ,Solidarität' wäre als Leistung nicht seitens des Individuums von der Gemeinschaft zu erwarten, vielmehr von ihm für die Gemeinschaft zu erbringen. Schröder/Blair konkretisieren schließlich *,Freiheit'* als ,einwandfreies Spiel der Marktkräfte' und ,Flexibilität' der Märkte (s.o.): ,Freiheit' ist wirtschaftsliberal als ,Freiheit des Erwirtschaftens maximalen Profits' entworfen. Der ,freie' Bürger ist demnach ein ,Unternehmer' (und sei er ein ,Arbeitskraftunternehmer', in zugespitzter Form der ,Agenda 2010' eine ,Ich-AG').

Sozialstaatliche Operationen: Eine Sozialstaatsreform, so Bundeskanzler Gerhard Schröder in einer Regierungserklärung von 2003, bedeute eine Verringerung der Zahlungen des Staates an Betroffene:

> „Wir werden Leistungen des Staates kürzen, Eigenverantwortung fördern und mehr Eigenleistung von jedem Einzelnen abfordern müssen" (Schröder 2003: 2479). Dabei gehe es nicht um den Abbau des Sozialstaates, sondern „(...) ausschließlich darum, die Substanz des Sozialstaates zu erhalten" (a.a.O.: 2481).

Staatliche Sicherung soll zurückgefahren und als Eigenleistung und -verantwortung an die Individuen delegiert werden. Der Erhalt des Sozialstaates (*durch* die Bürger) erhält Vorrang vor der Leistung des Sozialstaates (*für* die Bürger). Seine Rolle wird umdefiniert:

> „Der Staat muß die Beschäftigung aktiv fördern und nicht nur passiver Versorger der Opfer wirtschaftlichen Versagens sein" (Schröder/Blair 1999: 894). „Für unsere Gesellschaften besteht der Imperativ der sozialen Gerechtigkeit aus mehr als der Verteilung von Geld" (ebd.); und: „Moderne Sozialdemokraten wollen das Sicherheitsnetz aus Ansprüchen in ein Sprungbrett in die Eigenverantwortung umwandeln" (ebd.).

Zentraler modus operandi des Sozialstaats ist damit ein Katapultieren („Sprungbrett“) Ausgeschlossener (zurück) in den Arbeitsmarkt. Die Leistung des *aktivierenden* (nicht mehr: *alimentierenden*) Sozialstaats zielt nicht auf *De*kommodifizierung (vgl. Esping-Andersen 1990), sondern auf *Re*kommodifizierung. Anstelle von Versorgung von einer Exklusion vom Arbeitsmarkt Betroffener wird deren Befähigung zum Wiedereintritt in berufliche Tätigkeit priorisiert – als Angebot, zugleich aber auch als Aufforderung an die Betroffenen (s.u.). Die Funktionsbeschreibung des Sozialstaats pendelt von einer Leistung für von existenziellen Krisen Betroffene zu einer Versorgung der Wirtschaft mit Arbeitskräften. Geplant werden ferner Reformen der Sozialbürokratie:

> „Der öffentliche Dienst muß den Bürgern tatsächlich dienen: Wir werden daher nicht zögern, Effizienz-, Wettbewerbs- und Leistungsdenken einzuführen“ (Schröder/Blair 1999: 889); „Innerhalb des öffentlichen Sektors muß es darum gehen, Bürokratie auf allen Ebenen abzubauen, Leistungsziele zu formulieren, die Qualität öffentlicher Dienste rigoros zu überwachen und schlechte Leistungen auszumerzen [sic!]“ (a.a.O. S. 890).

Hier wird deutlich eine Verwaltungsreform im Sinne der Neuen Steuerung angekündigt[123]. Eine Ökonomisierung der Verwaltung wird als Reformziel projektiert und das ganze Reformprojekt mit betriebswirtschaftlichen Logiken begründet.

Zum neoliberalen ‚Risiko-' und Idealbürger: Ein solches Sozialstaatsmodell setzt den idealen Bürger als selbständigen, eigenverantwortlichen, aktiven und erfolgreichen, sich selbst und möglichst andere versorgenden Unternehmer voraus, also einen, der über das o.g. Spektrum von ‚Kompetenzen‘ verfügt. Wie wird dem entgegen die potentielle Sozialstaats-Klientel konstruiert, die Empfänger sozialstaatlicher Leistungen? Als besondere Herausforderung und Risikogruppe (‚at-risk-families‘) werden Arbeitslose bzw. ‚sozial Schwache' markiert (vgl. Bundesregierung 2005; vgl. OECD 2001, 2006.), deren Versorgung weiterhin zu den Aufgaben des Sozialstaats zählen muss. Hinzu kommen regelmäßig auch die Migranten, mindestens die, die auf staatliche Unterstützung angewiesen sind und für die der Verdacht der ‚Integrationsunwilligkeit' geäußert werden kann[124]. Zum

123 Auf die Neue Steuerung soll hier aus Platzgründen nicht eingegangen werden. Es sei lediglich gesagt, dass es sich um ein Modell der Umstrukturierung öffentlicher Verwaltung und deren Organisationen nach betriebswirtschaftlichem Muster handelt. Vgl. KGSt 1993; OECD 1995; Klausenitzer 2004, Radtke 2003, Bogumil/Jann 2009: 237ff.

124 Siehe zur Position der Bundesregierung zur Integration von Migranten den Nationalen Integrationsplan (Bundesregierung 2007), zur Problemkonstruktion der ‚Risikokandidaten' unter den Migranten dort insb. S. 13.

,Risiko' werden sie *für den Sozialstaat*, weil sie der Erwartung selbständiger Lösung von Problemen der (Markt-)Exklusion nicht entsprechen[125]. Die einen verweigern sich der Logik nach aus ,Faulheit', die anderen, weil Sie das Leben in einer ,Parallelgesellschaft', welche die Werte und Rechtsnormen der Bundesrepublik nicht anerkennt, einer ,Integration' vorziehen (vgl. Bundesregierung 2007, S. 13). Sie alle gilt es in der neuen Logik zu ,aktivieren':

> „Soziale Sicherheit folgt künftig dem Paradigma, die Menschen zu befähigen, flexibel auf die Herausforderungen der Dienstleistungs- und Wissensgesellschaft zu reagieren" (Deutscher Bundestag 2005, S. 146); „Die Bundesregierung hat diesen Politikansatz unter dem Begriffspaar ,Fördern und Fordern' zusammengefaßt. Dazu gehört in erster Linie der Ausbau von Bildungs-, Ausbildungs- und Weiterbildungsmöglichkeiten. Denn in der Dienstleistungs- und Wissensgesellschaft ist Mangel an Bildung eine wesentliche Ursache für geringe Teilhabe- und Verwirklichungschancen" (a.a.O.).

Neben einer Deregulierung (oder: Einführung) von Märkten zeigt sich hier – als Aktivität des ,aktivierenden', jetzt: *fördernden* Sozialstaats – das Angebot von ,Bildung'. Damit wird die Bearbeitung unterschiedlicher sozialer Probleme wesentlich an das Erziehungssystem und die Betroffenen selbst delegiert. ,Fördern' meint dann wesentlich die Bereitstellung von Erziehungsmaßnahmen bzw. Selbstbildungsangeboten, die auf selbständigen und eigenverantwortlichen Erwerb von Kompetenzen abzielen. Letzteres wird *gefordert*:

> „Eine neue Politik mit dem Ziel, arbeitslosen Menschen Arbeitsplätze und Ausbildung anzubieten, ist eine sozialdemokratische Priorität – wir erwarten aber auch, daß jeder die ihm gebotenen Chancen annimmt" (Schröder/Blair a.a.O.: 894); „Niemandem (...) wird künftig gestattet sein, sich zulasten der Gemeinschaft zurückzulehnen. Wer zumutbare Arbeit ablehnt (...) der wird mit Sanktionen rechnen müssen" (Schröder 2003: 2485).

Zeiten der Arbeitslosigkeit wären dann Zeiten eigenständiger Weiterqualifikation zur Erreichung von Marktgängigkeit (vgl. Schröder/Blair a.a.O.: 894). ,Bildung' gilt als Voraussetzung der selbständigen, eigenverantwortlichen (Re-)Integration in den Arbeitsmarkt und ,Angebote' und ,Chancen' müssen dann – eine sanktionsbewährte Forderung – auch ergriffen werden. Eine solche Umstellung des Sozialstaatskompromisses kann zu Akzeptanzproblemen in der Bevölkerung führen, die Roman Herzog durchaus voraussah:

> „Wir fordern Freiheit – aber was ist, wenn die Bürger ihre Freiheit als kalt empfinden und statt dessen auf die Geborgenheit staatlicher Für- und Vorsorge setzen?" (Herzog a.a.O.).

---

125 Für den Fall der Migranten hat Thomas Kunz die neoliberal-sozialpolitische Logik in der Figur einer ,Integrations-Ich-AG' nachgezeichnet (Kunz 2011).

Seine Antwort beinhaltet eine Nicht-Zuständigkeitserklärung der Politik und eine Delegation an das Erziehungssystem:

> „Diese Frage läßt sich nicht mit dem Federstrich eines Gesetzestextes beantworten. Wir müssen also tiefer ansetzen: bei unserer Jugend, bei dem, was wir mit unserem Erziehungs- und Bildungssystem vermitteln. Wir müssen unsere Jugend auf die Freiheit vorbereiten, sie fähig machen, mit ihr umzugehen. Ich ermutige zu mehr Selbstverantwortung, damit unsere jungen Menschen Freiheit als Gewinn und nicht als Last empfinden. Freiheit ist das Schwungrad für Dynamik und Veränderung. Wenn es uns gelingt, das zu vermitteln, haben wir den Schlüssel der Zukunft in der Hand“ (Herzog a.a.O.).

Erziehung soll der Jugend die gewünschte Einstellung zu einem Leben in der skizzierten Gesellschaftsordnung vermitteln. Auf dem Wege der pädagogischen Persönlichkeitsformung sollen Ressentiments gegenüber dem Umbau des Sozialstaates abgebaut werden. Komplementär dazu ergeht eine Absage an den ‚aktiven' Sozialstaat und dessen Menschenbild:

> „Welche Leitbilder geben wir ihnen [den „jungen Menschen“, MK]? Das Leitbild des ewig irritierten, ewig verzweifelten Versorgungsbürgers kann es doch wahrhaftig nicht sein“ (a.a.O.).

Das disqualifiziert den ‚aktiven' Sozialstaat und sein Bürgerideal. Ein solches Gesellschaftsmodell und derartig passive, hilfsbedürftige Bürger können kaum mit der neoliberalen Zielvision konkurrieren. Stattdessen wiederholt sich, einem Mantra gleich, die Forderung nach der Herstellung bestimmter ‚Kompetenzen': *Selbständigkeit, Eigenverantwortung* und *Unternehmergeist.*

Zusammenfassung: Wirtschaft und Politik bearbeiten unterschiedliche, je spezifische Bezugsprobleme. Das Phänomen des Wandels von der ‚Industriegesellschaft' hin zu einer ‚Wissens-' oder ‚Dienstleistungsgesellschaft' zugrunde gelegt entstehen unterschiedliche Problembeschreibungen. Gegenwärtig verdichten sich jeweilige Darstellungen und zentrale Lösungsansätze jedoch erstaunlich einstimmig und verweisen schließlich (Lösungsansatz) auf ‚Bildung', eine Formel, mit der die Forderung nach Herstellung spezifischer Qualifikationen und Persönlichkeitsmerkmale an das Erziehungssystem, letztlich an die Individuen selbst delegiert wird.

Für die *Wirtschaft* erhält ‚Wandel' v.a. zwei problemauslösende Konnotationen: Eine Globalisierung von Märkten führt zu verstärktem Konkurrenzdruck. Verschärfend wird ein Mangel an qualifizierten Fachkräften markiert. Auf nationaler Ebene gilt der demographische Wandel als zusätzlicher Krisenerzeuger. Geringe Geburtenraten führen zu einem schrumpfen des Arbeitskräftepools, vorhandene Arbeitskräfte gelten als nicht angemessen qualifiziert, so dass Arbeitslosigkeit parallel zu Arbeitskräftemangel existiert. Neben Rationalisierungsmaßnahmen in Form bspw. von *Outsourcing* und einer grundsätzlichen Umstrukturierung des Arbeitsmarktes gilt insb. eine *laufende Anpassung und Qualifizierung von (künftigen) Erwerbspersonen an die Erfordernisse der Wirtschaft* als Lösungsansatz. Die Formel vom ‚Lebenslangen Lernen' erhält damit die Bedeutung einer ständigen, im frühen Alter beginnenden, an wirtschaftlicher Nachfrage orientierten, adaptiven Berufsqualifikation von Menschen, die in dieser Optik vorrangig ‚Humankapital' sind. In den Angeboten des Erziehungssystems soll das Individuum lebenslang *Kompetenzen* erwerben (instrumentelle, soziale, autonome, lernmethodische), wodurch es als ständig abrufbares, adaptives Wesen fingiert wird, das sich beliebigen Markterwartungen anpasst; ein ‚unternehmerisches Selbst'. Gefordert wird eine Reform des Erziehungssystems, die Berufsorientierung und Effizienzsteigerung zum Ziel hat.

Aus der Optik der *Sozialpolitik* stellt sich ‚Wandel' als fortgesetzte Zunahme von Bezugsberechtigten sozialer Sicherung (Arbeitslose, Rentner) bei zugleich anhaltendem Schrumpfen der Gruppe der Einzahlenden in Sozialkassen dar. Als Strukturkrise markiert führte dies zu einer semantischen und strukturellen Umstellung des Sozialstaatskompromisses, der Relation von Politik, Wirtschaft und privaten Haushalten.

Bezugsprobleme sind hier nicht Profitmaximierung und Herstellung von Konkurrenzfähigkeit, sondern die Bearbeitung der Aufgaben von Integration, Risikoabsicherung, Arbeitskraftregulierung, Qualifikation, und über allem: der Herstellung einer Vorstellung von Gerechtigkeit.

Die Lösungsrichtung wird markiert durch die Prinzipien *Liberalisierung*, *Deregulierung* und *Individualisierung*. Liberalisierung als Einführung von Marktlogiken und -mechanismen; Deregulierung als Rücknahme staatlicher Reglements von – auf diese Weise frei gesetzten oder inszenierten – (Quasi-)Märkten; Individualisierung als Zuschreibung von Verantwortung an die Individuen. Das meint die erfolgreiche Teilnahme am Markt und *Gerechtigkeit* meint nun deren gleiche Ermöglichung für alle Bürger: ‚Teilhabegerechtigkeit'. Exklusionsrisiken werden konsequent bearbeitet mit einer (angenommenen) Steigerung der Teilhabechancen und die liegen in einer ‚Wissensgesellschaft' vorrangig, so die Argumentation, in der personalen (Selbst-)Qualifikation. Möglichkeiten hierzu gilt es *anzubieten*, zugleich aber die Nutzung des Angebotes auch *einzufordern*, als kontinuierliche Anpassung der Individuen an Wirtschaftsanforderungen, kontinuierliche Herstellung von Marktgängigkeit in einem Prozess – erneut – lebenslangen Lernens.

So verweist auch der zentrale Lösungsansatz der Sozialpolitik letztlich auf die Formel der ‚Bildung'. ‚Bildung' ermögliche ‚Teilhabe' und sei damit die Stellschraube zur Herstellung von ‚Gerechtigkeit'. Die Lösung bestehender Sozialstaatsprobleme wird damit wesentlich auf das Erziehungssystem verlagert. Die Bereitstellung von ‚Bildung' gilt als Investition in Selbsthilfepotentiale (Bearbeitung von Exklusionsrisiken) und dient zugleich der Optimierung wirtschaftlicher Leistung (Qualifikationsfunktion).

Auch die Sozialpolitik fordert von den Individuen die Fähigkeiten zu Freiheit, Selbständigkeit, Eigenverantwortung, Unternehmergeist. Vor den Bezugsproblemen eines Sozialstaats erhalten sie jedoch, verglichen mit der Wirtschaft, eine unterschiedliche Bedeutung. Angestrebt ist eine Person, die sich selbständig und eigenverantwortlich ihre Existenz sichern kann, daher keiner staatlichen Unterstützung bedarf, die sich letztlich selbst in gesellschaftliche Systeme – v.a. die Wirtschaft – integriert und Exklusionsrisiken eigenverantwortlich und solidarisch entgegenarbeitet: Ein *unabhängiger Zivilbürger* bzw. ein „Effective Citizen" (Kommission Sozialpädagogik 2011).

Erkennbar zentrieren sich die Lösungsansätze liberaler Sozialpolitik um die Herstellung von Erwerbsfähigkeit und die Bereitstellung qualifizierten Personals für die Wirtschaft. Das ‚Heil' der – gerade von Exklusion bedrohten – Bevölkerung wird in der Herstellung ihrer Marktgängigkeit gesehen, marktgerechtes Verhalten ihrerseits erwartet. Materiale Leistungen gelten nicht als Alimentation oder Subvention, vielmehr als *Investition*. Eine Logik der Verwaltung/Bürokratie wird abgelöst durch Unternehmens- und Effizienzlogik, Leistungs- und Output-Orientierung erhält Vorrang vor bürokratischer top-down- oder Input-Steuerung (Radtke 2009; Bellmann 2006). Wettbewerbsdenken soll in die Organisationen des Sozialstaats Einzug halten. Die Semantiken und Logiken gegenwärtiger Sozialpolitik sind weitgehend wirtschaftliche, man kann von einer *Ökonomisierung* der gegenwärtigen deutschen Sozialpolitik sprechen.

Bei der Neuausrichtung der Sozialpolitik handelt es sich um die *Implementation betriebswirtschaftlicher Logik* in einen (nach wie vor) *politisch* zu verantwortenden Bereich. Es geht dabei operativ nicht um Profit, vielmehr um die Erfüllung sozialstaatlicher Aufgaben. Was aber eindringlich verordnet wird (und stattfindet) ist eine Umstrukturierung öffentlicher Verwaltung analog wirtschaftlicher Unternehmen. Eine solche Durchsetzung betriebswirtschaftlicher Instrumente, Prozesse, Strukturen und Semantiken in bislang wirtschaftsfremden Bereichen ist als ‚Privatisierung' (Klausenitzer 2004), bzw. ‚Ökonomisierung' (Pongratz 2004; Lohmann 2010; Radtke 2009) bezeichnet worden. Thomas Höhne etwa hat von „(…) ‚Ökonomisierung' als semantische[r] Expansion ökonomischer Topoi, Argumentationen usw. in Bereichen wie Bildung, Kultur usw." gesprochen (Höhne 2003: 229). Die gezeichnete Umgewichtung der Steuerungsinstrumente kann als ‚Ökonomisierung' beschrieben werden, oder, komplementär,

als ‚Entpolitisierung', als Umstellung bürokratischer Steuerung auf Qualitätsmanagement und *Output-Steuerung*.
Nach ähnlichen Phänomenen soll nun anschließend in aktuellen elementarpädagogischen Textproduktionen gesucht werden. Beide hier gewählten Texte sind nach 2000 entstanden, beide können für sich beanspruchen, Bekanntheit in der Profession der Kindergartenerziehung errungen zu haben. Im ersten Falle, dem ‚neuen Situationsansatz', handelt es sich um ein theoretisches Konzept eines wissenschaftlichen Instituts. Im zweiten um ein Modell, eine Selbstdarstellung eines in Berlin ansässigen privaten pädagogischen Trägers: der ‚KLAX-Gruppe'. Beide werden im Folgenden kategorienbasiert analysiert.

7.4 Das Kleine Handbuch zum Situationsansatz

Im Jahre 2000 erschien das „kleine Handbuch zum Situationsansatz", 2006 in zweiter Auflage (Zimmer 2006). Diese bildet den Text für die anschließende Analyse. Auf dem Umschlag kann man lesen:

> „Das kleine Handbuch stellt das Gesamtkonzept des Situationsansatzes vor: die philosophischen, gesellschaftlichen und geschichtlichen Hintergründe sowie seine internationale Dimension. Die Prinzipien werden so dargestellt, dass sie unmittelbar in die pädagogische Arbeit umgesetzt werden können" (Zimmer 2006, Umschlagtext).

Der Situationsansatz beansprucht, pädagogische Anleitung zu bieten, die sich bruchlos in die Praxis umsetzen lässt. Der neunzigseitige Text lässt sich als theoretischer Ansatz einordnen, der aus Arbeiten eines wissenschaftlichen Instituts (INA – Internationale Akademie für innovative Pädagogik, Psychologie und Ökonomie gGmbH, angesiedelt an der FU Berlin) seit 1994 hervorgegangen ist.

„Andere Zeiten – andere Werte; Autonomie, Solidarität, Kompetenz": Mit dieser Kapitelüberschrift (Zimmer 2006: 14) wird das ‚Kleine Handbuch' inhaltlich eröffnet. Deklariert wird ein Wandel des normativen Bezugsrahmens des vom ‚Curriculum Soziales Lernen' (Kap. 6.4) abstammenden ‚Situationsansatzes', abhängig von einem Wandel des Zeitgeistes. Das betrifft auch die zu bearbeitenden ‚Schlüsselsituationen'. Erfahrungen in Slums, so schreibt Zimmer an anderer Stelle,

> „(…) brachte[n] mich auf die Idee für eine neue Richtung: die Verbindung von Ökonomie und Pädagogik im Sinne des Unternehmertums von unten. Wenn kein Arbeitsplatz da ist, muß man sich selbst einen schaffen" (Zimmer 1996: 24).

Diese Idee trifft eigentümlich die Lage der Kindertagesstätten, die in den neunziger Jahren gerade in den neuen Bundesländern in großem Umfang vor der Schließung standen[126]. Als Lösung zeichnet der Text „erste Konturen künftiger Kitas“ (Zimmer 2006: 20f.), die „Leitsätze des Marketing gegenüber Eltern“ (ebd.: 21) formulieren: Flexibilität, Heimservice, Erziehungsberatung, Hotelservice, Tagesmutterservice, „Familienurlaub in der Kita“, „Frauenstammtisch“, Wochenendangebote (ebd.). Darüber hinaus: „Essensservice für alte Leute“ (ebd.), ambulante Dienste etc. „Sonderleistungen ermöglichen Sonderverdienste“ (ebd.). Propagiert werden Profilbildung, Marktorientierung, Evaluation. Verwaltungsvorschriften wirken störend (a.a.O.: 22), plädiert wird für eine Deregulierung kommunaler Einrichtungen. Die „neu erfundene“ Kita (a.a.O.: 20) wird entworfen als Wirtschaftsunternehmen, das profitorientiert nach betriebswirtschaftlicher Logik operiert.

7.4.1 Normative Kategorien:

Gesellschaftsbeschreibung: Die nahe Zukunft der Gesellschaften Europas im Jahre 2020 (a.a.O.: 23ff.) wird in einem veritablen Krisenszenario dargestellt, dessen Kern die Frage wirtschaftlichen Erfolges oder Misserfolges bildet.

> „Unter den Bedingungen des Weltmarktes ist es sehr wahrscheinlich, dass bisher reiche Länder abspecken und immer mehr bisher arme Länder zu relativem Wohlstand gelangen“ (a.a.O.: 14); „Im Jahr 2020 geht es – wenn wir nicht bald zur Besinnung kommen – bescheiden zu im alten Europa. Die Kita-Kinder von heute, dann zwischen zwanzig und dreißig Jahre alt, kennen die Zeiten des Überflusses möglicherweise noch aus Erzählungen“ (a.a.O.: 23).

Der Weltmarkt löse eine globale Umverteilung von Reichtum aus. Armut erscheint als reale Drohung. Das „wirtschaftliche Zentrum“ (a.a.O.: 23) der Welt verlagere sich von Europa in Entwicklungs- oder Schwellenländer. Die Stärken dieser Regionen: „Der Süden produziert preiswerter“ (ebd.), v.a. gebe es dort keine Lohnnebenkosten und nach europäischem Massstab niedrige Löhne seien dort „Hochlöhne“ (ebd.) angesichts niedriger Preise. Ein weiterer Punkt,

> „(…) und das ist entscheidend: Während in Asien und zunehmend auch in anderen Ländern des Südens eine Kultur unternehmerischen Handelns wirksam wird, werden bei uns antiökonomische Affekte gepflegt, Klagemauern errichtet, hängen nicht mehr wettbewerbsfähige Industrien am Tropf öffentlicher Subventionen, rufen Nieten in Nadelstreifen nach staatlicher Unterstützung, wenn ihnen die unternehmerischen Visionen abhanden gekommen sind und die Imperien wanken“ (a.a.O.: 23).

126 „Die Schlüsselsituation heißt ‚drohende Schließung der Kita‘, und die Antwort lautet: auf die eigenen Füße fallen“ (Zimmer 2006: 11).

,Wirtschaftskritische Affekte', eine ,Einstellung des Klagens' und regulierende Eingriffe des Staates in die Wirtschaft werden als Kern gegenwärtiger und künftiger Krisen markiert. Politische Steuerung wird mit ,Bürokratie' gleichgesetzt und abgelehnt.

> „In Brüssel lebt ein enormer bürokratischer Wasserkopf davon, bis ins kleinste Detail festzulegen, was alles nicht oder nur bei Strafe hoher Zölle an Waren nach Europa herein darf" (a.a.O.: 23).

Langfristig werde eine solche Politik zum Fass ohne Boden. Es folge der Untergang nicht mehr öffentlich finanzierbarer Industrien, schließlich Massenarbeitslosigkeit (a.a.O.: 24). Die Gesellschaft werde sich zur „Drei-Drittel-Gesellschaft" (ebd.) stratifizieren, wobei das untere Drittel an oder jenseits der Armutsgrenze lebe, das mittlere Drittel in ständiger Abstiegsangst, während sich die Spitze der Erfolgreichen „vom öffentlichen Elend abseilen [wird]" (a.a.O.: 24). Gezeichnet wird eine Vision von Armut, sozialer Ungleichheit und Desintegration.

> „Dies alles wird so kommen, wenn wir nicht eine Wende großen Stils einleiten und nicht nur lernen, auf die eigenen Füße zu fallen und Unternehmergeist zu entwickeln, sondern auch lernen, in intelligenter Bescheidenheit zu leben (...)" (a.a.O.: 24).

Erziehung wird als Lösung des Problems propagiert, als vorbeugende Bearbeitung der heraufdämmernden Gesellschaftskrise auf dem Wege der Formung der Individuen zu marktgängigen, zugleich „bescheidenen" Unternehmern.

Bild vom Kind: Das Kind erscheint als doppelt relationiertes Konstrukt, das jenseits der Perspektive eines Beobachters nicht objektiv bestimmt werden kann:

> „Wenn gefragt wird: ,Welches Bild vom Kind haben Sie?', könnte man zurückfragen: ,Welche Wirklichkeit bieten Sie?' ,Das' Kind gibt es nicht" (a.a.O.: 27); „Wie ich das Kind *vor* mir erlebe, hängt auch damit zusammen, wie ich mit dem Kind *in* mir zu Rande komme (...)" (ebd., Herv. i. Orig.).

Was das Kind sei, hänge davon ab, was man in ihm sehe. Inhaltliche Rückgriffe auf z.B. psychologische Theorien zur Spezifizierung des Adressaten finden im Entwurf nicht statt. Das bedeutet nicht, dass darüber gar keine Aussagen getroffen würden. Kinder seien nicht „Objekte", sondern „Subjekte" und das stimme mit

> „(...) aktuellen (...) Erkenntnissen der Kindheitsforschung überein: Kinder verfügen über Möglichkeiten, ihre Entwicklung selbst zu steuern, den aktiven Part im alltäglichen Tun zu übernehmen (...)" (a.a.O.: 18); „Kinder sind neugierig und wissbegierig. Sie können, wenn sie nicht apathisch gemacht wurden, einen lang anhaltenden Fimmel entwickeln, (...) mit Fantasie hinderliche Fesseln sprengen und Neues erfinden" (a.a.O.: 19).

Die neuere Kindheitsforschung erfährt eine Erwähnung in der Rolle als stützendes Element der Argumentation, inhaltlich werden ihre Befunde aber nicht erörtert. Die anschließenden Ausführungen können stattdessen beinahe als ‚traditionelle' (reform)pädagogische Semantik bezeichnet werden. Das Kind gilt demnach als aktiv, selbständig und selbstgesteuert sich entwickelndes Wesen. Kinder befänden sich demnach in einer ständigen, eigenaktiven, forschenden, entdeckenden und experimentierenden Auseinandersetzung mit ihrer Umwelt, die sich bis zur Besessenheit, zum „Fimmel" steigern kann. Dies nicht aufgrund äußerer (pädagogischer?) Einwirkung (die „apathisch" machen könne), vielmehr als Folge intrinsischer Motivation.

Das beschreibt das Kind in seiner *Aneignungsfähigkeit.* Die *Defizitbeschreibung* charakterisiert das Kind als „Masters-of-the-Universe-, Turtles- oder Nintendo-fixiert" (a.a.O.: 17), damit pejorativ als *Konsumkind.* Hätten Kinder in früheren Zeiten für eine Mahlzeit einen Energieaufwand analog eines Fußmarsches von 15 Kilometern erbringen müssen (ebd.), fänden sie heute prallgefüllte Kühlschränke vor und erhielten, indem sie die Eltern „nerven" (ebd.), großzügig Geld, um ihren Konsumdrang ausgiebig zu befriedigen. „Bedürfnisaufschub" (a.a.O.: 18) seien diese Kinder nicht gewohnt; aber: „Verwöhnte Kinder sind für schwierige Zeiten schlecht gerüstet" (ebd.). Mit der „mitteleuropäischen Inszenierung von Kindheit" (ebd.) ginge *Unterforderung* einher, die durch eine „fordernde" (sic!) Haltung zu ersetzen sei (ebd.). Die Konstruktion des Adressaten lässt sich damit zusammenfassen im Bild eines verwöhnten, unterforderten, ggf. auch durch Erwachsene und Konsum gehemmten Entdeckers und Forschers[127], der zivilisatorisch wider seine Natur überformt und dessen Leistungswille missachtet wird. Der ‚Situationsansatz' erscheint als eine *aktivierende* Pädagogik, der ein Wille, gar Bedürfnis des Kindes nach Aktivität entspricht.

Analog dem skizzierten gesellschaftlichen Problemszenario wird die Idealpersönlichkeit erzogener Individuen als „Entrepreneur" bzw. ‚Unternehmer von Unten'[128] benannt.

> „Ein Entrepreneur ist ein Habenichts, der eine Vision entwickelt, sie im Markt umsetzt und dabei Geld verdient. Wichtig ist: Er/sie hat erst die Vision, die unternehmerische Idee, er/sie tüftelt an ihr, wird von ihr gepackt wie von einem Fieberanfall, entwickelt Beharrlichkeit in der Umsetzung, und erst dann kommt das Geld. Den Entrepreneuren sind die Ideen und ihre Umsetzung am Markt wichtig. Sie feilen an der Qualität der unternehmerischen Idee. Sie handeln nach dem Satz von Konfuzius: Es ist besser, ein Licht anzuzünden, als die Dunkelheit zu beklagen" (a.a.O.: 26).

127 Gerade die Semantiken des ‚Forschers' bzw. ‚Entdeckers' ziehen sich durch den gesamten Entwurf.

128 Vgl. auch: Faltin/Zimmer 1995.

Die Zielpersönlichkeit ist die eines Unternehmers, eine visionär-besessene, vielleicht liebenswert-spleenige, jedenfalls keine primär Profitmaximierung anstrebende Person. Im Konnex ‚Habenichts-Vision-Geldverdienen' erscheint Wohlstand für jeden (anfänglich Mittellosen) erreichbar und im Grunde nur von geeigneten Visionen und persönlichem Engagement abhängig[129]. Reichtum scheint erreichbar ohne materielle Voraussetzungen, die Umsetzbarkeit der Vision auf dem Markt wird vorausgesetzt. Der „Entrepreneur" hebt sich vom „Kapitalisten" ab, mit „dem dicken Geld", der „Schrott" produziere und Leute „übers Ohr" haue (ebd.). Er erscheint vielmehr als verantwortungsvoll und moralisch handelnd, sein Faszinosum ist ihm wichtiger als der Profit. Er wirtschaftet ökologisch nachhaltig und schafft Arbeitsplätze für sich und andere (ebd.), ist damit nicht auf (öffentliche) Hilfe angewiesenen, zugleich solidarisch mit anderen (was ihn zum idealen Bürger des neoliberalen Sozialstaats macht). Ebenso ‚feilen' Entrepreneure an der Qualität ihrer Produkte. Höchstqualität entspricht ihrem ‚Fimmel', zugleich aber auch ihrem sozial-unternehmerischem Ethos. Ein Entrepreneur „beklagt" ferner „die Dunkelheit nicht" – m.a.W.: seine schlechte ökonomische Ausgangslage (ein „Habenichts"). Er wird stattdessen selbständig und problemlösend aktiv („zündet ein Licht an"), hat Spaß dabei („Fimmel") und wandelt sein Nichts-Haben in Reichtum um. Die Kunstfigur des ‚Entrepreneurs' zeichnet einen Optimisten, der selbständige und selbstverantwortliche Lebensführung, Geld-Verdienen, Spaß-Haben, ökologische und soziale Verantwortung sowie ethisch-moralische Vorstellungen von ‚fairem' und solidarischem Handeln in der Gesellschaft und Höchstqualität seiner Produkte als Leitlinien in seiner Person vereint.

Pädagogische Abgrenzung: Die institutionelle und pädagogische Abgrenzung des Situationsansatzes kann an dieser Stelle kurz gefasst werden: Es handelt sich auch gegenwärtig um dieselben Argumente, die bereits 1973 angeführt wurden (vgl. Kap. 6.4.1). Eine Wissensvermittlung ohne realen Bezug auf die Alltagsprobleme der Kinder wird abgelehnt (a.a.O.: 38), ferner die heteronome Abrufbarkeit von Wissen (ebd.). Gefordert wird ‚Dialog' statt Vermittlung oder Anweisung (ebd.) sowie „sachbezogenes Lernen (…) innerhalb (…) sozialer Zusammenhänge (…)" (a.a.O.: 39). *Institutionell* wiederholt sich der Gedanke, Kinder nicht „im Käfig" (a.a.O.: 28) der Organisation einzusperren (a.a.O.: 28), sie zugleich aber auch nicht – entgrenzend – „der Straße" auszuliefern (a.a.O.: 29) bzw. dem „freien Spiel der Kräfte" zu überlassen (ebd.). Ferner die Abgrenzung zu „Funktionstrainingsprogrammen" (a.a.O.: 39), sowie die Kritik am „wissenschaftsorientierten" Ansatz, dessen Abstraktionen keine adäquaten Antworten auf Alltagsprobleme böten.

129 Vgl. hierzu die einschlägigen Beispiele etwa in Zimmer 1996, Faltin/Zimmer 1995.

7.4.2 Operative Kategorien:

Methoden / Prozesse: Pädagogische Maßnahmen und Abläufe werden beschrieben in den „vier Schritte[n] des Situationsansatzes“: 1) der Situationsanalyse, dem ‚Aufspüren‘ einer Situation. 2) der Frage,

> „(…) welche Anforderungen die Situation an Kinder stellt, welche Qualifikationen von Bedeutung sind, um in ihr handlungsfähig zu werden. (…) Der zweite Schritt besteht mithin in der Formulierung von Zielen: Welche Fähigkeiten (…) sind wünschenswert? Was wollen wir erreichen? Wohin soll die Reise gehen?“ (a.a.O.: 28).

Ferner der Frage (3):

> „Durch welche Aktivitäten, durch welche Lernerfahrungen lassen sich diese Qualifikationen fördern und Kompetenzen erwerben?“ (ebd.).

Hierzu seien „(…) viele pädagogische Einfälle gefragt“ (ebd.), d.h. Maßnahmen resultieren aus der Planung durch die Fachkräfte. Schließlich 4):

> „Im vierten Schritt geht es darum, Erfahrungen auszuwerten und zu überlegen, wie es weitergehen könnte“ (ebd.).

Diese Prozessdarstellung liest sich vergleichbar einem *Projekt- bzw. Qualitätsmanagement-Konzept*: Die ‚Situationsanalyse‘ (1) kann als ‚Bedarfsfeststellung‘ gesehen werden. Die ‚Feststellung wünschenswerter Fähigkeiten‘ (2) entspräche einer Zieldefinition. Schritt (3) stellt Planung und Umsetzung pädagogischer Maßnahmen dar. Die ‚Auswertung von Erfahrungen‘ schließlich (4) entspricht der ‚Evaluation‘. Die Darstellung spiegelt nicht (mehr), wie im Entwurf einer ‚Curriculumentwicklung im Vorschulbereich‘ von 1973, *deliberative Prozesse* wider, vielmehr eine Organisation mittelfristiger pädagogischer Abläufe *analog betriebswirtschaftlichen Projektmanagements.*

Inhalte: Die Inhalte der Erziehung sollen ‚vom Kind aus‘ bestimmt werden, d.h. von seinen Alltagsproblemen her (a.a.O.: 27f.). Jedoch: Was eine ‚Situation‘ sei, liege in der Entscheidung der Erzieherin (a.a.O.: 29). Sie wird aufgefordert, die im alltäglichen Leben gegebene komplexe Vielfalt zu reduzieren und daraus Themen zu generieren (a.a.O.: 74).

> „Es sollen Situationen sein, innerhalb derer wichtige Ziele und Werte des Situationsansatzes – wie Autonomie, Kompetenz, Solidarität, ökologische Verantwortung, Unternehmergeist – gefördert werden können“ (ebd. : 75).

Alle genannten Formeln spiegeln exakt die gegenwärtigen Erwartungen liberaler Sozialpolitik (s.o.). Für die Orientierung der Praxis sind sie zu abstrakt. Ähnlich den im ‚Curriculum Soziales Lernen' präsentierten Beispielen (Kap. 6.4.2) werden aber auch im Entwurf von 2006 Projekte vorgeschlagen. Darin deuten sich inhaltliche Tendenzen pädagogischer Arbeit an.

> „Sie wissen auch nicht, was ein *lumbricus terrestris* ist? Die Erzieherin, von der hier die Rede ist, wusste es ebenfalls nicht, bis sie vom Anglerverein darüber aufgeklärt wurde, dass es sich beim Gemeinen Regenwurm, so heißt er auf Deutsch, um kein anglerfähiges Exemplar handelt, der Anglerverein vielmehr den aristokratischen Kanarischen Wurm haben wolle, der lebe länger am Haken. (...) Die Erzieherin als Wurmforscherin, ermuntert durch ihren vierzehnjährigen Sohn, einem Hobbyangler: Die Handlung besteht im Wesentlichen darin, dass die Erzieherin die Kinder anregt und von ihnen angeregt wird, 500 Würmer in einer angenehmen und nährstoffreichen Umgebung, einer Wurmkiste, zu motivieren, je Wurm 500 bis 600 Nachkommen zu erzeugen. Jeder Wurm lässt sich dann für 24 Pfennige an den Anglerverein verkaufen. Der Umstand, dass die beteiligten Kinder wie auch die Erzieherin vom Wurmfimmel befallen sind, reicht aus, um dem Pfad der Erkenntnis ganz von selbst zu folgen – in der Psychologie würde man sagen, intrinsisch statt extrinsisch motiviert – , ohne Kommandos. Und so bringen die Beteiligten auch in Erfahrung, wie man die nunmehr ausgewachsenen Würmer aus der Wurmkiste herausbringen kann, ohne die kleinen mitzufangen. Man nehme eine starke Lampe, platziere sie über der Kiste und warte ab, bis sich die ausgewachsenen Würmer in einem großen, bequem herausnehmbaren Knäuel zusammenrotten, während die kleinen, jungen Würmer weiterwuseln, als sei gar kein Licht da. Irgendwann mag es auch sein, dass die Kinder lieber mit dem Kleingärtnerverein verhandeln, um den Würmern ein längeres Leben zu ermöglichen, der Erkenntnis sind keine Grenzen gesetzt" (Zimmer a.a.O.: 72).

Der Inhalt des Projektes – Wurmzucht – entspringt explizit dem Interesse eines Kindes, hier des Sohnes der Erzieherin[130]. ‚Würmer' werden zum Lerngegenstand. Der erscheint derart spannend, dass es zu dem oben beschriebenen ‚Fimmel' kommt, jetzt dem „Wurmfimmel". Die Erzieherin kommandiert nicht, sie ‚regt die Kinder an' und ‚wird von den Kindern angeregt'; geradezu ein sich aufschaukelndes Wechselspiel zwangloser Erzeugung intrinsischer Motivation. Die Machtfreiheit der Projektsituation überträgt sich ferner auf den Gegenstand selbst, die Würmer. Sie leben – in diesem Falle nicht nur metaphorisch – wie die Maden im Speck, in einer Umgebung, die ihre physischen Bedürfnisse perfekt befriedigt. Die Würmer werden so zur Erzeugung von Nachkommen „motiviert". In Folge dessen bedarf es dann auch keiner Aufmerksamkeitserzeugung mehr,

130 Auffällig: ‚Würmer' werden zur ‚Situation' der Kindergartengruppe definiert, indem die Erzieherin ein Thema ihres Sohnes dort setzt. Der Inhalt entspringt so dem Interesse eines Kindes, nicht aber der Kinder, die dann damit konfrontiert werden. Tatsächlich scheint zunächst die Erzieherin vom ‚Wurmfimmel' gepackt zu werden.

alles läuft, dem „Fimmel" der Teilnehmenden geschuldet, von selbst ab. Disziplinprobleme erscheinen in der Skizze nicht. Den „Pfad der Erkenntnis" beschreitet man „ohne Kommandos".

Der Anlass des Projektes ist ein von einem Anglerverein angemeldeter Bedarf. Es besteht *Nachfrage* nach einem knappen Gut. Der Kindergarten macht sich zum *Anbieter*, womit ein Markt entsteht, auf dem ein Wurm mit ‚24 Pfennig' bepreist und damit kommodifiziert wird. Dass es zur Anschaffung der ersten 500 Würmer Kapital braucht, wird nicht weiter diskutiert – die Würmer sind scheinbar einfach da. Ab da versprechen sie jedoch exorbitante *Renditen*: Auf jeden Wurm kommen (mindestens) 500 Nachkommen, Stückwert 24 Pfennig. Wenn man immer eine komplette Generation zur weiteren Zucht behielte (und unter Absehung von Betriebs- und Investitionskosten) bestünde für den Kindergarten eine Renditeerwartung von 59.880.- DM! Der Kreis der Abnehmer bleibt nicht auf den Anglerverein beschränkt. Man könnte auch an Kleingärtner verkaufen – hier vor dem kindlich-moralischen Hintergrund, den Würmern ein Ende am Angelhaken zu ersparen. Weitere Bedarfe bei anderen Abnehmern werden ausgelotet, eine Markterweiterung. Die Kinder betreiben *Marketing*.

„Der Erkenntnis sind keine Grenzen gesetzt". Das bedeutet jedoch nicht, dass ‚grenzenlos' gelernt oder vermittelt würde; allenfalls, dass es bislang unbekannte Abnehmer der Ware geben könnte, die durch Markterweiterung als Kunden gewonnen werden könnten. Die Ertragssteigerungs- und Vermarktungsabsicht bestimmt das Lern-Angebot und seine Grenzen (Nährstoffreiche Umgebung herstellen, alte von jungen Würmern separieren, etc.). Über die begrenzte Wissensvermittlung zitiert Zimmer an anderer Stelle eine Erzieherin:

> „‚Das ist wie bei Ali Baba', hat eine Erzieherin einmal gesagt. ‚Du stehst vor dem Berg. In ihm ist das Wissen dieser Welt enthalten. Du klopfst mit deinen Kindern an die Tür. Die Tür öffnet sich. Ihr holt das Wissen heraus, das ihr braucht, und zwar nur das, und macht die Tür wieder zu. Bis zum nächsten Mal'" (Zimmer a.a.O.: 42).

Lernenswertes Wissen bleibt auf das beschränkt, was man *braucht*. In der Darstellung des Projekts Wurmzucht bestimmt sich das Wissensdesiderat am Erfolg des Projektes, der gelungenen Zucht und Vermarktung, demnach an ökonomischen Notwendigkeiten. Der Erkenntnis sind so potentiell ‚keine Grenzen gesetzt', wohl aber eine Richtschnur. Die inhaltliche Spezifikation des Zu-Lernenden entsteht durch die Absicht der Optimierung des ‚Ernteertrages'. Dadurch wird ‚wichtiges' von ‚unwichtigem' Wissen geschieden.

An anderer Stelle werden beispielhaft lateinamerikanische Kampagnen zur Alphabetisierung der Bevölkerung angeführt. Alphabetisatoren, die Dorfbewohner im peruanischen Hochland im Lesen und Schreiben unterrichten wollen, machen für ihre Lektionen die konkrete Lage (‚Situation') im Dorf zum Gegenstand.

„Dorfbewohner klagen über die schlechte Substanz ihrer Lehmhütten. Die Alphabetisatoren fragen, ob man etwas tun könne. Nein, antworten die Bewohner, tun könne man nichts. Oder vielleicht doch: die Regierung solle ihnen Geld geben, dann könnten sie bessere Häuser bauen lassen. Die Alphatbetisatoren sagen, die Regierung sei weit weg, Geld würden sie von ihr bestimmt nicht bekommen (...). Die Bewohner treffen sich weiter mit den Alphabetisatoren und entwickeln im Dialog Lösungen zum Thema *casa*, die nicht auf die Regierung im fernen Lima angewiesen sind: Einer baut aus selbst hergestellten Ziegelsteinen ein besseres Haus und alle, die später auch ein besseres Haus haben wollen, helfen ihm dabei. Danach hilft er wiederum bei den anderen mit, nach und nach kommt jeder so zu seinem Haus. (...) [Die Alphabetisatoren] bleiben nicht bei ersten Deutungen der Beteiligten stehen (,Die Regierung soll uns Geld geben'), sondern setzen den Dialog fort, sodass die Bewohner lernen, auf die eigene Kraft zu vertrauen (...)" (Zimmer a.a.O.: 30f.).

Das Beispiel spiegelt die Logik des ,aktivierenden' Sozialstaats (s.o.). Das Problem kann durchaus als sozialstaatliche Aufgabe gelten: Menschen leben in schlechten Häusern. Indessen vermitteln die Alphabetisatoren, dass vom Staat keine Hilfe zu erwarten sei. Sie formen stattessen die Einstellung der Menschen (,wir können nichts tun,) in ,Selbsthilfe' um: *Selber* Steine backen, *selber* ein Haus bauen, auf die Kräfte des sozialen Umfeldes setzen, selbst solidarisch das soziale Umfeld unterstützen. Die Pädagogen befähigen (und, insofern sie ihre Lösung als alternativlos darstellen: nötigen) die Menschen dazu, ihre Probleme *selbständig, eigenverantwortlich* und *solidarisch* zu lösen und nicht an den Staat zu delegieren.

Beide Beispiele schildern (mehr oder minder) utopische Szenen gelingender pädagogischer Projekte. Beide sind erkennbar neben der pädagogischen Absicht (Wissensvermittlung) noch weiteren Logiken verpflichtet: Die wurmzüchtende Kita zielt auf Profit, die Alphabetisierung auf selbständig problemlösende Bürger. Beide setzen jeweils ein gesellschaftliches Ideal in Szene: Das eines Betriebs bzw. das einer gelungenen Aktivierung der Bürger. Erziehung überschreitet – wie auch im Entwurf von 1973 – die Grenze von Vermittlungskommunikation. Nun aber nicht als (auch) politischer Akt, sondern als profitorientiertes *Wirtschaften* bzw. Beispiel *selbständiger, eigenverantwortlicher Existenzsicherung*.

Sozialstruktur: Am Beispiel des Projektes ,Wurmzucht' erscheint die *Gruppe* der Kinder analog der Belegschaft eines Betriebes. An anderer Stelle wird ,Gruppe' funktional eingesetzt hinsichtlich *demokratischer Selbstregulierung der Kinder* und zum Zweck einer *peer-education*. Zugleich wird *individuelle Förderung* propagiert. Es zeichnet sich ein prinzipielles Oszillieren zwischen Betonungen von ,Gruppe' und ,Individuum' ab. Letztlich scheint ,Gruppe' gegenüber einer priorisierten ,Individualität' eher in den Hintergrund zu treten.

„Die Kita als kleines Universum, als Gelände zur Einübung von eigengesteuerter Planung und Demokratie: Die Wünsche und Tätigkeiten der Kinder wollen aufeinander abgestimmt sein. Man braucht Plätze und Gelegenheiten, um solche Verhandlungen führen zu können,

> die Besprechungsecke zum Beispiel, in der Anja Sebastian fragen kann, warum er sie morgens gehauen hat. Hier können auch Projekte besprochen, Alternativen erörtert und erste Schritte eingeleitet werden. Regeln lassen sich aushandeln genauso wie gemeinnützige Sanktionen bei Regelverletzungen" (a.a.O.: 43).

Als „kleines Universum" zur „Einübung von Demokratie" wird der Kindergarten hier explizit als Abbild einer größeren Vergesellschaftungsform und zugleich als darauf vorbereitendes Labor entworfen. Interessenkonflikte fallen ebenso in die Zuständigkeit des demokratischen Gremiums der Kinder wie die Aufrechterhaltung von Disziplin. Sanktionen werden unter Zuschreibung von ‚Gemeinnützigkeit' akzeptabel gemacht. Letztlich sorgen die Kinder – Gleiche unter Gleichen – selbst für Ordnung, die Erzieherin tritt hier nicht in Erscheinung.

Unter dem Stichwort ‚Altersmischung' zeichnet Zimmer das Bild einer Lehr-Lern-Gemeinschaft der Kinder:

> „Die älteren Kinder wirken wie Lernlokomotiven, die jüngeren Kindern affektive, psychomotorische und kognitive Entwicklungsanreize bieten; die Kleinen lernen am Modell. Ältere Kinder übermitteln jüngeren Kenntnisse über Spiele, sie geben Auskünfte, (...). Oft sind ältere Kinder dabei geduldiger als Erwachsene (...)" (a.a.O.: 47).

Eine vermittelnde Pädagogin erscheint eher störend (‚ungeduldig'). Vermittelnde Einwirkung auf das Lernen von Kindern erfolgt wesentlich durch andere Kinder. Die Gruppe der Kinder erscheint als selbstregulierende, reziproke Lehr-Lern-Gemeinschaft. „Peer-education" (a.a.O.: 46) – Kinder erziehen sich gegenseitig.

Zugleich, neben den verschiedenen Funktionen von ‚Gruppe', gilt *Individualität* als Ideal:

> „Wichtig ist auch, individuelle Lernbedürfnisse im Gruppengeschehen zu erkennen und zu fördern. (...) Lieber zwanzig Talente individuell fördern. Keine Gleichmacherei anstreben wie: ‚wir sind alle vier Jahre alt, weil das dem Gruppendurchschnitt entspricht', sondern individueller Entfaltung Platz schaffen" (a.a.O.: 47). „Wir wollen kein *management by champignons*. Was damit gemeint ist? Der Begriff stammt aus der Ökonomie und bezeichnet ein Bild: Zwanzig Champignons wachsen vor sich hin, alle in gleicher Größe. Nun wächst einer etwas schneller, steckt seinen Kopf über die anderen Köpfe, sieht weiter und kommt auf neue Ideen. Was machen die anderen? Auch ein bisschen höher wachsen? Nein, sie hobeln so lange am Standbein unseres Champignons, bis er wieder unten angekommen ist" (ebd.).

Das Bild des „management by champignons" zeichnet eine wirtschaftsliberale Argumentationsfigur. Man setzt auf *individuelle* Höchstleistungen. Kompensatorischer Ausgleich („Gleichmacherei") wäre dann ein ‚Herunterziehen' herausragender Leistungsträger auf ein Mittelmaß. Dass schwächere Kinder von ‚ausgleichenden' Maßnahmen profitieren könnten, wird hier nicht abgebildet. Am Ende wäre eine Gruppe von Kindern auf höchst unterschiedlichem Niveau zu erwarten.

Dass einige Kinder hier stärker von pädagogischen Angeboten profitieren könnten als andere, wird nicht zum Problem einer nachsteuernden Pädagogik, die allen Kindern gleiche Lernerfolge ermöglichen will. Vielmehr gilt das marktliberale Ideal eines Wettbewerbs zwischen Ungleichen ebenfalls als (zu förderndes) *pädagogisches* Ideal. Die Logik ist nicht die einer ‚ausgleichenden Gerechtigkeit', vielmehr einer ‚Chancengerechtigkeit', analog der oben skizzierten liberalen Umstellung der sozialstaatlichen Gerechtigkeitssemantik.

Die pädagogische Fachkraft: Hinsichtlich der Aufgaben der Erzieherin zeichnet sich ein widersprüchliches und, wollte man es buchstäblich nehmen, überforderndes Bild.

> „Die Erzieherin im Situationsansatz: sie ist die Anregerin, die Entwicklungsbegleiterin, die Forscherin, die Moderatorin, die Mitlernende, die Neugierige, die zwischen Tradition und Innovation Balancierende, die Entdeckerin und die Kommunalpolitikerin" (Zimmer a.a.O.: 72).

Immer wieder oszillieren die Erwartungen an sie im Text zwischen Freiheit und Zwang, den Polen der pädagogischen Grundspannung. Die Erzieherin soll ‚Schlüsselsituationen' konstitutiv im Alltag erkennen, sie soll planen, sie soll pädagogische Angebote machen. Damit wäre eine hierarchische Vorrangstellung mindestens hinsichtlich eines Kompetenzvorsprungs, sicher auch aufgrund der organisierenden Funktion verbunden. *Andererseits* wird eine solche Hierarchie immer wieder eingeebnet, indem die Erzieherin in dieselbe Ausgangslage versetzt wird, in der die Kinder angenommen werden: Neugierig, forschend, sicher auch unwissend. Sie ist zugleich angehalten zu Aktivität, aber auch Passivität; zu wissendem und reflektiertem Erkennen aufgefordert (sie konstruiert schließlich ‚die Situation') und andererseits als Nicht-Wissende stilisiert; als voranschreitend, immer aber auch mit- und hinterherlaufend.

Eine klare Kontur ist in den widersprüchlichen Beschreibungen nicht zu gewinnen. Zu den *Aufgaben* einer Erzieherin gehört: ein „breites Feld des Experimentierens" erschließen (a.a.O.: 48); das „einzelne Kind im Blick haben" (a.a.O.: 49), seine „individuelle Lebensgeschichte" zur „Planungsgrundlage machen" (ebd.), was *Beobachtung und Dokumentation* (a.a.O.: 67) zu einer zentralen Tätigkeit erhebt. Sie soll ferner entwicklungspsychologische Kenntnisse erwerben, eine „Entwicklungspsychologie des Situationsansatzes" (ebd.) entwickeln. Schließlich zählt die Raumgestaltung (a.a.O.: 65ff.) zu ihren Aufgaben, auch dies in Abstimmung mit den Kindern und nicht eigenverantwortlich.

Pädagogisches Wirken beschränkt sich letztlich auf die Gestaltung der Rahmenbedingungen individueller Selbstaneignung. Die Erzieherin wird damit gezeichnet als *Anbieterin* vielfältiger Experimentier- und Lerngelegenheiten, die jedoch keinen *vermittelnden* Einfluss auf das Lernen der Kinder nimmt. Zugleich scheinen Aufgaben eines *Managers* auf (Planung, Beobachtung, Dokumentation), die hier aber noch unscharf bleiben. Die ‚KLAX-Pädagogik' Antje Bostelmanns bietet insbesondere in dieser Dimension ergänzende Einblicke.

7.5 KLAX-Kindergärten

Die KLAX gGmbh ist ein privater Träger unterschiedlicher Erziehungs- und Betreuungseinrichtungen mit Sitz in Berlin. Aus einer 1990 von der Erzieherin und heutigen Geschäftsführerin Antje Bostelmann in Berlin nach dem Mauerfall gegründeten Malschule für Kinder entstand in den vergangenen fünfundzwanzig Jahren die ‚Klax-Gruppe', ein in unterschiedliche Bereiche gegliedertes Unternehmen, das sich als Konzern präsentiert[131]. So folgte dem Malatelier 1991 ein Schülerladen, 1995 der erste KLAX-Kindergarten, 1998 die Gründung einer ‚Gesellschaft zur Förderung der KLAX-Pädagogik e.V.'; 2001 eröffnete die private KLAX-Grundschule. Seit 2004 gibt es KLAX-Krippen, ein ‚Institut für KLAX-Pädagogik' gibt deutschlandweit Fortbildungen (seit 2005). 2006 wurde mit der ‚Löwenzahn Dienstleistungs-GmbH' ein eigenes Cateringunternehmen gegründet. Seit 2007 gibt es eine KLAX-Gesamtschule. 2008 eröffnete ein KLAX-Kindergarten in Stockholm. Zur KLAX-Gruppe gehören ferner eine Berufsfachschule (seit 2009), sowie seit 2010 ein eigener Verlag, die ‚Bananenblau UG'. Das pädagogische Referat der KLAX gGmbH wurde 2010 ebenfalls in eine ‚UG'[132] umgewandelt (zur Konzernstruktur siehe Abb. 12). Anfang 2012 arbeiteten bei KLAX 320 MitarbeiterInnen. In siebzehn KLAX-Kindergärten, sieben KLAX-Krippen, zwei Grundschulen, zwei Horten und der Gesamtschule wurden 1600 Kinder betreut. Weitere 365 Kinder, Jugendliche und Erwachsene besuchten Kreativkurse der ‚KLAX-Kinderbildungswerkstatt'. An den Fachschulen wurden 24 ErzieherInnen und 22 SozialassistentInnen ausgebildet[133].

---

131 Zur Geschichte des Unternehmens siehe die Selbstdarstellung unter: http://klax-gruppe.de/content/view/590/ 673/. Zugriff am 06.02.2012.

132 Haftungsbeschränkte Unternehmergesellschaft.

133 Zu diesen Angaben siehe http://www.klax-gruppe.de/content/view/610/671/. Letzter Zugriff am 06.02.12.

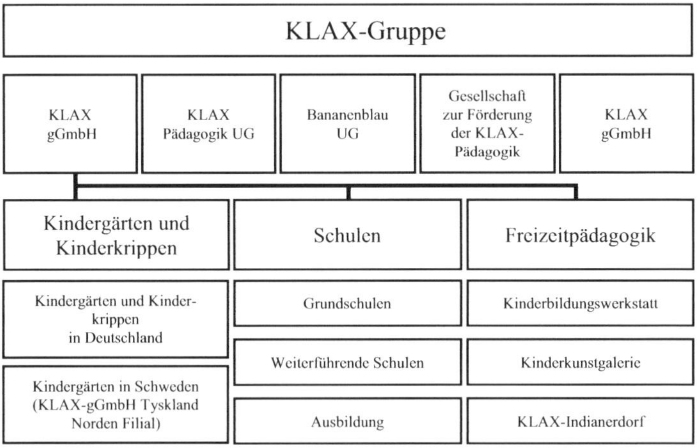

Abb. 12: Organigramm der ‚KLAX-Gruppe'. Gezeichnet nach Vorlage auf: http://www.klax-gruppe.de/images/stories/Gruppe/klax-gruppe-struktur-2010.png. Abruf am 06.02.2012.

Die ‚KLAX-Gruppe' ist seit 1998 DIN EN ISO 9001 zertifiziert[134]. Damit nehmen die Themen ‚Qualität', ‚Qualitätsmanagement' und ‚Kundenorientierung' eine zentrale Stellung ein. Hierzu gehören die Formulierung eines Leitbildes (Bostelmann/Fink 2003), die präzise Durchstrukturierung des Unternehmens in Ebenen und Zuständigkeiten, ferner die regelmäßige Evaluation. Pädagogische Ideen wurden über die Zeit um Fragen der Organisationssteuerung ergänzt, die sich stellen, wenn die Initiatorin und Leiterin bei wachsender Unternehmensgröße nicht mehr selbst die Angebote vor Ort gestalten kann. Wesentlich finden sich in ihren Texten zwei Elemente: Das pädagogische Ideal, das sich v.a. als ‚kindzentriert', lern- entwicklungs- und bedürfnisorientiert zusammenfassen lässt, und andererseits die Planung, Steuerung, kontrollierte Umsetzung und Evaluation pädagogischer Angebote.

Untersucht wurden für die vorliegende Studie insbesondere zwei Veröffentlichungen. Zum einen das Buch „Pädagogische Prozesse im Kindergarten – Planung, Umsetzung, Evaluation" (Bostelmann/Fink 2003), das das „pädagogische

134 „Bei DIN EN ISO 900x handelt es sich um eine Sammlung von international einheitlichen Normen zur inhaltlichen Ausgestaltung von Qualitätssystemen (…). Sie legen fest, wie ein Unternehmen oder eine Organisation das individuelle Qualitätssystem aufbauen und beschreiben kann" (Schüle 1999: 266); „Die DIN ISO 900x-Normen haben im Qualitätsmanagement mittlerweile eine hohe Bedeutung erlangt. So fordern beispielsweise große Automobilhersteller wie VW von ihren Lieferanten die Auditierung nach diesen Normen" (a.a.O.: 267).

Handbuch für KLAX-Kindergärten, in der Fassung, in der sie heute existiert" (a.a.O.: 10) wiedergibt und sich an verschiedene Adressaten richtet. An Erzieherinnen...

> „(...) in der Hoffnung, dass dieses Buch Pädagoginnen und Pädagogen dazu anregt, es uns gleich zu tun: Sich auf pädagogische Grundwerte zu einigen, sie konsequent in die Praxis zu übertragen und die daraus resultierende Arbeitsweise intensiv zu überprüfen, um sie weiterzuentwickeln" (a.a.O.: 10f.).

Damit präsentiert sich der Text als Modell für Fachkräfte in Kindergärten. Mit der Aussage: „Die von uns entwickelte Methode eignet sich für Träger pädagogischer Einrichtungen (...)" (a.a.O.: 11) wenden sich die Autoren ferner an Träger von Kindertageseinrichtungen. Daneben wurde für die Analyse ein praxisorientierter Ratgeber hinzugezogen: „Das Portfolio-Konzept für Kita und Kindergarten" (Bostelmann 2007). Dort wird die Methode der Portfolioarbeit, ein Kernstück der ‚KLAX-Pädagogik', vorgestellt.

7.5.1 Normative Kategorien

Gesellschaftsbeschreibung: In den Texten findet sich keine konkrete Bezugnahme auf ‚Gesellschaft' oder die aktuelle politische oder wirtschaftliche Lage. Sie können als Fall pädagogischer Wissensproduktion gelten, der die Bezugnahme auf ‚Gesellschaft' und ihre Ordnung unthematisiert lässt.

Anthropologie: Kinder gelten in der KLAX-Pädagogik als Potentialträger. Sie werden beschrieben als fähige, aber auch ausbaufähige Wesen.

> „Unser Bild vom Kind basiert auf der Annahme, dass Kinder von Anfang an große Potentiale mitbringen. (...) Lernen ist ein lebenslanges Grundbedürfnis des Menschen" (Bostelmann 2007: 8); „Wir wissen, dass Kinder von sich aus lernen wollen. Von sich aus und nicht erst auf Betreiben Erwachsener möchten sie sich die Welt handelnd aneignen. Jedes Kind kann dabei seinen eigenen Lernweg finden, jedes Kind kann sich in eigene Lernthemen vertiefen" (a.a.O.: 26).

Damit ist gesagt, dass die ‚KLAX-Pädagogik' mit Blick auf die pädagogische Differenz (Prange/Strobel-Eisele 2006: 14), ähnlich wie Maria Montessori, die Seite der Aneignung durch das Kind fokussiert, nicht die Seite der Vermittlung. ‚Lernen' wird dabei als menschliches Grundbedürfnis markiert. Gerade das frühe Alter scheint besonders geeignet, Lernen zu ermöglichen. Das Wesen des Kindes und die Aufgabe, die der Pädagogik daraus entsteht, werden in Form eines Gleichnisses präsentiert:

> „Stellt man sich die kindliche Persönlichkeit als eine Quelle vor, kann man verfolgen, wie sie sich den ihr gemäßen Weg sucht. Am Beginn dieses Weges ist die Lebensquelle zwar an bestimmte Voraussetzungen gebunden, prinzipiell aber stehen ihr alle Wege offen, sie kann sich in alle Richtungen ausbreiten, wenn ihrem Fluss keine Hindernisse in den Weg gelegt werden. Niemand ist in der Lage, auf alle Hindernisse, die sich dem Quellwasser in den Weg stellen könnten, Einfluss zu nehmen. Keiner kann die gesamte Umgebung eines solchen kleinen Flusses umgestalten, damit er nirgendwo anstößt. Aber man kann ihn stärken, dafür sorgen, dass auf dem Weg der Lebensquelle keine neuen Hindernisse aufgebaut werden, keine ‚Bildungssteine' ihren Fluss hemmen, zwischen denen sich das Wasser staut. Würde jemand einer Flussbegradigung zustimmen? Nein. Durch die Arbeit mit den Kindern wollen wir ihr ‚Lebenswasser' mit ‚Spurenelementen' oder ‚Mineralstoffen' anreichern, ohne es zu ‚überdüngen' oder seinen eigenen ‚Geschmack' zu verfälschen" (Bostelmann/Fink 2003: 26).

Das Kind erscheint als „Lebensquelle", seine Lernbiographie als „Fluss", der sich den „ihm gemäßen" Weg sucht. Erziehende Einwirkung erscheint als unmöglicher oder illegitimer Eingriff. Andererseits will man mit Zurückhaltung („kein Überdüngen") die kindliche Person mit „Spurenelementen" versorgen. Während der erste Teil der Metapher die (mechanische) Formung des Kindes zurückweist, fordert der zweite die Beeinflussung in Form einer (chemischen) Anreicherung. Weltaneignung wäre auf jeden Fall ein individuelles Tun des Kindes, das nicht auf Vermittlung durch Erwachsene beruht. *Defizitkonstruktionen* des Zöglings finden sich nur spärlich und vage:

> „Wir sehen Kinder als individuelle Persönlichkeiten, die in der Entwicklung und Entfaltung ihrer individuellen Eigenschaften gestärkt werden müssen. (...) Sie haben ihren eigenen Rhythmus, eigene charakterliche Eigenschaften, Veranlagungen und sind durch unterschiedliche familiäre Situationen geprägt. Wir holen die Kinder dort ab, wo sie sich befinden, und helfen ihnen, Baumeister ihrer eigenen Welt und Entwicklungsgeschichte zu sein" (a.a.O.: 29).

Eine Erziehungsnotwendigkeit ergibt sich allenfalls in der Formulierung, individuelle Eigenschaften müssten gestärkt werden. Als Bau*meister* ihrer selbst könnten Kinder als umfänglich kompetent gelten. Offenbar brauchen sie aber beim ‚Bauen' doch Unterstützung und Wegweisung. Wenn man Kinder ‚dort abholt, wo sie sich befinden', um ihnen von dort aus weiter zu helfen, dann weiß man bereits, besser als die Kinder selbst, wohin dieses ‚Weiter' führen soll.

Hier entsteht die Frage nach dem ‚Wohin', danach welche Zielvisionen die Pädagogik für die Kinder entfaltet.

> „Wir fördern die Fähigkeit, sich selbst gestaltend in die Welt einzubringen, sich im gestalterischen Schaffen selbst zu erkennen und sich der eigenen Persönlichkeit bewusst zu werden" (a.a.O.: 27, Herv. MK); „Die Selbstständigkeit der Kinder sehen wir als Ziel unseres pädagogischen Bemühens. (...) Selbstbestimmung schließt ein, für sich selbst zu sorgen, sich abzugrenzen, aber auch Grenzen zu akzeptieren und einzuhalten" (a.a.O.: 29f.).

Auffällig ist die Betonung von ‚Selbständigkeit', die hauptsächlich gefördert werden soll. ‚Selbständigkeit' verweist dabei auf aktive (Mit-)Gestaltung der Gesellschaft, ferner auf die Befähigung zu einem Leben unabhängig von fremder Unterstützung. Außerdem schließt Selbständigkeit die Vorstellung selbstdisziplinierter Achtung von Regeln des gesellschaftlichen Zusammenlebens ein. Gedanken von Ermöglichung und Disziplinierung fließen ineinander.

> „Die Gemeinschaft des Kindergartens ist das erste größere soziale System, das Kinder erleben. Da es Erziehungsziel ist, Kinder zur Selbstständigkeit zu befähigen, müssen sie erfahren, von welchen Bedingungen ihr Zusammenleben in diesem System abhängt. Sie müssen lernen, für das Funktionieren ihrer Gemeinschaft Verantwortung zu übernehmen, Aufgaben für die Gemeinschaft zu erfüllen" (a.a.O.: 71).

Selbständigkeit bedeutet schließlich: ‚Aufgaben für die Gemeinschaft erfüllen'. Beinahe beiläufig wird auch hier die Organisation Kindergarten als Miniatur und Labor gesellschaftlichen Zusammenlebens skizziert, als „Gemeinschaft" und „erstes, größeres soziales System", was nahelegt, dass weitere, umfänglichere solche Systeme folgen werden. Zunächst geht es aber um das „Zusammenleben in *diesem* System", also im Kindergarten. Das Ziel ‚Selbständigkeit' beinhaltet dort die Anforderung, das Funktionieren der Einrichtung zu unterstützen.

Die angestrebte Zielpersönlichkeit wird wesentlich charakterisiert als ‚selbständig' und ‚fähig zur Übernahme von Verantwortung'. Beide Formeln entsprechen einerseits Idealen des liberalen Sozialstaats, formulieren aber andererseits auch Erwartungen an Kinder, zum reibungslosen Ablauf in der Tageseinrichtung beizutragen.

Pädagogische Abgrenzung: Die KLAX-Pädagogik grenzt sich von bestehenden Formen der Ausbildung von Erzieherinnen ab, indem sie eine eigene Ausbildung an deren Stelle setzt:

> „Wir streben an, dass alle pädagogischen Fachkräfte eines Teams eine Ausbildung in der KLAX-Pädagogik abschließen. Diesen Anspruch erheben wir, weil der im Unternehmen KLAX praktizierte und gelebte kindzentrierte pädagogische Ansatz in Erzieherfachschulen nicht gelehrt und in der pädagogischen Praxis herkömmlicher Kindergärten nicht umgesetzt wird. Eine staatlich anerkannte Erzieherin verfügt daher mit ihrem Abschluss in der Regel nicht über ausreichende Grundkenntnisse und praktische Erfahrungen, um das pädagogische Konzept von KLAX in Kindergärten lebendig umzusetzen" (Bostelmann/Fink a.a.O.: 196f.).

KLAX arbeite in einer Form ‚gelebter Kindzentrierung'. Es wird unterstellt, dass dieses Ideal an Fachschulen nicht unterrichtet und in anderen Einrichtungen, die als ‚herkömmlich' abqualifiziert werden, nicht umgesetzt werde. Anders: ‚Richtiges' Erziehen kann man nur bei KLAX lernen und praktisch erfahren. Ko-Autor Michael Fink ergänzt in einem Interview:

> „Unser Ausgangspunkt war das selbstbestimmte Kind, das seine Entwicklung in die eigene Hand nimmt. Damit grenzten wir uns von einer Pädagogik ab, die dem Kind alles vorgibt" (a.a.O.: 227).

Hier wie auch in den früheren Zitaten wird deutlich: Kinder sollen selbstgesteuert lernen. Vermittelnde Einwirkung durch Erziehende wird entweder nicht beschrieben oder aber zurückgewiesen (‚nicht alles vorgeben'). Pejorativ wird eine solche Einwirkung anderen Pädagogiken unterstellt, von denen man sich distanziert. Hinsichtlich der kantischen Spannung zwischen Freiheit und Zwang positioniert sich KLAX eindeutig auf der Seite der ‚Freiheit'.

7.5.2 Operative Kategorien:

‚Lernen', das als Aneignungsbegriff die Tätigkeit des Kindes beschreibt, wird in der Selbstbeschreibung zur zentralen Kategorie, Lernförderung entsprechend zur zentralen pädagogischen Aufgabe (a.a.O.: 14). Wie soll eine solche Förderung operativ umgesetzt werden?

Prozesse / Methoden: Insbesondere die Methode der ‚Portfolioarbeit' nimmt eine zentrale Stellung in der KLAX-Pädagogik ein. Portfolioarbeit sei „(…) für den Kindergarten von heute unverzichtbar (…)" (Bostelmann 2007: 14). Portfolioarbeit sei

> „(…) eine Methode, die darauf zielt, positives Feedback und Sichtbarmachen des eigenen Lernerfolgs konsequent als Motor der Entwicklungsförderung einzusetzen" (Bostelmann 2007: 15).

„Portfolioarbeit" wird vorgestellt als Form der Entwicklungsförderung, als Instrument der Gestaltung von Lernprozessen. Ein „Portfolio" sei zunächst allgemein eine „Dokumentensammlung", die „Beweise für erworbene Kompetenzen" (a.a.O.: 16) enthält. Man könnte sich an Zeugnisse bzw. eine Bewerbungsmappe erinnert fühlen. Aber:

> „An welchen Betrachter richtet sich das Kindergarten-Portfolio? In erster Linie an das Kind selbst. Es soll daran selbst erkennen, was es kann, was es gelernt hat und wie es Dinge lernt. Es soll so seinen eigenen Weg, seine Stärken und individuellen Besonderheiten wertschätzen lernen. Ein Portfolio soll beim Kind Stolz und Zuversicht wachsen lassen. Stolz und Zuversicht als Begleiter auf der Reise ins Großwerden" (a.a.O.: 16).

Das Portfolio ist dem Kind gewidmet, erscheint als Instrument der Reflexion bisheriger Lernerfolge. Die Frage, *was genau* im Portfolio dokumentiert werden solle, führt aber in Schwierigkeiten. Man könne nicht alles dokumentieren (a.a.O.:

17). Was ist also einer Dokumentation wert? Hier ändern sich im Folgenden sowohl der bisherige Referenzpunkt (‚das Kind') als auch Sinn und Zweck der Methode:

> „Das pädagogische Handeln der Erzieherin wird schließlich durch Bildungsziele gelenkt. In Bildungsprogrammen oder Bildungsempfehlungen ist festgelegt, welche Kompetenzen in der Kindergartenzeit besonders gefördert werden sollen. Wir sehen es daher als logischen Schritt an, aus den für unsere Einrichtung geltenden Bildungsprogrammen besonders wichtige Kompetenzen zu entnehmen, deren Erwerb wir mit der Portfolioarbeit dokumentieren möchten. (…) Gleichzeitig verändert sich unsere Planung der pädagogischen Arbeit, wenn wir mit klaren Bildungszielen arbeiten, deren Erreichung wir im Portfolio jedes Kindes dokumentieren möchten. Diese Art des Arbeitens nennen wir ‚Lernen mit Zielen'" (a.a.O.: 17).

Während zuvor das Portfolio als am Kind orientiert beschrieben wurde, wird hier klar ein Referenzpunkt in „Bildungsplänen" und „Bildungszielen" gefunden. Der Fokus der Dokumentation wird von *Ermutigung des Kindes* verschoben auf *Zielerreichung der Organisation.* Ferner wird das Portfolio zum unterstützenden Werkzeug pädagogischer Planung der Fachkräfte, die Formel ‚Lernen mit Zielen' macht Leistungserwartungen der Organisation zum Fluchtpunkt individueller kindlicher Aneignungstätigkeit. Die Fachkräfte hätten in diesem Rahmen die allgemeinen Ziele eines Bildungsplans in konkreten Aussagen zu operationalisieren und für einen „längeren Zeitabschnitt" (ebd.) einen „offenen Planungsrahmen" (ebd.) zu projektieren, in dem dann die Förderung dieser (gesetzten und konkretisierten) Ziele stattzufinden habe. Es deutet sich eine feinmaschige Form der Organisation und Dokumentation kindlicher Lernleistung an:

> „Gleichzeitig werden diese anvisierten Lernziele auf Checklisten im Portfolio jedes Kindes festgehalten, um nun immer, wenn ein Kind ein Ziel erreicht hat, dieses zu vermerken und gegebenenfalls mit einem Portfoliobeweis zu dokumentieren" (a.a.O.: 17).

Beobachtung von Kindern und Sammlung von Kunstwerken, Aussagen etc. wird hier auf ein Setzen von Zielen und ‚Abhaken' des Erreichten verdichtet. Zielvorgaben werden operationalisiert und abgearbeitet. Die anschließende Darstellung oszilliert zwischen ‚Kindorientierung' und ‚Planorientierung':

> „‚Lernen mit Zielen' verbindet das Ziel, alle Kinder gleichermaßen zu fördern, mit dem Anspruch, individuelle Entwicklungstempi konsequent zu berücksichtigen. Der Planungsrahmen enthält für alle Kinder geltende, quasi kollektive Lernziele. Aber die Entwicklungsdokumentation im Portfolio passiert individuell, dem spezifischen Entwicklungsweg des Kindes angepasst. Es ist wichtig, dass alle Kinder bestimmte grundlegende Kompetenzen im Kindergarten erwerben, aber wann sie diese erwerben und auf welchem qualitativen Niveau sie diese erreichen, muss individuell verschieden sein" (a.a.O.: 17f.).

‚Individualität' wird kollektiven Zielen untergeordnet. Sie kann sich dann in (a) eigensinnigem, (b) schnellerem oder langsamerem Erreichen der Ziele sowie (c) im unterschiedlichen „qualitativen Niveau" ausdrücken. Wie, wann und in welchem Umfang Kinder Ziele erreichen, liegt ‚individuell' bei ihnen.

> „Die Ziele sind für alle klar festgelegt, aber der Weg dahin ist für jedes Kind individuell zu finden: Das ist Lernen mit Zielen" (a.a.O. S .18).

Damit wird eigensinnige Aneignung in einer Äquifinalität gesetzter Ziele eingefangen. Was hier gezeichnet wird ist *output-Kontrolle*: Ziele werden gesetzt und eingefordert. Die Erreichung von Zielen obliegt den Kindern, wobei es offen gelassen wird, *wann*, auf *welchem Wege* und in *welcher Qualität* dies geschieht. Einige Kinder werden in diesem Arrangement ‚Höchstleistungen' erbringen, während andere schlechter abschneiden, und explizit: Das muss individuell verschieden sein. Die Qualität erreichter Fähigkeiten wird in die Verantwortung der Kinder selbst gelegt. Mindestens werden unterschiedliche Lernerfolge unter den Kindern die pädagogischen Fachkräfte nicht weiter irritieren (müssen), sie werden zum akzeptierten Normalfall[135]. In der Idealisierung individueller Diversität stellt sich die Frage nach der Nivellierung von Unterschieden durch pädagogische Förderung nicht. ‚Lernen mit Zielen' wird weiter als zirkulärer Prozess beschrieben:

> „Wenn wir im Rahmen von ‚Lernen mit Zielen' und der Portfolioarbeit Lernprozesse der Kinder fördern und begleiten wollen, übernehmen wir dieses Kreislauf-Schema in eine gezielte Planung. (...) Dieses ‚Schema des Lernens', (...) entstammt (...) Qualitätsmanagementlehren (...)" (a.a.O.: 22).

Kurz: Lernen finde, wie betriebswirtschaftliches Qualitätsmanagement auch, in Kreisläufen statt. Deshalb könne die Organisation von ‚Lernen' in Qualitätsmanagement-Formen überführt werden. Am Anfang steht (1) die ‚Bedarfsfeststellung':

> „Um den Bedarf festzustellen, verwenden wir zwei Methoden: Neben der Durchsicht des für uns gültigen Bildungsprogramms dient vor allem die individuelle Entwicklungsdokumentation im Portfolio dazu, Wissen über den Stand der Kinder und ihre Lernbedürfnisse zu erlangen. Neben regelmäßigen Beobachtungen und dem jährlichen Bildungsinterview dienen auch die im Portfolio enthaltenen ‚Das will ich lernen!'-Blätter dazu, konkrete Lernbedürfnisse der Kinder zu erfahren. Und auch ein selbstgestaltetes Formblatt ‚Ich habe eine Frage!' dient neugierigen Kindern dazu, einen Wissensbedarf festzuhalten" (a.a.O.: 24).

Der ‚Lernbedarf' wird aus dem aus der Organisation und Bildungsplanung resultierenden ‚Sollen' *und* dem kindlichen ‚Wollen' heraus festgestellt. Die Ziele des

135 Vgl. das ‚Management by Champignons' im Situationsansatz, Kap. 7.4.2

(je gültigen) Bildungsplans und die Entwicklungsdokumentationen im Portfolio werden ergänzt um Selbstbekundungen der Kinder, die hierzu entweder beobachtet oder interviewt werden oder Lerninteressen mit speziellen Formularen ‚beantragen'. Zugunsten ordnungsgemäßer Planung scheint die Frage eines neugierigen Kindes keineswegs *beantwortet* zu werden, sondern wird als dokumentierter „Wissensbedarf" festgehalten und in die nächste Planungssitzung einbezogen. Dem folgt (2) eine Zielbestimmung:

> „Für die Zielsetzung haben wir die halbjährlich stattfindende Zielplanungssitzung entwickelt. Auf den hier entstehenden Zielchecklisten werden klar formulierte Lernziele für das gesamte Kitajahr festgehalten: diese Kompetenzen möchten wir bei den Kindern erreichen" (a.a.O.: 24).

‚Zielplanung' wird klar terminiert: *halbjährlich*. Es gibt eine eigene Konferenz dafür, die Zielplanungssitzung. Angestrebte Kompetenzen werden in Checklisten operationalisiert. Daran schließt (3) die Planung geeigneter Maßnahmen an:

> „Der Umsetzungsplanung dienen die Monatsplanungssitzungen, auf denen (…) Projektthemen erarbeitet werden, mit denen die festgelegten Ziele erreicht werden sollen. Bei den Vorschulkindern, die allmählich mit in die Planung einbezogen werden, gehört auch die wöchentliche Portfoliostunde zu den Instrumenten der Umsetzungsplanung (…)" (a.a.O.: 25)

Auch die Konkretisierung von Maßnahmen findet in Form von *monatlichen* Meetings statt. Zu den Monatsplansitzungen kommt für die Fünfjährigen die *wöchentliche* Portfoliostunde hinzu. Am Ende (4) steht die Evaluation:

> „Die Evaluation und Reflexion von Lernprozessen zu fördern, ist Kernziel der Portfolioarbeit. Entsprechend ordnen wir das Portfolio, insbesondere die Formblätter zur Dokumentation von Arbeitsergebnissen, dieser Stufe zu. Ebenso dienen die wöchentlichen Portfoliostunden und die halbjährliche Portfoliowoche dazu, mit den Kindern Lernprozesse zu reflektieren" (ebd.).

Während zunächst das Portfolio als Basis zur Bestimmung des Entwicklungsstandes als Ausgangspunkt für weitere Maßnahmen beschrieben wurde, dient es nun der Erhebung von Arbeitsergebnissen. Die Kinder werden mit ihren dokumentierten Lernfortschritten und erreichten Zielen konfrontiert – und auch mit den nicht-erreichten. Auf die Evaluation folgt – da schließt der aktuelle Zyklus an den folgenden an – die Stufe der „Verbesserung", die mit Maßnahmen auf Noch-Nicht-Erreichtes reagiert:

> „Die Stufe der Verbesserung wird im Vorfeld der Zielplanungssitzung durchschritten, wenn ermittelt wird, welche Ziele die Kinder erreicht haben und welche noch offen geblieben sind. Das kindgeführte Portfoliogespräch mit seinem Rückblick auf Erreichtes und dem Ausblick

> auf neue Lernschritte entspricht dieser Stufe. (…) Insbesondere die Entwicklungseinschätzung des Kindes und Vorstellung auf der Entwicklungskonferenz mit eventueller Verabredung von fördernden Maßnahmen lassen sich den Stufen 5 und 6[136] zuordnen" (a.a.O.: 25).

In den Sequenzen offenbart sich ein durch und durch betriebswirtschaftliches *Kinder(garten)-controlling*. Wesentliches Medium sind spezielle Meetings und Gespräche: Bedarfsfeststellungen, Zielvereinbarungen, Jahres-, Halbjahres-, Monats- und Wochenplansitzungen. „Kindgeführte Entwicklungs- bzw. Portfoliogespräche"[137] erinnern an ein ‚Mitarbeiter-Vorgesetzten-Gespräch' oder an ‚Reflexionsgespräche'. Am Ende steht die Evaluation, eine Bewertung des *Outcomes*, dem im Falle des Nicht-Erreichens von Zielen spezifische Fördermaßnahmen flankierend folgen, die dem Kind auf die Sprünge helfen sollen.

Wie der Einsatz des Portfolios im Alltag aussieht, darüber finden sich Erfahrungsberichte aus einzelnen KLAX-Einrichtungen. Eine Erzieherin stellt beispielhaft ihre Umsetzung vor (Bostelmann 2007: 40ff.):

> „Nach der Zielvorstellung durch mich und einer gemeinsamen Besprechung fragte ich die Kinder, ob sie einige der vorgeschlagenen Ziele angehen möchten oder ob sie etwas ganz anderes machen wollen. Doch die Vorschulgruppe war mit den Zielen einverstanden und ein Teil der Kinder erläuterte auch, warum sie die vorgeschlagenen Ziele sinnvoll finden" (a.a.O.: 40).

Durch die Fachkräfte vorbereitete Ziele werden zur ‚selbständigen Zielfestlegung' in einer Portfoliositzung den Kindern vorgestellt. Die Kinder zeigen sich in der Darstellung rundweg mit den gesetzten Zielen einverstanden und statten sie – nachträglich – mit eigenem Sinn aus. Dabei handelt es sich um Ziele wie: „Ich kann einen Streit schlichten" („So lernen sie, dass und wie man Konflikte auch ohne Zutun der Erzieherin beilegen kann"; a.a.O.: 40); „Ich kann eine Aufgabe für die Gruppe übernehmen" (ebd.); „Wir wollen eine kleine Hausaufgabe" (a.a.O.: 42).

> „Am interessantesten erschien den Kindern der Tischdienst. Einige beschwerten sich bei mir, dass sie schon ganz lange keinen Tischdienst mehr gehabt hätten" (a.a.O.: 41).

Deutlich wird, dass die präsentierten Ziele durchweg mit dem disziplinierten Funktionieren des Alltags in der Einrichtung zu tun haben. Sie reflektieren Alltagsprobleme der Erzieherin. Es geht um die Erledigung von Alltagsverrichtungen. Die Kinder nehmen diese Setzung und Verteilung von Pflichten auf, erklären sie selbst als sinnvoll und fordern sie geradezu ein (Tischdienste, Hausaufgaben).

---

136 „Evaluation" und „Verbesserung" (a.a.O.: 23).
137 Der Kinder mit ihren Eltern. Ausführlich a.a.O.: 75ff.

Die Erzieherin muss schließlich die Selbstverpflichtungseuphorie der Kinder gar bremsen:

> „Nach und nach hatten wir einige Ziele zusammen, die im kommenden Halbjahr bewältigt werden wollten, und ich musste die Kinder bremsen, damit wir nicht den Überblick verlieren. Fünf Ziele sind wirklich genug“ (a.a.O.: 41).

Diese Vergabe von Verantwortlichkeiten bzw. Verteilung von Alltagsaufgaben, wird schließlich als *selbstbestimmte Planung künftigen Lernens* gedeutet:

> „Im Vorschulbereich finde ich es besonders gut, dass die Kinder sich nun selber Ziele setzen können. So sind sie noch mehr beteiligt und gehen motivierter an die Umsetzung ihrer Ideen heran. Jeden Tag sehe ich es aufs Neue in ihren Gesichtern: sie wollen lernen, sie wollen wissen, was auf sie zukommt“ (a.a.O.: 43f.).

Kindliches Wollen und von der Erzieherin gesetztes Sollen werden identifiziert. Am Ende scheinen ‚Ziele‘ und ‚Aufgaben‘ vollständig deliberativ durch die Kinder selbst bestimmt. Die Skizze erscheint völlig zwanglos. Eingreifen muss die Erzieherin nur hinsichtlich des überschäumenden und vorauseilenden kindlichen Gehorsams: „Fünf Ziele sind wirklich genug“.

Strukturen:

> „In den KLAX-Kindergärten wird das Prinzip der gruppenoffenen Arbeit umgesetzt. Das heißt, dass es im Kindergarten keine ganztägige Einteilung in feste Gruppen gibt. Über weite Teile des Tages stehen alle Räume des Kindergartens jedem Kind offen, alle Pädagoginnen und Pädagogen bringen sich in die Betreuung jedes Kindes ein“ (Bostelmann/Fink 2003: 60).

Kinder wären demnach *räumlich* in keiner Weise festgelegt. Der Alltag vollzieht sich (weitgehend) nicht in *einem* Raum, sondern in einem Haus, das viele unterschiedliche Räume anbietet. Die Kinder können sich darin nach Belieben aufhalten wo, und tun was sie wollen.

Bezüglich *sozialer* Strukturen zeichnet sich ähnliche Freiwilligkeit. Die Autoren unterscheiden grundsätzlich zwischen zwei Modi von ‚Gruppenbildung’: einer Form des „Freispiels“ (a.a.O.: 136ff.) bzw. der frei gewählten Beschäftigung, und einer Form des vorgegebenen Angebots, das eine pädagogische Fachkraft veranstaltet. Beides soll im Alltag gegeben sein. Angebote der Erzieherinnen können dabei ‚geschlossen’ vonstattengehen, sich auf eine klar umgrenzte Gruppe von Kindern beziehen, oder ‚offen’ gestaltet sein, d.h., das Kind kann teilnehmen, oder auch nicht (a.a.O.: 140f.). Der Vorstellung, ‚geschlossen’ habe etwas mit ‚verbindlicher Teilnahme’ zu tun, wird ausdrücklich widersprochen:

> „In allen Phasen des Tages muss es den Kindern möglich sein, selbst zu entscheiden, an welchen Aktionen und Angeboten sie teilnehmen möchten“ (a.a.O.: 136); und: „Die Kinder

müssen die Möglichkeit haben, sich gegen die Teilnahme an Angeboten zu entscheiden und frei zu spielen“ (a.a.O.: 140).

Prinzipiell ist die Arbeit in KLAX-Kindergärten gruppenoffen strukturiert, d.h. die Kinder sind nicht über den Tag fest *einer* Erzieherin und *einer* Gruppe von Kindern zugeordnet. Sie können ihre Zeit alleine oder in frei bestimmbarer Gruppenkonstellation verbringen und sich dabei an verschiedene Erzieherinnen wenden (oder auch nicht).

> „Kerngedanke der gruppenoffenen Arbeit ist, dass es für Kinder ein wichtiges Übungsfeld und ein Bedürfnis ist, sich einer kleineren Gruppe zuzuordnen. Im gruppenoffenen Gesamtzusammenhang suchen sich Kinder ‚ihre' Gruppe selbst und entscheiden auch selbst, wann sie die Gruppe wieder verlassen möchten. Die Aufgabe der Gruppenbildung liegt also in der Verantwortung der Kinder, sie ist somit losgelöst von den Entscheidungen der Pädagoginnen und Pädagogen“ (Bostelmann/Fink 2003: 60).

Strukturell realisiert sich Gruppenzugehörigkeit nicht durch Vorgaben der Organisation, sondern liegt als Aufgabe in der Verantwortung des Kindes, dem ein entsprechendes Bedürfnis unterstellt wird. Gruppengröße, -zusammensetzung und Verweildauer darin unterliegen der Wahlfreiheit der beteiligten Kinder. ‚Gruppe' wird so einigermaßen beliebig und kann von den Erziehenden nur als emergent hingenommen und beobachtet werden. Sie setzen lediglich Rahmenbedingungen:

> „Um vielfältige Beziehungen der Kinder untereinander zu ermöglichen, müssen die pädagogischen Fachkräfte entsprechende Rahmenbedingungen gewährleisten: Durch zurückhaltendes Sich-Einbringen vermeiden sie, dass die Kinder vorwiegend mit Erwachsenen Beziehungen aufbauen. Indem sie eine Vielfalt an Aktionsorten bereitstellen, erreichen sie, dass die Kinder den Tag in unterschiedlichen Gruppengrößen miteinander verbringen. Etablieren sie akzeptierte Regeln des Zusammenlebens, gewährleisten sie, dass kein Kind in der Gruppe untergeht oder sich schlecht fühlt, auch wenn sie die Kinder zurückhaltend begleiten“ (a.a.O.: 67).

‚Vielfältige Aktionsorte' sollen themenbezogene Gruppenbildung ermöglichen. Allgemeine Kommunikationsregeln sollen sicherstellen, dass Konflikte nicht nach dem Recht des Stärkeren gelöst werden. Ausdrücklich sollen Erzieherinnen vermeiden, zu (primären) Beziehungspartnern zu werden. Aufenthaltsorte und soziale Bezüge des Kindes hängen damit von dessen Neigungen und Abneigungen ab. Die ‚Gruppe', der soziale Zusammenhang, mithin die Sozialstruktur, verschwimmt in einer individuellen Beliebigkeit. ‚Gruppe' wird dem Kind präsentiert als ein Angebot unter vielen (Abb. 13). Es zeichnet sich ein Bild, in dem das Kind alleine in der Mitte eines vielfältigen Angebots steht. Sich mit anderen zusammen zu schließen ist ebenso Gegenstand individueller Entscheidung wie die

Wahl, ein Buch zu lesen oder Fußball zu spielen. Bei – andererseits – der Betonung von ‚Beziehung unter den Kindern' kann dieser Befund nicht wirklich als eindeutig gelten. Wohl steht aber der Entwurf in der Spannung, einerseits Gruppe als ‚wichtiges Übungsfeld' ermöglichen zu wollen (und sowohl anthropologisch vorauszusetzen als auch selbstverständlich als empirisch gegeben anzunehmen), andererseits aber Individualität und Selbstbestimmung des Kindes zu überhöhen. Aufgelöst wird die Spannung in der Formel des *Angebots*, die sowohl die Möglichkeit des Spielens alleine als auch mit anderen beinhaltet.

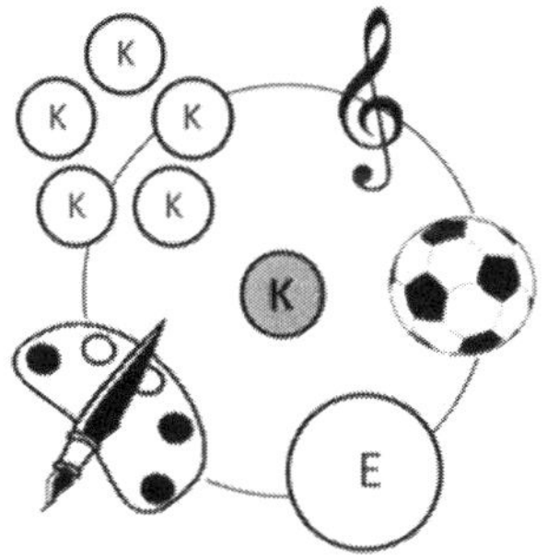

Abb. 13: Gruppenbildung als Teil des Angebots einer Tageseinrichtung. Dem Kind (K) stehen verschiedene Angebote zur Verfügung, darunter auch die Beziehung zu einer Erzieherin (E) oder die Teilnahme an einer Gruppenaktivität.

Die pädagogische Fachkraft: An die pädagogischen Fachkräfte werden Anforderungen formuliert, die unterschiedliche Rollenbilder der Erzieherin (und komplementär dazu der Kinder) spiegeln: Die Erzieherin als *Anbieterin* oder aber als *Bildungsmanagerin*. Als Aufgaben der Erzieherin werden einerseits Raumgestaltung, Organisation von Exkursionen, Moderation und Anstoß von Kommunikationen beschrieben:

> „Kinder im Kindergartenalter lernen hauptsächlich über den handelnden Umgang mit Dingen. Deshalb haben die Pädagoginnen und Pädagogen die Aufgabe, ihnen eine Umgebung zu schaffen, die eine Vielfalt von Handlungsmöglichkeiten bietet" (a.a.O.: 83).

Die Erzieherin erscheint hier wesentlich als Gestalterin einer vielfältigen Umwelt. Ein Sonderfall der Umweltgestaltung ist die Exkursion. Hier wird ein Raum nicht in pädagogischer Absicht ausgestaltet, vielmehr werden Kinder in pädagogischer Absicht an pädagogisch ‚wertvolle' Orte gebracht:

> „Bildungsprozesse können in Gang gesetzt werden, wenn Kinder regelmäßig Orte aufsuchen, an denen sie etwas über grundlegende Zusammenhänge erfahren können: Orte, an denen etwas hergestellt wird, an denen gearbeitet oder geforscht wird" (a.a.O.: 84).

Das Geschehen erscheint zunächst wieder als grundsätzlich kindgesteuert: Kinder ‚suchen auf' (sie werden nicht ‚gebracht'). Die Wahl der Orte fällt anhand des Kriteriums, dort „Grundlegendes" erfahren zu können über *Produktion, Arbeit, Forschung*. Sicher werden Kinder jedoch nicht von selbst diese Orte aufsuchen.

Solche Exkursionen müssen geplant und durchgeführt werden. Auch die Setzung, was erfahrenswerte, „grundlegende Zusammenhänge" sein könnten, obliegt sicher der Erzieherin. Die Erzieherin erscheint hier als *Reiseleiterin*, die ‚Bildungsreisen' organisiert.

In Form von Raumgestaltung, spontaner oder angeleiteter Gruppenbildung, Altersmischung, Exkursionsgestaltung etc. soll die Erzieherin Impulse setzen (a.a.O.: 83), die Aneignung der Kinder anreizen, ohne selbst zu vermitteln. Sie gestaltet als *Anbieterin* einen ‚Markt der Möglichkeiten', kann am Ende die Nutzung aber nur den (einzelnen) Kindern (Kunden?) selbst überlassen. Das gilt auch für ihre Rolle als Beziehungsperson:

> „Entscheidend für die optimal verlaufende Entwicklung des Selbstbildes ist, dass das Kind in einem oder mehreren Erwachsenen eine ‚sichere Basis' findet, also einen Menschen, der für das Kind eine verlässliche Bindungsperson ist, zu dem es sich in schwierigen Situationen hinwenden kann, bei dem es sich sicher und geborgen fühlt. Es ist Aufgabe der Pädagoginnen und Pädagogen im Kindergarten zu überblicken, ob alle Kinder eine solche Person unter den Erwachsenen haben. Ist das nicht der Fall, sollte gezielt versucht werden, eine Bindung aufzubauen" (a.a.O.: 100f.).

Hinsichtlich der Beziehung der Kinder zu Erwachsenen erhält die Beobachtung Priorität vor der Initiative. Diese wird zunächst bei den Kindern verortet. Erst wenn deren Beobachtung ergibt, dass Beziehungsmöglichkeiten nicht in Anspruch genommen werden, wird es zur Aufgabe der Erwachsenen, tätig zu werden. Dann müssen diese gezielt versuchen, die Beziehung herzustellen. Beziehung zum Kind als ‚Dienstleistung im Bedarfsfalle'. Andererseits wird die Erzieherin gezeichnet als aktiv steuernde *Bildungsmanagerin*:

> „Hauptakteurin der kindbezogenen Planung ist in der Regel die Bezugspädagogin. Sie hat die Aufgabe, die kindbezogenen Beobachtungen durchzuführen, das Kinderentwicklungsbuch sowie Elterngespräche zu führen und aus den dabei gewonnenen Aspekten ein Fazit zu ziehen. Sie trägt dafür Sorge, dass das Fazit für jedes Kind auch umgesetzt wird: In der pädagogischen Entwicklungskonferenz stellt sie ihre Einschätzung vor und achtet darauf, dass diese Einschätzung für jedes Kind bei der Monatsplanung bedacht wird" (a.a.O.: 41).

Die Erzieherin ist als „Hauptakteurin der kindbezogenen Planung" verantwortlich für Beobachtung, Elternkontakt, das Sammeln von Informationen über die Entwicklung des Kindes und das zu ziehende pädagogische „Fazit". Nimmt man die unter dem Stichwort ‚Portfolio' gefundenen Arbeitsschritte mit dem Kind hinzu, erscheint sie als Managerin, die Ist-Zustände erhebt, Soll-Zustände definiert, Rahmenvorgaben macht, Aktivität ermöglicht und anreizt, Prozesse überwacht, Erfolge überprüft, dokumentiert und verantwortet. Sie ist Managerin der Entwicklung der Kinder über die Zeit. Qualitätsmanagement ist ihr Kerngeschäft, dokumentierende Beobachtung – mithin: das Portfolio – ihr zentrales Instrument:

> „Unser Ziel ist, dass Beobachtung das grundlegende Arbeitsinstrument der pädagogischen Fachkräfte wird. Sie müssen nachweisen können, dass die Planung der individuellen Förderung und der Aktivitäten der Gesamtgruppe nicht auf Vermutungen beruht, sondern auf konkreten Beobachtungsergebnissen" (a.a.O.: 47).

Man gewinnt den Eindruck einer linearen Kausalverkettung von Beobachtung und Umsetzung. Es ergibt sich ein empiriegestütztes, quasi objektives „Fazit", das nicht mehr der Auslegung durch die Erzieherin bedarf (pejorativ: „Vermutungen"), sondern lediglich der praktischen Umsetzung: eine evidenzbasierte Pädagogik. Die Vorstellung einer fachgerechten Anwendung eines „Instruments" lässt die Tätigkeit der Erzieherin in die Nähe des Ingenieuralen rücken: eine *Technikerin*, die Ihr Werkzeug versiert einzusetzen versteht. Dabei handelt es sich nicht um Instrumente der *Vermittlung*, sondern der *Beobachtung* dessen, was die Kinder (aneignend) tun. Ähnlich der Abteilungsleiterin eines Unternehmens erarbeitet sie Ergebnisse nicht selbst, sondern überwacht methodisch die Arbeit von Kindern analog Mitarbeitern, die das Produkt – ihre eigene Lernbiographie – verfertigen.

Inhalte: Über pädagogische Inhalte lassen sich wenige Konkretisierungen finden. Herleitungen von Inhalten bleiben formal (‚Wissenswertes' über Forschung, Technik, Produktion bspw.; s.o.). Die Bestimmung der Inhalte pädagogischer Arbeit wird kontingent gehalten. Räume und Angebote haben v.a. ‚vielfältig' zu sein, wobei ‚Vielfalt' auf ein beliebiges Spektrum von Möglichkeiten hinweist. Eine Spezifizierung wird für Entscheidungen der Erzieherin (anhand konkreter Portfolios bzw. Entwicklungseinschätzungen) offen gehalten oder an externe – und künftig sich evtl. unabsehbar verändernde – Vorgaben (in Bildungsplänen) gebunden. Damit ist die pädagogische Arbeit (gegenwärtig wie künftig) inhaltlich beliebig anpassbar.

7.6 Synchroner Vergleich: Ökonomisierung der Elementarpädagogik

Je eigensinnig reflektieren beide voranstehend dargestellten pädagogischen Texte die politische und wirtschaftliche Situation in der Zeit ihrer Veröffentlichung, der jüngeren Vergangenheit.

Im aktuellen Entwurf des Situationsansatzes wird das Bild gesellschaftlichen Wandels gezeichnet, daran anschließend die Probleme der Wettbewerbsfähigkeit an internationalen Märkten einerseits und drohende gesellschaftliche Desintegration andererseits. Damit werden zentrale Bezugsprobleme der Wirtschaft und der Sozialpolitik reflektiert. Zu lösen erscheinen sie durch Einflussnahme auf Individuen, Erziehung hin zu unternehmerischen Einstellungen und Fähigkeiten. Die gezeichnete Gesellschaftsvision zeigt deutliche Nähe zu der Roman Herzogs. Parallelen zeichnen sich z.B. hinsichtlich der von Herzog skizzierten ‚German Angst'; sie spiegelt sich im Situationsansatz in Formeln wie der ‚Klagemauer'. Mit neoliberalen Sozialentwürfen teilt der Situationsansatz ferner das tiefe Misstrauen gegenüber staatlicher Regulierung von Märkten (Brüssel als ‚bürokratischer Wasserkopf'). Beide sprechen sich für Deregulierung aus, beide priorisieren eine marktförmige Steuerung vor einer politischen. Der Markt wird als Problemlöser begrüßt. Die Faktizität des globalen Marktes wird, im Situationsansatz genauso wie in den einschlägigen sozialpolitischen Texten, zum normativen Bezugspunkt gemacht, Verhältnisse, auf die die Kinder heute in ihrem Interesse vorzubereiten seien, (gewappnet sein für schwere Zeiten). *Das impliziert letztlich nicht (mehr) kritische Gestaltbarkeit künftiger Gesellschaftsbedingungen, sondern (unkritische) Anpassung an sie* (vgl. Kap. 8.3).

Das Pendant zu Herzogs Figur des auf öffentliche Versorgung setzenden ‚ewig verstörten und verunsicherten Wohlfahrtsstaatsbürgers' findet sich im Situationsansatz in der Defizitbeschreibung des Adressaten als ‚Konsumkind'. Sozialstaats- und Wirtschaftsdiskurs setzen dem entgegen auf unternehmerische Aktivität und Optimismus, auf Zufriedenheit und Stolz, die man aus beruflicher Tätigkeit ziehen könne und solle. Der Situationsansatz reflektiert dies in der Kunstfigur des ‚Entrepreneurs', die als Persönlichkeitsideal präsentiert wird, in der wiederkehrenden Rede vom ‚Fimmel', mit dem der sich seiner Vision widme. Materielle Erträge (z.B. ein auskömmliches Einkommen aus geleisteter Arbeit) treten gegenüber *immaterieller* Zufriedenheit und ‚intelligenter Askese' in den Hintergrund. Die Grundlage einer solchen Lebensführung ist aus politischer Perspektive kein materielles, vielmehr ein ideelles Kapital: Die Angebote der ‚Wissensgesellschaft' stehen vermeintlich jedem zur Nutzung offen. Im Situationsansatz besteht analog dazu die Grundlage von ‚Entrepreneurship' aus Visionen, nicht aus Startkapital. ‚Unternehmergeist' gilt im Situationsansatz v.a. deswegen als Ziel, weil es künftig kein klassisches Arbeitgeber-Arbeitnehmer-Verhältnis mehr geben werde. Propagiert wird die Vision vieler Entrepreneure, die sich ihre Arbeit und ihren Markt selbst schaffen und auf diese Weise selbständig und eigenverantwortlich arbeiten und ihren Lebensunterhalt verdienen. Das spiegelt deutlich die Darstellungen der vbw und der rot-grünen Agenda-Politik.

Mögliche *Inhalte* werden formelhaft kontingent gehalten. Allenfalls formal wird im Situationsansatz von ‚Qualifikationen' und ‚Kompetenzen' gesprochen. Der Situationsansatz präsentiert die inhaltliche Unbestimmtheit jedoch als Stärke, als Merkmal der Anpassungsfähigkeit an sich wandelnde Problemstellungen. Das zeigt eine Analogie auf die Logik von Märkten, für die keine konkreten Aussagen über künftig zu erwartende Entwicklungen möglich sind. Der Situationsansatz reflektiert damit, nahe an der Argumentation der OECD, die Vorstellung, nicht mehr Wissensbestände oder ‚Wissensvorräte', sondern ‚Kompetenzen' als Grundlage für ‚lebenslanges Lernen' zu vermitteln und damit die ständige Herstellung von Adaptivität an ökonomische Umstände zu ermöglichen.

Interessant erscheinen am Beispiel des Wurmzucht-Projektes Anlass und Prozessdarstellung. Kriterium der Themenwahl ist die *Nachfrage* an einem Markt. Hier lassen sich dann doch Inhalte (formal) näher bestimmen: ‚Wissenswertes' bestimmt sich pragmatisch von seinem ökonomischen Nutzen, seinem Potential für Profitmaximierung. Der Situationsansatz präsentiert damit ein *demand-oriented-thinking*, wie es die OECD (DeSeCo) propagiert hatte.

Zeigt das ‚Projekt Wurmzucht' eine *betriebswirtschaftliche* Logik, so findet man am Beispiel der hausbauenden Hochlandbevölkerung die Logik des *neoliberalen Sozialstaats* wieder. Pädagogen vermitteln den Menschen, dass sie sich um ihre Probleme selbst kümmern sollen (und müssen), anstatt auf staatliche Intervention zu hoffen.

Hinsichtlich vorgeschlagener *Methoden* der Erziehung und der Organisation von Erziehungsabläufen sind die Projektmethode und die Phasen der Arbeit im Situationsansatz hervorzuheben. Projektarbeit prozessiert Erziehung analog den Phasen betriebswirtschaftlichen Qualitätsmanagements.

Gruppenstrukturen, beschrieben nach ihrer Funktion, spiegeln machtfreie Anordnungen von TeilnehmerInnen. ‚Gruppe' wird funktional skizziert hinsichtlich der Gestaltung demokratischer Entscheidungen, wechselseitiger Lehr-Lern-Prozesse unter den Kinder (peer-education) sowie der Bearbeitung von Projektaufgaben, hier: Produktionsaufgaben (Bsp. ‚Wurmzucht'). *Zugleich* gilt aber die Forderung, Kinder letztlich unabhängig von einem Gruppenzusammenhang individuell, hinsichtlich ihrer Leistungen zu beobachten. ‚Gruppe' wird zunächst unterschiedlich funktionalisiert, unter der Maßgabe, zu Gunsten ‚individueller Exzellenz' keine ‚Gleichmacherei' zu betreiben, dann aber erheblich relativiert. ‚Gruppe' wäre dann eher ein Risiko für individuelle Höchstleistungen. In dieser Figur finden sich die o.g. liberalen Semantiken (bspw. Schröder/Blair), die auf Individualität und ‚Diversität' setzen, Wettbewerb und Höchstleistungen propagieren, ungeachtet der (Erfolgs-)Möglichkeiten anderer. Es geht explizit gerade nicht um Kompensation von Lernunterschieden, die pejorativ als ‚Herabziehen' der ‚Exzellenz' auf durchschnittliches Niveau skizziert werden („management by Champignons").

Die Bestimmung der *Aufgaben einer Erzieherin* bleibt im Text ambivalent. Einerseits ist sie *Anbieterin*, Gestalterin vielfältiger Angebote. ‚Vielfalt' und ‚Angebot' sind wesentliche Merkmale von Märkten. Damit ist sie weitgehend auf die Nutzung (‚Nachfrage') durch die Kinder angewiesen, die sie aber kaum steuern (allenfalls: anreizen, bewerben?) kann. *Andererseits* – gerade am Beispiel des

‚Projekts Wurmzucht' – erscheint sie als Supervisorin, als Anleiterin, als Managerin, der die Kinder in der Komplementärrolle der ‚Mitarbeiter' gegenüberstehen. Dieses widersprüchliche Bild gewinnt am Beispiel der KLAX-Pädagogik deutlichere Kontur.

Der Situationsansatz ist gegenwärtig deutlich als eine Pädagogik zu erkennen, die von ökonomischen Logiken, Rollenbeschreibungen (‚Anbieter'/'Nachfrager'), Zielbestimmungen (‚Entrepreneurship', Wettbewerbsfähigkeit) und Strukturen (Projektmanagement, Produktions- Dienstleistungs- und Vermarktungsbetrieb, Unternehmen) durchzogen ist. Die Idee, Marktlogik auch in solchen Bereichen einzuführen, in denen sie bislang nicht vorkam, so wie z.B. Schröder/Blair das programmatisch forderten, realisiert sich hier elementarpädagogisch. Marktlogik wird zum pädagogischen Kalkül.

Im Falle der KLAX-Pädagogik ziehen sich die Pole einer pädagogische Freiheit gewährenden ‚Kindzentrierung' einerseits und manifester Ambitionen nach durchrationalisierter Steuerung kindlichen Lernens andererseits durch alle Analysekategorien hindurch. ‚Lernen' als Selbstaneignungsformel wird mit Ambitionen der ‚Lernförderung' kombiniert. Lernförderung wird als individuelle Förderung aufgefasst. Individualität wird allerdings in der Formel ‚Lernen mit Zielen' in einer Äquifinalität *kollektiver Lernaufforderungen* kanalisiert.

Kann das ‚Lernen mit Zielen' als konzeptionelle Leitidee begriffen werden, so handelt es sich bei der ‚Portfolioarbeit' um die zentrale pädagogische *Methode*. Sie operationalisiert ‚Lernförderung' in Projekt-Management-Form. Die Lernerfolge sind dabei ausdrücklich als ‚individuell' konzipiert, was Erfolge und Misserfolge in die Verantwortung der Kinder zu verschieben erlaubt. Man kann von einer Form des *management by objectives* (mbo) sprechen (Bogumil/Jann 2009: 241), von ergebnisorientierter Output-Steuerung.

Einer solchen individuellen Zurechnung von Lernerfolgen, hervorgegangen aus einer individuellen Beobachtung des Kindes, entspricht in der Dimension der *Sozialstruktur* auch die Priorisierung der Individualität des Kindes gegenüber einer Kindergruppe. ‚Gruppe' erscheint als ein (wählbares) Angebot unter mehreren, nicht als konstitutives Element in der Einrichtung. Damit kann ‚Gruppe' im Angebotsportfolio einer Einrichtung nicht mehr Bedeutung beanspruchen als andere Angebote (Essen, Fußball etc.) und wird gegenüber der betonten Individualität der Kinder und des pädagogischen Umgangs mit ihnen tendenziell marginalisiert. Es deutet sich die Konstellation eines Marktes an[138], in dem ‚Gruppe' Teil des Gesamtangebots ist, das vom Kind individuell genutzt werden kann (oder auch nicht).

---

138 Grell (2010: 164) sprach zugespitzt von der „Selbstbildungs"-Einrichtung Kindergarten als einem „Selbstbedienungs"-Kindergarten, was diesen quasi als ‚Basar' zeichnet.

Auf den verschiedenen Analyseebenen erscheinen Formen der Bearbeitung der pädagogischen Spannung zwischen den Polen ‚Freiheit' und ‚Zwang', die letztlich dem semantischen Haushalt der Ökonomie entstammen und sich teilweise explizit darauf beziehen. So legt der Alltag in der Einrichtung in der Darstellung den Kindern prinzipiell keine Verpflichtungen auf. Das gemeinsame Spielen, die Beziehung zu Kindern und zu Erwachsenen, die Wahl des Raumes u.a. werden durchweg als *Angebote* präsentiert, die dem Kind gemacht werden und die es auch ausschlagen kann – je nach Interesse bzw. *Nachfrage*. Die Erzieherin, der die Gestaltung dieser Umwelt obliegt, steht als *Anbieterin* dieser Nachfrage gegenüber. Es zeichnet sich in der Betonung kindlicher ‚Freiheit' das Bild eines *Marktes der Möglichkeiten*, in dem das Kind komplementär zur Anbieterin ein *Kunde* oder ggf. auch: ein *Investor* ist und sich auf dem Markt *konsumtiv* (Nutzung von Spielmöglichkeiten zur Freizeitgestaltung) oder *investiv* (Nutzung von Lernangeboten zur Kompetenzerweiterung) verhält – wobei in der proklamierten Allgegenwart von (lustvollem) ‚Lernen' beides nicht mehr zu trennen ist.

Wo der Entwurf auf gezielte Förderung von Lernen pointiert, folgt die Darstellung eher dem Vorbild eines Wirtschaftsunternehmens. Portfolioarbeit reflektiert Projekt- und Qualitätsmanagement, die Erzieherin erscheint als verantwortliche Projektmanagerin, das Kind als Mitarbeiter. Das Produkt, an dem es zu arbeiten hat ist seine eigene ‚Bildung'. Bei dessen Herstellung wird es feinmaschig supervidiert von einer ‚vorgesetzten' Erzieherin, die wesentlich Zielvorgaben – gesetzt durch die (Unternehmens-)Leitung – an die Kinder weiterreicht, Zwischenziele definiert (‚Checklisten') und die Arbeitsergebnisse evaluiert. ‚Freiheit' oder ‚Einwirkung', Autonomie oder Heteronomie: Die pädagogische Grundspannung wird gefasst in Bilder von *Markt* oder *Unternehmen*. Bei beiden Metaphern handelt es sich um ökonomische[139].

Was schließlich am ‚Markt der Möglichkeiten' angeboten werden könnte oder sollte, bleibt in der Formel der ‚Vielfalt' kontingent. Gleiches gilt für die Bestimmung des zu erbringenden Produktes ‚Bildung'. Inhalte werden auf Zielkonferenzen zwar bestimmt. Welche das sein könnten, bleibt im ‚Leitbild', dem allgemeinen pädagogischen Konzept, jedoch unbenannt. Aus der wiedergegebenen Fallskizze kann ersehen werden, dass es sich nicht unwesentlich um Fragen der Herstellung von Disziplin und eines geregelten Alltags handelt. Es wird auf ‚Bildungsprogramme' verwiesen, doch auch dieser Verweis bleibt formal. Letztlich entsteht der Eindruck: die Erzieherinnen haben quasi unter Hochdruck Möglichkeiten zu eröffnen, Bildungsprozesse zu managen. Kinder haben – ebenso unter

139 Nahe an diesem Befund formuliert bspw. Wimmer (2006: 23): „Aus Schulen werden ‚Fabriken', aus Pädagogen ‚Dienstleister', aus Bildung wird ein plan- und messbares Produkt und aus den Adressaten werden ‚Kunden' (die allerdings an dem ‚Produkt', das sie erwerben wollen, selbst mitarbeiten müssen)".

Hochdruck – dokumentierbare Lernergebnisse zu produzieren. All dies in Abwesenheit jeglicher Spezifizierung des Zu-Erreichenden. Das sich zeichnende Bild zeigt große Nähe zu dem, was Meseth/Proske/Radtke (2012) als „kontrolliertes Laissez-Faire" bezeichnet haben. Die Kinder haben die Freiheit, den ‚Markt der Möglichkeiten' zu nutzen und Lernerfolge zu produzieren – in welcher Form auch immer. *Dass* sie es tun, und dass darüber hinaus auch noch von der Organisation und der Erzieherin *gewünschte* Ergebnisse herauskommen, das soll die Arbeit mit dem Portfolio gewährleisten.

Die KLAX-Pädagogik präsentiert sich v.a. als ‚kindzentriert', setzt auf ‚Freiheit' und ‚Selbständigkeit' der Kinder, auf ‚Lernen' und dessen Ermöglichung. Das Modell verbleibt damit deutlich in Bahnen des pädagogischen Ethos (vgl. Kap. 1.3), was es an die Profession anschlussfähig macht. Insbesondere die operativen Elemente, die Vorschläge zur pädagogischen Arbeit und allgemein der Organisation des Einrichtungsalltags, zeigen dabei deutlich betriebswirtschaftliche Logiken. Auch hier, wie in der aktuellen Darstellung des Situationsansatzes, kann eine *Ökonomisierung* elementarpädagogischer Semantik festgestellt werden.

8 Elementarpädagogiken im diachronen Vergleich

Nach dem historisch-synchronen Vergleich pädagogischer Texte mit je zeitgenössischen gesellschaftspolitischen Kontexten kann nun die Frage nach den Gesellschaftsbezügen der Elementarpädagogik im diachronen Vergleich analytisch zugespitzt werden. Die inhaltsanalytischen Befunde der Arbeit werden hier selektiv herangezogen. In den vorangegangenen Studien wurden die historisch je spezifischen pädagogischen Formen der Bezugnahme auf Deutungsmuster in der politischen Öffentlichkeit herausgearbeitet. Im Folgenden interessiert vor allem, mittels welcher Schnittstellen eine Kopplung politischer und pädagogischer Logik in den untersuchten Fällen hergestellt werden konnte.

Zunächst (Kap. 8.1) erweisen sich die einzelnen Veranstaltungsentwürfe in Strukturen und Prozessen als *Miniaturen der umgebenden Gesellschaft*. Sie folgen damit dem in Kap. 2.1 beschriebenen Konzept der ‚-isierung'. Dies bleibt aber nicht auf Struktur- und Prozessbeschreibungen beschränkt, es schließt die jeweilige pädagogische Anthropologie ein (Kap. 8.2). Das Konstrukt ‚Kind', einerseits als einheitsstiftendes Proprium der Pädagogik, andererseits als Fluchtpunkt professioneller Orientierung entworfen (vgl. Kap. 1.3), erfährt von Zeit zu Zeit eine Respezifikation, die Anschlussfähigkeit an gesellschaftliche Erwartungen herstellt.

Dass Pädagogiken Resonanzen auf jeweilige politisch-öffentliche Diskurse hervorbringen, ließ sich in besonderer Weise daran zeigen, dass derselbe Ansatz, 1973 als ‚Curriculum Soziales Lernen' und um 2000 als ‚Situationsansatz' etikettiert, über die Zeit einander widersprechende Begründungen von Erziehung vorgeschlagen hat (Kap. 8.3). Pädagogik erweist sich als anpassungsfähig, doch weniger an ‚neue' wissenschaftliche Erkenntnisse über das kindliche Wesen (das man dann reifizierend als zentralen Bezugspunkt für pädagogische Legitimation darstellen kann), sondern vielmehr an sich wandelnde politische Semantiken. Besonders deutlich lässt sich das daran zeigen, dass der Situationsansatz über die Zeit in seiner Legitimation einen Wechsel der Referenz von Politik zu Ökonomie nachvollzogen hat.

Seitens der Umwelt des Erziehungssystems nähert man sich in Diskursen über Vorschulerziehung scheinbar dem pädagogischen Professionsethos an, indem man pragmatisch eigene Forderungen damit identifiziert (Kap. 8.4). *Win-win-Situationen* zwischen Gesellschaft und Individuum werden präsentiert oder aber, wie man am Beispiel aktueller Bildungspläne zeigen könnte, Politik autorisiert pädagogische Texte und beteiligt sich damit mittelbar am pädagogischen Diskurs.

Sieht man einmal vom direkten Vergleich Elementarpädagogik/Politik ab und wendet sich, angelehnt an Foucault, der Elementarpädagogik als strategischem Knotenpunkt im Machtnetz zu, das die Gesellschaft überzieht und die Körper durchdringt (Kap. 8.5), so kann man in den elementarpädagogischen Programmen die verschiedenen Machtstrategien entdecken, die Foucault beschrieben hatte. Sie finden sich dort in je spezifischer Form. Gerade im Falle der hier untersuchten neueren und ‚liberalen' Entwürfe, die wesentlich mit ‚Freiheit' und dem ‚Kind im Mittelpunkt' argumentieren, zeigen sich diese Machtstrategien teilweise an Stellen, die man auf den ersten Blick vermutlich nicht mit ‚Machtausübung' in Verbindung bringen würde.

Abschließend (Kap. 8.6) wird die Bedeutung der vorliegenden Arbeit für den wissenschaftlichen Diskurs der Vorschulerziehung, insbesondere ihrer historischen Beforschung, diskutiert. Ferner wird versucht, die Frage nach der Bedeutung solcher Forschung für die Profession, die in Kap. 1.5 gestellt wurde, zu beantworten.

8.1 Vorschuleinrichtungen: Miniaturen der Gesellschaft

Emile Durkheim hatte Erziehung als Teil der ‚Physiognomie der Gesellschaft' beschrieben (Durkheim 1902: 42). „In der Tat gibt es unter allen pädagogischen Einrichtungen vielleicht keine einzige, die nicht die Analogie einer sozialen Institution ist, die sie nicht unter einer verkürzten und verkleinerten Form in ihren Hauptzügen wiederholt" (a.a.O.: 52). Die voranstehenden Untersuchungen erhärten dies. Die jeweils projektierten Veranstaltungen der Erziehung kleiner Kinder bilde(te)n geradezu die umgebende Gesellschaft in Miniatur ab.

In Wilderspins Modell zeigte sich das besonders eindrücklich an der Sozialstruktur, die im Klassenzimmer hergestellt werden sollte. Sie inszenierte eine streng hierarchische Gliederung in Ebenen unterschiedlicher Privilegierung. Ein ‚Oberhaupt' (Lehrer), wenige ‚Offiziere' (Monitoren), eine Vielzahl von untergeordneten Schülern. Gespiegelt wurde das konservative Gesellschaftsideal in Preußen in der Zeit, das im Anschluss an die bürgerliche Revolution in Frankreich und durch die vorangegangenen liberalen Reformen nachhaltig erschüttert worden war: Das Bild einer Pyramide, einer stratifizierten Gesellschaft, in der ein Monarch mittels eines Beamten- oder Offiziersstabs bzw. einer Adelsschicht die Bevölkerung regiert. Dies autokratisch, im Modus von Befehl und Gehorsam, was pädagogisch als Vermittlung im Modus von Vorgabe und Nachahmung inszeniert wurde sowie in der Verfügung der ‚führenden Schichten' über Disziplinargewalt bezüglich des ‚Fußvolkes'. Ständige Aufsicht in panoptischen räumlichen Anordnungen nach einem Zentrum-Peripherie-Muster. Zentraler Inhalt war, neben Staatsbürgerkunde und Berufskunde, die Religion. Herzensbildung stand vor intellektueller. Das reflektiert das im Preußen dieser Jahre politisch markierte Desiderat einer gläubigen (nicht: ‚vernünftigen') Bevölkerung. Die Vermittlung religiöser Werte sollte den Zusammenhalt der Gesellschaft als integrierte Gemeinschaft sichern. In diesen Aspekten scheint deutlich die Relation dieses Programms zur Umwelt des Erziehungssystems auf, den Diskursen in der politischen Öffentlichkeit in einer Zeit konservativer Restauration.

Die Pädagogik der Maria Montessori war in der Zeit ihrer ersten Veröffentlichungen durch und durch biologisch und klinisch fundiert. Man kann von einer Vernaturwissenschaftlichung der Pädagogik sprechen. Die Ambition der Aufklärung, über die Erziehung der Individuen sowohl diese selbst als auch die Gesellschaft insgesamt zu verbessern, wurde deutlich in biologischen Bahnen in Szene gesetzt und sollte mittels naturwissenschaftlicher Verfahren der Beobachtung und Messung abgesichert werden. Dem entspricht, dass Montessori selbst, wenigstens zeitweilig, ihre Casa dei Bambini als Labor für naturwissenschaftliche Studien zur kindlichen Entwicklung beschrieben und aufgefasst hat. Hier oszillieren Ideen pädagogischer Förderung mit solchen der anthropometrischen Vermessung von Kindern als Probanden. Zugleich waren ‚Gesundheit' und ‚Krankheit' immer mitschwingende Kriterien der Beschreibung ‚richtiger' Entwicklung, wobei das ‚Normale' sich aus statistischen Mittelwerten ergab und jegliche Abweichung davon als Deviation gewertet wurde, die es zu beheben galt. Aus dieser Perspektive ähneln ihre Einrichtungen ‚Kliniken', die die gesunde Entwicklung von Kindern vorantreiben bzw. ermöglichen sollten. Mit dieser naturwissenschaftlichen Ausrichtung von Pädagogik konnte Maria Montessori in dieser Zeit einen Tenor öffentlicher Debatten treffen, die in hohem Maße, ausgehend von modernen biologischen Theorien, auf die Verbesserung der Bevölkerung und ihrer Lebensumstände abzielten: Sozialhygiene, Gesundheit, Verlängerung und Optimierung des Lebens, Menschenökonomie. Besondere Brisanz erhielten diese Themen im Vorfeld und Verlauf des Ersten Weltkrieges, aber auch in der Nachkriegszeit: Die Herstellung einer vielzähligen und in ihren biologischen Grundlagen optimierten Bevölkerung – ‚more organico', wie Goldscheid formuliert hatte – galt als dringliches Desiderat, auch und gerade für das Militär. Dass Montessori nicht direkt an das semantische Säbelrasseln des damaligen Militarismus anknüpft, heißt nicht, dass ihre Pädagogik nicht gelesen werden kann als Methode der Unterstützung dieser Ambitionen. Im Versprechen der Herstellung einer optimierten Bevölkerung durch eine Pädagogik auf Grundlage naturwissenschaftlichen Wissens wird ihre Pädagogik an militärische und gesellschaftspolitische Deutungsmuster anschlussfähig. Insofern ‚passt' sie auch in sozialwissenschaftliche und politische Diskurse ihrer Zeit, die genau eine solche Bevölkerung zum Desiderat machten, die aus ‚normalisierten' Individuen sensu Montessori besteht: selbstdiszipliniert, ruhig, arbeitsam, funktional an ihrem gesellschaftlichen Ort.

Ähnliches zeigte sich beim Blick auf die Programme der 1970er Jahre. Vermittlungsprozesse wurden durchgängig als Formen demokratischer Abstimmung gezeichnet, ein pädagogischer Anschluss an die Brandt'sche Forderung, angesichts einer Demokratiekrise mehr Demokratie zu wagen. Im ‚Curriculum Soziales Lernen' war die zentrale Arbeitsform des Projekts durchzogen von Diskussionen, in denen pädagogische Themen und Vorgehensweisen unter allen Beteiligten – Kindern, Eltern, Wissenschaftlerinnen und Wissenschaftlern sowie Erzieherinnen und Erziehern – demokratisch abgestimmt wurden. Ähnlich die JFK-Schule: Karottenpflanzen wurde als demokratisches Projekt deklariert und in Form von Plenarversammlungen (im egalitären Stuhlkreis), ‚Ausschüssen' und Arbeitsgruppen umgesetzt. Gleichberechtigte Teilhabe Aller an kontinuierlichen Prozessen gemeinsamer Deliberation; Steuerung aller Abläufe im Alltag (Konfliktbearbeitung, Spielzeug- und Arbeitsverteilung) analog der ‚großen Politik'. In den Entwürfen entsteht das Bild vom Kindergarten als Parlament. Die vorgeschlagenen operativen Formen der Erziehung reflektierten die der idealisierten, demokratischen Gesellschaft, so dass man von einer Politisierung der Pädagogik sprechen kann.

In der Gegenwart lassen sich gesellschaftliche Erwartungen in den Kontexten von Wirtschaft und Sozialstaat beobachten, die in einer ökonomischen Logik konvergieren. Allgemein finden sich wirtschaftliche Logiken in den untersuchten pädagogischen Programmen insofern, als sie zunächst die Tageseinrichtung als privatwirtschaftliches Unternehmen entwerfen. Im Situationsansatz wird das gefordert, die KLAX-Gruppe wird bereits als Konzern präsentiert. Die Organisation des pädagogischen Alltags reflektiert Formen eines Marktes oder aber eines Unternehmens. Mitgliedschaftsrollen ähneln entsprechend denen von Anbietenden und Nachfragenden oder aber Vorgesetzten und MitarbeiterInnen, ProjektmanagerInnen und AssistentInnen. Pädagogische Projekte werden als gewinnorientierte Produktion und Vermarktung inszeniert oder aber vergleichbar mit unternehmensinternen Arbeitsprozessen beschrieben, die über ein Qualitätsmanagement gesteuert werden. Wirtschaftliche Steuerungslogik wird, am Beispiel der KLAX-Portfolioarbeit deutlich sichtbar, über Fragen der Organisationssteuerung hinaus bis in die Ebene der direkten Interaktion zwischen Erzieherin und Kind verlängert. Beide Programme präsentieren auf allen angesprochenen Dimensionen deutlich wirtschaftliche Semantiken und Strukturen, die denen im politisch-öffentlichen Diskurs entsprechen. Man kann auch hier von einer pädagogischen

Bezugnahme auf hegemoniale gesellschaftliche Kalküle sprechen, von einer Ökonomisierung der Elementarpädagogik.

Aus der Distanz erscheinen alle Veranstaltungen als Miniaturen der Gesellschaft, als Abbilder der Ideale einer politischen Öffentlichkeit, jetzt projiziert auf die organisierte Erziehung kleiner Kinder. Die Einrichtungen präsentier(t)en sich als Modell der idealisierten Gesellschaft, zugleich als deren Labor. Kinder soll(t)en dort auf ein Leben in der ‚großen' Gesellschaft vorbereitet werden, indem man deren Strukturen ‚im Kleinen' in Szene setzt. In diesem Sinne konnte in allen Papieren eine einschlägige ‚-isierung' beobachtet werden. Wenn auch im Einzelfall gesellschaftliche Erwartungen als Forderungen an das Kind in den Programmen nicht oder nur marginal behandelt werden und meist semantisch auf kindliche Bedürfnisse fokussiert wird, so wird doch operativ ein Setting hergestellt, das diese Erwartungen strukturell beantwortet.

8.2 Die Gesellschaftsabhängigkeit pädagogischer Anthropologie

Eine Pädagogik stützt sich immer auch auf Beschreibungen des Adressaten und der Idee davon, was aus ihm werden soll. Man könnte daher meinen, dass die Pädagogik ihr Proprium (vgl. Kap. 1.3) gegen gesellschaftliche Erwartungen in der (über die Zeit scheinbar zunehmenden) Orientierung an einer pädagogischen Anthropologie durchgesetzt hätte. Drei anthropologische Aspekte wurden in den Studien beobachtet: das Kind als bildsames Wesen, als erziehungsbedürftiges Wesen und als Idealpersönlichkeit, die es via Erziehung werden soll. In Konzentration auf diese Figur scheint sich die pädagogische Logik ‚vom Kinde aus' zu verwirklichen. Doch auch diese formalen Elemente wurden historisch unterschiedlich semantisch gefüllt; und auch hier, in pädagogischen Respezifikationen ‚des Kindes', konnten deutliche Bezugnahmen auf gesellschaftliche Logiken jenseits des Erziehungssystems gefunden werden.

Die Beschreibung der *Bildsamkeit* des Adressaten blieb in den untersuchten Papieren immer inhaltlich kontingent und zukunftsoffen. Das Kind wurde dargestellt als ein im Grunde beliebig formbares Medium (vgl. Luhmann 1991). Die Beschreibungen wurden jedoch anschlussfähig dafür gehalten, wie darauf aufbauend pädagogische Einwirkung stattfinden soll (gerade das soll durch eine pädagogische Anthropologie ja begründet werden); und diese Prozesse ähnelten stark den gesellschaftlich als legitim erachteten Formen.

Für Wilderspin galt das Kind, mit direktem Bezug auf Locke, als ‚unbeschriebenes Blatt'. Erziehende Einwirkung schien in Form von ‚Prägung' möglich oder mittels einer selektierten Umwelt ,guter Eindrücke'. Konsequent wurde die Veranstaltung als Inklusionsmilieu entworfen, der Lehrer als ,prägendes' Vorbild, die pädagogische Einwirkung als Stakkato ,prägender' Katechismen, Vorgaben und Anweisungen. Dies in einem gesellschaftlichen Klima, das mit Fragen von Autorität und Unterordnung unbefangen umging.

Maria Montessori beschrieb das Kind als ,postnatalen Embryo', der sich in einer ständigen Weiterentwicklung bzw. einem Prozess der Selbstumformung befindet. Gleich einer Stammzelle, die sich entlang genetischer Informationen zu einer Nervenzelle, Leberzelle, Hautzelle etc. ausbildet und somit unwiderruflich funktional spezialisiert, entfalte sich auch das Kind entlang eines ,inneren Bauplans' autopoietisch zu einer nicht vorab feststehenden, spezifischen Form. Genetisch basierte Entwicklung kann man nicht in situ steuern, man kann ihr nur Rahmenbedingungen bieten. Dem entsprechend sprach sie ein Verdikt direkter, pädagogischer Einwirkung aus um auf der anderen Seite durch die Erzieherin eine rationell durchgeplante Umgebung gestalten zu lassen. Diese Perspektive auf die Entwicklung des Kindes als Humanontogenese entsprach dem gesellschaftlichen, politischen Denken der Zeit, das geprägt war durch Theorien der Sozialhygiene und ,Bewirtschaftung' der Bevölkerung.

In den 1970er Jahren wurde Bildsamkeit im Curriculum Soziales Lernen gedeutet als Diskursfähigkeit, was der Diskussion als deliberativem Prozess entgegenkommt. Die Darstellung der Vorschulklasse der JFK-Schule zeichnete das Kind als neugierig und lernbereit, als intrinsisch motiviert zur Aufnahme von Wissen. Lernen ermöglicht Lehren; die Vorschulklasse bereitet auf die Schule vor und das Kind bringt, laut Konzept, die dazu notwendigen Fähigkeiten bereits initial mit. Es will lernen. Die Formungsambition wird – anders als bei Wilderspin – an die Zustimmung des Kindes gebunden, die aber apodiktisch vorausgesetzt wird. Unter dieser Bedingung scheint ,Erziehung', trotz des seinerzeit einschlägigen Beeinflussungs- und Autoritätsverdikts, legitim.

In gegenwärtigen Pädagogiken zeigt sich eine gewisse Nähe dazu. Kindern wird Neugierde und Forschergeist zugeschrieben, die sich zum ,Fimmel' steigern können. Dabei wird die Eigenaktivität der Kinder hervorgehoben. Erzieherisches Einwirken erscheint tendenziell als störendes Hemmnis. Im Modell ,KLAX' wird Lernen als Modus der Weltaneignung betont und das Kind in Bildern vom ,Lebensquell', ,Fluss' oder ,Baumeister' (seiner selbst) kontingent gezeichnet. Alle diese Beschreibungen weisen (im Unterschied zur Pädagogik Wilderspins oder den Entwürfen der siebziger Jahre) auf ,Selbst-Bildung' hin, die autonome Eigenaktivität des Kindes. Während ,Diskursfähigkeit' und ,Lernbereitschaft' als Beschreibungen von Bildsamkeit noch einen Bezug auf andere Personen beinhalteten (die Gruppe, mit der es zu diskutieren gilt; die Lehrerin, die lehrt), sucht der ,Fluss' sich seinen Weg selbst, baut der ,Baumeister' (wenn auch mit Hilfe) das

Gebäude seiner Persönlichkeit alleine, sucht der ,Forscher' eigenständig nach Erkenntnissen. Soziale Bezüge erscheinen in den Pädagogiken der 1970er Jahre konstitutiv für die kindliche Aneignung, in den untersuchten gegenwärtigen Entwürfen tendenziell nicht (mehr). Die hier betrachteten Beschreibungen von Bildsamkeit weisen damit auf eine Individualisierung der Auseinandersetzung des Kindes mit seiner Welt hin. Damit einher geht eine tendenzielle Entpflichtung der Fachkräfte. Ihnen bleibt die Aufgabe der Gestaltung ,vielfältiger Umwelten' (anders als bei Montessori, nach der die Umwelten spezifisch zu gestalten waren) und der Befeuerung kindlichen Lerneifers. Das geht einerseits konform mit Forderungen der gesellschaftlichen Umwelt (,Selbständigkeit', ,Eigenverantwortung', Handlungsfähigkeit ,am Markt') und wirkt andererseits entparadoxierend hinsichtlich der pädagogischen Spannung zwischen ,Freiheit' und ,Zwang'.

Auffällig stehen in allen Entwürfen Beschreibungen der kindlichen Bildsamkeit und propagierte Formen des Erziehens in einem eigentümlichen Zusammenhang; und ebenso auffällig bewegen sich diese Formbeschreibungen (Prozesse/Methoden, Organisation) im Rahmen des gesellschaftlich Erwarteten.

Gerade ob der professionsethischen Forderung, Pädagogik am Wohle des Kindes auszurichten, als dessen Anwalt *gegen* andere, gesellschaftliche Mächte aufzutreten und deren Forderungen ,kindgemäß' zu transformieren, erscheint es bemerkenswert, dass die *Idealkonstruktionen* der erzogenen Persönlichkeit in beinahe allen untersuchten Pädagogiken ebenfalls deutliche Nähe zu den Forderungen der gesellschaftlichen Umwelt aufwiesen.

Wilderspin präsentierte das erzogene Kind als zufrieden und genügsam – beides Tugenden, die der Konservative Beckedorff gefordert hatte. Es zeige Respekt vor fremdem Eigentum und damit eine Immunität gegen kriminelle Handlungen, was sowohl die dem Programm immanente Problembeschreibung trifft als auch die Situation der preußischen Rezipienten. Es wolle ferner nützlich werden wie ein dressiertes Pferd, was dem philanthropischen Ideal – Kinder glücklich und nützlich zu machen – aber auch den Forderungen der Restauratoren entspricht. Dabei wurde es als akzeptierend-unkritisch gegenüber sozialen Ungleichheiten gezeichnet und auch das entspricht dem konservativen Ideal.

Das nach Montessori ,normalisierte' bzw. erzogene Kind wird als eines beschrieben, das sich dem Ideal des ,medial man' annähert, der statistischen Konstruktion des naturgemäß entfalteten Menschen. Als solches bringe es spezifische Merkmale mit. Montessori spricht von ,harmonisch', ,stark', ,arbeitsam', ,ruhig', von ,spontaner Disziplin', ,Neugierde', ,Interesse', ,Heiterkeit', ,innerer Ordnung'. Vieles davon reflektiert nicht nur pädagogische Notwendigkeiten (ruhige, neugierige, motivierte und disziplinierte Kinder in der Einrichtung), sondern auch

Wesenszüge eines idealen Bürgers; einiges davon (v.a. ‚spontane Disziplin', ‚Stärke') entsprach den Vorstellungen vom optimalen Soldaten.

Die angestrebten Merkmale einer idealen, erzogenen Persönlichkeit wurden in den pädagogischen Texten der 1970er Jahre skizziert als ‚bewusstseinsfähig', ‚reflexiv', ‚gesellschaftskritisch' und ‚emanzipativ', was neben der kritischen Analyse der Gesellschaft auch die Ambition und Fähigkeit zu ihrer aktiven Gestaltung beinhaltete. Dem erzogenen Kind wurde die Fähigkeit zugeschrieben, solidarisch und demokratisch in einer egalitären Gemeinschaft Beschränkungen zu erkennen und zu beseitigen, die die bestehende Gesellschaftsstruktur den Individuen auferlege, und so dem Telos ‚Freiheit' immer weiter entgegenzustreben. Der so beschriebene Persönlichkeitstypus entspricht den in der politischen Öffentlichkeit von verschiedenen Seiten geforderten Tugenden erneut weitgehend. Eine Gesellschaft, die sich versteht als Demokratie auf dem Weg zu noch mehr Demokratie (vgl. Brandt, Hamm-Brücher) ist auf solche Persönlichkeiten angewiesen. Die zeitgenössische Pädagogik fand ihr Erziehungsziel in einem mit gesellschaftlichen Forderungen identischen Bürgerideal.

Das Modell ‚KLAX' zeichnet am Beginn des 21. Jahrhunderts das ideale Kind mit den Attributen ‚selbständig', ‚eigenverantwortlich' und ‚teilhabefähig', was im Wortlaut Formeln sind, die von Seiten wirtschaftlicher Akteure, aber auch im neoliberal-sozialpolitischen Diskurs verwendet und als ‚Kompetenzen' gefordert werden. Im revidierten ‚Situationsansatz' erhält die Idealpersönlichkeit in der Kunstfigur des ‚Entrepreneurs' einen Namen und eine Gestalt, die den Diskursen in der politischen Öffentlichkeit weitgehend entspricht. Ganz besonders fällt die komplementäre Entsprechung zwischen dem ‚Unternehmer' (als Beschreibung des Individuums) und dem ‚Markt' (als Vergesellschaftungsideal) auf. Sowohl wirtschaftliche als auch sozialstaatliche Ideale werden auf die pädagogische Konstruktion einer zu erreichenden Zielpersönlichkeit projiziert.

In allen hier betrachteten Fällen zeigt sich: Die Zielvision des idealen, erzogenen Menschen spiegelt die Ideale der jeweiligen politischen Öffentlichkeit wider. Das Ideal der erzogenen Persönlichkeit zeigt sich als Projektion des in der Sozialordnung jeweils als ideal geltenden Untertanen oder Bürgers.

Zuletzt soll hier beleuchtet werden, wie die untersuchten Programme die *Erziehungsnotwendigkeit* mit kindlichen Defiziten begründeten. Für Wilderspin war das Kind ein Wesen mit Neigung zum Bösen, eine kontingente Beschreibung, die in der Folge auf kriminelle Neigungen spezifiziert wurde (‚Mausen' und ‚Stehlen'). Das konstatierte Defizit wird als Gegenteil des im selben Papier geschilderten Personideals entworfen. Zugleich spiegelt die Defizitbeschreibung des Kindes das Defizit der Gesellschaftsbeschreibung: Für den Fall Preußens, das diese Pädagogik rezipiert hat, konnte die Problematik wachsender Kriminalität nachgezeichnet werden (vgl. Kap. 4.1).

Für Maria Montessori ergab sich die Erziehungsbedürftigkeit von Kindern aus der Feststellung, dass sie sich als nicht-(richtig-)Erzogene nicht naturgemäß, vielmehr deviat entwickeln. Dass ‚Devianz' gleichgesetzt werden kann mit ‚krank' zeigt sich an verschiedenen Textstellen (z.B. Devianz als ‚Idiotie' bzw. ‚Schwachsinn'). Das Kind gilt als erziehungsbedürftig, weil es ohne richtige Erziehung ‚abweichend' und krank aufwächst. Das kindliche Defizit, das Erziehung notwendig macht, stellt einerseits das Gegenteil des angestrebten Personideals dar und spiegelt andererseits die Krisendiagnose des sozialhygienischen Diskurses der Zeit.

Im ‚Curriculum Soziales Lernen' wurde das unerzogene Kind als reflexionsunfähig und daher als unterdrücktes Wesen gezeichnet. Damit wäre es kritikunfähig gegenüber gesellschaftlichen Strukturen und weder fähig diese zu gestalten noch aus ihnen resultierende Beschränkungen persönlicher Entfaltungsfreiheit überhaupt zu erkennen (‚verdinglichtes Alltagsbewusstsein'). Ähnlich die Darstellung der JFK-Schule: Das Kind gilt als egozentrisch. Damit fehlt ihm die Grundlage für einen demokratischen Diskurs sowie dafür, sich als Teil einer sozialen Gemeinschaft zu verstehen und entsprechend ‚sozial' zu handeln. Auch hier erscheinen beide Defizitkonstruktionen wieder als Gegensatz des jeweiligen Persönlichkeitsideals und zugleich als Analogie auf gesellschaftliche Defizitdiagnosen (Unterdrückung, ‚Demokratielücke').

Der Entwurf der KLAX-Pädagogik bleibt hinsichtlich des kindlichen Defizits vage. Kinder wären ‚anzureichern' oder ‚unterstützungsbedürftig' – was auch immer das im Einzelnen heißen mag. Deutlich interessanter erscheint die Defizitkonstruktion des Kindes im ‚Situationsansatz'. Das Kind wird hier gezeichnet als ‚verwöhnt', als ‚Konsumkind'. Das entspricht erneut dem Gegenteil des Personideals (‚Entrepreneur') und spiegelt zugleich deutlich pejorative Beschreibungen bspw. Herzogs vom ‚ewig irritierten, ewig verzweifelten Versorgungsbürger' (vgl. Kap. 7.3). Das ‚Konsumkind' steht analog zum Bürger des abgelehnten versorgenden bzw. aktiven Sozialstaats.

Die *Bildsamkeit* entspricht damit den projektierten Formen der erziehenden Einflussnahme auf das Kind und ermöglicht und legitimiert sie. Zu fragen wäre, ob die Methoden der Erziehung aus der Beschreibung der Aneignungsfähigkeit des Kindes hergeleitet werden oder ob es sich umgekehrt verhält, ob nicht ‚das Kind' entlang der propagierten pädagogischen Formen konstruiert wird; eine Mittel-Zweck-Relation. Einiges spricht für das Letztere. Dass es sich dabei um Formen handelt, die in hohem Maße den gesellschaftlichen Plausibilitäten entsprechen

(‚Miniaturen'), wurde bereits erörtert. Das Ideal einer *erzogenen Persönlichkeit* weist deutliche Parallelen zu in öffentlichen Diskursen vertretenen Untertanen- oder Bürgeridealen auf. Die *Notwendigkeit zu erziehen* schließlich, das Defizit des Kindes, das, was ihm fehlt und worauf mit Erziehung reagiert werden soll, entwirft sich analog gesellschaftlicher Krisendiagnosen und als Gegenteil des Persönlichkeitsideals – und damit wiederum als Gegenteil gesellschaftlicher Erwartungen. Die pädagogische Anthropologie der untersuchten Entwürfe erscheint in allen drei Ebenen, Bildsamkeit, Erziehungsbedürftigkeit und Idealperson, als Projektion gesellschaftlicher Normen auf Kinder als Adressaten von Erziehung: Die Erziehungsbedürftigkeit als Projektion gesellschaftlicher Probleme, das Persönlichkeitsideal als Projektion des idealen Bürgers und die Bildsamkeit des Kindes als Projektion gesellschaftlich akzeptierter Prozesse und Operationen. ‚-isiert' wird nicht nur die Form der Veranstaltung vorschulischer Erziehung, sondern auch die einem Entwurf jeweils zu Grunde liegende pädagogische Anthropologie.

Die Konstruktion des Kindes erscheint in allen drei betrachteten Dimensionen als spezifische Schnittstelle zwischen pädagogischen Semantiken und solchen der politischen Öffentlichkeit, an der deren Kalküle in pädagogisch anschlussfähige Figuren übersetzt werden. Man könnte i.d.S. von der pädagogischen Anthropologie als einem ‚Trojanischen Pferd' gesellschaftlicher Leistungserwartungen gegenüber den Autonomieansprüchen der erziehenden Profession sprechen. Jedenfalls erscheint eine professionsethische Idealvorstellung der ‚Beugung' gesellschaftlicher Erwartungen ‚am Kindeswohl' empirisch nicht haltbar. Das Gegenteil ist (mindestens ebenso) evident.

8.3 Vom Curriculum Soziales Lernen zum Situationsansatz: Ein Fallbeispiel

Besonders illustrativ erscheinen semantische Umstellungen, die das ‚Curriculum Soziales Lernen', das heute als ‚Situationsansatz' firmiert, im Zeitraum seiner Entstehung bis hin zur Gegenwart erfahren hat. Das insbesondere deshalb, weil für beide Fassungen derselbe Protagonist (Jürgen Zimmer) verantwortlich zeichnet und neuere Texte sich auf die älteren explizit berufen, im direkten Vergleich aber markante Gegensätze zwischen beiden sichtbar werden.

Seit 1973 deutlich verschoben hat sich bis heute die zentrale Orientierung des Ansatzes: von politischer zu wirtschaftlicher Logik. Die primäre Zielvision des ‚mündigen Demokraten' wird ersetzt durch den ‚Entrepreneur'. Das Defizit des Kindes wechselt von ‚nicht-reflexiv' und damit ‚unterdrückt' hin zu ‚konsumverwöhnt' bzw. ‚nicht-unternehmerisch'. Die Bestimmung zu erwerbender Fähigkeiten wandelt sich von ‚Diskursfähigkeit' und kritischer Reflexion und Aktion hin zu ‚Anpassungsfähigkeit', ‚Unternehmergeist' und ‚intelligenter Askese'.

Ferner zeigt sich die Umstellung eindringlich daran, dass pädagogische Kommunikation in beiden Texten Systemgrenzen überschreitet. Pädagogische Prozesse werden im einen Fall analog politischer Kommunikation entworfen (Deliberation), im anderen analog ökonomischer (Produktion, Vermarktung). In beiden Fällen verschwimmen die Grenzen: Im ‚klassischen' CSL war keine klare Differenz mehr zwischen pädagogischer Vermittlung und politischer Gesellschaftsgestaltung zu sehen, im gegenwärtigen ‚Situationsansatz' verfolgen ‚Projekte' neben der Vermittlungsambition die der Erwirtschaftung von Gewinn.

Aus dem Prinzip ‚Kritik' (soziale Strukturen auf Unterdrückungspotential befragen) wird ‚Pragmatik' (am Beispiel ‚Ali-Baba': Das und nur das lernen, was im Moment am Markt gebraucht wird). Die Prinzipien ‚Emanzipation' und ‚Solidarität' (mit Schwächeren) von 1973 werden gegenwärtig ersetzt durch ‚Profiterzielung', ‚Exzellenz' (siehe das ‚Management by Champignons') und ‚Selbsthilfe'.

Das wirkt sich auch auf die Themenwahl aus. In den 1970er Jahren wurden solche Themen vorgeschlagen, die Anlass zu Kritik, Enthüllung und Skandalisierung unterdrückender Ereignisse und Strukturen und anschließender politischer Einflussnahme bieten. Dabei galt explizit oder implizit wirtschaftliche Praxis als Problemauslöser. Gegenwärtig gilt eine bestehende Nachfrage (Anglerverein) als Anlass für ein ‚Projekt' (Wurmzucht). Politische Regulierung wird als ‚bürokratische Verkrustung' abgelehnt, der Markt soll freigelassen werden.

In den 1970er Jahren, im CSL und im Gefolge Kritischer Theorie und Erziehungswissenschaft, galt ‚Gesellschaft' als von Menschen gemachte und veränderbare Struktur. Menschen sollten dazu erzogen werden, diese Struktur bewusst und planvoll zu verändern. Gegenwärtig wird ein gegenteiliges Bild gezeichnet: das eines scheinbar unabhängigen gesellschaftlichen Wandels, der die Menschen mitreißt, der als ‚Schicksal' präsentiert wird (Schröder/Blair) oder in Form abstrakter Personifizierungen (Weltbank: ‚Das 21. Jahrhundert bevorzugt eine bestimmte work-force'). Diese Diagnose wird im ‚Situationsansatz' aufgenommen: der Markt als quasi naturgesetzliche Gegebenheit, deren Regeln sich der Mensch zu beugen hat und auf die Kinder vorzubereiten sind – der scheinbar alternativlose Weg, ‚glücklich' zu werden und nicht in einer Krise unterzugehen. Die kritische Variante des CSL hatte hierbei, wie Horkheimer und Adorno, von ‚verdinglichtem Alltagsbewusstsein' gesprochen. Gesellschaftliche Strukturen sollten dort durch Erziehung gestaltet werden hin auf persönliche und kollektive Freiheit. Man zielte auf ihre Anpassung an menschliche Bedürfnisse. Gegenwärtig scheint – gesellschaftspolitisch wie im untersuchten Entwurf pädagogisch – Gegenteiliges zu gelten. Nicht: Anpassung gesellschaftlicher Strukturen an die Menschen; vielmehr: Anpassung der Menschen an die Strukturen. Wurde in den 70er Jahren der Mensch als unabhängige Variable gegenüber der abhängigen Variable ‚Gesellschaft' fingiert, so sind diese Positionen gegenwärtig vertauscht.

Betrachtet man das Verhältnis von Staat zu Markt, so nehmen die untersuchten Texte jeweils Partei für eine Seite und rezipieren deren Logik in Abgrenzung, gar Gegnerschaft zur anderen. Die Argumente des ‚Situationsansatzes' haben sich, verglichen mit seinen Anfängen, in einem Wechsel des legitimatorischen Bezugspunktes von ‚Politik' zu ‚Wirtschaft' gegenwärtig in ihr genaues Gegenteil verwandelt.

8.4 Die ‚win-win-Situation': Pragmatische Identifikationen

In der Betrachtung des Diskurses über Vorschulerziehung gilt es zu unterscheiden zwischen pädagogischen Beiträgen und solchen, die sich der Umwelt des Erziehungssystems zurechnen lassen. Wurde Eingangs (siehe Einleitung) auf die Figur ‚Kind im Mittelpunkt' pointiert und eine Abblendung anderer Motive jenseits des ‚Kindeswohls' festgestellt, so handelt es sich dabei um eine analytische Vereinfachung. Akteure aus Politik, Militär und Wirtschaft – nicht-pädagogische Akteure also – äußer(te)n in der Regel recht explizit, dass sie mit der Erziehung bereits kleiner Kinder eigene Nutzenerwägungen verbinden. Relativierend kann festgehalten werden, dass solche Argumente zunehmend entschärft wurden und werden, je konkreter ein Text die pädagogische Profession oder Eltern adressiert. Was man aber allgemein an Textproduktionen jenseits des Erziehungssystems sehen kann, ist, dass sie pragmatisch stets den Nutzen ihrer Forderungen auch für die Individuen unterstellen. Sie *identifizieren ihre Erwartungen mit dem Wohl der Menschen*; sei es in Formeln der ‚Religiosität', die sowohl eine Monarchie legitimiert und soziale Ungleichheit mit Verweis auf jenseitige ‚Gerechtigkeit' befriedet als auch als Quelle des Trostes für die Armen gilt (vgl. Kap. 4.2), der ‚Hygiene' und ‚Gesundheit', die sowohl der ewigen Dauer der deutschen Nation als auch dem Wohlbefinden des einzelnen Bürgers zu Gute komme (vgl. Kap. 5.4), dem Bild von der Demokratie sowohl als wünschenswerte Staatsform als auch als Voraussetzung eines ‚erfüllten Kinderlebens' (vgl. Kap. 6.3) oder schlicht des ‚Erfolges' (vgl. Kap. 7.2), der sowohl ökonomisch als auch bezüglich der persönlichen Lebensführung gelesen werden kann. Für die vbw stellt ‚Bildung' entsprechend ein wichtiges ‚Kapital' dar, „auch für die Wirtschaft" (vgl. Kap. 7.2) – wobei das Wort ‚auch' das Individuum als vorrangigen Nutznießer markiert. Die BDA spricht schließlich explizit von einer *win-win-Situation*: „Sie nutzt jedem Einzelnen, aber auch der gesellschaftlichen und wirtschaftlichen Entwicklung" (BDA 2006: 9). Dem distanzierten Beobachter pädagogischer Begründungsmuster kann dies wie ein Anachronismus erscheinen, wie ein Rückschritt hinter die

Erkenntnis, dass ein philanthropischer Pragmatismus, der die Pole ,Kind' und ,Gesellschaft' pädagogisch identifiziert, nach Formulierung der konstitutiven Antinomien moderner Pädagogik nicht mehr denkbar ist (mindestens naiv erscheinen muss). Dabei handelt es sich aber um ein Problem moderner Pädagogik und Erziehungswissenschaft, nicht der Politik oder der Wirtschaft. Während umweltanaloge Formbildungen öffentlicher Erziehungsveranstaltung (Kap. 8.1) und pädagogische Anthropologien (Kap. 8.2) in der *Selbstbeschreibung* des Erziehungssystems Schnittstellen zur Umwelt bilden, können solche Identifikationen gesellschaftlicher und individueller *benefits* von Erziehung in nicht-pädagogischen Texten als *Fremdbeschreibungen*, als Anschlüsse der Umwelt an das Erziehungssystem, gelesen werden.

8.5 Vorschulerziehung als Teil gouvernementaler Strategien

Anhand der Theorie Michel Foucaults lassen sich die untersuchten pädagogischen Programme daraufhin befragen, welche Gouvernementalitätsstrategien sie inszenieren. Die entworfenen Organisationen wären unter dieser Perspektive begreifbar als organisierter Ausdruck eines allgemeineren ,Kalküls'; als Knotenpunkte des Machtnetzes, das die Gesellschaft überzieht und auf die Individuen wirkt; als die Orte, an denen diese Durchdringung der Körper, die machtvolle Einwirkung auf Individuen, stattfindet. Pädagogische Entwürfe sollten in diesem Sinne Elemente von Machtstrategien (Disziplinarmacht, Bio-Politik, Pastoral- bzw. Konditionalmacht, vgl. Kap. 2.2) mehr oder minder deutlich zum Ausdruck bringen und in spezifischer Weise Formen der ,Führungsführung' beschreiben.

Im Falle des Modells der *Englischen Klein-Kinder-Schulen Wilderspins* drängte sich ein solcher Vergleich förmlich auf. Das Modell propagiert beinahe vollständig alle Merkmale, mit denen Foucault analytisch die Disziplin beschrieben hatte. Geht man deren beschriebene Merkmale durch, so finden sich je konkrete, pädagogisch-eigenlogische Entsprechungen. Für Foucault war die Disziplin eine Strategie der ,Ordnung menschlicher Vielfältigkeit'. Er hatte die Verortung von Individuen räumlich und zeitlich als ,Tableaus' beschrieben. Beide Formen finden sich bei Wilderspin wieder. Zum einen in der Platzierung der Kinder im *Raum*: Sie bilden, wenn sie unterrichtet werden, eine halbkreisförmige Peripherie um ein Zentrum (den Lehrer oder Monitor), worin sie exakt verortet sind. Der Halbkreis der Peripherie stellt dabei sicher, dass sich keine Kinder hinter dem Zentrum befinden und sich so seinem Blick entziehen können. Zum anderen findet eine *zeitliche* Tableaubildung statt. Die Kinder an ihren Orten machen nicht Beliebiges, voneinander Unabhängiges. Das ganze Unternehmen ist ja gerade auf den gegenteiligen Zustand, auf Ordnung ausgelegt, d.h. bei Wilderspin: auf ‚Zusammenwirken'. Ihre Aufmerksamkeit ist aufgrund ihrer räumlichen Verortung auf den Mittelpunkt gerichtet, den Lehrer bzw. Monitor, der Vorgaben macht und pünktliche Befolgung seiner Befehle erwartet. Ein Katechismus, ein Spiel von Frage und Antwort, das zeitlich in der Weise getaktet ist, dass alle Schüler simultan auf eine Frage antworten.

Was die Veranstaltung ferner inszeniert ist ein *Panoptismus*, ein in verschiedener Hinsicht und über verschiedene Hierarchieebenen gestaffelter ‚zwingender Blick', in dem jedes Kind zu jeder Zeit real oder mindestens potentiell beobachtet werden kann. Das der ständigen Beobachtung des Zentrums unterworfene Kind an der Peripherie muss aufmerksam sein, pünktlich reagieren, weil jedes abweichende Verhalten (qua erwarteter Bewegungen) gesehen und geahndet wird. Der Panoptismus setzt sich strukturell-architektonisch fort durch die Funktion der Wohnung des Lehrers. Von dort aus kann er jeden Ort der Schule einsehen, vermutlich ohne selbst jederzeit gesehen zu werden. Der Gedanke des Panoptismus durchzieht sogar noch Wilderspins Vorstellungen vom optimalen Lehrer-Schüler-Verhältnis: Der Lehrer soll den Kindern ein Beziehungspartner sein. Die Idee einer solchen diffusen Sozialbeziehung beinhaltet explizit den Hintergedanken, dass in einem solchen Vertrauensverhältnis die Kinder sich dem Lehrer mit ihren Themen und Sorgen anvertrauen werden und er so Dinge über ihr Privatleben erfährt. Die Kinder werden, so die Idee, dem Lehrer über Begebenheiten berichten, die er nicht selbst beobachten kann, weil sie sich außerhalb der Klein-Kinder-Schule zutragen. Sie werden auch über ihre Familie berichten, die auf diese Weise ebenfalls für den Lehrer ‚sichtbar' und potentiell Gegenstand sanktionierender Eingriffe wird. An dieser Stelle zeigt sich auch eine Analogie zur Form pastoraler Macht: die Selbstoffenbarung des Gläubigen gegenüber dem ‚Hirten'.

Eine weitere Analogie des Modells auf Foucaults Disziplinen zeigt sich in dem, was er *‚Klausur'* genannt hatte. Wilderspin verfolgt ausdrücklich die Absicht, die Kinder ‚aus den Straßen zu nehmen'. Sie sollen inkludiert, in ein vertrauenswürdiges Milieu eingeholt werden. Sie werden i.d.S. ‚eingeschlossen', nicht-vertrauenswürdige Milieus werden ausgeschlossen. So will er gewährleisten, dass die Kinder nur ‚gute' Eindrücke erfahren, die die kindliche Persönlichkeit über die Zeit formen.

Schließlich, quasi als finales Element einer ‚Führungsführung', zielt die ganze Veranstaltung auf *Selbstdisziplin* ab, auf eine im Zuge erziehender Einwirkung entstehende intrapsychische Instanz, die den Kindern als zwingende Richtschnur für ihre selbstreferente Lebensführung dient und die mit gesellschaftlichen Normen konform geht. Wilderspin hatte von ‚Gewissen' gesprochen, Foucault von ‚Seele'. Erkennbar wird diese Tendenz von der Fremddisziplin zur Selbstdisziplin u.a. an den von ihm vorgestellten, aufeinander aufbauenden und fortschreitenden Unterrichtsmethoden: von den propädeutischen ‚Handlectionen' über den geführten Unterricht durch Lehrer oder Monitoren bis hin zu Übungen oder Spielen, die im Kern aus der selbständigen Befolgung der immanenten Regeln bestehen (‚Grobschmied'). Diese letzte Stufe setzt das gewünschte Verhalten des königs- und gesetzestreuen Untertanen im Kleinen in Szene: Kinder kennen die Regeln, achten die Regeln, befolgen die Regeln. Erzogene Kinder wären solche, die den Normen der Gesellschaft selbstgesteuert folgen und zugleich gegen Abweichungen (kriminelle oder revolutionäre) immunisiert sind. Am Ende haben diese Kinder den Panoptismus der Veranstaltung auch hier prinzipiell verinnerlicht, insofern sie von der Existenz des obersten ‚zwingenden Blickes' (Gott) überzeugt sind. Eine Immunisierung der Kinder gegen Abweichungen vom normgerechten Verhalten wird entsprechend zweifach gezeichnet: einmal durch selbständige Befolgung von Moral (‚Gewissen'), zum anderen aus Furcht vor ständiger Überwachung (‚Gott'), was die Kontrollmuster der Veranstaltung auch in der Zeit nach dem Aufenthalt dort quasi lebenslang verlängert.

Zielten die Disziplinen auf eine direkte Einwirkung auf Individuen zum Zweck der Persönlichkeitsformung ab, so kann die ‚Bio-Politik' als eine Strategie gesehen werden, die eine Population, eine Masse fokussiert: die Bevölkerung. Dabei geht es nicht mehr um die Installation eines Gewissens, Über-Ichs etc., sondern um eine Gestaltung der Rahmenbedingungen menschlichen Lebens, das eine gesunde und freie Lebensführung ermöglichen und damit ein Prosperieren der Bevölkerung anreizen soll.

Montessoris Modell reiht sich hier als Pädagogik ein. Meint bio-politische Steuerungsstrategie eine Regulierung der Rahmenbedingungen des Lebens der Bevölkerung, so inszeniert sich ihre Pädagogik als Regulierung der Rahmenbedingungen des Lernens und der Entwicklung der Kinder. Zugleich lassen sich verschiedene disziplinarische Elementen finden.

‚Dem Leben seinen Lauf lassen' ist das zentrale Bild der Montessori-Pädagogik. Dahinter verbirgt sich, nicht minder als im Falle der Disziplinen, eine Machtstrategie. Es geht um die Präformierung von Handlungsräumen, eine spezifische Möglichkeit der Steuerung von Handlungen, ein „Handeln auf Handlungen" (Foucault 1987: 255). Erreicht werden soll der Normal- bzw. Naturzustand nicht durch pädagogisches Handeln, vielmehr durch beobachtendes Geschehen-Lassen in gestalteten Räumen, in denen sich ‚die Natur' im Kind selbst zur optimalen Entwicklung verhilft. Die bereitgestellten Materialien und Räume fungieren wie anreizende Stellschrauben, die mittelbar auf die Autopoiesis der Kinder wirken sollen. Montessoris Pädagogik – hier liegt die Gemeinsamkeit mit dem Konzept der Bio-Politik – verwendet Räume und Materialien als Parameter der Einflussnahme auf die autopoietische Entwicklung der Kinder. Wie die ‚große Politik' sich um Ernährung, Gesundheit, Wohnen, Fertilität etc. der Bevölkerung in sozialstaatlichen Arrangements kümmert und entsprechende institutionelle Vorkehrungen und Anreize für gewünschtes, eigenverantwortliches Handeln installiert, sorgt die Montessori-Pädagogik für eine geeignete Lernumgebung, um so die kindliche Selbstentfaltung anzureizen. Wie der Staat sich um demographische Erhebungen und Statistiken über die einzelnen ‚Pflegebereiche' bemüht, beobachtet die Erzieherin die Kinder, forscht empirisch zur Natur des Kindes und bemüht sich, daran anschließend, um eine Optimierung der Entfaltung ermöglichenden Umgebung im Kinderhaus.

Die Betonung der ‚Freiheit' des Kindes mag in dieser Pädagogik dazu verleiten, Zwanglosigkeit anzunehmen. Gleichwohl beinhaltet Montessori-Pädagogik disziplinarische Elemente. Subtil unterschied sie zwischen einer zügellosen Willkürfreiheit und einer ‚natürlichen' Freiheit, d.h. der Freiheit des Kindes, der eigenen Natur folgen zu können – die klare Richtungen ‚richtigen' Handelns und Sich-Entwickelns vorgibt. Dieser ‚Natur' hat das Kind zu folgen; dazu hat es die ‚Freiheit' zu erhalten; zu nichts anderem! Es geht also weniger darum, durch Erziehung eine ‚Seele' (erst) zu errichten, die ein internalisierter Kompass ‚richtigen' Verhaltens ist und damit (sozialisationstheoretisch) zu einer verhaltenssteuernden Instanz des Sozialen im Individuum wird. Vielmehr wird die normative Instanz bereits als von Anfang an im Individuum angelegt gedacht: der ‚immanente Bauplan'. Der ‚Bauplan' bzw. ‚die Natur' werden von Montessori als Formeln in Anspruch genommen, die die Beurteilung von Kindern und machtvolle Eingriffe auf die Kinder seitens der Erzieherinnen rechtfertigen. Gerade der ‚Bauplan' als das (anstelle ‚deviater' Erwachsener) vermeintlich normsetzende und kindliche Freiheit verbürgende Element der Montessori-Pädagogik schafft Grundlage und Rechtfertigung für einen potentiell rigiden Zugriff der Erzieherin auf das Kind. Bei aller Betonung von ‚Respekt' gegenüber dem ‚Wunder' des kindlichen Schaffens seiner selbst und bei aller Forderung nach erzieherischer Zurückhaltung seitens der Erwachsenen: Die Erzieherin in der Casa dei Bambini gilt zugleich als anthropologisch ausgebildete Naturwissenschaftlerin. Sie weiß daher um die Formen des ‚medial man', des absolut natürlichen Wesens eines Kindes, und kann entsprechend das Handeln der Kinder beurteilen – als ‚natürlich' bzw. ‚gesund' oder aber ‚abweichend', ‚deviat', ‚pathologisch'. Es ist ihr Wissen um, damit aber auch ihr Verfügen über die ‚Natur' des Kindes, das ihr Macht über das Kind verleiht und die Möglichkeit und Berechtigung gibt, Räume und Materialien vorzugeben sowie vom ‚normalisierten' oder vom ‚schwachsinnigen' Kind zu sprechen (mit allen Konsequenzen, die dies für ein konkretes Kind möglicherweise hat). Bei aller vordergründigen Betonung der Freiheit des Kindes und des Respekts der Erzieherin davor ist die Relation Erzieher-Zögling in der Montessori-Pädagogik, nicht minder als in anderen Pädagogiken auch, von einer klaren Machtasymmetrie geprägt.

Zuletzt sei das eigentümliche Verhältnis zwischen ‚Freiheit' und Führertum bei Montessori berücksichtigt. Der Gedanke vom Führer einer Gruppe oder von der guten Führung einer Gesellschaft taucht an verschiedenen Stellen in Montessoris Werk auf. Ganz ähnlich im Bild der Gesellschaft als gewobenem Stoff, in dem die Individuen, die einzelnen Fäden, straff aneinandergebunden werden (durch das Schiffchen des Webers, sie tun es nicht selbst) und vor der Erscheinung des Ganzen (Stoff) in den Hintergrund treten. Die starke Machtambition, die in der Pädagogik Maria Montessoris enthalten ist und die auf besserem, wissenschaftlichem Wissen und dem Anspruch eines Beitrags zur rationellen Führung von Individuen und Gesellschaft in eine bessere, ‚normale' bzw. ‚natürliche' Form in der Zukunft beruht, kann in pädagogischer Semantik wirkungsvoll verborgen werden hinter Bildern, Metaphern und Formulierungen von der ‚Freiheit' des Kindes und der zwanglos-natürlichen, disziplinierten Selbst-Unterordnung der Individuen unter soziale Regeln. Vermutlich deshalb wurde und wird Montessori bis heute meist wahrgenommen als Befreiungspädagogin, als Teil der reformpädagogischen Bewegung, als Patronin ‚kindzentrierter' oder ‚bedürfnisorientierter' Pädagogiken. Tatsächlich hat man es im Falle der Montessori-Pädagogik aber (auch) mit einer Form der Subtilisierung und zugleich Intensivierung von Machtstrategien zu tun. ‚Freiheit' kann immer nur als Spezifische Geltung beanspruchen und meint hier letztlich die Möglichkeit zur Befolgung dessen, was als ‚natürlich' und ‚nicht-pathologisch' gilt. Ähnlich dem Modell Wilderspins ist auch die Pädagogik Montessoris darauf ausgerichtet, hoch normativ erzieherische Praxis zu disponieren, bis hinein in kleinschrittige Anweisungen über den ‚richtigen' Umgang mit dem Entwicklungsmaterial, der zu ‚richtigen' oder ‚falschen' Ergebnissen führen kann. Die Autorität, die über ‚richtig' und ‚falsch' entscheidet, erscheint objektiv und unpersönlich als ‚die Natur'; das Vermittlungs-, Belohnungs- und Bestrafungsverdikt, das an die Erzieherin ergeht, scheint personale autoritäre Willkür, wie sie an etablierten Formen der Erziehung kritisiert wird, auszuräumen. Das schafft aber die immanenten Machtwirkungen und Strategien nicht ab, es entpersonalisiert und invisibilisiert sie lediglich.

Noch subtiler und unsichtbarer erscheinen die Machtstrategien im Falle der ausdrücklich *autoritätsfreien und demokratischen Erziehungsmodelle der 1960er und 70er Jahre.* Es ist nicht einfach, ob der geradezu erdrückenden Präsenz von Freiheitssemantiken den immanenten Machtanspruch dieser Pädagogiken zu erkennen. Verstärkt wird das Problem dadurch, dass es sich um normative Selbstdarstellungen handelt, die auch heute vermutlich kaum abzulehnen sind, weil sie dem Selbstverständnis westlicher Gesellschaften und ihrer Bürger entsprechen: ‚Freiheit', ‚Demokratie', ‚Solidarität', Fortschritt zu einer immer gemeinschaftlicheren, ‚freieren' Gesellschaft. Wie kann man strategische, machtvolle Einwirkung auf Individuen bzw. Personenformung in Erziehungsmodellen finden, die sich als ideologie- und gesellschaftskritisch verstehen und sich gerade explizit gegen Machtasymmetrien zwischen Kindern und Erwachsenen aussprechen?

Bei der Betrachtung der Montessori-Pädagogik erwies es sich als fruchtbar, nach deren spezifischem Konzept der ‚Freiheit' zu fragen. Gerade dort, wo man das zunächst am wenigsten vermuten würde, lag die Legitimation für disziplinierenden pädagogischen Zugriff auf das Kind. Das legt nahe, auch hier so zu verfahren. Im Falle der untersuchten Programme um 1970 meinte ‚Freiheit': Politisierung der Individuen durch Herstellung von Reflexions- und Kritikfähigkeit und Befreiung der Gesellschaft aus v.a. ökonomischen Restriktionen durch deliberative und solidarische Prozesse. Die Fähigkeiten dazu sollten hergestellt werden durch Erziehung. Der Aspekt der Macht lässt sich an der Stelle finden, an der es nicht nur um Vermittlung von ‚Wissen' und ‚Können' geht (die Fähigkeit zu Deliberation), sondern um die Übernahme von Wertvorstellungen durch die Kinder. Das Kind soll nicht nur befähigt werden, Unterdrückung zu erkennen und gemeinschaftlich-demokratisch abzustellen, es soll das auch *wollen*. Es soll nach ‚Selbst-Autonomisierung' bzw. solidarischer ‚Fremd-Autonomisierung', am Ende: ‚gesellschaftlicher Autonomisierung' streben. Dieser Punkt ist nicht verhandelbar. Von hier leiten sich alle anderen Maßnahmen ab und stellen strategische Elemente der Formung entsprechender Persönlichkeiten dar; und von hier aus kann man in allen Elementen einer solchen Demokratiepädagogik disziplinierende, rahmensetzende, Selbstoffenbarung provozierende Aspekte finden, m.a.W.: Disziplin, Bio-Politik, Pastoralmacht.

Besonders deutlich lässt sich das in der eher praxisorientierten Beschreibung der Vorschulklasse der JFK-Schule an Raumstruktur, Prozessen und Inhalten erkennen. Es kann auffallen, dass – bei aller Freiheitssemantik – weite Teile des Alltags vorgegeben werden. Sieht man sich den Raum an, so ist dieser durch die Erzieherin gestaltet. An den Wänden, quasi rund um den Raum, stehen Tische mit vielfältigen, aber quantitativ begrenzten Materialien. Hinter der semantischen ‚Vielfalt', die beliebigen, freien Umgang mit Material suggeriert, verbirgt sich ein spezifische Probleme erzeugendes Arrangement: Knappheit erzeugt Verteilungskonflikte, die gelöst werden müssen. Es sind aber nicht beliebige Lösungen möglich (bspw. die gewaltsame Durchsetzung des Stärkeren oder die autoritative Setzung durch die Erzieherin). Der Anspruch des Programms und das Vorbild der Demokratie grenzen die kontingente Vielfalt möglicher Lösungen von Konflikten auf das Modell parlamentarischer Diskussion, Abstimmung und schließlich den

Mehrheitsentscheid ein. Nicht nur der Raum ist demnach vorgegeben, sondern auch die Prozesse, die in ihm stattfinden können und sollen.

Vorgegeben sind schließlich auch die Inhalte der pädagogischen Arbeit. Das mag überraschen, wenden sich die untersuchten Programme doch gerade gegen eine Top-Down-Festlegung pädagogischer Inhalte. Zimmer hatte bestehende frühpädagogische Ansätze genau deswegen kritisiert und stattdessen die lebensweltnahe ‚Situation' der Kinder, ihre je spezifischen, konkreten Alltagsprobleme als Kriterium der pädagogischen Themenwahl in den Mittelpunkt gerückt, die daher gerade nicht als Setzung der Erzieherin galt. Ähnlich wurde in der JFK-Schule die Erzieherin als ‚Detektivin' beschrieben, die sich im Gespräch mit den Kindern auf die Suche nach solchen Alltagsthemen macht. In beiden Fällen – CSL und JFK-Schule – kann man davon ausgehen, dass die Erzieherin zwar die Kinder nach ihren Erlebnissen und nach möglichen gemeinsamen Themen fragt (‚Situation'), aber auch davon, dass sie es letztlich ist, die die Themen für die anschließende pädagogische Arbeit selektiert sowie die Form dieser Arbeit bestimmt. Im CSL soll eine solche Auswahl entlang formaler Kriterien erfolgen: Es sind solche Themen zugelassen (sic!), die sich mit Beschränkungen der kindlichen Möglichkeiten und allgemein: menschlicher Entfaltung befassen und die der demokratischen und solidarischen Bearbeitung durch Kinder und Erwachsene zugänglich sind. Die Zielsetzung des Programms wird hier in einem Katalog von Auswahlkriterien für geeignete Themen pädagogischer Arbeit operationalisiert. Andere Themen, die diese Kriterien nicht erfüllen, werden damit mindestens unwahrscheinlich. Diese Selektion kann nicht rein demokratisch, in Abstimmung mit den Kindern erfolgen (deren Ausgang wäre, nimmt man ‚Demokratie' ernst, aus Sicht der Erzieherin kontingent). Sie muss hergestellt werden durch die nach diesen Vorgaben arbeitende Erzieherin. Im CSL finden sich hierzu noch konkretisierende Beispiele: die Konflikte von Minderheitengruppen (Schwarze und Costa-Ricaner) oder die Umweltverschmutzung durch Ölverklappung auf hoher See. Solcherart fiktive Beispiele reduzieren die formell bereits eingeschränkte Themenvielfalt noch weiter. Mögliche Themen pädagogischer Arbeit befassen sich mit Problemen, die im Spannungsverhältnis zwischen der ‚Freiheit' der Menschen und dem Agieren von Wirtschaftsunternehmen entstehen. Ökonomiekritik wird zu einer zu vermittelnden Haltung, die sich mehr oder minder subtil auf die Themenwahl auswirkt. ‚Befreiung' der Menschen und der Gesellschaft wäre zu lesen als Befreiung von Unterdrückung durch eine kapitalistische Wirtschaft.

Mit der Beschreibung der Erzieherin als ‚Detektivin' ist im Konzept der JFK-Schule aber noch eine andere Form der Machtausübung angedeutet. Die Befragung der Kinder nach deren Themen und Erlebnissen hat einen Doppelcharakter. Einerseits wird durch dieses Verfahren die abschließende Setzung pädagogischer

Aktionen scheinbar durch die Gruppe der Kinder – als demokratische Entscheidung – legitimiert. Andererseits handelt es sich um eine Einladung und Aufforderung zur öffentlichen Selbstoffenbarung im Stuhlkreis; ein Element einer pastoralen Machtstrategie sensu Foucault.

Hinter der selbstdeklarativen Ambition einer ‚gesellschaftskritischen Befreiungspädagogik' (im CSL wird auf Freire referiert!) stehen im Fall der untersuchten Programme handfeste normativen Setzungen und an die Erzieherin und die Kinder gerichtete Imperative. Fern davon, dass die Kinder ihren Alltag wesentlich selbst bestimmen könnten, werden sie in ein räumliches, sachliches, soziales und zeitliches Arrangement gebracht, das ihr Agieren reglementiert, eine begrenzte Anzahl konkreter Formen und Handlungsmöglichkeiten zulässt und andere ausschließt. Man kann sich nicht gegen ‚Demokratie' entscheiden. Bedenkt man die Omnipräsenz von ‚Diskussionen' im Alltag, wie das CSL sie fordert, werden sämtliche alltäglichen Ereignisse, auch die kleinsten, potentiell Anlass wiederholter, ausführlicher parlamentarischer Erörterung. Überspitzend könnte man von einem ‚Demokratiezwang' bzw. einem ‚Diskussionsdiktat' sprechen.

Doch auch wenn man von ‚Demokratieerziehung' absieht und profanere Probleme im Alltag einer Kindertageseinrichtung oder – im Fall der JFK-Schule – einer Vorklasse fokussiert, finden sich deutliche Hinweise auf machtvolle Einwirkungen der Erzieherin auf die Kinder im vermeintlich machtfreien Raum. Die Rede ist von der Disziplinarstrategie der Erzieherin, die zum Einsatz kommt, falls die Kinder nicht, wie grundsätzlich postuliert, sich mit Freude sozial verhalten (vgl. Kap. 6.5.2). Dann nämlich weist die Erzieherin die Kinder in Form eines ‚Spiels' an zu schweigen; mit Gesten, ohne verbale Kommandos. Anschließend, ebenfalls mit Gesten, schickt sie sie auf Plätze im Raum, die sie einnehmen müssen – genauso schweigsam wie ihre Erzieherin. Ruhe ist das Gebot, eine körperliche Verortung der Kinder im Raum in einer von der Erzieherin vorgegebenen zeitlichen Reihenfolge die Strategie. Die Erzieherin betreibt damit nichts anderes als die Herstellung eines räumlichen und zeitlichen Tableaus, die Verortung und Vertaktung kindlicher Körper und Tätigkeiten, wie Foucault das für die Disziplin beschrieben hatte. Das Schweigegebot macht sich als Spiel akzeptabel. In gleichem Sinne, Autorität und Tadel vermeidend, wurde der Erzieherin konzeptionell nahegelegt, Regelverletzer nicht zu bestrafen, vielmehr diejenigen Kinder, die sich an Regeln halten, expressiv zu loben – um dann den ‚Störern' zu signalisieren, dass das Lob der anderen eigentlich als Botschaft an sie gedacht war. Auch dies ist eine Aufforderung zu ‚gutem Benehmen', ohne dass die Asymmetrie der Situation allzu offensichtlich wäre. Pädagogische Kontexte sind niemals machtfreie Räume. Es gibt in den untersuchten Programmen der Zeit Macht und Autorität, es gibt in ihnen Disziplin. Mindestens bleibt der Umstand nicht unreflektiert, dass im pädagogischen Umgang mit Kindern Konflikte entstehen und gelöst werden müssen. Was – gelegentlich mehr schlecht als recht – zu verbergen versucht wird, sind allzu direkte und offensichtliche Formen von Tadel und Sanktion, pädagogischen Setzungen und Arrangements durch Erwachsene.

Auch bei gegenwärtigen elementarpädagogischen Programmen kann gerade in der Ablehnung von Macht, Disziplin und Sanktion sowie in Formulierungen von ‚Freiheit' der Ansatzpunkt für eine Analyse von Machtstrategien gesucht werden. Die Beschreibung von ‚Freiheit' – und die darin enthaltene Ambition machtvollen Zugriffs auf die Kinder – stellt sich im Falle des *‚neuen Situationsansatzes'* und der *KLAX-Pädagogik* unterschiedlich her.

Im Falle des Situationsansatzes kann man die Behauptung der Realität des globalisierten Marktes zum Ausgangspunkt nehmen. ‚Der Markt' ist als reale Entität mit eigenen Gesetzen quasi ‚gesetzt'. Er erscheint nicht als politisch gestaltbare oder zu begrenzende soziale Struktur (wie noch im CSL), sondern quasi als eigensinnige Wesenheit, auf die angemessen reagiert werden muss. Dabei gilt er als Krisenerzeuger und zugleich als Heilsbringer. Einerseits verteile er Reichtum um; d.h. auch: von den Industriestaaten in die (billiger produzierenden) Entwicklungsländer. Das gefährde den Wohlstand Europas. Andererseits biete der Markt Chancen, mindestens für diejenigen, die sich anstrengen, einen ‚Fimmel' für ein lukratives Projekt entwickeln und sich so eine Einkommensquelle schaffen. Hier liegt der Kern der dem Programm immanenten Freiheitsvorstellung: ‚Freiheit' meint, Chancen unter Marktbedingungen ergreifen zu können, ‚erfolgreich' sein zu können durch Kenntnis und Befolgung der quasi-naturgesetzlichen Regeln des Marktes. Hergestellt werden soll die Idealperson des ‚Entrepreneurs', des ‚Unternehmers von unten', der seine ‚Freiheit' nutzt, die nun die Freiheit meint, unter globalen und universell alle Lebensbereiche durchdringenden ökonomischen Rahmenbedingungen den Gesetzen des Marktes angemessen zu folgen. Ähnlich dem ‚immanenten Bauplan' in der Theorie Montessoris übernehmen hier die Gesetze des Marktes die Funktion, Anpassungszwang ausüben. Die Machtposition der Erziehenden wird vor der Quasi-Natürlichkeit der Regeln des ‚richtigen' Operierens am Markt invisibilisiert. Von hier aus bestimmen sich alle weiteren Erwartungen und Arrangements. Das ganze pädagogische Setting ist auf die Herstellung solcher entrepreneurialen Fähigkeiten ausgerichtet und seine Formen leiten sich aus ökonomischen Kalkülen her.

Pädagogische Aktivitäten erfolgen, ganz ähnlich dem CSL, aufgrund von Setzungen der Erzieherin, die die ‚Themen der Kinder' nach Kriterien selektiert. Genau die haben sich aber signifikant geändert. Sie spiegeln neoliberale Semantik. Entsprechend werden, betrachtet man die Inhalte und die Prozesse, ‚Projekte' wahrscheinlich, die sich an neoliberaler Logik orientieren. Auch hier, ähnlich dem rund dreißig Jahre älteren CSL, werden wieder konkretisierende Fallbeispiele angeführt, die die Optionen möglicher, auszuwählender Projektthemen engführen: Das Projektbeispiel ‚Wurmzucht' imitiert betriebswirtschaftliche Abläufe von Produktion und Marketing und übt ein in ein marktwirtschaftliches Denken in Bahnen von Angebot und Nachfrage. Das Projektbeispiel der ‚Alphabetisierung der Andenbevölkerung' liefert ein Beispiel der neoliberal-sozialstaatlichen Logik vom ‚Fördern und Fordern', der ‚Hilfe zur Selbsthilfe'. Inhaltlich und hinsichtlich der Prozesse wird der Aktionsradius der Kinder und der Erzieherin damit auf ein Handeln in Bahnen ökonomischer Logik begrenzt. Auch Inhalte, die gelernt werden sollen, sind entsprechend nicht beliebig. Der Markt gibt vor, was ‚wissenswert' ist. Scheinbar unpersönlich und als Faktum unerreichbar bestimmt der Markt auf den verschiedenen Ebenen subtil den Raum möglicher Handlungsfreiheit und disponiert mit seinen Strukturen und Regeln die Handlungsmöglichkeiten aller Beteiligten. Das Verhältnis der Erzieherin und der Kinder zueinander kann dann, vor diesem Hintergrund, als zwanglos, als ‚wechselseitig anreizend' fingiert werden.

Die KLAX-Pädagogik, die keine Beschreibung aktueller gesellschaftlicher Probleme beinhaltet, argumentiert anders. Sie grenzt sich selbstdeklarativ als ‚Selbständigkeitspädagogik' von anderen Modellen ab. In dieser Schlüsselaussage steckt wesentlich der semantische Kern von ‚Freiheit'. ‚Freiheit' wird als ‚Selbständigkeit' zum orientierenden Leuchtturm. Das bedeutet im Einzelnen: Freiheit von pädagogischer Fremdsteuerung; Freiheit zum selbständigen, eigenaktiven Lernen, damit zu weitest möglicher Entfaltung von Potentialen. Postuliert wird die ‚Freiheit' zur Erfüllung eines kindlichen Grundbedürfnisses, als das ‚Lernen' explizit beschrieben wird. ‚Lernen' gilt nicht als Last, sondern als Lust. Pädagogisches Sollen und kindliches Wollen werden durch diese anthropologische Setzung identifiziert und hier liegt die Scharnierstelle zur machtvollen Aufforderung. Die Proklamation selbsttätiger Befriedigung kindlicher Grundbedürfnisse kann kaum zurückgewiesen werden. Zugleich wird aber auch vorausgesetzt, dass die Kinder ihre vermeintlichen ‚Lernbedürfnisse' auch motiviert und überschwänglich befriedigen, also: lernen werden. Das setzt subtil die Kinder unter Zugzwang. ‚Lernen' wird mit (messbarer!) ‚Leistung' assoziiert. Die Erwartung, dass gelernt wird, erzeugt einen Sog, dem Folge zu leisten ist. Zugleich ist sie durch anthropologische Annahmen legitimiert, nicht aufgrund wirtschaftlicher Erwartungen der Ausbildung der jungen Generation zu ökonomischer Brauchbarkeit. Dem entspricht das Ideal der erzogenen Persönlichkeit: Sie wird gezeichnet mit den Merkmalen Selbständigkeit, Eigenverantwortlichkeit sowie Verantwortlichkeit für die Gemeinschaft. Im Zusammenhang mit ‚Verantwortung' ist ‚Selbständigkeit' eine Aufforderung, eine Zumutung – nicht einfach ein Angebot.

Operatives Kernelement der KLAX-Pädagogik ist die Portfolioarbeit. Auch in der Erläuterung dieses Instruments taucht wieder eine Doppelgestalt von ‚Angebot' und ‚Zumutung' auf. Einerseits soll das Portfolio als Dokumentation bereits erzielter Lernerfolge dem Kind ‚Mut machen' auf seinem weiteren Weg. Andererseits wird es als ‚Entwicklungsmotor' beschrieben, also als Instrument, das Entwicklung energisch vorantreibt – und damit das Kind in seinem Tun. Seine Rolle als Management-Instrument erhält das Portfolio im Zusammenhang mit der gleichlautenden Rolle der Erzieherin. Sie betreibt Projekt- bzw. Qualitätsmanagement und das Portfolio gilt dabei als Sammlung bereits dokumentierten Wissens *über* ein Kind, als Speicher, in dem Belege für erfolgte Lernschritte aufbewahrt werden und künftige Lernschritte in Form von Checklisten vorgezeichnet sind. Am Ende dient es als Medium für die Evaluation der Lernprozesse eines Kindes (und damit als ‚Lern-Monitor'). Kurz: Das Portfolio wird nun beschrieben als zentrales Arbeitsinstrument der Erzieherin.

Um das Portfolio herum wird ein feinmaschiges Netz von Meetings, Besprechungen und Konferenzen inszeniert, die das pädagogische Geschehen und das Lernen der Kinder beobachten und steuern. Darunter ist besonders das ‚kindgeführte Portfoliogespräch' auffällig, in dem das Kind seine Lernerfolge präsentiert. Über das Portfolio und die Dokumentation der Lernschritte wird Wissen über das Kind und seinen Lernstand generiert. Gespräche zwischen Kind und Erwachsenen (Erzieherin, Eltern) haben den Charakter einer Selbstoffenbarung, die, wie die Eintragungen des Kindes in sein Portfolio, Nähe zur Foucault'schen Pastoralmacht zeigt.

Die Lernziele und -möglichkeiten des Kindes werden durch ständige Fremd- und Selbstbeobachtung sowie ein Netz von nur scheinbar machtfreien Meetings wirkungsvoll eingegrenzt. Es hat so die Möglichkeit, das zu lernen, was für es vorgesehen ist, steht (potentiell) ständig unter Beobachtung (Panoptismus) und kann anhand scheinbar objektiver (Selbst-)Dokumentationen bewertet werden. Die Arbeit der Erzieherin mit dem Portfolio erweckt das Bild einer objektiven, evidenzbasierten Pädagogik, die nicht auf Willkür aufgebaut ist, sondern auf dokumentierte Lernschritte. Das Portfolio erhält hier die Funktion, die im Falle der Montessori-Pädagogik dem ‚immanenten Bauplan' und im Falle des ‚Situationsansatzes' dem ‚Markt' zugewiesen war: Entpersonalisierung und Objektivierung, schließlich Subtilisierung machtvoller Einwirkung.

Die Programme und Modelle, die hier untersucht wurden, können – sieht man von Wilderspins Klein-Kinder-Schulen ab – als ‚liberale' Modelle beschrieben werden, insofern sie ‚Autorität' zunehmend zurückweisen und wesentlich ‚Freiheit' versprechen. Anstatt dass diese Proklamation von ‚Freiheit' die Suche nach

Machtasymmetrien bzw. -strategien überflüssig macht, kann und muss sie vielmehr zum Ausgangspunkt für deren Analyse gemacht werden (vgl. Pongratz 2004: 245f.). Geht man von da aus vor, entdeckt man ein subtiles Set von Arrangements, das die Handlungsmöglichkeiten aller Beteiligten spezifisch einschränkt und auf die Ziele und Werte des Programms ausrichtet. Macht verschwindet in ‚liberalen' pädagogischen Modellen nicht, sie wird, verglichen mit einer kruden, disziplinierenden Unterwerfung, wie bspw. in den Klein-Kinder-Schulen Wilderspins, unsichtbarer und, so postulierte Foucault, effektiver. Ob es sich dabei um eine kontinuierliche Effizienzsteigerung handelt, muss in Frage bleiben. Das würde eine teleologische Entwicklung unterstellen, die Foucault in seinen Theorien so nicht ausdrücken wollte. Plausibler ist der Gedanke der Kontingenz: Pädagogische Techniken, Strukturen und Semantiken passen sich ständig an, sind Teil des Wandels gesellschaftlicher Normen, Diskurse und damit Verflechtungen von Wissen und Macht. Auch sie unterliegen den oben herausgearbeiteten ‚-isierungen': Machtstrategien passen sich politischen, ökonomischen, medizinischen (usw.) Kalkülen an. Die ‚Tieferlegung' der Macht erfolgt in pädagogischen Programmen dabei genau in diesem Wechselspiel zwischen Normen und der operativen Umsetzung. In diesem Sinne bilden Pädagogiken die Verflechtung von ‚Wissen' und ‚Macht' spezifisch-eigenlogisch, auf ‚Erziehung' ausgerichtet, ab.

Jedes der untersuchten Programme – und darüber hinaus sicher jede Pädagogik – stellt eine Setzung von Rahmenbedingungen dar, die die Kontingenz des Handelns aller Beteiligten signifikant einschränken und spezifische Möglichkeiten des Handelns nahelegen. Die *Freiheiten zu handeln* sind im Umkehrschluss gekoppelt mit *Aufforderungen zum Handeln*, d.h. man kann sich in einem solchen Setting nicht für das Nicht-Handeln oder ein Anders-als-gewünscht-Handeln entscheiden. An die Verheißungen von ‚Freiheit', die insbesondere ‚liberale' Erziehungsprogramme proklamieren, sind immer auch Zumutungen gekoppelt, denen die Beteiligten (Erzieherinnen und Kinder) nicht ausweichen können.

‚Freiheit' ist, so betrachtet, zu verstehen als Freiheit, sich so zu verhalten, wie es in einem bestimmten Handlungsfeld möglich und gewünscht ist; und möglich ist darin das, was dem zugrundeliegenden Kalkül entspricht. ‚Freiheit' meint in pädagogischen Settings die Möglichkeit, sich selbstbestimmt wie gewünscht zu verhalten. Nichts anderes drückt Foucaults Gedanke der ‚Führungsführung' aus.

Dabei geht es ‚liberalen' Entwürfen gerade darum, dass dieser Umstand nicht allzu offensichtlich wird. Gerade der Eindruck einer ‚Fremdsteuerung' der Beteiligten soll vermieden werden. Alle hier untersuchten Pädagogiken zeichneten Strukturen und Prozesse, die solche machtvollen Einflussnahmen auf Kinder entpersonalisieren und objektivieren. Entpersonalisierung meint die Invisibilisierung der Machtposition der Erzieherin gegenüber den Kindern – die sie, entgegen aller

Semantik, dennoch stets innehat. Objektivierung meint, dass die Zwänge, die bestimmtes – und damit gerade nicht ‚freies' oder beliebiges – Handeln der Kinder einfordern, scheinbar aus Sachzwängen oder höherer Gewalt resultieren (göttliche Vorsehung, ‚die Natur', der Beschluss des Plenums, die Gesetze des Marktes oder die Evidenzen eines Portfolios), die bestimmen, was angemessen oder notwendig ist. Zwänge und Notwendigkeiten werden so zurechnungsfähig, wobei die abstrakte Quelle des Zwangs für verändernde Einflussnahme unerreichbar bleibt. Ob enthusiastisch, achselzuckend oder unbewusst: Erziehende werden diese Zwänge an die Kinder weitergeben, wenn sie einem solchen Programm folgen, und sie können sie als objektive oder moralisch gerechtfertigte Zwänge verstehen. Sie können sich auf diese Art selbst als Quelle machtvollen Zugriffs auf die Kinder ausblenden. Genau hierauf wäre aus machtsensibler Perspektive zu pointieren: Auch Protagonisten einer (jeglichen) ‚freiheitlichen' Pädagogik sind letztlich immer Agenten eines spezifischen Machtkalküls, das sie gegenüber den Kindern vertreten. „Gesellschaftliche Ansprüche, Normen, Rollenzuweisungen und Geschlechterverhältnisse präsentieren sich präreflexiv über die Sprache wie über den Habitus im Umgang miteinander und mit den Dingen, den räumlichen Ordnungen und zeitlichen Gliederungen des Alltags" (Stieve 2015: 24).

8.6 Zur Bedeutung für die Historiographie der Vorschulerziehung

Die Befunde dieser Studie zeichnen die spezifischen semantischen Zusammenhänge zwischen dem Erziehungssystem und der politischen Öffentlichkeit nach. Bei ‚einheimischen' Semantiken der Pädagogik (z.B.: ‚Bedürfnisorientierung', ‚vom Kinde aus', ‚Kind im Mittelpunkt' etc.) handelt es sich um ‚essentially contested concepts' (Gallie 1968), um grundsätzlich politisch und pädagogisch umstrittene Konzepte. Sie erweisen sich als historisch kontingent und verbleiben meist topisch, so dass es weniger geboten erscheint, traditionsbildend ihre vermeintlich kontinuierliche, Zeiten und Programme überschreitende, einheitliche Entwicklung anzunehmen und als fortschreitende Zunahme kindorientierter Pädagogik zu deuten. Vielmehr wäre das Changieren der durch sie transportierten Bedeutungen zu unterstreichen. Gerade auf diese Weise zeigt sich die pädagogische Abhängigkeit vom – oder besser: Anhängigkeit am – jeweiligen gesellschaftlichen Kontext. Aus dieser Perspektive wäre elementarpädagogische Entwicklung gerade nicht quasi teleologisch als eine Geschichte fortschreitender, relativ unabhängiger pädagogischer Durchsetzung der Logik ‚vom Kinde aus' zu erzählen, sondern als Abfolge pädagogischer Anpassungen an historisch kontingente Formen sozialer Ordnungsbildung und deren Legitimation.

Solche Befunde können freilich nicht in einer Forschungsperspektive gewonnen werden, die wesentlich innerhalb der pädagogisch-selbstreferentiellen Reflexion des Erziehungssystems verbleibt, was auf die Forschung über die Geschichte des Kindergartens fraglos zutrifft (vgl. Kap. 1.5). Erst eine distanzierte, pädagogisch nicht-engagierte Forschungsperspektive vermag relevante gesellschaftliche Erwartungen an Erziehung und deren Antworten darauf – jenseits der programmatischen Figur ‚Kind im Mittelpunkt' – zu beleuchten. Für die künftige Beforschung der Geschichte und Gegenwart der Elementarpädagogik erweist sich dieser Blick als ausgesprochen fruchtbar. Theoriegeleitete, methodische Analysen der hier vorgelegten Art, die zusätzlich zur Interpretation auch bereits bekannter Quellen deren politische Kontexte in den Blick nehmen, können alternative und erweiterte Einblicke in die Geschichte der öffentlich veranstalteten frühkindlichen Erziehung bieten.

Im vorliegenden Falle konnten die Resonanzen der Elementarpädagogik auf gesellschaftspolitische Diskurse aufgezeigt und spezifische Ausdrucksgestalten dieses Verhältnisses nachgezeichnet werden. Das kann als bescheidener empirischer Beitrag verstanden werden. Die gewonnenen Erkenntnisse lassen aber vermuten, dass eine distanziert-beobachtende, theoretisch und methodisch fundierte Forschung künftig auch in anderen Themenfeldern der elementarpädagogischen Historiographie neue Einsichten erbringen kann. Die Ambition wissenschaftlicher Forschung würde gegenüber der der didaktischen Aufbereitung und Vermittlung von Erkenntnissen zur Professionalisierung von Fachkräften aufgewertet, ohne diese freilich abzuwerten. Genau hierzu leistet sie vielmehr einen spezifischen Beitrag. Fraglich wurde mit einer Distanzierung von pädagogischen Selbstbeschreibungen und normativen Optimierungsambitionen der Nutzen, den eine solche, kritisch-reflexive Forschung gerade für die erziehende Profession bringen könnte (vgl. Kap. 1.5). Wie kann eine erziehungswissenschaftliche Forschung sich als ‚nützlich' für die Profession ausweisen, wenn sie den Anspruch der Orientierung und Verbesserung der Praxis aufgibt? Wenn ihre Ergebnisse vielleicht eher irritierend als orientierend wirken?

Tatsächlich kann und soll es nicht darum gehen, einem Nutzen wissenschaftlichen Wissens für die Profession zu entsagen. Das Verhältnis von Disziplin und Profession muss allerdings anders bestimmt werden als im Sinne von ‚Handlungsanleitung' oder ‚Gesinnungsbildung'. Die Beschäftigung mit dem kanonisierten Wissen eines Berufsfeldes kann (angehenden) Professionellen Einblicke in die Entstehung und Entwicklung ihres (künftigen) Berufs ermöglichen. Sie kann ermöglichen, eigene pädagogische Vorstellungen bspw. entlang der Ideen der ‚Klassiker' zu formen. Diesbezüglich können einschlägige informative Darstellungen (bspw. Pfeiffer 2013; Franke-Meyer/Reyer 2015) sicher als unverzichtbar für die Ausbildung von Pädagoginnen und Pädagogen gelten. Ganz einschlägig sieht Radtke in der Verwaltung eines „(dogmatisierten) Wissenskorpus in der doppelten Form der Sachbindung (wissenschaftliches Fachwissen) (...) und der Verpflichtung auf ein spezifisches prozedurales Handlungswissen (Pädagogik/Didaktik)" (Radtke 2006a: 86f.) die Aufgabe des professionellen Pädagogen. „In der Lehrerausbildung der ersten Phase sollte man lernen, was man über Erziehung in der Organisation Schule wissen kann" (Radtke 1996: 249).

Es wäre jedoch missverstanden, hierin ein Plädoyer für das oben angesprochenen Verständnis von Wissen als *handlungsanleitendem* Wissen zu vermuten. Vielmehr geht es um *Reflexionswissen*, das Professionelle zur Deutung ihres Handlungsfeldes und zur Begründung ihres Tuns benötigen. Die Verfügung über (wissenschaftliches) Wissen gilt neben der Fähigkeit des Verstehens einer einzigartigen Fallstrukturgesetzlichkeit (vgl. Oevermann 1996) – dem Kind und seiner Lebenssituation – in der neueren soziologischen Theorie als konstitutiv für Professionen. Der Professionelle bearbeitet die Spannung zwischen (universellem, wissenschaftlichem) Wissen und dem angemessenen Handeln im immer individuellen, einmaligen Einzelfall (vgl. Oevermann a.a.O.). Er ist damit aufgefordert, in der Interaktion mit Klienten zwischen Subsumtions- und Rekonstruktionslogik angemessen zu agieren (vgl. Dewe/Ferchhoff/Radtke 1992). Das ist nicht technisch zu lösen (vgl. Radtke 2006a: 82), sondern nur auf dem Wege einzelfallbezogenen, individuum- und kontextsensiblen und i.d.S.: professionellen Handelns. Dem entsprechend bedarf es aber weniger eines instrumentellen Wissens über normativ ‚richtiges', technisch effektives, rationales Erziehen, sondern vielmehr (auch und vielleicht vor allem) eines Wissens, das das *Urteilsvermögen* der Professionellen grundlegt und erweitert (vgl. Dewe/Ferchhoff/Radtke 1992; Radtke 2006a: 78). Mit ‚Wissen' ist dabei gerade nicht eine naive Vorstellung eines ‚praxisanleitenden Wissens' gemeint, die das Verhältnis von Theorie zu Praxis in vielerlei Hinsicht nicht angemessen abbildet (vgl. Weniger 1957; Dewe/Ferchhoff/Radtke 1992; Radtke 1996). ‚Wissen' leitet das ‚Können' der PraktikerInnen nicht an und ‚Theorie' ist keine von ‚Praxis' abgrenzbare Kategorie. *Wissen ist nicht als handlungsanleitend, vielmehr als Reflexion ermöglichend zu sehen.* Abgesehen von der Möglichkeit der Verständigung in Fachdiskursen in Disziplin und Profession, die Auszubildende und Studierende erwerben, ermöglicht ihnen ‚Wissen' die strukturierende, damit vereindeutigende Wahrnehmung von Ereignissen im Berufsalltag, die zunächst – unabhängig vom Beobachter – immer uneindeutige sind. Beobachtungen in der (eigenen) Praxis sind immer Interpretationen auf denen Handlungsentscheidungen aufbauen, die jederzeit auch anders ausfallen könnten. Das eigene pädagogische Handeln mit Beobachtungen in Beziehung zu setzen und plausibel als angemessen begründen zu können, kann als ‚Kernkompetenz' professioneller pädagogischer Fachkräfte bezeichnet werden.

Zusätzlich zu einem Wissen über die (semantischen) Traditionen und Begründungsmuster der Pädagogik ist auch die Fähigkeit zu deren Reflexion konstitutives Element pädagogischer Professionalität. Reflexion über politisch-öffentlich gebrauchte Semantiken ebenso wie über die tradierten ‚eigenen' der Profession, insbesondere über die Zusammenhänge zwischen beiden. Beide sollten nicht als selbstverständlich oder als ‚faktisch' angesehen werden. „Die Selbstverständlichkeit und ‚Natürlichkeit' einer Bezeichnung verweist in der Regel darauf, daß es sich um ein ‚Etikett' handelt, d.h. um eine Abstraktion zu einem bestimmten Zweck, um ein ‚Stereotyp'. Wenn es um das wissenschaftliche Verstehen des Bezeichneten (...) geht, muß man sich immer wieder der Anstrengung der Reflexivität unterziehen" (Cremer-Schäfer 2000: 109). Damit wäre eine reflexive oder auch kritische Forschung (und Lehre) für die Professionalisierung von Pädagoginnen und Pädagogen notwendig, die nicht innerhalb der kanonisierten Semantik der Profession verbleibt (und dort auch nicht geleistet werden kann), die das Tradierte gerade nicht duplizierend fortschreibt. ‚Klassiker' wie Montessori oder Fröbel oder auch aktuelle Thematiken wie ‚Resilienzförderung', ‚Portfolioarbeit', ‚Inklusion', die wiederkehrenden pädagogischen Neuauslegungen von ‚Bildung' und ‚Erziehung' etc., werden so anders erschließbar.

Eine pädagogisch-selbstreferente Konzentration auf die eigenen Semantiken (und hier insbesondere eine dominante Kindzentrierung) verstellt die systematische Perspektive auf gesellschaftliche Begleitumstände pädagogischer Wissensproduktion, macht eine einschlägige Reflexion jedenfalls unwahrscheinlich. Eine solche Reflexion ist von Pädagogiken im Allgemeinen auch nicht zu erwarten, insofern ihre Aufgabe gerade darin besteht, Ziele und Mittel der Erziehung zu vereindeutigen und normativ zu begründen. Dass in dieser Begründung ‚das Kind' eine herausgehobene Rolle spielt, ist, gerade wenn man Pfadabhängigkeiten und Traditionen deutscher Reformpädagogik mit einbezieht, eher zu erwarten, als dass dieses pädagogische Kernelement kritisch hinterfragt würde. Erst ein Blick über den Tellerrand der pädagogischen Logik lässt deren Verbindungen und Analogien zur gesellschaftlichen Umwelt erkennen. Zugleich, dass in den pädagogisch-einheimischen sich erziehungsfremde Plausibilitäten spiegeln. Dass pädagogisch anerkannte Ziele, Strukturen und Methoden aufgrund nicht-pädagogischer Diskurse gesellschaftliche Akzeptanz erlangen und dass ‚fremde' Leistungserwartungen in pädagogisch-einheimischen Formeln wie ‚Bildung' oder ethischen Selbstverpflichtungen aufgehoben sind (vgl. Cremer-Schäfer 2000: 123), kann aus pädagogisch-engagierter Perspektive nicht gesehen werden. Hier entsteht der Erziehungswissenschaft eine Aufgabe. Kurz: Eine distanzierte Beforschung der Vorschulerziehung kann auch und gerade für Berufseinsteiger einen reflexiven Blick grundlegen, der für Professionelle unverzichtbar ist. Ohne eine solche Reflexionsfähigkeit sind sie nicht selbständig entscheidungsfähig, sondern an ‚pädagogische' Vorgaben (welcher Herkunft immer) gebunden. Dies in Situationen der Alltagspraxis (oder im Anschluss daran), in denen sie selbst in gesteigerter Entscheidungs- und Begründungsverpflichtung stehen (standen). Eine professionelle, pädagogische ‚Autonomie', wie begrenzt durch öffentliche, Eltern-, Organisations- und sicher auch Kindererwartungen sie immer wäre, könnte sich durch reflexive, damit mündig-bewusste, eigene Entscheidungen der Praktikerinnen und Praktiker über ihr Tun einstellen, die sie befähigen, einen Standpunkt gegenüber Forderungen einzunehmen, die – selbst als pädagogische – immer (auch) ‚fremde' sind.

Literaturverzeichnis

Aden-Grossmann, Wilma (2002): Kindergarten. Eine Einführung in seine Entwicklung und Pädagogik. Weinheim [u.a.]: Beltz.

Adick, Christel (2008): Vergleichende Erziehungswissenschaft. Eine Einführung. Stuttgart: Kohlhammer.

Adorno, Theodor W. (1966a): Erziehung nach Auschwitz. In: Ders. (1971): 88–104.

Adorno, Theodor W. (1966b): Erziehung - wozu? In: Ders. (1971): 105–119.

Adorno, Theodor W. (1969): Erziehung zur Mündigkeit. Ders. (1971): 133–147.

Adorno, Theodor W. (1971): Erziehung zur Mündigkeit. Vorträge und Gespräche mit Hellmut Becker 1959-1969. Frankfurt am Main: Suhrkamp.

Allemann-Ghionda, Cristina (2004): Einführung in die Vergleichende Erziehungswissenschaft. Weinheim, Basel: Beltz.

Allmendinger, Jutta/Ebner, Christian/Nikolai, Rita (2010): Soziologische Bildungsforschung. In: Tippelt/Schmidt (2010): 47-70.

Alt, Christian/Berngruber, Anne/Riedel, Birgit (2012): Kinderbetreuung. Auf einem guten Weg zu Bildungsgerechtigkeit und Vereinbarkeit? In: Rauschenbach/Bien (2012): 86-99.

Amos, S. Karin (2011): Bildungspolitik. In: Kade/Helsper et. al. (2011): 229-235.

Amos, S. Karin (2015): Theorien der Vergleichenden Erziehungswissenschaft. In: Parreira do Amaral/Amos (2015): 59-77.

Amos, S. Karin/Meseth, Wolfgang/Proske, Matthias (Hrsg.) (2011): Öffentliche Erziehung revisited. Erziehung, Politik und Gesellschaft im Diskurs. Wiesbaden: VS, Verlag für Sozialwissenschaften.

Andresen, Sabine (Hrsg.) (2009): Handwörterbuch Erziehungswissenschaft. Weinheim, Basel: Beltz.

Arbeitskreis Vorschule (Hrsg.) (1970): Vorschulkongreß 1970. Eine Dokumentation. Vorgelegt vom Arbeitskreis Vorschule. Velber: Friedrich.

Arbeitsstab Forum Bildung (2001a): Empfehlungen des Forum Bildung. Ergebnisse des Forum Bildung Bd. I. Bonn.

Arbeitsstab Forum Bildung (2001b): Empfehlungen und Einzelergebnisse des Forum Bildung. Ergebnisse des Forum Bildung Bd. II. Bonn.

Baader, Meike Sophia (1996): Die romantische Idee des Kindes und der Kindheit. Auf der Suche nach der verlorenen Unschuld. Neuwied, Kriftel, Berlin: Luchterhand.

Barow-Bernstorff, Edith/Günther, Karl-Heinz/Krecker, Margot/Schuffenhauer, Heinz (Hrsg.) (1986): Beiträge zur Geschichte der Vorschulerziehung. Berlin: Volk und Wissen.

Barz, Heiner (Hrsg.) (2000): Pädagogische Dramatisierungsgewinne. Jugendgewalt - Analphabetismus - Sektengefahr. Frankfurt am Main: Fachbereich Erziehungswissenschaften der Johann Wolfgang Goethe-Universität.

Baumert, Jürgen/Kunter, Mareike: Stichwort: Professionelle Kompetenz von Lehrkräften. In: *ZfE* 9/2006/4: 469–520.

Baumgart, Franzjörg (1990): Zwischen Reform und Reaktion. Preußische Schulpolitik 1806-1859. Darmstadt: Wissenschaftliche Buchgesellschaft.

Baur, Nina/Korte, Hermann/Löw, Martina/Schroer, Markus (Hrsg.) (2008): Handbuch Soziologie. Wiesbaden: VS Verlag für Sozialwissenschaften.

BDA (2005): Bildung schafft Zukunft. das Bildungsprogramm der Arbeitgeber. Bundesvereinigung der Deutschen Arbeitgeberverbände. Berlin. URL: http://www.arbeitgeber.de/www/arbeitgeber.nsf/id/DE_Broschueren_-_Bildung. Zuletzt geprüft am 28.06.2012.

BDA (2006): Bessere Bildungschancen durch frühe Förderung. Positionspapier zur frühkindlichen Bildung. Bundesvereinigung der Deutschen Arbeitgeberverbände. Online verfügbar unter http://www.arbeitgeber.de/www/arbeitgeber.nsf/id/DE_Broschueren_-_Bildung, zuletzt geprüft am 28.06.2012.

BDA; BDI (2008): Bildung schafft Zukunft. Beschluss des gemeinsamen Präsidiums von BDA und BDI. Bundesvereinigung der Deutschen Arbeitgeberverbände. URL: http://www.arbeitgeber.de/www/arbeitgeber.nsf/id/DE_Broschueren_-_Bildung. Zuletzt geprüft am 28.06.2012.

Beckedorff, Ludolph v. (1819a): An die deutsche Jugend. Ueber der Leiche des ermordeten August von Kotzebue. Hannover: Helmingsche Hofbuchhandlung.

Beckedorff, Ludolph v. (1819b): Beckedorffs Beurteilung des Süvernschen Unterrichtsgesetzentwurfs. In: Schweim, Lothar (1966): 222-245.

Becker, Rolf (Hrsg.) (2011): Lehrbuch der Bildungssoziologie. Wiesbaden: VS Verlag für Sozialwissenschaften / GWV Fachverlage GmbH, Wiesbaden (SpringerLink : Bücher).

Bellmann, Johannes (2001): Knappheit als Bildungsproblem. Die Konstruktion des Ökonomischen im Diskurs Allgemeiner Pädagogik. Weinheim: Deutscher Studien-Verlag.

Bellmann, Johannes (2006): Ökonomische Dimension der Bildungsreform. Unbeabsichtigte Folgen, perverse Effekte, Externalitäten. In: Frost (2006): 183-200.

Benner, Dietrich (1990): Wilhelm von Humboldts Bildungstheorie. Eine problemgeschichtliche Studie zum Begründungszusammenhang neuzeitlicher Bildungsreform. Weinheim: Juventa Verlag.

Benner, Dietrich/Kemper, Herwart (Hrsg.) (2000): Quellentexte zur Theorie und Geschichte der Reformpädagogik. Teil 1: Die pädagogische Bewegung von der Aufklärung bis zum Neuhumanismus. Weinheim: Deutscher Studienverlag.

Benner, Dietrich/Oelkers, Jürgen (Hrsg.) (2004): Historisches Wörterbuch der Pädagogik. Darmstadt: Wissenschaftliche Buchgesellschaft.

Berger, Manfred (1986): Vorschulerziehung im Nationalsozialismus. Recherchen zur Situation des Kindergartenwesens 1933-1945. Weinheim u.a.: Beltz.

Berger, Manfred (1999): Henriette Schrader-Breymann. Leben und Wirken einer Pionierin der Mädchenbildung und des Kindergartens. 1. Aufl. Frankfurt: Brandes & Apsel.

Bernfeld, Siegfried (1925): Sisyphos oder die Grenzen der Erziehung. Frankfurt am Main 1973: Suhrkamp.

Bernhardi, Friedrich v. (1913): Deutschland und der nächste Krieg. Stuttgart, Berlin: Cotta'sche Buchhandlung Nachfolger.

Bielefeld, Uli (Hrsg.) (1992): Das Eigene und das Fremde. Neuer Rassismus in der alten Welt? Hamburg: Junius.

Bittner, Günther/Schmid-Cords, Edda (Hrsg.) (1968): Erziehung in früher Kindheit. Pädagogische, psychologische und psychoanalytische Texte. München: R. Piper & Co. Verlag.

BJK (2008): Zukunftsfähigkeit von Kindertageseinrichtungen. Stellungnahme des Bundesjugendkuratoriums. Bundesjugendkuratorium. URL: http://www.bundesjugendkuratorium.de/positionen.html, zuletzt geprüft am 23.12.2014.

Blankertz, Herwig (1971): Pädagogik unter wissenschaftstheoretischer Sicht. In: Oppolzer (1971): 20-33.

Blankertz, Herwig (1992): Die Geschichte der Pädagogik. Von der Aufklärung bis zur Gegenwart. Wetzlar: Büchse der Pandora.

Blume, Wilhelm v. (1899): Die Grundlagen unserer Wehrkraft. Berlin: Königliche Hofbuchhandlung Ernst Siegfried Mittler und Sohn.

BMBW (1970): Bildungsbericht ′70. Die bildungspolitische Konzeption der Bundesregierung. Herausgegeben vom Bundesministerium für Bildung und Wissenschaft. Bonn: Heger.

Bogumil, Jörg/Jann, Werner (2009): Verwaltung und Verwaltungswissenschaft in Deutschland. Einführung in die Verwaltungswissenschaft. 2., völlig überarb. Aufl. Wiesbaden: VS Verlag für Sozialwissenschaften.

Böhm, Winfried (1996): Maria Montessori. Texte und Gegenwartsdiskussion. 5., erw. und verb. Aufl. Bad Heilbrunn: Klinkhardt.

Böhm, Winfried (2010): Maria Montessori. Einführung mit zentralen Texten. Paderborn, München, Wien, Zürich: Schöningh.

Böhme, Günther/Tenorth, Heinz-Elmar (1990): Einführung in die historische Pädagogik. Darmstadt: Wissenschaftliche Buchgesellschaft.

Bollnow, Otto Friedrich (1952): Die Pädagogik der deutschen Romantik. Von Arndt bis Fröbel. Stuttgart: Klett-Cotta.

Bostelmann, Antje (2007): Das Portfolio-Konzept für Kita und Kindergarten. Mülheim an der Ruhr: Verlag an der Ruhr.

Bostelmann, Antje/Fink, Michael (2003): Pädagogische Prozesse im Kindergarten. Planung, Umsetzung, Evaluation. 1. Aufl. Weinheim, Basel, Berlin: Beltz.

Brandt, Willy (1969): Regierungserklärung vom 28. Oktober 1969. In: Korte (2002): 353-382.

Brezinka, Wolfgang (1974): Grundbegriffe der Erziehungswissenschaft: Analyse, Kritik, Vorschläge. München, Basel: Reinhardt.

Brinkmann, Wilhelm/Renner, Karl/Reble, Albert (Hrsg.) (1982): Die Pädagogik und ihre Bereiche. Paderborn: F. Schöningh.

Bröckling, Ulrich (2007): Das unternehmerische Selbst. Soziologie einer Subjektivierungsform. Frankfurt am Main: Suhrkamp.

Bröckling, Ulrich/Krasmann, Susanne/Lemke, Thomas (Hrsg.) (2000): Gouvernementalität der Gegenwart. Studien zur Ökonomisierung des Sozialen. Frankfurt am Main: Suhrkamp.

Brunner, Otto/Conze, Werner/Koselleck, Reinhart (Hrsg.) (1972): Geschichtliche Grundbegriffe. Stuttgart: Klett.

Bühler-Niederberger, Doris/Sünker, Heinz (2009): Gesellschaftliche Organisation von Kindheit und Kindheitspolitik. In: Honig (2009): 155-182.

Bundesregierung (2005): Bericht über die Lebenssituation junger Menschen und die Leistungen der Kinder- und Jugendhilfe in Deutschland. Zwölfter Kinder- und Jugendbericht und Stellungnahme der Bundesregierung. In: Deutscher Bundestag, Drucksache 15/6014 vom 10.10.2005.

Bundesregierung (2007): Der Nationale Integrationsplan. Neue Wege - Neue Chancen. Presse- und Informationsamt der Bundesregierung. Berlin. URL: http://www.bundesregierung.de/Content/DE/Archiv16/Artikel/2007/07/Anlage/2007-10-18-nationaler-integrationsplan.pdf;jsessionid=9B8015077748A6FC5C5A3A692E0EB3EF.s3t1?__blob=publicationFile&v=2. Zuletzt geprüft am 15.11.2012.

Burchardt, Matthias (2006): Kompetenz. In: *Vierteljahrsschrift für wissenschaftliche Pädagogik* 82/2006/1: 138–139.

Butterwegge, Christoph (2006): Krise und Zukunft des Sozialstaates. 3. erw. Aufl. Wiesbaden: VS, Verl. für Sozialwiss.

Butterwegge, Christoph (2015): Hartz IV und die Folgen. Auf dem Weg in eine andere Republik? Weinheim u.a.: Beltz Juventa.

Chimani, Leopold (1832): Theoretisch-practischer Leitfaden für Lehrer in Kinder-Bewahranstalten. enthaltend die Organisation derselben und die Gegenstände, welche und wie sie in denselben vorgenommen werden sollen; Mit einer Geschichte der Kinder-Bewahranstalten überhaupt, und des Hauptvereins für Kinder-Bewahranstalten in Wien; Zugleich ein nützlicher Rathgeber für Ältern, Erzieher und erziehende Schullehrer von Leopold Chimani. Wien: Verlag des Hauptvereins der Kinder-Bewahranstalten im St.-Anna-Gebäude in der Johannis-Gasse.

Cloos, Peter/Karner, Britta (Hrsg.) (2010): Erziehung und Bildung von Kindern als gemeinsames Projekt. Zum Verhältnis familialer Erziehung und öffentlicher Kinderbetreuung. Baltmannsweiler: Schneider Verlag Hohengehren.

Coffey, Charly (2007): Early Child Development is a Business Imperative. In: Young/Richardson (2007): 27-34.

Combe, Arno/Helsper, Werner (Hrsg.) (1996): Pädagogische Professionalität. Untersuchungen zum Typus pädagogischen Handelns. Frankfurt am Main: Suhrkamp.

Cowen, Robert/Kazamias, Andreas M. (Hrsg.) (2009): International Handbook of Comparative Education. Dordrecht [u.a.]: Springer Netherlands.

Cremer-Schäfer, Helga (2000): Skandalisierungsfallen. Einige Anmerkungen dazu, welche Folgen es hat, wenn wir das Vokabular "der Gewalt" benutzen, um auf gesellschaftliche Probleme und Konflikte aufmerksam zu machen. In: Barz (2000): 109-130.

Dahrendorf, Ralf (1965): Bildung ist Bürgerrecht. Plädoyer für eine aktive Bildungspolitik. Hamburg: Nannen-Verlag.

Dammann, Elisabeth; Prüser, Helga (1981): Quellen zur Kleinkinderziehung. Die Entwicklung der Kleinkinderschule und des Kindergartens. München: Kösel.

Deutscher Armeekalender (1893): Fünfzehntes Armee-Korps. Sitz des General-Kommandos: Straßburg i.F. Komm. General: General-Lieutenant v. Blume. URL: http://sammlungen.ulb.uni-muenster.de/hd/periodical/pageview/850315. Zuletzt geprüft am 20.02.2015.

Deutscher Bildungsrat (Hrsg.) (1970a): Begabung und Lernen. Ergebnisse und Folgerungen neuer Forschungen. Gutachten und Studien der Bildungskommission Bd. 4. Unter Mitarbeit von Heinrich Roth. 5. Aufl. Stuttgart: Ernst Klett Verlag.

Deutscher Bildungsrat (1970b): Strukturplan für das Bildungswesen. Unveränderter Nachdruck der 4. Aufl. 1972. Stuttgart: E. Klett.

Deutscher Bildungsrat (1973): Zur Einrichtung eines Modellprogramms für Curriculum-Entwicklung im Elementarbereich. Verabschiedet auf der 28. Sitzung der Bildungskommission am 22./23. März 1973 in Bonn. Stuttgart: Klett.

Deutscher Bundestag (2005): Lebenslagen in Deutschland. Zweiter Armuts- und Reichtumsbericht. Drucksache 15/5015 vom 03.03.2005. URL: http://dip21.bundestag.de/dip21/btd/15/050/1505015.pdf. Zuletzt geprüft am 23.12.2014.

Dewe, Bernd/Ferchhoff, Wilfried/Radtke, Frank-Olaf (1992): Das 'Professionswissen' von Pädagogen. Ein wissenstheoretischer Rekonstruktionsversuch. In: Dies. (Hrsg): Erziehen als Profession. Zur Logik professionellen Handelns in pädagogischen Feldern. Opladen: Leske + Budrich: 70-91.

Diehm, Isabell (1995): Erziehung in der Einwanderungsgesellschaft. Konzeptionelle Überlegungen für die Elementarpädagogik. Frankfurt: IKO-Verl. für Interkulturelle Kommunikation.

Diehm, Isabell/Kuhn, Melanie/Machold, Claudia (2010): Die Schwierigkeit, ethnische Differenz durch Forschung nicht zu reifizieren - Ethnographie im Kindergarten. In: Heinzel (2010): 78-92.

Diehm, Isabell; Radtke, Frank-Olaf (1999): Erziehung und Migration. Eine Einführung. Stuttgart: Kohlhammer.

DiMaggio, Paul J./Powell, Walter W. (1983): The iron cage revisited. Institutional Isomorphism and Collective Rationality in Organizational Fields. In: *American Sociological Review* 4871983/2: 147–160.

Döring, Diether (2004): Sozialstaat. Frankfurt am Main: Fischer Taschenbuch Verlag.

Dreyfus, Hubert L./Rabinow, Paul (Hrsg.) (1987): Michel Foucault. Jenseits von Strukturalismus und Hermeneutik. Dt. Erstausg. Frankfurt am Main: Athenäum-Verlag.

Dülffer, Jost/ Holl, Karl (Hrsg.) (1986): Bereit zum Krieg. Kriegsmentalität im wilhelminischen Deutschland, 1890-1914. Beiträge zur historischen Friedensforschung. Göttingen: Vandenhoeck & Ruprecht.

Durkheim, Émile (1902): Antrittsvorlesung. In: Ders. (1973): 37-55.

Durkheim, Émile (1973): Erziehung, Moral und Gesellschaft. Vorlesung an der Sorbonne 1902/1903. Herausgegeben von Maus, Heinz/Fürstenberg, Friedrich/Menseler, Frank unter Mitarbeit von Schmidts, Ludwig. Neuwied 1973: Luchterhand.

Ecarius, Jutta (2008): Generation, Erziehung und Bildung. Eine Einführung. Stuttgart: Kohlhammer.

Edding, Friedrich (1963): Ökonomie des Bildungswesens. Lehren und Lernen als Haushalt und als Investition. Freiburg i. Br.: Rombach.

Einsiedler, Wolfgang/Götz, Margarete/Hacker, Hartmut/Kahlert, Joachim/Keck, Rudolf W./Sandfuchs, Uwe (Hrsg.) (2005): Handbuch Grundschulpädagogik und Grundschuldidaktik. 2. Aufl. Bad Heilbrunn: Klinkhardt.

Engels, Friedrich (1845): Die Lage der arbeitenden Klasse in England. Nach eigner Anschauung und authentischen Quellen. 7. Aufl. Berlin 1979: Dietz Verlag.

Erning, Günter (1976): Quellen zur Geschichte der öffentlichen Kleinkindererziehung. Von den ersten Bewahranstalten bis zur vorschulischen Erziehung der Gegenwart. Saarbrücken: Universitäts- und Schulbuchverlag.

Erning, Günter (1987a): Geschichte der öffentlichen Kleinkindererziehung von den Anfängen bis zum Kaiserreich. In: Erning/Neumann/Reyer (1987a): 13-42.

Erning, Günter (1987b): Geschichte der öffentlichen Kleinkindererziehung im 19. Jahrhundert. In: Schnabel (1987): 11-25.

Erning, Günter/Neumann, Karl/Reyer, Jürgen (Hrsg.) (1987a): Geschichte des Kindergartens. Bd. 1: Entstehung und Entwicklung der öffentlichen Kleinkindererziehung in Deutschland von den Anfängen bis zur Gegenwart. Freiburg i. Br.: Lambertus.

Erning, Günter; Neumann, Karl; Reyer, Jürgen (Hrsg.) (1987b): Geschichte des Kindergartens. Bd. 2: Institutionelle Aspekte, systematische Perspektiven, Entwicklungsverläufe. Freiburg i. Br.: Lambertus.

Esping-Andersen, Gøsta (1990): The three worlds of welfare capitalism. Princeton, N.J.: Princeton University Press.

Faltin, Günter; Zimmer, Jürgen (1995): Reichtum von unten. Die neuen Chancen der Kleinen. Berlin: Aufbau-Taschenbuch-Verlag.

Fatke, Reinhard (Hrsg.): Forschungs- und Handlungsfelder der Pädagogik. Zeitschrift für Pädagogik 36. Beiheft: 185–235.

Fend, Helmut (1969): Sozialisierung und Erziehung. Eine Einführung in die Sozialisierungsforschung. Weinheim: Beltz.

Fichte, Johann Gottlieb (1807): Reden an die deutsche Nation. Herausgegeben von Alexander Aichele. Hamburg (2008): Felix Meiner.

Forst, Rainer (2005): Die erste Frage der Gerechtigkeit. In: *APuZ* 37/2005: 24-30.

Foucault, Michel (1978): Dispositive der Macht. Michel Foucault über Sexualität, Wissen und Wahrheit. Unter Mitarbeit von Alessandro Fontana. Berlin: Merve Verlag.

Foucault, Michel (1981): Archäologie des Wissens. Frankfurt am Main: Suhrkamp.

Foucault, Michel (1983): Der Wille zum Wissen. Sexualität und Wahrheit Bd. 1. Frankfurt am Main: Suhrkamp.

Foucault, Michel (1987): Warum ich Macht untersuche: Die Frage des Subjekts. In: Dreyfus/Rabinow (1987): 243-261.

Foucault, Michel (1993): Leben machen und sterben lassen. Zur Genealogie des Rassismus. Ein Vortrag. In: *Lettre International* 1993/1: 62–67.
Foucault, Michel (1994): Überwachen und Strafen. Die Geburt des Gefängnisses. Frankfurt am Main: Suhrkamp.
Foucault, Michel (2006): Sicherheit, Territorium, Bevölkerung. Geschichte der Gouvernementalität. Vorlesung am Collège de France, 1977-1978. Frankfurt am Main: Suhrkamp.
Franke-Meyer, Diana (2011): Kleinkindererziehung und Kindergarten im historischen Prozess. Ihre Rolle im Spannungsfeld zwischen Bildungspolitik, Familie und Schule. Bad Heilbrunn: Klinkhardt.
Franke-Meyer, Diana/Reyer, Jürgen (2015): Klassiker der Pädagogik der frühen Kindheit. Ideengeber und Vorläufer des Kindergartens. Weinheim und Basel: Beltz Juventa.
Frei, Norbert (2008): 1968. Jugendrevolte und globaler Protest. Lizenzausgabe für die Bundeszentrale für Politische Bildung. Bonn: Bundeszentrale für Politische Bildung.
Freire, Paulo (1971): Pädagogik der Unterdrückten. Stuttgart, Berlin: Kreuz.
Friebertshäuser, Barbara/Prengel, Annedore (Hrsg.) (1997): Handbuch qualitative Forschungsmethoden in der Erziehungswissenschaft. Studienausgabe Weinheim, München: Juventa.
Fried, Lilian/Roux, Susanna (Hrsg.) (2006): Pädagogik der frühen Kindheit. Handbuch und Nachschlagewerk. Weinheim: Beltz.
Friedeburg, Ludwig von (Hrsg.) (1969): Jugend in der modernen Gesellschaft. Köln: Kiepenheuer & Witsch.
Friedeburg, Ludwig von (1992): Bildungsreform in Deutschland. Geschichte und gesellschaftlicher Widerspruch. 1. Aufl. Frankfurt am Main: Suhrkamp.
Fritschi, Tobias/Oesch, Tom (2008): Volkswirtschaftlicher Nutzen von frühkindlicher Bildung in Deutschland. Eine ökonomische Bewertung langfristiger Bildungseffekte bei Krippenkindern. URL: http://www.bertelsmann-stiftung.de/de/publikationen/publikation/did/volkswirtschaftlicher-nutzen-von-fruehkindlicher-bildung-in-deutschland/. Zuletzt geprüft am 23.12.2014.
Frost, Ursula (Hrsg.) (2006): Unternehmen Bildung. Paderborn: Schöningh.
Fthenakis, Wassilios E. (2002): Der Bildungsauftrag in Kindertageseinrichtungen: ein umstrittenes Terrain? Bayerisches Staatsministerium für Arbeit und Sozialordnung, Familie und Frauen/Institut für Frühpädagogik (IFP) (Familienhandbuch.de). URL: https://www.familienhandbuch.de/kindertagesbetreuung/ erziehung-im-kindergarten/der-bildungsauftrag-in-kindertageseinrichtungen-ein-umstrittenes-terrain. Zuletzt geprüft am 26.07.2012.

Fthenakis, Wassilios E. (Hrsg.) (2003a): Elementarpädagogik nach PISA. Wie aus Kindertagesstätten Bildungseinrichtungen werden können. Freiburg i. Br. [u.a.]: Herder.
Fthenakis, Wassilios E. (2003b): Zur Neukonzeptualisierung von Bildung in der frühen Kindheit. In: Ders. (2003a): 18–37.
Fuchs, Birgitta (2002): Ursprung, Intention und Grenzen der Kosmischen Theorie Maria Montessoris. In: Ludwig/Fischer/Fischer (2002): 343-354.
Fuchs, Birgitta (2003): Maria Montessori. Ein pädagogisches Porträt. Weinheim [u.a.]: Beltz.
Gallie, Walter Bryce (1968): Philosophy and the historical understanding. 2. Aufl. New York: Schocken Books.
Galuske, Michael (2002): Flexible Sozialpädagogik. Elemente einer Theorie Sozialer Arbeit in der modernen Arbeitsgesellschaft. Weinheim, München: Juventa.
Galuske, Michael (2004): Der aktivierende Sozialstaat. Konsequenzen für die Soziale Arbeit. URL: http://www.ehs-dresden.de/fileadmin/hochschule/Veroeffentlichungen/Studientexte/Studientext_2004-04_Galuske.pdf. Zuletzt geprüft am 23.12.2014.
Gerstberger, Günter (2008): Frühkindliche Bildung in Forschung und Lehre. Vorwort für die 'Robert Bosch Stiftung'. In: Thole/Roßbach/Fölling-Albers/Tippelt (2008): 7-10.
Giesecke, Hermann (1996): Wozu ist die Schule da? Die neue Rolle von Eltern und Lehrern. Stuttgart: Klett-Cotta.
Ginsburg, Herbert/Opper, Sylvia (1993): Piagets Theorie der geistigen Entwicklung. 7. Aufl. Stuttgart: Klett-Cotta.
Gisbert, Kristin (2003): Wie Kinder das Lernen lernen: Vermittlung lernmethodischer Kompetenzen. In: Fthenakis (2003a): 78–105.
Gisbert, Kristin (2004): Lernen lernen. Lernmethodische Kompetenzen von Kindern in Tageseinrichtungen fördern. Weinheim: Beltz.
Goldscheid, Rudolf (1911): Höherentwicklung und Menschenökonomie. Grundlegung der Sozialbiologie. Leipzig: Verlag von Dr. Werner Klinkhardt.
Gordon, Peter (1994): Robert Owen (1771-1858). In: *PROSPECTS: the quarterly review of education* 24/1994/1/2: 279–296.
Grell, Frithjof (2010): Über die (Un-)Möglichkeit, Früherziehung durch Selbstbildung zu ersetzen. In: *Zeitschrift für Pädagogik* 56/2010/2: 154–167.
Grotjahn, Alfred (1921): Die hygienische Forderung. Königstein im Taunus und Leipzig: Karl Robert Langewiesche, Verlag der Blauen Bücher.
Grundmann, Matthias (2011): Sozialisation - Erziehung - Bildung: Eine kritische Begriffsbestimmung. In: Becker (2011): 63-85.

Grunewald, Rob; Rolnick, Arthur (2007): A Productive Investment: Early Child Development. In: Young/Richardson (2007): 15–25.

Haeckel, Ernst (1878): Ueber die Entwickelungstheorie Darwin's. In: Ders. (Hrsg.): Gesammelte populäre Vorträge aus dem Gebiete der Entwickelungslehre. Bonn: 1–28.

Hamm-Brücher, Hildegard (1970): Die bildungspolitische Priorität der Vorschulerziehung. Eröffnungsreferat. In: Arbeitskreis Vorschule (1970): 12-21.

Hanisch, Angelika (2012): Maria Montessoris Antropologia Pedagogica. Übersetzung und Kommentar. Freiburg i. Br.: Herder.

Hardenberg, Karl August Freiherr von (1807): Des Ministers Freiherr von Hardenberg Denkschrift ‚Über die Reorganisation des Preußischen Staats', verfasst auf höchsten Befehl Sr. Majestät des Königs. ‚Rigaer Denkschrift', 12.09.1807. In: Winter (1931): 302-363.

Heckmann, Friedrich (1992): Ethnos, Demos und Nation, oder: Woher stammt die Intoleranz des Nationalstaats gegenüber ethnischen Minderheiten? In: Bielefeld (1992): 51-78.

Heid, Helmut (2004): Erziehung. In: Lenzen (2004): 43-68.

Heiland, Helmut (Hg.) (2002): Friedrich Wilhelm August Fröbel (1752-1852). Hohengehren: Schneider.

Heiland, Helmut (2003): Friedrich Fröbel (1782-1852). In: Tenorth (2003): 181-187.

Heiland, Helmut (2008): Friedrich Fröbel in seinen Briefen. Würzburg: Königshausen & Neumann.

Heinsohn, Gunnar (1974): Vorschulerziehung in der bürgerlichen Gesellschaft. Geschichte, Funktion, aktuelle Lage.Frankfurt am Main: Fischer-Taschenbuch-Verlag.

Heinzel, Friederike (Hrsg.) (2010): Qualitative Bildungsforschung im Elementar- und Primarbereich. Bedingungen und Kontexte kindlicher Lern- und Entwicklungsprozesse. Baltmannsweiler: Schneider-Verl. Hohengehren.

Helsper, Werner (1996): Antinomien des Lehrerhandelns in modernisierten pädagogischen Kulturen. Paradoxe Verwendungsweisen von Autonomie und Selbstverantwortlichkeit. In: Combe/Helsper (1996): 521-569.

Helsper, Werner (2006): Pädagogisches Handeln in den Antinomien der Moderne. In: Helsper/Krüger (2006): 15-34.

Helsper, Werner/Krüger, Heinz-Hermann (Hrsg.) (2006): Einführungskurs Erziehungswissenschaft. 7., durchges. und aktualisierte Aufl. Opladen [u.a.]: Budrich.

Hemmer, Klaus Peter/Obereisenbuchner, Matthias (1979): Die Reform der vorschulischen Erziehung. Eine Zwischenbilanz. München: Juventa-Verlag.

Hermanutz, Leo (1977): Vorschulische Erziehung in katholischer Trägerschaft. Studien über die Entstehung und Entwicklung des katholischen Kindergartenwesens in Deutschland. Univ. Diss. Bamberg.

Herrlitz, Hans-Georg/Hopf, Wulf/Titze, Hartmut/Cloer, Ernst (2009): Deutsche Schulgeschichte von 1800 bis zur Gegenwart. Eine Einführung. 5., aktualisierte Aufl. Weinheim, München: Juventa.

Herrmann, Ulrich (2014): Reformpädagogik: Impulse und Wirksamkeit im 20. Jahrhundert – neue Herausforderungen im 21. Jahrhundert. In: *Pädagogische Rundschau* 68/2014: 693-708.

Herzog, Roman (1997): Aufbruch ins 21. Jahrhundert. Berliner Rede 1997 von Bundespräsident Roman Herzog. URL: http://www.bundespraesident.de/SharedDocs/Reden/DE/Roman-Herzog/Reden/1997/04/19970426_Rede.html. Zuletzt geprüft am 06.12.2014.

Hessisches Sozialministerium; Hessisches Kultusministerium (Hrsg.) (2007): Bildung von Anfang an. Bildungs- und Erziehungsplan für Kinder von 0 bis 10 Jahren in Hessen. Unter Mitarbeit von Wassilios E. Fthenakis. Stand: Dezember 2007. Paderborn: Bonifatius GmbH, Buch-Druck-Verlag.

Hilker, Franz (1962): Vergleichende Pädagogik. Eine Einführung in ihre Geschichte, Theorie und Praxis. München: Hueber.

Hinneberg, Paul (Hrsg.) (1912): Die Kultur der Gegenwart: Ihre Entwicklung und ihre Ziele. Berlin [u.a.]: Teubner.

Hitzler, Ronald/Honer, Anne (Hrsg.): Sozialwissenschaftliche Hermeneutik. Eine Einführung. Opladen: Leske + Budrich.

Hitzler, Ronald/Reichertz, Jo/Schröer, Norbert (Hrsg.) (2003): Hermeneutische Wissenssoziologie. Standpunkte zur Theorie der Interpretation. Konstanz: UVK.

Hobsbawm, Eric J. (1991): Nationen und Nationalismus. Mythos und Realität seit 1780. Frankfurt/Main, New York: Campus-Verlag.

Hoenisch, Nancy/Niggemeyer, Elisabeth/Zimmer, Jürgen (1969): Vorschulkinder. 2. Aufl. Stuttgart: Ernst Klett Verlag.

Hoffmann, Erika (1968): Frühkindliche Bildung und Schulanfang. In: Bittner/Schmid-Cords (1968): 344-363.

Höhne, Thomas (2001): Kultur als Differenzkategorie. In: Lutz/Wenning (2001): 197-213.

Höhne, Thomas (2003): Pädagogik der Wissensgesellschaft. Bielefeld: Transcript-Verlag.

Hollstein, Oliver (2011): Vom Verstehen zur Verständigung. Die erziehungswissenschaftliche Beobachtung einer pädagogischen Denkform. Frankfurt am Main: Fachbereich Erziehungswissenschaften der Johann-Wolfgang-Goethe-Universität.

Holtstiege, Hildegard (2002): Zur Forschungs- und Diskussionslage um die Pädagogische Anthropologie Maria Montessoris. In: Ludwig/Fischer/Fischer (2002): 316-323.

Honig, Michael-Sebastian (Hrsg.) (2009): Ordnungen der Kindheit. Problemstellungen und Perspektiven der Kindheitsforschung. Weinheim, München: Juventa.

Horkheimer, Max (1937): Traditionelle und kritische Theorie. In: Ders. (2005): 205-259.

Horkheimer, Max (1938): Idee, Aktivität und Programm des Instituts für Sozialforschung. In: Ders. (1985): 131-164.

Horkheimer, Max (Hrsg.) (1985): Gesammelte Schriften. Bd. 12: Nachgelassene Schriften. Unter Mitarbeit von Gunzelin Schmid Noerr. Frankfurt am Main: S. Fischer.

Horkheimer, Max (Hrsg.) (2005): Traditionelle und kritische Theorie. Fünf Aufsätze. 6. Aufl. Frankfurt am Main: Fischer Taschenbuch Verlag.

Hubatsch, Walter (1955): Bernhardi, Friedrich Adam Julius von. In: Neue Deutsche Biographie 2/1955: 122. URL: http://www.deutsche-biographie.de/ppn118658468.html. Zuletzt geprüft am 20.02.2015.

Humboldt, Wilhelm v. (1791): Ideen über Staatsverfassung, durch die neue französische Constitution veranlasst. Aus einem Briefe an einen Freund vom August 1791. In: Ders. (1960): 33-42.

Humboldt, Wilhelm v. (1792): Über öffentliche Staatserziehung. In: Benner/Kemper (2000): 427-431.

Humboldt, Wilhelm v. (1809): Der Königsberger und der Litauische Schulplan. In: Ders. (1964): 168-195.

Humboldt, Wilhelm v. (Hrsg.) (1960): Schriften zur Anthropologie und Geschichte. Werke in fünf Bänden, Bd. 1. Unter Mitarbeit von Andreas Flitner und Klaus Giel. Darmstadt: Wissenschaftliche Buchgesellschaft.

Humboldt, Wilhelm v. (Hrsg.) (1964): Schriften zur Politik und zum Bildungswesen. Werke in fünf Bänden, Bd. 4. Unter Mitarbeit von Andreas Flitner und Klaus Giel. Darmstadt: Wissenschaftliche Buchgesellschaft.

Huffschmid, Jörg (Hg.): Die Privatisierung der Welt. Hintergründe, Folgen, Gegenstrategien: Reader des wissenschaftlichen Beirats von Attac. Hamburg: VSA-Verlag. URL: http://www.rosalux.de/fileadmin/wgdw_uploads/texte/privatisierung-klausenitzer.pdf. Zuletzt geprüft am 06.01.2015.

Iben, Gerd (1971): Kompensatorische Erziehung. Analysen amerikanischer Programme. München: Juventa Verlag.

Illich, Ivan (1972): Entschulung der Gesellschaft. München: Kösel-Verlag.

Jeismann, Karl-Ernst (Hrsg.) (1969): Staat und Erziehung in der preußischen Reform 1807-1819. Ausgewählt und eingeleitet von Karl-Ernst Jeismann. Göttingen: Vandenhoeck & Ruprecht.

Joos, Magdalena (2002): Tageseinrichtungen für Kinder zwischen Dienstleistung und Bildungsanforderungen. In: *ZSE: Zeitschrift für Soziologie der Erziehung und Sozialisation* 22/2002/3: 231–248.

Jullien de Paris, Marc-Antoine (1817): Skizzen und Vorarbeiten zu einem Werk über die Vergleichende Erziehung. Deutsche Übersetzung der einzigen noch erhaltenen Originalausgabe aus dem Jahr 1817 von Hans Espe. Berlin 1954: Orbis Verlag.

Kade, Jochen (1997): Vermittelbar/nicht-vermittelbar: Vermitteln: Aneignen. Im Prozeß der Systembildung des Pädagogischen. In: Lenzen/Luhmann (1997): 30-70.

Kade, Jochen/Helsper, Werner/Lüders, Christian/Egloff, Birte/Radtke, Frank-Olaf/ Thole, Werner (Hrsg.) (2011): Pädagogisches Wissen. Erziehungswissenschaft in Grundbegriffen. Stuttgart: Kohlhammer.

Kade, Jochen/Radtke, Frank-Olaf (2011): Erziehungssystem. In: Kade/Helsper/ Lüders et. al. (2011): 220-228.

Kaelble, Hartmut/Schriewer, Jürgen (Hrsg.) (1998): Gesellschaften im Vergleich. Forschungen aus Sozial- und Geschichtswissenschaften. Frankfurt am Main, New York: P. Lang.

Kaloyannaki, Pella/Kazamias, Andreas M. (2009): The modernist beginnings of Comparative Education: the proto-scientific and the reformist-meliorist administrative motif. In: Cowen/Kazamias (2009): 11-36.

Kant, Immanuel (1803): Über Pädagogik. In: Ders. (1922): 456-508.

Kant, Immanuel (Hrsg.) (1922): Immanuel Kants Werke, Bd. 8. Herausgegeben von Ernst Cassirer. Berlin: Verlegt bei Bruno Cassirer.

Kappeler, Manfred (2000): Der schreckliche Traum vom vollkommenen Menschen. Rassenhygiene und Eugenik in der Sozialen Arbeit. Marburg: Schüren.

Kaufmann, Franz-Xaver (2003): Varianten des Wohlfahrtsstaats. Der deutsche Sozialstaat im internationalen Vergleich. Frankfurt am Main: Suhrkamp.

Keegan, John (2001): Der Erste Weltkrieg. Eine europäische Tragödie. Reinbek bei Hamburg: Rowohlt-Taschenbuch-Verlag.

Keller, Reiner (Hrsg.): Handbuch sozialwissenschaftliche Diskursanalyse. Band 2: Forschungspraxis. Opladen: Leske + Budrich.

Kessen, William (1979): The American Child and other cultural inventions. In: *American Psychologist* 34/2001/10): 815–820.

Key, Ellen (2000): Das Jahrhundert des Kindes. Studien. unveränderter Nachdruck der Ausgabe von 1992. Weinheim, Basel: Beltz.

KGSt (1993): Das Neue Steuerungsmodell. Begründung, Konturen, Umsetzung. Bericht 5/1993. Köln: Kommunale Gemeinschaftsstelle für Verwaltungsvereinfachung.

Klafki, Wolfgang (1976): Aspekte kritisch-konstruktiver Erziehungswissenschaft. Gesammelte Beiträge zur Theorie-Praxis-Diskussion. Weinheim, Basel: Beltz.

Klausenitzer, Jürgen (2004): Thesen zur Rationalisierung und Privatisierung im Bildungsbereich. In: Huffschmid (2004): 140-157.

Klemm, Klaus (2008): Bildungszeit: Vom Umgang mit einem knappen Gut. In: Zeiher/Schroeder (2008): 21-30.

Kluge, Norbert (2006): Das Bild des Kindes in der Pädagogik der frühen Kindheit. In: Fried/Roux (2006): 22-33.

KMK; JMK (2004): Gemeinsamer Rahmen der Länder für die frühe Bildung in Kindertageseinrichtungen. Beschluss der Jugendministerkonferenz vom 13./14.05.2004. Beschluss der Kultusministerkonferenz vom 03./04.06.2004. URL: http://www.kmk.org/fileadmin/veroeffentlichungen_beschluesse/2004/2004_06_03-Fruehe-Bildung-Kindertageseinrichtungen.pdf. Zuletzt geprüft am 06.01.2015.

Koller, Hans-Christoph (2009): Grundbegriffe, Theorien und Methoden der Erziehungswissenschaft. Eine Einführung. 4. Aufl. Stuttgart: Kohlhammer.

Kommission Sozialpädagogik (2011): Bildung des Effective Citizen. Sozialpädagogik auf dem Weg zu einem neuen Sozialentwurf. Weinheim [u.a.]: Juventa.

Konrad, Franz-Michael (2002): "Wenn es uns an Religion fehlt, so fehlt uns etwas Fundamentales für die Entwicklung des Menschen". Zur Montessori-Rezeption in der katholischen Pädagogik. In: Ludwig/Fischer/Fischer (2002): 43-63.

Konrad, Franz-Michael (2004): Der Kindergarten. Seine Geschichte von den Anfängen bis in die Gegenwart. Freiburg i. Br.: Lambertus.

Korte, Karl-Rudolf (Hrsg) (2002): „Das Wort hat der Herr Bundeskanzler“. Eine Analyse der Großen Regierungserklärungen von Adenauer bis Schröder. Wiesbaden: Westdeutscher Verlag.

Koselleck, Reinhart (1967): Preußen zwischen Reform und Revolution. Allgemeines Landrecht, Verwaltung und soziale Bewegung von 1791 bis 1848. Stuttgart: Klett.

Koselleck, Reinhart (2006): Begriffsgeschichten. Studien zur Semantik und Pragmatik der politischen und sozialen Sprache. Frankfurt am Main: Suhrkamp.

Kraft, Heinz (1955): Blume, Wilhelm Hermann von. In: Neue Deutsche Biographie 2/1955. Onlinefassung. URL: http://www.deutsche-biographie.de/ppn117608548.html. Zuletzt geprüft am 20.02.2015.

Krecker, Margot (1971): Quellen zur Geschichte der Vorschulerziehung. Zusammengestellt und eingeleitet von Margot Krecker. Berlin: Volk und Wissen.

Kromrey, Helmut (2009): Empirische Sozialforschung. Modelle und Methoden der standardisierten Datenerhebung und Datenauswertung. 12., überarb. und erg. Aufl. Stuttgart: Lucius & Lucius.

Kron, Friedrich W. (1996): Grundwissen Pädagogik. 5. verb. Aufl. München [u.a.]: Reinhardt.

Krüger, Heinz-Hermann/Rabe-Kleberg, Ursula/Kramer, Rolf-Torsten/Budde, Jürgen (2011): Bildungsungleichheit revisited? Eine Einleitung. In: Dies. (Hrsg.): Bildungsungleichheit revisited. Bildung und soziale Ungleichheit vom Kindergarten bis zur Hochschule. 2. Aufl. Wiesbaden: VS Verlag für Sozialwissenschaften: 7–21.

Kunz, Thomas (2011): Integration Fördern und Fordern. Vom ‚Gastarbeiter' zur ‚Integrations-Ich-AG'. In: Amos/Meseth/Proske (2011): 323-344.

Laewen, Hans-Joachim (1999): Alien Kind - das unbekannte Wesen. Neue Forschungen über das Kind und seine Aneignung der Welt. In: *Klein&Groß* 1999/9: 6–16.

Laewen, Hans-Joachim/ Andres, Beate (Hrsg.) (2002): Bildung und Erziehung in der frühen Kindheit. Bausteine zum Bildungsauftrag von Kindertageseinrichtungen. Weinheim, Basel, Berlin: Beltz.

Lahusen, Christian/Stark, Carsten (2003): Integration: Vom fördernden und fordernden Wohlfahrtsstaat. In: Lessenich (2003): 353-372.

Lamnek, Siegfried (2005): Qualitative Sozialforschung. 4., vollst. überarb. Aufl. Weinheim, Basel: Beltz, PVU.

Leisering, Lutz (2008): Der deutsche Nachkriegssozialstaat - Entfaltung und Krise eines zentralistischen Sozialmodells. In: Schwarz (2008): 423-443.

Lenk, Hans/Maring, Matthias (1997): Welt ist real, aber Welterfassung interpretativ. Zur Reichweite der interpretatorischen Erkenntnis. In: Friebertshäuser/Prengel (1997): 209-220.

Lenzen, Dieter (Hrsg.) (2004): Erziehungswissenschaft. Ein Grundkurs. 6. Aufl. Reinbek bei Hamburg: Rowohlt-Taschenbuch-Verlag.

Lenzen, Dieter/Luhmann, Niklas (Hrsg.) (1997): Bildung und Weiterbildung im Erziehungssystem. Lebenslauf und Humanontogenese als Medium und Form. Frankfurt am Main: Suhrkamp.

Lessenich, Stephan (Hrsg.) (2003): Wohlfahrtsstaatliche Grundbegriffe. Historische und aktuelle Diskurse. Frankfurt, New York: Campus.

Lessenich, Stephan (2008): Wohlfahrtsstaat. In: Baur/Korte/Löw/Schroer (2008): 483-498.

Liegle, Ludwig (2006): Bildung und Erziehung in früher Kindheit. Stuttgart: Kohlhammer.

Liesner, Andrea/Lohmann, Ingrid (Hrsg.) (2010): Gesellschaftliche Bedingungen von Bildung und Erziehung. Eine Einführung. Stuttgart: Kohlhammer.

Lindemann, Gesa (2009): Das Soziale von seinen Grenzen her denken. Weilerswist: Velbrück Wissenschaft.
Litt, Theodor (1927): „Führen“ oder „Wachsenlassen“. Eine Erörterung des pädagogischen Grundproblems. Stuttgart 1967: Klett.
Lohmann, Ingrid (2002): After Neoliberalism. Können nationalstaatliche Bildungssysteme den ‚freien Markt‘ überleben? In: Lohmann/Rilling (2002): 89-107.
Lohmann, Ingrid (2010): Schule im Prozess der Ökonomisierung. In: Liesner/Lohmann (2010): 231-244.
Lohmann, Ingrid/Rilling, Rainer (Hrsg.) (2002): Die verkaufte Bildung. Kritik und Kontroversen zur Kommerzialisierung von Schule, Weiterbildung, Erziehung und Wissenschaft. Opladen: Leske + Budrich.
Lückert, Heinz-Rolf (1972): Die Stabilität und Veränderung der kognitiven Leistungen. Eine Zusammenfassung der wichtigsten Ergebnisse von Benjamin S. Bloom. In: Ders. (Hrsg.): Begabungsforschung und Bildungsförderung als Gegenwartsaufgabe. 2. Aufl. München, Basel: E. Reinhardt: 145–170.
Lüders, Christian/Meuser, Michael (1997): Deutungsmusteranalyse. In: Hitzler/Honer (1997): 57-79.
Ludwig, Harald (2002): Zukunftsweisende Perspektiven in der Kosmischen Erziehung Maria Montessoris. In: Ludwig/Fischer/Fischer (2002): 355-366.
Ludwig, Harald/Fischer, Christian/Fischer, Reinhard (Hrsg.) (2002): Montessori-Pädagogik in Deutschland. Rückblick, Aktualität, Zukunftsperpektiven: 40 Jahre Montessori-Vereinigung e.V. Herausgegeben im Auftrag der Montessori-Vereinigung e.V. Münster: LIT Verlag.
Luhmann, Niklas (1990): Ökologische Kommunikation. Kann die moderne Gesellschaft sich auf ökologische Gefährdungen einstellen? 3. Aufl. Opladen: Westdeutscher Verlag.
Luhmann, Niklas (1991): Das Kind als Medium der Erziehung. In: *Zeitschrift für Pädagogik* 37/1991/1: 19–40.
Luhmann, Niklas (1992): System und Absicht der Erziehung. In: Luhmann/Schorr (1992): 102-124.
Luhmann, Niklas (1993): Gesellschaftsstruktur und Semantik. Studien zur Wissenssoziologie der modernen Gesellschaft. Band 1. Frankfurt am Main: Suhrkamp.
Luhmann, Niklas (1998): Die Gesellschaft der Gesellschaft. 2 Bände. Frankfurt am Main: Suhrkamp.
Luhmann, Niklas (1999): Soziale Systeme. Grundriß einer allgemeinen Theorie. 7. Aufl. Frankfurt am Main: Suhrkamp.
Luhmann, Niklas (2002): Das Erziehungssystem der Gesellschaft. Frankfurt am Main: Suhrkamp.

Luhmann, Niklas (2006): Organisation und Entscheidung. 2. Aufl. Wiesbaden: VS Verlag für Sozialwissenschaften.

Luhmann, Niklas (2010): Politische Soziologie. Unter Mitarbeit von André Kieserling. Berlin: Suhrkamp.

Luhmann, Niklas/Schorr, Karl-Eberhard (Hrsg.) (1988): Reflexionsprobleme im Erziehungssystem. Frankfurt am Main: Suhrkamp.

Luhmann, Niklas/Schorr, Karl-Eberhard (Hrsg.) (1992): Zwischen Absicht und Person. Fragen an die Pädagogik. Frankfurt am Main: Suhrkamp.

Lutz, Helma/Wenning, Norbert (Hrsg.) (2001): Unterschiedlich verschieden. Differenz in der Erziehungswissenschaft. Opladen: Leske + Budrich.

Mannheim, Karl (1928): Das Problem der Generationen. In: Friedeburg (1969): 23-48.

Marshall, Thomas Humphrey (1992): Bürgerrecht und soziale Klassen. Zur Soziologie des Wohlfahrsstaates. Frankfurt am Main: Campus.

Martschukat, Jürgen (2003): Diskurse und Gewalt: Wege zu einer Geschichte der Todesstrafe im 18. und 19. Jahrhundert. In: Keller (2003): 67-96.

Matthes, Eva (2011): Geisteswissenschaftliche Pädagogik. München: Oldenbourg.

Mayntz, Renate/Scharpf, Fritz W. (2005): Politische Steuerung - Heute? MPIfG Working Paper 05/1, Januar 2005. Max-Planck-Institut für Gesellschaftsforschung. URL: http://www.mpifg.de/pu/workpap/wp05-1/wp05-1.html. Zuletzt geprüft am 23.01.2015.

Mayring, Philipp (2008): Qualitative Inhaltsanalyse. Grundlagen und Techniken. 10., neu ausgestattete Auflage Weinheim, Basel: Beltz.

McCann, W. P. (1966): Samuel Wilderspin and the early infant schools. In: *British Journal of Educational Studies* (Vol. 14): 188–204.

Meseth, Wolfgang (2005): Aus der Geschichte lernen. Über die Rolle der Erziehung in der bundesdeutschen Erinnerungskultur. Frankfurt am Main: Fachbereich Erziehungswiss. der Johann-Wolfgang-Goethe-Universität.

Meseth, Wolfgang/Proske, Matthias/Radtke, Frank-Olaf (2012): Kontrolliertes Laissez-Faire. Auf dem Weg zu einer kontingenzgewärtigen Unterrichtstheorie. In: *Zeitschrift für Pädagogik* 58/2012/2: 223–241.

Meyer, Adolf (1979): Ludolph von Beckedorff. In: Scheuerl (1979): 271-282.

Meyer, John W. (Hrsg.) (2005): Weltkultur. Wie die westlichen Prinzipien die Welt durchdringen. Frankfurt am Main: Suhrkamp.

Michael, Berthold/Schepp, Heinz-Hermann (Hrsg.) (1973): Politik und Schule von der französischen Revolution bis zur Gegenwart. Eine Quellensammlung zum Verhältnis von Gesellschaft, Schule und Staat im 19. und 20. Jahrhundert. Band 1. Frankfurt am Main: Athäneum Fischer Taschenbuchverlag.

Mollenhauer, Klaus (1970): Sozialisation und Schulerfolg. In: Deutscher Bildungsrat (1970a): 269-296.
Mommsen, Wolfgang J. (1986): Der Topos vom unvermeidlichen Krieg. Außenpolitik und öffentliche Meinung im Deutschen Reich im letzten Jahrzehnt vor 1914. In: Dülffer/Holl (1986): 194-224.
Mommsen, Wolfgang J. (1995): Bürgerstolz und Weltmachtstreben. Deutschland unter Wilhelm II., 1890 bis 1918. Berlin: Propyläen.
Montessori, Maria (1913a): Antropologia Pedagogica. New York: Frederick A. Stokes Company.
Montessori, Maria (1913b): Selbsttätige Erziehung im frühen Kindesalter. Nach den Grundsätzen der wissenschaftlichen Pädagogik methodisch dargelegt. Stuttgart: Hoffmann.
Montessori, Maria (1972): Das kreative Kind: der absorbierende Geist. Freiburg i. Br.: Herder.
Montessori, Maria (1988): Kinder sind anders. 12. Aufl. Stuttgart: Klett-Cotta.
Müller, Burkhard (1989): Öffentliche Kleinkinderziehung im Deutschen Kaiserreich. Analysen zur Politik der Initiierung, Organisierung, Nationalisierung und Verstaatlichung vorschulischer Anstalten in Deutschland. Weinheim: Deutscher Studien Verlag.
Müller, Detlef K. (Hrsg.) (1994): Pädagogik, Erziehungswissenschaft, Bildung. Eine Einführung in das Studium. Köln, Weimar, Wien: Böhlau.
Mustard, J. Fraser (2007): Experience-based Brain Development: Scientific Underpinnings of the Importance of Early Child Development in a Global World. In: Young/Richardson (2007): 35-63.
Mustard, J. Fraser/Young, Mary E. (2007): Measuring Child Development to Leverage ECD Policy and Investment. In: Young/Richardson (2007): 193-218.
Naumann, Friedrich (1905): Demokratie und Kaisertum. Ein Handbuch für innere Politik. 4. Aufl. Berlin-Schöneberg: Buchverlag der ‚Hilfe'.
Nakamura, Yuka/Böckelmann, Christine/Tröhler, Daniel (Hrsg.): Theorie versus Praxis? Perspektiven auf ein Missverständnis. Zürich: Verl. Pestalozzianum.
Neugebauer, Karl-Volker (2006): Die Zeit bis 1914. Vom Kriegshaufen zum Massenheer. Grundkurs deutsche Militärgeschichte, Bd. 1. München: Oldenbourg.
Neugebauer, Karl-Volker (2007): Das Zeitalter der Weltkriege. Völker in Waffen. Grundkurs deutsche Militärgeschichte, Bd. 2. München: Oldenbourg.
Neumann, Harald (1997): Carl Ludwig Sand. Theologiestudent und Attentäter. Sternenfels: Wissenschaft & Praxis.
Neumann, Karl (1987): Geschichte der öffentlichen Kleinkindererziehung von 1945 bis in die Gegenwart. In: Erning/Neumann/Reyer (1987a): 83-116.

Neumann, Karl (2006): Klassiker der Pädagogik der frühen Kindheit. In: Fried/Roux (2006): 107-118.

Neumann, Karl/Giesecke, Hermann (Hrsg.) (2001): Pädagogik zwischen Reform und Restauration. Dr. nach Typoskript. Weinheim: Deutscher Studien-Verlag.

Nipperdey, Thomas (1998): Deutsche Geschichte 1800-1866. Bürgerwelt und starker Staat. München: C.H. Beck.

Nittel, Dieter/Seitter, Wolfgang (Hrsg.) (2003): Die Bildung des Erwachsenen. Erziehungs- und sozialwissenschaftliche Zugänge. Festschrift für Jochen Kade. Bielefeld: W. Bertelsmann.

Nohl, Herman (1961): Die pädagogische Bewegung in Deutschland und ihre Theorie. 5. Aufl. Frankfurt am Main: Verlag G. Schulte-Blumke.

OECD (1995): Governance in transition. Public management reforms in OECD countries. Paris, France, Washington, D.C.: Organisation for Economic Co-operation and Development; OECD Publications and Information Center.

OECD (2001): Starting strong. Early childhood education and care. Paris: OECD.

OECD (2002): Definition und Auswahl von Schlüsselkompetenzen. Zusammenfassung. URL: http://www.oecd.org/pisa/35693281.pdf. Zuletzt geprüft am 02.01.2013.

OECD (2005): The definition and Selection of Key-Competencies. Executive Summary. URL: http://www.oecd.org/pisa/35070367. Zuletzt geprüft am 02.01.2013.

OECD (2006): Starting strong II. Early childhood education and care. Paris: OECD.

Oelkers, Jürgen (1989): Die große Aspiration. Zur Herausbildung der Erziehungswissenschaft im 19. Jahrhundert. Darmstadt: Wissenschaftliche Buchgesellschaft.

Oelkers, Jürgen (2004): Aufklärung. In: Benner/Oelkers (2004): 75-105.

Oelkers, Jürgen (2005): Reformpädagogik. Eine kritische Dogmengeschichte. 4., vollst. überarb. und erw. Aufl. Weinheim, München: Juventa.

Oevermann, Ulrich (1996): Theoretische Skizze einer revidierten Theorie professionalisierten Handelns. In: Combe/Helsper (1996): 70-182.

Oevermann, Ulrich (2004): Die elementare Problematik der Datenlage in der quantifizierenden Bildungs- und Sozialforschung. In: *Sozialer Sinn* 5/2004/3: 413–476.

Offe, Claus (1977): Staatstheorie und Sozialpolitik. Funktionen und Innovationsprozesse der Soziapolitik. In: Ders. (2006): 153-180.

Offe, Claus (Hrsg.) (2006): Strukturprobleme des kapitalistischen Staates. Aufsätze zur Politischen Soziologie. Veränderte Neuausgabe Frankfurt am Main, New York: Campus.

Olk, Thomas (2007): Kinder im Sozialinvestitionsstaat. In: *ZSE* 27/2007/1: 43-57.

Oppolzer, Siegfried (Hrsg.) (1971): Erziehungswissenschaft 1971. Zwischen Herkunft und Zukunft der Gesellschaft. Wuppertal, Ratlingen: Aloyis Henn Verlag.

Owen, Robert (1813): A New View of Society. Or, Essays on the principle of the formation of the human character and the application of the principle to practice. London: Richard Taylor & Co. Printers` court, Shoe Lane.

Parreira do Amaral, Marcelo (2015): Methodologie und Methode in der International Vergleichenden Erziehungswissenschaft. In: Ders./Amos (2015): 107-130.

Parreira do Amaral, Marcelo/Amos, S. Karin (Hrsg.) (2015): Internationale und Vergleichende Erziehungswissenschaft. Geschichte, Theorie, Methode und Forschungsfelder. New Frontiers in Comparative Education Bd. 2. Münster/New York: Waxmann.

Paschen, Harm (1997): Pädagogiken. Zur Systematik pädagogischer Differenzen. Weinheim: Deutscher Studien Verlag.

Paulsen, Friedrich (1912): Das moderne Bildungswesen. In: Hinneberg (1912): 54-84.

Paus-Haase, Ingrid (1986): Soziales Lernen in der Sendung „Sesamstraße". Versuch einer Standortbestimmung. München: Minerva-Publikationen.

Pepels, Werner (Hrsg.) (1999): Betriebswirtschaftslehre im Nebenfach. Das Kernwissen der BWL für Nicht-Ökonomen. Stuttgart: Schäffer-Poeschel.

Peters, Bernhard (2007): Der Sinn von Öffentlichkeit. Frankfurt am Main: Suhrkamp.

Pfeiffer, Silke (2013): Reformpädagogische Konzepte. Geschichte und Theorie der Frühpädagogik. Göttingen: Vandenhoeck & Ruprecht.

Picht, Georg (1965): Die deutsche Bildungskatastrophe. München: Deutscher Taschenbuch Verlag.

Plumpe, Werner (2008): Industrieland Deutschland von 1945 bis 2008. In: Schwarz (2008): 379-404.

Plumpe, Werner (2011a): Wirtschaftskrisen: Aktuelle Probleme und historische Erfahrungen. In: *Orientierungen zur Wirtschafts- und Gesellschaftspolitik. Herausgegeben von der Ludwig-Erhard-Stiftung.* Ausgabe 128/2011:49–56.

Plumpe, Werner (2011b): Wirtschaftskrisen. Geschichte und Gegenwart. München: Beck.

Pongratz, Ludwig (2004): Freiwillige Selbstkontrolle. Schule zwischen Disziplinar- und Kontrollgesellschaft. In: Ricken/Rieger-Ladich (2004): 243-259.

Prange, Klaus/Strobel-Eisele, Gabriele (2006): Die Formen des pädagogischen Handelns. Eine Einführung. Stuttgart: Kohlhammer.

Preuss-Lausitz, Ulf/Büchner, Peter/Fischer-Kowalski, Marina/Geulen, Dieter/Karsten, Maria Eleonora/Kulke, Christine/Rabe-Kleberg, Ursula/Rolff, Hans-Günter/Thunemeyer, Bernd/Schütze, Yvonne/Seidl, Peter/Zeiher, Helga/Zimmermann, Peter (Hrsg.) (1995): Kriegskinder, Konsumkinder, Krisenkinder. Zur Sozialisationsgeschichte seit dem Zweiten Weltkrieg. 4. Aufl. Weinheim und Basel: Beltz.

Preuss-Lausitz, Ulf/Zeiher, Helga/Geulen, Dieter (1995): Was wir unter Sozialisationsgeschichte verstehen. In: Preuss-Lausitz/Büchner/Fischer-Kowalski et. al. (1995): 11-25.

Proske, Matthias (2001): Pädagogik und Dritte Welt. Eine Fallstudie zur Pädagogisierung sozialer Probleme. Frankfurt am Main: Fachbereich Erziehungswissenschaften der Johann-Wolfgang-Goethe-Universität.

Radtke, Frank-Olaf (1996): Wissen und Können. Die Rolle der Erziehungswissenschaft in der Erziehung. Opladen: Leske und Budrich.

Radtke, Frank-Olaf (2003): Die Erziehungswissenschaft der OECD. Aussichten auf die neue Performanz-Kultur. In: Nittel/Seitter (2003): 277-304.

Radtke, Frank-Olaf (2006a): Die Theorie kommt nach dem Fall. In: Nakamura/Böckelmann/Tröhler (2006): 73-88.

Radtke, Frank-Olaf (2006b): Das neue Erziehungsregime. Steuerungserwartungen, Kontrollphantasien und Rationalitätsmythen. In: *Vierteljahrsschrift für wissenschaftliche Pädagogik* 82/2006/1: 122–126.

Radtke, Frank-Olaf (2009): Ökonomisierung. In: Andresen (2009): 621-637.

Radtke, Frank-Olaf (2011): Kulturen sprechen nicht. Die Politik grenzüberschreitender Dialoge. Hamburg: Hamburger Edition, HIS.

Raithel, Jürgen/Dollinger, Bernd/Hörmann, Georg (2009,): Einführung Pädagogik. Begriffe, Strömungen, Klassiker, Fachrichtungen. 3. Aufl. Wiesbaden: VS, Verlag für Sozialwissenschaft.

Rauschenbach, Thomas/Borrmann, Stefan (2010): Wenn die Privatsache Kinderbetreuung öffentlich wird. Zur neuen Selbstverständlichkeit institutioneller Kinderbetreuung. In: Cloos, Peter/Karner, Britta (2010): 11-25.

Rauschenbach, Thomas/Bien, Walter (Hrsg.) (2012): Aufwachsen in Deutschland. AID:A - Der neue DJI-Survey. Weinheim: Juventa.

Reichenbach, Roland (2007): Philosophie der Bildung und Erziehung. Eine Einführung. Stuttgart: Kohlhammer.

Reichertz, Jo (2003): Über das Problem der Gültigkeit von Qualitativer Sozialforschung. In: Hitzler/Reichertz/Schröer (2003): 319-346.

Reidegeld, Eckart (2006): Staatliche Sozialpolitik in Deutschland. Band I: Von den Ursprüngen bis zum Untergang des Kaiserreiches 1918. 2. überarbeitete und erweiterte Auflage. Wiesbaden: VS Verlag für Sozialwissenschaften.

Reyer, Jürgen (1987): Geschichte der öffentlichen Kleinkinderziehung im deutschen Kaiserreich, in der Weimarer Republik und in der Zeit des Nationalsozialismus. In: Erning/Neumann/Reyer (1987a): 43-82.
Reyer, Jürgen (2006a): Einführung in die Geschichte des Kindergartens und der Grundschule. Bad Heilbrunn: Klinkhardt.
Reyer, Jürgen (2006b): Geschichte frühpädagogischer Institutionen. In: Fried/Roux (2006): 268-280.
Reyer, Jürgen (2015): Die Bildungsaufträge des Kindergartens. Geschichte und aktueller Status. Weinheim [u.a.]: Beltz Juventa.
Ricken, Norbert (2006): Die Ordnung der Bildung. Beiträge zu einer Genealogie der Bildung. Wiesbaden: VS Verlag für Sozialwissenschaften.
Ricken, Norbert/Rieger-Ladich, Markus (Hrsg.) (2004): Michel Foucault. Pädagogische Lektüren. Wiesbaden: Vs Verlag.
Ritsert, Jürgen (1988): Gesellschaft. Einführung in die Grundbegriff der Soziologie. Frankfurt [u.a.]: Campus-Verlag.
Roth, Heinrich (1970): Einleitung und Überblick. In: Deutscher Bildungsrat (1970a): 17–67.
Rousseau, Jean-Jacques (1762a): Émile. oder: Über die Erziehung. Stuttgart 1993: Reclam.
Rousseau, Jean-Jacques (1762b): Der Gesellschaftsvertrag oder Prinzipien des Staatsrechts. Wiesbaden 2008: Marixverlag
Roux, Susanna/Tietze, Wolfgang (2007): Effekte und Sicherung von (Bildungs-) Qualität in Kindertageseinrichtungen. In: *ZSE: Zeitschrift für Soziologie der Erziehung und Sozialisation* 27/2007/4: 367–384.
Rychen, Dominique Simone; Salganik, Laura Hersh (2003): A holistic model of competence. In: Dies. (Hrsg.): Key Competencies for a Successful Life and a Well-Functioning Society. Göttingen: Hogrefe & Huber: S. 41–62.
Salganik, Laura Hersh; Stephens, Maria (2003): Competence priorities in policy and practice. In: Dominique Simone Rychen und Laura Hersh Salganik (Hrsg.): Key Competencies for a Successful Life and a Well-Functioning Society. Göttingen: Hogrefe & Huber: S. 13–40.
Schäfer, Alfred (2005): Einführung in die Erziehungsphilosophie. Weinheim, Basel: Beltz.
Schäfer, Gerd E. (2005): Bildungsprozesse im Kindesalter. Selbstbildung, Erfahrung und Lernen in der frühen Kindheit. 3. Aufl. Weinheim, München: Juventa.
Schäfer, Gerd E. (2006): Der Bildungsbegriff in der Pädagogik der frühen Kindheit. In: Fried/Roux (2006): 33-44.
Schäfer, Gerd E. (2007): Bildung beginnt mit der Geburt. Ein offener Bildungsplan für Kindertageseinrichtungen in Nordrhein-Westfalen. 2. Aufl. Berlin: Cornelsen-Scriptor.

Scheuerl, Hans (Hrsg.) (1979): Klassiker der Pädagogik. München: Beck.
Scheuerl, Hans (1997): Reformpädagogik. In: Fatke (1997): 185-235.
Schirm, Stefan (2008): Deutschlands wirtschaftspolitische Antworten auf Globalisierung. In: Schwarz (2008): 405-422.
Schleiermacher, Friedrich Ernst Daniel (1826): Pädagogische Schriften. Die Vorlesungen aus dem Jahre 1826. Herausgegeben von Erich Weniger. 2. Aufl. Düsseldorf und München 1966: Verlag Helmut Küpper.
Schnabel, Thomas (Hrsg.) (1987): Versorgen, bilden, erziehen 1912-1987. Freiburg i. Br.: Lambertus.
Schneider, Friedrich (1961): Vergleichende Erziehungswissenschaft. Geschichte, Forschung, Lehre. Heidelberg: Quelle & Meyer.
Schriewer, Jürgen (1982): ‚Erziehung' und ‚Kultur'. Zur Theorie und Methodik vergleichender Erziehungswissenschaft. In: Brinkmann/Renner/Reble (1982): 185-236.
Schriewer, Jürgen (1994): Internationalisierung der Pädagogik und Vergleichende Erziehungswissenschaft. In: Müller, Detlef K. (1994): 427-462.
Schriewer, Jürgen (2000): Comparative Education Methodology in Transition. Towards a Science of Complexity? In: Ders. (Hrsg.): Discourse formation in comparative education. New York: P. Lang: 3–52.
Schriewer, Jürgen/Henze, Jürgen/Wichmann, Jürgen/Knost, Peter/Taubert, Jörn/Barucha, Susanne (1998): Konstruktion von Internationalität: Referenzhorizonte pädagogischen Wissens im Wandel gesellschaftlicher Systeme (Spanien, Sowjetunion/Russland, China). In: Kaelble/Schriewer (1998): 151-260.
Schröder, Gerhard (2003): Regierungserklärung vom 14. März 2003 vor dem Deutschen Bundestag. Plenarprotokoll 15/32, 32. Sitzung, Freitag den 14. März 2003. URL: http://dip21.bundestag.de/dip21/btp/15/15032.pdf. Zuletzt geprüft am 02.01.2015.
Schröder, Gerhard/Blair, Tony (1999): Der Weg nach vorne für Europas Sozialdemokraten. Ein Vorschlag von Gerhard Schröder und Tony Blair vom 8. Juni 1999. In: *Blätter für deutsche und internationale Politik* 44/1999/7): 887–896.
Schüle, Hubert (1999): Prozeß- und Qualitätsmanagement. In: Pepels (1999): 243-274.
Schulz, Günter (1961): Der Streit um Montessori. Kritische Nachforschungen zum Werk einer katholischen Pädagogin von Weltruf. Mit einer internationalen Montessori-Biographie. Freiburg i. Br. [u.a.]: Herder.
Schwarz, Hans-Peter (Hrsg.) (2008): Die Bundesrepublik Deutschland. Eine Bilanz nach 60 Jahren. Lizenzausgabe der Bayerischen Landeszentrale für Politische Bildungsarbeit. Köln: Böhlau.
Schweim, Lothar (Hrsg.) (1966). Schulreform in Preußen 1809-1819. Entwürfe und Gutachten. Weinheim: Verlag Julius Beltz.

Sechtig, Jutta/Schmidt, Thilo/Roßbach, Hans-Günther (2005): Vorschulerziehung und Elementarbildung. In: Einsiedler/Götz/Hacker et. al. (2005): 276-285.

Seichter, Sabine (2011): Pädagogisches Ethos. In: Kade/Helsper/Lüders et. al. (2011): 191-198.

Sennett, Richard (2009): Der flexible Mensch. 6. Aufl. Berlin: Berliner Taschenbuch Verlag.

Skowronek, Helmut (1970): Synopse der in den einzelnen Gutachten formulierten Forderungen. In: Deutscher Bildungsrat (1970a): 551-566.

Stein, Heinrich Friedrich Karl Freiherr vom und zum (1807): Über die zweckmäßige Bildung der obersten und der Provinzial-, Finanz- und Polizeibehörden in der Preußischen Monarchie. 'Nassauer Denkschrift' vom Juni 1807. In: Winter (1931): 189-206.

Stieve, Claus (2015): Anfänge der Bildung. Bildungstheoretische Grundlagen der Pädagogik der frühen Kindheit. In: Stenger/Edelmann/König (2015): 16-38.

Stenger, Ursula/Edelmann, Doris/König, Anke (Hrsg.): Erziehungswissenschaftliche Perspektiven in frühpädagogischer Theoriebildung und Forschung. Weinheim und Basel: Beltz Juventa.

Stöckel, Sigrid (1996): Säuglingsfürsorge zwischen sozialer Hygiene und Eugenik. Das Beispiel Berlins im Kaiserreich und in der Weimarer Republik. Berlin, New York: Walter de Gruyter.

Streeck, Wolfgang (2011a): Die Krisen des demokratischen Kapitalismus. Inflation, staatliche Defizite, private Verschuldung, faule Kredite. In: *Lettre International* 95/2011: 7–13.

Streeck, Wolfgang (2011b): Das Doping-Regime des Pump-Kapitalismus ist lebensgefährlich. Interview mit Wolfgang Streeck. In: *Zeit Online*, 28.12.2011. URL: http://www.zeit.de/politik/2011-12/streeck-europa-depression. Zuletzt geprüft am 01.02.2015.

Streeck, Wolfgang (2011c): Völker und Märkte. Demokratischer Kapitalismus und Europäische Integration. Ein Epilog. In: *Lettre International* 95/2011: 15-17.

Stübig, Heinz (1994): Bildung, Militär und Gesellschaft in Deutschland. Studien zur Entwicklung im 19. Jahrhundert. Köln, Weimar, Wien: Böhlau.

Stübig, Heinz (2001): Nationbildung und Nationalerziehung. Zur politischen Funktion national-pädagogischer Programme in der ersten Hälfte des 19. Jahrhunderts. In: Neumann/Giesecke (2001): 55-70.

Stübig, Heinz (2006): Nationalerziehung. Pädagogische Antworten auf die „deutsche Frage“ im 19. Jahrhundert. Schwalbach/Ts.: Wochenschau-Verlag.

Süvern, Johann Wilhelm; Stein, Heinrich Friedrich Karl Freiherr vom und zum (1808): Entwurf einer Proklamation an sämtliche Bewohner des preußischen Staates. In: Michael/Schepp (1973): 206-209.

Tenorth, Heinz-Elmar (1989): Die Last der Autonomie. In: Jeismann (1989): 413-431. Jeismann, Karl-Ernst (Hrsg.): Bildung, Staat, Gesellschaft im 19. Jahrhundert. Mobilisierung und Disziplinierung. Stuttgart: F. Steiner Verlag.

Tenorth, Heinz-Elmar (Hrsg.) (2003): Klassiker der Pädagogik. Bd. 1. Von Erasmus bis Helene Lange. München: Beck.

Tenorth, Heinz-Elmar (2010a): Geschichte der Erziehung. Einführung in die Grundzüge ihrer neuzeitlichen Entwicklung. 5. Aufl. Weinheim, München: Juventa.

Tenorth, Heinz-Elmar (2010b): Historische Bildungsforschung. In: Tippelt/Schmidt (2010): 135-153.

Terhart, Ewald (1997): Entwicklung und Situation des qualitativen Forschungsansatzes in der Erziehungswissenschaft. In: Friebertshäuser/Prengel (1997): 27-42.

Thole, Werner/Roßbach, Hans-Günther/Fölling-Albers, Maria/Tippelt, Rudolf (Hrsg.) (2008): Bildung und Kindheit. Pädagogik der frühen Kindheit in Wissenschaft und Lehre. Opladen [u.a.]: Budrich.

Tippelt, Rudolf/Schmidt, Bernhard (Hrsg.) (2010): Handbuch Bildungsforschung. 3., durchges. Aufl. Wiesbaden: VS Verlag für Sozialwissenschaften / GWV Fachverlage.

Titze, Hartmut (1973): Die Politisierung der Erziehung. Untersuchungen über die soziale und politische Funktion der Erziehung von der Aufklärung bis zum Hochkapitalismus. Frankfurt am Main: Athenäum Fischer Taschenbuch Verlag.

Trapp, Ernst Christian (1780): Versuch einer Pädagogik. Von Ernst Christian Trapp, Professor der Philosophie und Pädagogik auch Inspektor des Erziehungsinstituts zu Halle. Berlin: Friedrich Nicolai.

Uhlig, Christa (2003): Robert Owen. In: Tenorth (2003): 160–171.

vbw (2003): Bildung neu denken! Das Zukunftsprojekt. Unter Mitarbeit von Dieter Lenzen. Opladen: Leske + Budrich.

vbw (2007): Vorschule und Schule zukunftsweisend gestalten. Für mehr Qualität in der Bildung. Unter Mitarbeit von Michael Lindemann. München.

Wasmuth, Helge (2011): Kindertageseinrichtungen als Bildungseinrichtungen. Zur Bedeutung von Bildung und Erziehung in der Geschichte der öffentlichen Kleinkindererziehung in Deutschland bis 1945. Bad Heilbrunn: Klinkhardt.

Waterkamp, Dietmar (2006): Vergleichende Erziehungswissenschaft. Ein Lehrbuch. Münster, München [u.a.]: Waxmann.

Weber, Max (1895): Der Nationalstaat und die Volkswirtschaftspolitik. In: (2002): 22-46.

Weber, Max (Hrsg.) (2002): Schriften 1894-1922. Herausgegeben von Dirk Käsler. Stuttgart: Kröner.

Wehler, Hans Ulrich (1995): Von der ‚Deutschen Doppelrevolution' bis zum Beginn des Ersten Weltkrieges. 1849-1914. München: C.H. Beck.

Wehler, Hans Ulrich (1996): Vom Feudalismus des alten Reiches bis zur defensiven Modernisierung der Reformära. 1700-1815. 3. Aufl. München: C.H. Beck.

Wehler, Hans Ulrich (2003): Vom Beginn des Ersten Weltkriegs bis zur Gründung der beiden deutschen Staaten. München: C.H. Beck.

Wehler, Hans Ulrich (2007): Nationalismus. Geschichte - Formen - Folgen. 3. Aufl. München: C.H. Beck.

Weniger, Erich (1957): Theorie und Praxis in der Erziehung. In: Ders. (Hrsg.): Die Eigenständigkeit der Erziehung in Theorie und Praxis. Probleme der akademischen Lehrerbildung. Weinheim: Beltz: 7–22.

Wertheimer, Joseph (1828): Sollen die Kinder der Armen frühzeitig erzogen werden? In: Wilderspin (1828): 163-179.

Wichern, Johann Hinrich (1848): Kommunismus und die Hilfe gegen ihn. In: Wichern (1962): 133-151.

Wichern, Johann Hinrich (Hrsg.) (1962): Die Kirche und ihr soziales Handeln (Grundsätzliches und Allgemeines). Unter Mitarbeit von Peter Meinhold. Berlin [u.a.]: Luth. Verlagshaus.

Wicht (1936): Der Kindergarten als Helfer der Familienerziehung. Vortrag, gehalten am 27. Januar 1936 in Berlin auf der Mitgliederversammlung des Evangelischen Kinderpflegeverbandes der Provinz Brandenburg von Pfarrer v. Wicht. In: *Christliche Kinderpflege* 44/1936/4: 102–112.

Wilderspin, Samuel (1828): Ueber die frühzeitige Erziehung der Kinder und die englischen Klein-Kinder-Schulen. Oder: Bemerkungen über die Wichtigkeit, die kleinen Kinder der Armen im Alter von anderthalb bis sieben Jahren zu erziehen, nebst einer Darstellung der Spitalfielder Klein-Kinder-Schule und des daselbst eingeführten Erziehungssystems. Herausgegeben im Deutschen von Joseph Wertheimer. 2. Aufl. Wien: Carl Gerold.

Wimmer, Andreas; Glick-Schiller, Nina (2002): Methodological nationalism and beyond: nation-state building, migration and the social sciences. In: *Global Networks* 4/2002/2: 301–334.

Wimmer, Michael (2006): Dekonstruktion und Erziehung. Studien zum Paradoxieproblem in der Pädagogik. Bielefeld: Transcript.

Winter, Georg (Hrsg.) (1931): Die Reorganisation des Preussischen Staates unter Stein und Hardenberg. Erster Teil: Allgemeine Verwaltungs- und Behördenreform. Unter Mitarbeit von Georg Winter. Leipzig: Verlag von S. Hirzel.

Young, Mary E. (2007): The ECD Agenda: Closing the Gap. In: Dies./Richardson (2007): 3–11.

Young, Mary E./Richardson, Linda M. (Hrsg.) (2007): Early child development from measurement to action. A priority for growth and equity. Washington, D.C.: World Bank. URL: http://elibrary.worldbank.org/doi/abs/10.1596/978-0-8213-7086-5. Zuletzt geprüft am 05.01.2015.

Zeiher, Helga/Schroeder, Susanne (Hrsg.) (2008): Schulzeiten, Lernzeiten, Lebenszeiten. Pädagogische Konsequenzen und zeitpolitische Perspektiven schulischer Zeitordnungen. Weinheim, München: Juventa.

Zimbardo, Philip G. (1992): Psychologie. 5., neu übers. und bearb. Aufl. Berlin [u.a.]: Springer.

Zimmer, Jürgen (1973): Ein Bezugsrahmen vorschulischer Curriculumentwicklung. In: Ders. (Hrsg.): Curriculumentwicklung im Vorschulbereich. Texte. München: Piper: 9–60.

Zimmer, Jürgen (1996): Auf die eigenen Füße fallen. In: *Klein&Groß* 49/1996/9: 22–25.

Zimmer, Jürgen (2006): Das kleine Handbuch zum Situationsansatz. 2. Aufl. Berlin, Düsseldorf, Mannheim: Cornelsen Verlag Scriptor GmbH & Co. KG.

Zirfas, Jörg (2004): Pädagogik und Anthropologie. Eine Einführung. Stuttgart: Kohlhammer.

Druck: KN Digital Printforce GmbH · Schockenriedstraße 37 · 70565 Stuttgart